Kohlhammer

Der Autor

Malte Brinkmann ist Professor für Allgemeine Erziehungswissenschaft und Direktor des Interdisziplinären Zentrums für Bildungsforschung an der Humboldt-Universität zu Berlin. Er vertritt eine phänomenologisch orientierte Erziehungswissenschaft. Nach einem Lehramtsstudium mit den Fächern Deutsch, Geschichte, Musik, Pädagogik und dem Referendariat hat er als Lehrer an einem Gymnasium gearbeitet. Weitere Tätigkeiten an Universitäten, Pädagogischen Hochschulen und in der Lehrer*innenaus- und -fortbildung folgten. Seine Lehr- und Forschungsgebiete liegen in den Bereichen der Bildungs- und Erziehungstheorien, der interdisziplinären Übungs-, Lern- und Unterrichtsforschung sowie in der videographischen Bildungsforschung.

Malte Brinkmann

Die Wiederkehr des Übens

Praxis und Theorie
eines pädagogischen Grundphänomens

Verlag W. Kohlhammer

Dieses Werk einschließlich aller seiner Teile ist urheberrechtlich geschützt. Jede Verwendung außerhalb der engen Grenzen des Urheberrechts ist ohne Zustimmung des Verlags unzulässig und strafbar. Das gilt insbesondere für Vervielfältigungen, Übersetzungen, Mikroverfilmungen und für die Einspeicherung und Verarbeitung in elektronischen Systemen.

Die Wiedergabe von Warenbezeichnungen, Handelsnamen und sonstigen Kennzeichen in diesem Buch berechtigt nicht zu der Annahme, dass diese von jedermann frei benutzt werden dürfen. Vielmehr kann es sich auch dann um eingetragene Warenzeichen oder sonstige geschützte Kennzeichen handeln, wenn sie nicht eigens als solche gekennzeichnet sind.

Es konnten nicht alle Rechtsinhaber von Abbildungen ermittelt werden. Sollte dem Verlag gegenüber der Nachweis der Rechtsinhaberschaft geführt werden, wird das branchenübliche Honorar nachträglich gezahlt.

Dieses Werk enthält Hinweise/Links zu externen Websites Dritter, auf deren Inhalt der Verlag keinen Einfluss hat und die der Haftung der jeweiligen Seitenanbieter oder -betreiber unterliegen. Zum Zeitpunkt der Verlinkung wurden die externen Websites auf mögliche Rechtsverstöße überprüft und dabei keine Rechtsverletzung festgestellt. Ohne konkrete Hinweise auf eine solche Rechtsverletzung ist eine permanente inhaltliche Kontrolle der verlinkten Seiten nicht zumutbar. Sollten jedoch Rechtsverletzungen bekannt werden, werden die betroffenen externen Links soweit möglich unverzüglich entfernt.

1. Auflage 2021

Alle Rechte vorbehalten
© W. Kohlhammer GmbH, Stuttgart
Gesamtherstellung: W. Kohlhammer GmbH, Stuttgart

Print:
ISBN 978-3-17-022472-8

E-Book-Formate:
pdf: ISBN 978-3-17-041330-6
epub: ISBN 978-3-17-041331-3

Für meine Kinder Émile und Éloïse

Inhaltsverzeichnis

	Einleitung	11
1	**Aspekte einer Theorie des Übens als Praxis und Erfahrung**	**20**
	1.1 Üben ist eine Praxis des Könnens	23
	1.2 Üben basiert auf Nicht-Können – negative Erfahrungen	25
	1.3 Üben ist eine Praxis der Wiederholung	28
	1.4 Üben ist eine Praxis der Macht – Normalisierung, Isolierung, Flow	29
	1.5 Üben als besondere Lernform	33
	1.6 Üben ist nicht Spielen	34
	1.7 Üben basiert auf Gewohnheit und Habitus	35
	1.8 Aus Fehlern wird man klug?	37
2	**Geschichte des Übens**	**39**
	2.1 Wiederkehr der Übung?	46
	2.2 Aktuelle Probleme der Übungstheorie und Übungsforschung	50
3	**Üben in China**	**52**
	3.1 Westliche Vorurteile	53
	3.2 Konfuzianistische Hintergründe	54
	3.3 Kennzeichen chinesischen Übens	58
4	**Erfahrung, Lernen, Üben**	**61**
	4.1 Üben – Erfahrung und Praxis	62
	4.2 Üben als besondere Lernform	66
	4.3 Zur Kritik kognitivistischer Theorien des Lernens und Übens	68
	4.4 Sozialtheoretische Suchbewegungen – Responsivität	71
5	**Strukturen des Übens**	**75**
	5.1 Leib und Verkörperung	75
	5.1.1 Üben als wiederholte Gestalt- und Strukturbildung ..	77
	5.1.2 Üben – implizites Können	78
	5.1.3 Leib und Leiblichkeit	79
	5.1.4 Leib und Körperschema	81
	5.1.5 Übende Verkörperungen	83

	5.2	Wiederholung und Differenz	85
		5.2.1 Wiederholen – Üben	86
		5.2.2 Wiederkehr eines Ungleichen als eines Gleichen	87
		5.2.3 Performativität – Bruch in der Iterabilität	88
		5.2.4 Existenzielle Performativität: Ereignis, Flow, Gelassenheit	89
	5.3	Macht des Übens	92
		5.3.1 Disziplinarübungen	94
		5.3.2 Üben als Selbsttechnik	96
		5.3.3 Üben als Selbstsorge und Fürsorge im Christentum	96
6	**Sich selbst üben**		**100**
	6.1	Übungen der Selbstsorge	101
	6.2	Praktiken der Bewusstseinsübung	104
	6.3	Philosophieren als gemeinsames Meditieren	107
	6.4	Embodiment, Mindfulness, Awareness – Neurophänomenologische Perspektiven	109
7	**Mit anderen üben – Didaktik der Übung**		**115**
	7.1	Grundlagen einer Didaktik der Übung	117
	7.2	Ziele der Übung	119
	7.3	Aspekte einer Didaktik der Übung	121
	7.4	Übungen im schulischen Unterricht	125
	7.5	Reflexive Übungsaufgaben	126
8	**Felder des Übens**		**129**
	8.1	Bewegen üben	130
		8.1.1 Frühkindliche Perspektiven: Greifen und Begreifen	131
		8.1.2 Sportpädagogische Perspektiven	137
		8.1.3 Leibphänomenologische und erfahrungstheoretische Grundlagen des Übens im Sport	141
	8.2	Imaginieren üben – Ästhetische Bildung, Kreativität und Phantasie	143
		8.2.1 Geschichte der Imaginationsübung	145
		8.2.2 Zur Bildungstheorie und Didaktik der Imagination	146
		8.2.3 Ignatius von Loyolas »Exercitia spiritualia«	149
		8.2.4 Anthropologie der »Anwendung der Sinne«	151
		8.2.5 Didaktik der Imaginationsübung	154
	8.3	Verstehen üben	157
		8.3.1 Sachliches Verstehen: Hermeneutische Theorien des Verstehens	162
		8.3.2 Verstehen als Fremd-Verstehen	165
		8.3.3 Verstehen als Antworten	166
		8.3.4 Leibliche und grammatische Übungen des Verstehens	167
		8.3.5 Pädagogisches Verstehen-Üben im Zwischen von interkorporalem und grammatischem Verstehen	170

	8.4	Urteilen und Kritisieren üben	173
		8.4.1 Bestimmende und reflektierende Urteilskraft	175
		8.4.2 Wahrnehmen und Urteilen	177
		8.4.3 Korporales und Interkorporales Urteilen	180
		8.4.4 Kritisieren – Urteilen und Positionieren im öffentlichen Raum	184
		8.4.5 Urteilen: Distanzieren, Anhalten, Unterbrechen	189
		8.4.6 Urteilen Üben – Praktiken der Distanzierung	191
	8.5	Unterrichten üben	194
		8.5.1 Erfahrung, Übung, Profession	195
		8.5.2 Unterrichten: Theorie, Praxis, Erfahrung	197
		8.5.3 Beispiele und Fälle in der Lehrerinnen- und Lehrerbildung	202
		8.5.4 Didaktische Funktion des Beispiels – Verzögerung und Distanzierung	205
		8.5.5 Bildende Funktion des Beispiels – Einklammern und Zurücktreten (Epoché)	206
		8.5.6 Beispielverstehen als Urteilen-Üben und »Form der Professionalisierung«	207
		8.5.7 Ethos üben – Haltung zeigen	209

Abbildungsverzeichnis 213

Literatur 217

Einleitung

Dieses Buch nimmt sich vor, Üben als lebensweltliche, kulturelle und pädagogische Praxis in seinen produktiven Potenzialen in pädagogischen Feldern zu beschreiben und zu bestimmen. Leider hat die Übung in unserem Kulturraum einen schlechten Ruf. Mit Automation, Einschleifen, Pauken und Stumpfsinn in Verbindung gebracht, wird sie häufig als reproduktive, sekundäre Lernform verkannt und erinnert viele an Disziplinarpraktiken der »schwarzen Pädagogik«. Üben wird kaum als primäre pädagogische Praxis gewürdigt. Ihre kreativen und produktiven Potenziale werden selten gesehen. Eine »Wiederkehr des Übens« steht noch aus. Erste Schritte in diese Richtung sollen mit diesem Buch unternommen werden. Üben wird als eine besondere Praxis und Lernform anhand vieler Beispiele in seinen wichtigsten Strukturen vorgestellt.[1]

Es gibt kaum eine Praxis – wie Bewegen, Gehen, Rechnen, Schreiben, Verstehen oder Imaginieren –, in der nicht in Form von Rückbezügen, Anschlüssen, Anknüpfungen oder Wiederholungen agiert, d. h. geübt wird. Üben ist aber nicht nur für die Bewegungsbildung, die Sportpädagogik oder Pädagogik der frühen Kindheit im Kindergarten bedeutsam. Üben ist die Praxis, die einen kreativen, verstehenden und kritischen Zugang zu unserer Kultur, Gesellschaft und Gemeinschaft ermöglicht. Geübt werden neben Bewegen, Gehen, Sehen und Sprechen auch Verstehen, Begreifen, Kritisieren und Urteilen. Zudem werden nur durch Üben Einstellungen und Haltungen wie Aufmerksamkeit, Achtsamkeit oder Gelassenheit erworben. Es gibt leibliche und motorische Übungen, geistige und spirituelle Übungen, Meditationsübungen buddhistischer und philosophischer Ausprägung, geistliche Exerzitien, militärisches Exerzieren, sportliches Training und schulische Übungen sowie didaktische Übungsformate. Sie werden alle in diesem Buch thematisiert, systematisch unterschieden und in ihren unterschiedlichen Feldern sach- und fachbezogen analysiert.

Die fehlende Reputation der Übung ist darauf zurückzuführen, dass wiederholendes Lernen in der westlichen Welt als nicht kreativ und nicht entwicklungs- und fortschrittsorientiert gilt. Im asiatischen Kulturkreis dominiert hingegen das wiederholende Üben die Praxis des Lernens weitgehend. Hier existiert der eurozentrische Dualismus zwischen Repetition und Reflexion, Tradition und Innova-

---

[1] Ich danke Elisabeth Münder und Samira Trummer für die aufmerksame Korrektur und Formatierung des Textes sowie für wertvolle Hinweise. Daniel Pastenaci danke ich für die Suche nach geeigneten Bildern sowie für die Erstellung des Abbildungsverzeichnisses.

tion, Transpiration und Inspiration nicht. Lernen gilt hier gleichermaßen als Wiederholung von Altem und Erwerb von Neuem.

Diese Einsicht möchte dieses Buch aufnehmen und eine erfahrungs- und bildungstheoretische Perspektive auf das Üben präsentieren. Es geht um eine Rehabilitierung des Übens als sowohl leibliche als auch geistige, produktive Praxis, mit der ein elementarer Bezug zu sich, zu Anderen und zur Welt konstituiert wird. Entgegen dem europäischen Dualismus von Körper und Geist, Vernunft und Gefühl bzw. Freiheit und Unterdrückung, Wiederholung und Kreativität werden die Potenziale des Übens in praktischen, motorischen und mentalen, habitualisierenden und transformierenden, sorgenden und fürsorgenden Strukturen herausgearbeitet. Dazu werden unterschiedliche Praktiken des Übens wie Meditation, Training, Askese, Lianxi aus unterschiedlichen Kulturen und Feldern vorgestellt und untersucht. Auf der Grundlage einer Theorie der Erfahrung, der Bildung und der Sozialität wird Üben als repetitive und zugleich reflexive Praxis dargestellt, mit der man »aus Erfahrung klug« werden kann.

Üben ist eine Praxis, die auf Können bzw. besseres Können gerichtet ist. Geübt werden Praxen, die man nicht mittelbar durch Willen und Entschluss ausführen kann. Anlass und Prozess des Übens wird durch die Erfahrung bestimmt, dass man etwas nicht kann. Nicht-Können, Nicht-Wissen, Missverstehen, Nicht-Verstehen, Fehler und Scheitern gehören elementar zur Erfahrung im Üben hinzu. Diese »negativen Erfahrungen« werden in diesem Buch in unterschiedlichen Praktiken und Feldern des Übens aufgesucht, bestimmt und in ihrer bildenden Funktion ausgewiesen.

Es geht also nicht ausschließlich um den Erwerb von Fähigkeiten und Fertigkeiten, die ein- und ausgeübt werden. Im Einüben und Ausüben übt man immer auch sich selbst, indem man sich »in Form« bringt, sich formiert und ausbildet. Die übende *formatio* betrifft das Verhältnis der Übenden zu sich, zu Anderen und zur Welt. Diese Bildung als *cura* (Sorge) und *cultura* (Kultivierung) hat eine lange Tradition, die in diesem Buch wieder aufgegriffen wird. Üben hat also das Ziel der Kultivierung der Fertigkeiten und Fähigkeiten sowie der Formierung des Selbst. Diese Ziele werden abgegrenzt von modernen Zielvorgaben unter Bedingungen der Leistungsgesellschaft. Hier wird Üben vor allem als disziplinierende Praxis der Perfektionierung und der Optimierung eingesetzt. In einer erfahrungs- und bildungstheoretischen Perspektive hat Üben hingegen das Ziel, ein gutes Leben führen zu können. Es geht also um Selbstsorge und Selbstführung. Üben ist damit auch eine ethische Praxis der Lebenskunst. In vielen Kulturen finden sich Praxen asketischen, geistigen und spirituellen Übens, die diesem Ziel verpflichtet sind. Auch sie werden in diesem Buch zur Sprache kommen.

Der Anspruch des Buches geht damit über eine bereichs- oder fachdidaktische Bestimmung des Übens ebenso hinaus wie über die »älteren« Untersuchungen des Übens (vgl. Weise 1932, Rabbow 1954, Bollnow 1978, Loser 1976). Ohne Übung ist weder Bildung noch Lernen möglich – ja, ohne Üben ist ein lebendiges, weltbezogenes und weltoffenes Leben in demokratischen Gemeinschaften nicht möglich. Es geht also um eine Rehabilitierung des Übens als sowohl leibliche als auch geistige, produktive Praxis, mit der ein fundamentales Verhältnis zu sich, zu Anderen und zur Welt konstituiert wird.

Üben wird, so die hier vertretene Perspektive, als ein Relationsphänomen bestimmt. Diese Relationen werden zum einen in Selbstverhältnissen manifest, die in geistigen, meditierenden, philosophierenden oder imaginierenden Übungen im Mittelpunkt stehen. Die Relationen zu Anderen werden im Verhältnis zu Erzieherinnen und Erziehern, Lehrerinnen und Lehrern oder Exerzitienleiterinnen und Exerzitienleitern sinnfällig. Davon werden gegenstands- und fachbezogene Relationen unterschieden, wie sie im letzten Teil dieses Buches exemplarisch beschrieben werden. Eine Bewegungsübung (▶ Kap. 8.1) wird ganz anders erfahren als eine Imaginationsübung (▶ Kap. 8.2) oder eine Übung im Schulunterricht (▶ Kap. 8.5). Daher wird der Gegenstandsbezug in (fach-)spezifischen Feldern als eine wichtige Dimension herausgearbeitet. In der gegenstandsspezifischen und relationalen Perspektive wird Üben als ein pädagogisches Phänomen und eine pädagogische Praxis bestimmbar. Als solche ist Üben in soziale, gesellschaftliche und kulturelle Zusammenhänge eingebettet. Diese sozialen Verhältnisse werden in Bezug auf das Üben als leibliche bzw. zwischenleibliche Relationen (▶ Kap. 5.1) sowie als sozialtheoretische, responsive und antwortende Relationen (▶ Kap. 4.4) ausgewiesen und in unterschiedlichen Praktiken wie dem Verstehen (▶ Kap. 8.3.5) oder dem Urteilen (▶ Kap. 8.4.3) genauer bestimmt.

Die hier vorgestellte pädagogische Perspektive auf Üben grenzt sich von psychologischen und kompetenztheoretischen Theorien deutlich ab. Lernen und Üben werden hier nicht als stetiger und stufenweiser Zuwachs von kognitiven Fähigkeiten und Fertigkeiten verstanden. Mit der Fokussierung auf kognitive Prozesse (entweder die Informationsverarbeitung oder die Vernetzung) und ihre Kontinuität können psychologische und kompetenztheoretische Lerntheorien weder implizites Wissen noch emotionale, ästhetische, leibliche und ethische Dimensionen angemessen erfassen. Vor allem aber werden so negative Erfahrungen, d. h. Erfahrungen der Irritation, der Enttäuschung und des Scheiterns, die eben zur Erfahrung des Übens dazugehören, nicht in ihrem produktiven Potenzial erkannt. Sie gelten in diesen Theorien stattdessen als Betriebsunfälle erfolgreichen Lernens und Übens, welche weiter optimiert werden müssten (▶ Kap. 4.3).

Der Blick wird daher auf die Praxis des Übens gelenkt und damit erstens auf die Erfahrung im Üben, zweitens auf die bildenden Aspekte, drittens auf die sozialen und viertens auf die edukativen Zusammenhänge. Üben wird also erfahrungs-, bildungs-, sozial- und erziehungstheoretisch beschrieben und untersucht.

Die Erfahrungstheorie versucht die leiblichen, kinästhetischen Strukturen im Üben genauer zu betrachten. Aus phänomenologischer Perspektive werden Leiblichkeit und Verkörperung im Üben genauer analysiert. Die erfahrungstheoretische Betrachtungsweise verschiebt dabei die Perspektive weg von den Ergebnissen, den Kompetenzen oder den Leistungen, die im Üben perfektioniert oder optimiert werden könnten, hin zu den Prozessen und Erfahrungen im Üben selbst. Diese werden in drei Strukturen untersucht: Leiblichkeit, Zeitlichkeit und Machtförmigkeit. Die erfahrungstheoretische Betrachtungsweise ermöglicht es zudem, im Prozess des Übens die »schwirigen« Momente, die Erfahrungen der Enttäuschung, des Scheiterns, der »Unzuhandenheit« (Heidegger), des Nicht-Könnens und der Fehler in den Blick zu nehmen – also jene Erfahrungen, die für den Prozess und die Erfahrung des Übens konstitutiv sind. Sie gelten in bildungstheoretischer Perspektive als Grundmomente von Lern- und Übungsprozessen insofern, als mit ihnen und durch sie eine Umwendung, ein Umüben und Umlernen möglich wird: In der *formatio* der Übung kann sich eine *transformatio* ereignen; die Wiederholung der Tätigkeiten kann zu einem Ereignis und zu einer existenziellen Erfahrung führen, die Anstrengung und Überwindung im Üben führt zur Erfahrung von Flow, Gelassenheit und Achtsamkeit. Im scheinbaren Paradox der angestrengten Entspannung bzw. des fokussierten Loslassens verbirgt sich die Produktivität und Kreativität des Übens, die auch zur Erfahrung der Fülle des Augenblicks, zum Anhalten des Bewusstseinsstroms und zum Innehalten und Verzögern alltäglicher Verrichtungen führen kann. Deshalb werden im letzten Teil didaktische Praktiken des Übens als Praktiken der Verzögerung bestimmt. Üben changiert also zwischen Kontinuität und Diskontinuität, zwischen Fokussierung und Gelassenheit, zwischen Habitus und Transformation bzw. Selbstführung und Fremdführung.

Die Praktiken des asketischen, meditierenden, geistigen oder spirituellen Übens sind nie nur auf das Individuum bezogen. Sie finden in einem sozialen, gesellschaftlichen und machtförmigen Raum statt, der – das ist die dritte oben angesprochene Struktur in diesem Buch – in sozialtheoretischer Perspektive eingeholt wird. Üben findet auch durch Andere angeleitet und vor Anderen statt. Damit ist Üben auch eine Praxis der Macht, die aber, wie oben dargestellt, nicht nur unterwerfend und disziplinierend bzw. normalisierend ist. Die Erfahrung im Üben impliziert auch – das werde ich mit Foucault verdeutlichen – widerständige Momente und Freiheitsspielräume. Das Ziel der performativen Übung wird damit als ein Selbstkönnen bestimmt, in dem neben disziplinierenden, normalisierenden immer auch ereignishafte und singuläre Momente konstitutiv sind.

Diese Einsichten werden schließlich in edukativer Perspektive für eine Didaktik der Übung fruchtbar gemacht. Übung als intersubjektive und edukative Praxis in der Lehre, im Unterricht oder in pädagogischen Settings soll Üben als individuelle Praxis anleiten, unterstützen und ermöglichen. Übungen funktionieren ein- und ausschließend, disziplinierend und normalisierend und zugleich ermöglichend und formierend. Im machtförmigen Spannungsgefüge zwischen Selbstsorge und Fürsorge wird die Didaktik der Übung als Kunst der Verschränkung von Aus-, Selbst- und Fremdführung bestimmt. Die Didaktik der Übung wird systematisch auf unterschiedliche Felder bezogen und sach- und fachbezogen dargestellt.

Der hier vorgestellte Zugang zum Phänomen und zur Praxis des Übens wird im bildungs- und erziehungstheoretischen Diskurs der Allgemeinen Erziehungswissenschaft verortet, einer Disziplin, die auf den produktiven Austausch mit Didaktik und Fachdidaktiken nicht verzichten kann. Neben den bildungs- und erziehungswissenschaftlichen Aspekten stehen in diesem Buch schulische und unterrichtliche im Mittelpunkt. Das ist nicht nur der Berufsbiographie des Autors geschuldet, sondern auch der Tatsache, dass zwar keine Unterrichtsstunde ohne Üben auskommt, Üben aber gleichwohl und vor allem in der Schule, in der Unterrichtslehre und -forschung sowie in der Lehrerinnen- und Lehrerbildung eine vergessene und verkannte Praxis ist.

Das Buch besteht aus zwei Teilen. Im ersten Teil werden systematische, theoretische, historische, interkulturelle und didaktische Aspekte des Übens und der Übung entfaltet. Der zweite Teil des Buches ist für konkrete Felder des Übens reserviert. Hier werden Bewegen, Imaginieren bzw. Phantasieren, Verstehen, Urteilen, Kritisieren sowie Unterrichten als Praxen des Übens in den domänen- und fachspezifischen Feldern und Diskursen vorgestellt.

Im ersten Kapitel werden zunächst wichtige Kennzeichen des Übens herausgearbeitet und in sieben Punkten überblickshaft und einführend dargestellt. Kapitel 2 beschreibt die europäische Geschichte des Übens von den antiken und mittelalterlichen Praktiken des Übens bis in die Neuzeit und die Reformpädagogik. Mit Rabbow, Hadot und Foucault wird *askesis* als gleichermaßen geistiges und körperliches Üben bestimmt und als Praxis der Selbstsorge ausgewiesen, in der Aufmerksamkeit und Achtsamkeit für sich und andere eingeübt wird. Üben hat in der Antike eine ethische Dimension, die sich praktisch zu einem *ethos* (Haltung) verdichten kann. Im Mittelalter wird Üben auf ein überweltliches Heil ausgerichtet. Religiöse Exerzitien nehmen in ihrer praktischen Ausführung einen ästhetisch-sinnlichen Charakter an. Sowohl die ästhetisch-sinnliche als auch die praktisch-ethische Dimension des Übens gehen in der Neuzeit verloren. Hier dominiert der technisch-mechanische Aspekt in der »Schwarzen Pädagogik«, aber auch in der Reformpädagogik. Das Kapitel endet mit einem Ausblick auf eine aktuelle »Wiederkehr der Übung« (▶ Kap. 2.1) und auf aktuelle Probleme und Fragen der Übungstheorie und Übungsforschung (▶ Kap. 2.2).

Im dritten Kapitel wird ein interkultureller Blick auf das Üben in China geworfen. Dieses kann jenseits westlicher, kulturalistischer Marginalisierungen und Exotisierungen eine andere Perspektive auf diese Praxis bieten (▶ Kap. 3.1). Vor dem Hintergrund des Konfuzianismus (▶ Kap. 3.2) wird deutlich, dass Üben in China erstens mit einer positiv konnotierten Anstrengungs- und Überwindungsbereitschaft verbunden wird, zweitens eine achtsame Atmosphäre und eine konzentrierte Haltung in angespannter Entspannung bei gleichzeitiger entspannter Angespanntheit verlangt und drittens sowohl breites Wissen als auch tiefes Verstehen ermöglicht (▶ Kap. 3.3).

In Kapitel 4 erfolgt eine lern-, erfahrungs- und sozialtheoretische Grundlegung des Übens. Zunächst werden die lern- und erfahrungstheoretischen Hintergründe dargestellt. Auf der Grundlage einer operativen Unterscheidung von Lernen und Erziehen bzw. Üben und Übung werden dann mit Günther Buck die Grundlagen einer pädagogischen Theorie des Lernens *als* und *aus* Erfahrung verdeutlicht. Bildende Erfahrungen sind Lernerfahrungen, in denen umgelernt bzw. umgeübt wird (▶ Kap. 4.1). Sodann wird Üben als besondere Lernform in fünf Punkten ausgewiesen und Lernen von Üben unterschieden (▶ Kap. 4.2). Nach einer Kritik an kognitivistischen Lerntheorien, in denen Üben lediglich als sekundäre, unproduktive und konservative Lernform missverstanden wird (▶ Kap. 4.3), folgt eine sozialtheoretische Vergewisserung, mit der aktuelle Suchbewegungen der Erziehungs- und Bildungstheorie aufgenommen werden (▶ Kap. 4.4). Verkörperung, (Ex-)Position und Vulnerabilität als Praxen und Dimensionen des Antwortens mit und vor Anderen werden schließlich als Kategorien einer erfahrungs- und sozialtheoretisch orientierten Theorie des Übens ausgewiesen.

In Kapitel 5 werden drei Strukturen des Übens – Leiblichkeit, Temporalität und Machtförmigkeit – in einer erfahrungs-, bildungs- und sozialtheoretischen Analyse vorgestellt. Üben kann so als leibliche wiederholende, disziplinierende und gleichermaßen transformatorische Praxis beschrieben werden. Zugleich kann es vom Lernen, vom Bilden, vom Wiederholen, vom schieren Disziplinieren und Unterdrücken abgegrenzt werden.

In Kapitel 5.1 werden zunächst die leiblichen, gestaltförmigen und impliziten Strukturen des Übens dargestellt. Üben wird als leibliche und performative Praxis der Verkörperung beschrieben. Dazu werden wichtige Aspekte der Leibphänomenologie für die Erfahrung und die Praxis des Übens fruchtbar gemacht: in Untersuchungen zur Struktur- und Gestaltübung (▶ Kap. 5.1.1), zum impliziten Wissen des Übens (▶ Kap. 5.1.2), zum Aufbau eines Körperschemas im Üben (▶ Kap. 5.1.3) sowie zum Üben als Praxis der Verkörperung und Selbstsorge (▶ Kap. 5.1.4).

In Kapitel 5.2 wird Wiederholung als Kern des Übens ausgewiesen. In einer zeitphänomenologischen und zeittheoretischen Perspektive wird zunächst Üben von Wiederholen abgegrenzt (▶ Kap. 5.2.1), die Wiederholungsstruktur zeitphänomenologisch, diskurstheoretisch und dekonstruktiv bestimmt (▶ Kap. 5.2.3). Schließlich wird mit der Perspektive auf die temporale Differenz seine existenzielle Performativität (▶ Kap. 5.2.4) kenntlich gemacht. Die Performativität des Übens wird im Kontext einer existenziellen Dimension der Zeiterfahrung manifest, in der Flow, Gelassenheit oder Achtsamkeit bzw. *mindfulness* erfahrbar werden.

Kapitel 5.3 beschreibt und analysiert die Macht des Übens. Üben als Praxis der Macht zu betrachten ermöglicht, sowohl seine normalisierenden und unterwerfenden Effekte als auch die produktiven und kreativen Potenziale zu erfassen. Mit Foucault werden drei Formen der Übung vorgestellt, die disziplinierende, die asketische und die pastorale Übung. Auf Grundlage der europäischen Geringschätzung des Leibes und des Übens wird Üben in der Neuzeit zur Disziplinarübung. Mit Foucault werden Kennzeichen dieser Praxis des Machtwissens, der Subjektivation und der Normalisierung genauer dargestellt (▶ Kap. 5.3.1). Danach werden knapp die antiken Übungspraktiken der Selbstsorge (▶ Kap. 5.3.2) und dann – ausführlicher – jene des Christentums, d. h. der christlichen Exerzitien (▶ Kap. 5.3.3), vorgestellt. Diese sind im Kontext einer pastoralen Macht zu verorten, in welcher die machtvolle Fürsorge des Exerzitienmeisters mit der abhängigen Selbstsorge der Übenden zusammenfällt.

Das sechste Kapitel widmet sich den mentalen Übungspraktiken. Als Bewusstseinsübungen findet man sie in der europäischen Antike (*askesis*), im fernöstlichen Buddhismus und in den philosophischen Meditationen. Geistiges Üben hat eine ethische Ausrichtung. Als Übungen der Selbstsorge (▶ Kap. 6.1) zielen sie darauf, ein gutes Leben führen zu können, und streben Wachheit, Aufmerksamkeit und Achtsamkeit an. Sie sind immer leiblich fundiert und beziehen sich auf eine konkrete Tätigkeit, die ein- und ausgeübt wird, wie Essen, Atmen, Sehen und Sprechen. Meditierende Übungen zielen zudem auf eine Wandlung des Selbst, die durch Loslassen und Gewahrwerden bei gleichzeitiger Anspannung und Entspannung erreicht werden soll (▶ Kap. 6.2). Philosophische Meditationen (▶ Kap. 6.3) sind reflexive Übungen, die sich auf Gedanken, Sachen oder Probleme beziehen und in einer Praxis (des Schreibens, Gehens, Dialogisierens) ausgeübt werden. Nachdem die unterschiedlichen antiken, fernöstlichen und philosophischen Praktiken der Meditation vergleichend vorgestellt und ihre Gemeinsamkeiten und Unterschiede herausgestellt wurden, schließt das Kapitel mit einem kritischen Ausblick auf neurophänomenologische Perspektiven auf Übungen der Achtsamkeit, die aktuell unter dem Titel Embodiment, Awareness und Mindfulness (▶ Kap. 6.4) Konjunktur haben.

Im siebten Kapitel wird die pädagogische Übung als edukative Praxis vorgestellt. Ich gehe davon aus, dass die individuelle Praxis des Übens von ihrer edukativen, machtförmigen Inszenierung als Übung zu unterscheiden ist. Pädagogische Übungen zielen darauf, andere zum Üben anzuregen, sie zu unterstützen, aber auch sie zu disziplinieren oder zu normalisieren. Diese Ambivalenz zwischen Freiheit und Zwang bzw. zwischen Selbstsorge und Fürsorge teilt sich die Übung mit anderen pädagogischen Praktiken. Sie macht eine Reflexion auf die Ziele der Übung sowie auf Normen und Werte notwendig (▶ Kap. 7.1). Erst wenn die Perspektive von den Erfolgen, Ergebnissen und zu optimierenden Leistungen auf den Prozess und die Erfahrungen im Üben verschoben wird, kann Übung als Kultivierung von Fähigkeiten und Fertigkeiten sowie als Einübung von Haltungen kenntlich werden. Dazu werden in diesem Kapitel die leiblichen, wiederholenden und machtförmigen Strukturen des Übens noch einmal aufgegriffen und als Grundlage der edukativen Übung ausgewiesen (▶ Kap. 7.2). Danach werden Aspekte einer Didaktik der Übung entwickelt: Beschränkung, Isolation, Gestalt-, Situations- und Kontextbezug sowie Variation, Rekomposition und Polarisation werden als didaktische Mittel ausgewiesen (▶ Kap. 7.3). Die Übung kann so in Abgrenzung zur traditionellen und aktuellen Unterrichtslehre als Anfang und Beginn des Lernens bestimmt werden (▶ Kap. 7.4). Die Perspektive auf die negativen Erfahrungen wird schließlich mit Blick auf reflexive Übungsformate noch einmal geschärft (▶ Kap. 7.5). Deutlich wird, dass in der didaktischen Übungspraxis die unterstützende und positive Einstellung der Pädagoginnen und Pädagogen den negativen Erfahrungen im Üben gegenüber entscheidend ist. Sie können als didaktische Bewährungsprobe und zugleich als zentrale Erfahrungsmomente der Übung gelten.

Der zweite Teil des Buches stellt in Einzelstudien ausgewählte Gegenstände des Übens in ihren Feldern dar. Jede Übungspraxis hat einen Inhalt, einen Stoff bzw. einen Gegenstand. Diese Gegenstände strukturieren sowohl den Erfahrungsprozess im Üben als auch die Erfordernisse einer bereichs- und fachspezifischen Didaktik. Sie werden in Kapitel 8 in einer allgemeinpädagogischen, erfahrungs-, bildungs- und sozialtheoretischen Perspektive dargestellt, wobei sich die Auswahl auf Bereiche konzentriert, die für Bildung, Lernen und Erziehung in demokratischen Gesellschaften bedeutsam sind: Kreativität und Phantasie, Verstehen bzw. Fremd-Verstehen unter Bedingungen von Fremdheit, Pluralität und Diversität sowie Urteilen und Kritisieren. Bewegen, Imaginieren, Verstehen, Kritisieren, Urteilen sowie Unterrichten werden als exemplarische Felder und Praxen des Übens vorgestellt, gegenstandstheoretisch bestimmt sowie domänen- und fachspezifisch analysiert. Diese sind Felder der leiblich-körperlichen Bewegungsübung (▶ Kap. 8.1), der geistigen Übung der Imagination (▶ Kap. 8.2), des Verstehen-Übens von Anderen und Fremdem (▶ Kap. 8.3) sowie des Urteilens und Kritisierens in demokratischen Gemeinschaften (▶ Kap. 8.4). Das Kapitel endet mit einer Untersuchung zum Lehren üben als Form der Professionalisierung von Lehrerinnen und Lehrern (▶ Kap. 8.5). Hier werden Möglichkeiten und Grenzen der Übung in hochschuldidaktischen Settings dargestellt mit dem Ziel, eine professionelle Haltung im Sinne eines Ethos ein- und auszuüben.

Kapitel 8.1 widmet sich dem Bewegen üben. Hier werden zunächst an einem Beispiel aus der qualitativen phänomenologischen Bildungsforschung Perspektiven auf frühkindliches Greifen und Begreifen vorgestellt (▶ Kap. 8.1.1), sodann wird Üben als Desiderat und zugleich als zentrale Praxis der Sportpädagogik ausgewiesen (▶ Kap. 8.1.2). Dazu werden leibphänomenologische und erfahrungstheoretische Grundlagen des Übens im Sport (▶ Kap. 8.1.3) vorgestellt sowie kurze Überlegungen zu einer Didaktik der Übung im frühkindlichen und im sportpädagogischen Bereich angestellt.

Kapitel 8.2 widmet sich den Imaginationsübungen und damit dem Bereich der kulturellen Bildung. Entgegen landläufiger Vorurteile wird hier deutlich, dass auch Imagination und Kreativität geübt werden können. Inspiration und Transpiration sind keine Gegensätze. Das wird am Beispiel der geistlichen Übungen von Ignatius von Loyola exemplarisch vorgeführt. Die Didaktik der Imaginationsübungen (▶ Kap. 8.2.5) wird eingebettet in eine Darstellung der Geschichte der Imaginationsübung (▶ Kap. 8.2.1) und in eine Überblicksdarstellung zur Bildungstheorie und Didaktik der Imagination bzw. Kreativität (▶ Kap. 8.2.2). Die Anthropologie als »Anwendung der Sinne« (▶ Kap. 8.2.3 und 8.2.4) der *Exercitia spiritualia* zeigt überzeugend, dass Imaginationen, Vorstellungen, Phantasie und Kreativität geübt werden können, dass es dazu aber einer besonderen Sensibilität, eines pädagogischen Taktes bedarf, um die besondere negative Erfahrungsstruktur zwischen Einbildung und »Entbildung« (Meister Eckart) sowie zwischen Selbstführung und Fremdführung erfassen und umsetzen zu können.

Kapitel 8.3 stellt die Praxis des Verstehens als grundlegenden Zugang zur Teilhabe an einer Kultur und ihrer aktiven Gestaltung in den Mittelpunkt. Verstehen ist für das Hineinwachsen in Kultur und Gesellschaften ebenso zentral wie für die Teilhabe an gesellschaftlichen Praktiken, vom Lesen bis hin zur demokratischen Mitbestimmung. Verstehen und Verstehen üben wird auf der Grundlage erfahrungs- und bildungstheoretischer sowie phänomenologischer Zugänge als leibliche bzw. zwischenleibliche Praxis, als ein verkörpertes Antworten vorgestellt, das einerseits auf einer Verständigung beruht, die auf dem Boden eines allgemeinen Horizonts und auf der Grundlage gesellschaftlicher und normalisierender Ordnungssysteme ein Verstehen überhaupt erst ermöglicht. Andererseits beruht es auf einem »grammatischen« Verstehen kultureller Symbole und ihrer Symbolsysteme. In dieser Hinsicht ist Verstehen auf Verständlichkeit bezogen, insofern als diese kulturellen Symbolsysteme in der Schule Gegenstand des Unterrichts sind. Zunächst wird in Abgrenzung von hermeneutischen Theorien des Verstehens nach Dilthey und Gadamer das Fremd-Verstehen als Antworten mit Scheler und Waldenfels herausgearbeitet (▶ Kap. 8.3.1, 8.3.2, 8.3.3). Danach wird die Doppelstruktur des Verstehenübens zwischen leiblich-basierter Verständigung und kulturell-grammatischem Verstehen anhand von drei Beispielen verdeutlicht (▶ Kap. 8.3.4). Pädagogisches Verstehen und Verstehen üben wird, so die These, in einem Zwischenraum zwischen Verstehen als Verständigung einerseits und grammatischem Verstehen kultureller Symbolsysteme andererseits verortet (▶ Kap. 8.3.5).

Für Demokratiebildung und -erziehung sind die Praxis des Urteilens und des Kritisierens von zentraler Bedeutung. Kapitel 8.4 widmet sich diesem Feld als einer besonderen Sache des Übens. Kritisieren und Urteilen werden als leibliche bzw. zwischenleibliche Praxen verstanden, die auf einem elementar-reflexiven Wiederholungsgeschehen basieren (▶ Kap. 8.4.1 und 8.4.2). Zunächst wird die interkorporale Dimension der Reflexivität und des Urteilens mit Merleau-Ponty und Heidegger am Beispiel des Händedrucks herausgearbeitet (▶ Kap. 8.4.3). Danach wird Kritisieren als politische Praxis der Positionierung unter vulnerablen und prekären Bedingungen im öffentlichen Raum bestimmt (▶ Kap. 8.4.4). Schließlich werden Möglichkeiten erwogen, Urteilen und Kritisieren zu üben. Hier werden Praktiken der Verzögerung und der Distanzierung als Modi des Urteilenübens vorgestellt (▶ Kap. 8.4.5). Urteilen wird als eine Praxis des Unterscheidenkönnens sowie als distanzierende und einklammernde Bewegung der Unterbrechung dargestellt (▶ Kap. 8.4.6). Urteilen wird damit als Voraussetzung für Kritik als »Grenzhaltung« (Foucault) im öffentlichen Raum ausgewiesen, die sich auf die Inhalte, auf Beziehungen, Ordnungen und Systeme gleichermaßen verzögernd zurückwendet. Insofern können Urteilen üben und Kritik üben als wesentliche Praxen von Demokratie und Postdemokratie gelten.

Das letzte Kapitel widmet sich dem Unterrichten üben als besonderem Feld der Professionalisierung (▶ Kap. 8.5). Hier werden die erfahrungstheoretischen Überlegungen wieder aufgenommen und die Differenz zwischen Theorie, Praxis und Erfahrung in Bezug auf Unterricht, Unterrichten üben und Unterrichtsforschung fruchtbar gemacht (▶ Kap. 8.5.1 und Kap. 8.5.2). Unterrichten üben wird für die Lehrerinnen- und Lehrerbildung an Beispielen der Unterrichtsforschung als »Form der Professionalisierung« und als propädeutisches Unterrichten üben ausgewiesen (▶ Kap. 8.5.3). Dazu wird Fallarbeit als Beispielverstehen hochschuldidaktisch als eine Methode des Lehrenübens dargestellt. Das Praxisbeispiel wird dann in seinen didaktischen und bildenden Funktionen bestimmt und schließlich werden Haltung und Ethos in professionellen Kontexten übungstheoretisch genauer dargestellt (▶ Kap. 8.5.4, 8.5.5, 8.5.6). Mit dem Unterrichten üben kann also eine Verbindung von theoretischem und reflexivem Wissen für die pädagogische Praxis erfolgen. Es wird möglich, bildende Erfahrung hochschuldidaktisch zu inszenieren und damit Voraussetzungen für eine urteilskräftige, reflektierende und forschende Haltung zu schaffen (▶ Kap. 8.5.7).

Mit den in diesem Buch dargestellten Aspekten einer Geschichte und Theorie des Übens verbindet sich die Hoffnung, dass diese als Anlässe einer weiteren Übungsforschung dienen, die sich jeweils feldspezifisch verortet und die fachwissenschaftlichen und fachdidaktischen Diskurse aufnimmt mit dem Ziel, Üben als kreative und produktive Praxis zu rehabilitieren.

1 Aspekte einer Theorie des Übens als Praxis und Erfahrung

Ein kleiner Junge strauchelt und kippelt auf seinem roten Fahrrad. Sein Vater hält ihn zunächst am Sattel fest, dann lässt er los. Nach kurzer Zeit kippt der Junge um und fällt hin. Er steigt gleich wieder auf und versucht es erneut. Dieses wiederholt sich mehrfach. Kratzer, Schürfwunden, Tränen und Wut auf das sperrige Fahrrad gehören ebenso dazu wie der Stolz, »es« zu können und es den anderen Kindern und Erwachsenen zu zeigen.

Abb. 1: Fahrradfahren üben: sich bewegen üben (M. Brinkmann, eigene Aufnahme).

Im Klassenrat der 3a sollen auf Anregung der Lehrerin anlässlich verschiedener Vorfälle die Klassenregeln besprochen werden. Die Schülerinnen und Schüler wollen alle Regeln nochmals auf den Prüfstand stellen und eventuelle Konsequenzen bei Regelbruch gemeinsam festlegen. Sie diskutieren über mögliche

Prinzipien der Regelgebung, ohne zu einem Ergebnis zu kommen, und üben sich im Urteilen.

Abb. 2: Klassenrat in einer Grundschule: Urteilen üben (Drubig-Photo/Adobe Stock).

Eine Meditierende sitzt im Lotussitz und fokussiert sich auf ihren Atem. Nach einer Weile schweifen ihre Gedanken ab, und sie bemerkt, dass die Konzentration auf den Atemstrom verloren gegangen ist. Sie versucht sich wieder auf den gegenwärtigen Moment zu konzentrieren. Das scheint ihr nicht recht zu gelingen, wie sie später in einem Meditationsprotokoll mitteilt. Der Übungsleiter stellt ihr anschließend Fragen zu ihrem mentalen Zustand und zeigt ihr, wie sie zugleich angespannt und entspannt atmen soll, um zur konzentrierten, fokussierten Atmung zurückkehren zu können.

In einem heterogenen Volkshochschulkurs werden literarische Werke diskutiert. Die Teilnehmerinnen und Teilnehmer sitzen einander zugewandt. Es geht darum, sowohl den Text als auch die Perspektiven der Anderen zu verstehen. Diese stammen teilweise aus nicht europäischen Kulturkreisen. Die Diskussion ist von Missverständnissen geprägt bei gleichzeitiger Anstrengung, die Perspektiven der Anderen anzuerkennen und mit den eigenen Erfahrungen in Verbindung zu setzen. Das zeigt sich in Gesten und Gesichtsausdrücken, die das Gesagte untermalen, häufig aber schon vor dem Gesagten gezeigt werden. Sie wirken wie eine Choreographie, die ein leiblich-körperliches Aufeinander-Antworten in Szene setzt. Die Missverständnisse können nicht aufgelöst werden.

Schülerinnen und Schüler sitzen im Unterricht an Mathematikaufgaben. Ihre Köpfe sind über das Heft gebeugt. Der Blick ist fest auf das Blatt gerichtet. Körperlich zeigt sich ein Dreieck bestehend aus Auge, Hand und Blatt. Sie atmen

1 Aspekte einer Theorie des Übens als Praxis und Erfahrung

Abb. 3: Meditieren üben als achtsames Anhalten des Bewusstseinsstroms (CC0 JD Mason/ Unsplash).

dabei, oftmals deutlich vernehmbar, in einem gleichmäßigen Rhythmus. Ihre Körper haben eine angespannte Haltung.

Diese Beispiele aus unterschiedlichen Feldern des Übens stammen aus Projekten der Übungsforschung (Brinkmann 2012), die in Berlin seit 2012 in unterschiedlichen Bereichen betrieben wird.[2] Sie stellen exemplarische Praktiken und Erfahrungen im Üben dar. Diese zeigen sich in spezifischen Verkörperungen (vgl. Brinkmann 2020d). An ihnen sollen im Folgenden zunächst wichtige Kennzeichen des Übens herausgearbeitet werden. Diese werden in diesem Kapitel in sieben Punkten überblickshaft und einführend dargestellt und später in den weiteren Kapiteln aufgegriffen und vertieft.

---

2 https://www.erziehungswissenschaften.hu-berlin.de/de/allgemeine/forschung-1

Abb. 4: Schreiben, Lesen, Rechnen üben als Ein- und Ausüben von Kultur (CC0 Martin Vorel/Libreshot).

1.1 Üben ist eine Praxis des Könnens

Eine Person, die eine Mathematikaufgabe lösen, mit dem Fahrrad fahren oder Tennis spielen, Vokabeln lernen, meditieren, verstehen oder soziale Regeln im Gesprächskreis einhalten will oder soll, kennt vielleicht jeweils die formalen Regeln dafür. Sie weiß, wie gefahren, gerechnet, meditiert, zugehört oder diskutiert wird, und sie weiß auch, dass dafür Konzentration, Geduld und Aufmerksamkeit wichtig sind. Aber sie kann diese Fertigkeiten und Fähigkeiten nicht so ohne weiteres ausführen. Bevor sie sie ausführt, *muss* sie üben. Das gleiche gilt für Blitzschachspielerinnen und Blitzschachspieler, für Ärztinnen und Ärzte oder Lehrpersonen. Könnerinnen und Könner handeln zunächst intuitiv und eingebunden in eine Situation. Die Situation wird gestalthaft wahrgenommen (Polanyi 1985). Wir nehmen also nicht zuerst isolierte Tatsachen wahr und geben ihnen dann einen Sinn, sondern umgekehrt: Zuerst kommt das sinnhafte Erlebnis des Ganzen der Situation, aus der heraus dann einzelne Teile isoliert werden können (vgl. Merleau-Ponty 1976, Buck 2019). Das wiederum ist die Bedingung dafür, dass Könnerinnen und Könner hochflexibel und mit »konzentrierter Leichtigkeit« agieren (vgl. Neuweg 2006, S. 12).

Um grammatikalische, mathematische, motorische oder soziale Fertigkeiten und Fähigkeiten oder individuelle Haltungen zu erwerben, bedarf es mehr als eines Willens, einer Motivation und mehr als Wissen. Wissen, Motivation, Erkenntnis oder Kognition reichen nicht aus, um etwas zu können. Denn über Motivation und Wissen verfügen die in den o. g. Beispielen erwähnten Personen. Aber sie können es nicht direkt und unmittelbar in die Praxis umsetzen. Können entsteht aus der Praxis in einem wiederholenden und intentionalen Tun, d. h. im Üben. Die Personen im Volkshochschulkurs oder die Kinder der 3a wissen und kennen schon etwas – in diesen Beispielen die Regeln für verständiges Zuhören. Um die eigene Perspektive argumentativ begründen zu können, müssen sie sich im Urteilen üben. Hier wie im Bereich des sozialen Miteinanders oder im Bereich motorischer oder meditativer Praxis reichen Vorsatz, Motivation, Wissen oder Willen nicht aus. Denn um sich gegenseitig achtsam zuhören zu können, müssen sie wiederholend das Verstehen Anderer sowie Aufmerksamkeit und Achtsamkeit einüben. Üben geschieht dadurch, dass man Entsprechendes tut. Dazu müssen sie diese Praxis ausführen. Diese einfache Einsicht, dass Einüben nur im Ausüben wirksam wird, dass Können nur in der Praxis erworben wird, kannten schon die Griechen: »So wird man durch Bauen ein Baumeister, durch Kithara spielen ein Kitharaspieler« – das bemerkt Aristoteles in der »Nikomachischen Ethik« (Aristoteles 1985, S. 27, 1103a; übers. u. modifiziert M. B.). Üben ist daher eine Praxis, die zunächst körperlich bzw. leiblich strukturiert ist. Sie ist aber keineswegs nur auf motorische Fertigkeiten beschränkt. Im Üben werden auch geistige, mentale Fähigkeit ausgeprägt. Im Üben verbinden sich Wissen und Können, Leibliches und Geistiges. Die wiederholende Übung führt zur Ausbildung von Gewohnheit (*hexis*), Können und Haltung (*ethos*). Es geht also nicht um Wissen, sondern um Praxis – und, wie ich zeigen werde, um Erfahrung (▶ Kap. 4.1). Im Üben ist implizites Wissen, das nicht vollständig auf den Begriff gebracht werden kann, als praktisches Können primär, verbal explizites und formalisiertes Wissen hingegen sekundär (vgl. Neuweg 1999). Nur im leiblichen Tun können mentale, ästhetische und ethische Fähigkeiten, praktische Fertigkeiten, Haltungen und Einstellungen wiederholend erlernt und kultiviert werden. Der Weg dahin ist die wiederholende Übung.

Mit dem Leib beginnt und endet das Üben (▶ Kap. 5.1). Üben hat etwas mit der »Einverleibung von Strukturen« (Waldenfels 2001b, S. 166, S. 183) zu tun. Strukturen werden im Folgenden in leibphänomenologischer Bedeutung als »Struktur des Verhaltens« (Merleau-Ponty 1976) verstanden. In einer Struktur- bzw. Gestaltwahrnehmung stehen Teil und Ganzes in einem Entsprechungs- und Verweisungsverhältnis. Folglich ist »Übung (…) Ausbildung, im weitesten Sinne, einer Struktur, nicht die Festigung eines Bandes« (Koffka 1921; ▶ Kap. 5.1). Diese Strukturen der Bewegung, des Wahrnehmens, des Denkens bzw. Urteilens, des Verstehens und Imaginierens (▶ Kap. 8) sind implizit und leiblich strukturiert. Sie können kaum in explizite Regeln übersetzt werden. Gleichwohl sind diese Regeln den Praktikerinnen und Praktikern und professionellen Akteurinnen und Akteuren bekannt. In der Physik zum Beispiel kennt man die Regel, die Radfahrer intuitiv in ihrem leiblichen Tun befolgen.[3] Georg Neuweg bemerkt dazu lakonisch: »Der Punkt ist nur: Obwohl die Regel beschreibt, wie es geht, kann man mit ihr nicht lernen, wie es geht« (Neuweg 2006, S. 2). Üben basiert also nicht auf Regeln, sondern auf Praxis und Erfahrung. Im Üben wird ein »Körperschema« auf dem Fundament eines »sensu-motorischen Apriori« (Merleau-Ponty 1976, S. 116) aufgebaut. In diesem Können kommt gewusstes Können (*knowing how*) und gekonntes Wissen (*knowing that*) zusammen (vgl. Ryle 1969). Im Üben als leibliche Praxis werden Fertigkeiten und Fähigkeiten ausgebildet und Haltungen kultiviert. Es sind daher weniger Formen des Wissens, der Repräsentation und des Bewusstseins, sondern vielmehr Formen »impliziten« Könnens: Üben bringt gleichsam »Könntnisse« (Prange 1979, S. 117) hervor. Die erfahrene Praktikerin und der erfahrene Praktiker kann etwas, weil sie oder er es geübt hat. Hier zeigt sich bereits der innere Zusammenhang von Erfahrung, Profession, Wiederholung und Übung (▶ Kap. 8.5).

1.2 Üben basiert auf Nicht-Können – negative Erfahrungen

Üben und Übungen haben eine lange Geschichte. Die Rekonstruktion vergessener Formen des Übens, die antiken »Technologien des Selbst« und die mittelalterlichen Exerzitien (▶ Kap. 5.3 und 8.2) sowie der Blick auf nicht europäische Praktiken des Übens in China (▶ Kap. 3) und auf mentale Übungen des Bewusstseins und der Meditation (▶ Kap. 6) zeigen die Vielfältigkeit und Produktivität des Übens. Die kulturgeschichtliche und genealogische Perspektive auf die Praxen des Übens relativiert den modernen Fortschritts- und Machbarkeitsmythos. Die Geschichte der Übung (▶ Kap. 2) macht deutlich, dass erst in der europäischen Moderne mit Üben vornehmlich Erfolg, Leistung, Perfektionierung und Optimierung verbunden wird. Die perfektionszentrierte und erfolgsorientierte Sicht zeigt aber nur eine Facette dieser Praxis. Nimmt man statt der Ergebnisse und der Erfolge, statt der leistungsbezogenen Kompetenzen und des messbaren Outputs den Prozess in der Erfahrung des Übens in den Blick, dann ergibt sich ein anderes Bild: Geübt wird nämlich, wenn man die angestrebte Fähigkeit und Fertigkeit noch nicht »kann«, wenn man scheitert und es aufs Neue versucht. In den o. g. Beispielen wird sinnfällig: Üben beginnt mit einem Nicht-Können, das – zumindest für den Moment – überwunden werden soll. Deshalb ist Üben eine anstrengende und fordernde Tätigkeit, die Ausdauer, Selbstüberwindung und Fehlertoleranz verlangt. Die Konfrontation mit Nicht-Können und Nicht-Wissen, mit Fehlern, Missverstehen, Scheitern und Stolpern kann als Schmerz, als Irrita-

---

3 Diese Regel lautet: »Jeder auftretende Neigungswinkel ist zu kompensieren durch eine Lenkbewegung in die Richtung des Ungleichgewichts, die eine die Wirkung der Schwerkraft aufhebende Zentrifugalkraft auslöst, wobei der Radius der mit der Lenkbewegung beschriebenen Kurve dem Quadrat der Fahrgeschwindigkeit dividiert durch den Neigungswinkel entsprechen muss« (Neuweg 2006, S. 20).

tion oder Enttäuschung erlebt werden. Solche »negativen Erfahrungen« gehören zum Üben dazu. Sie können zwar temporär überwunden werden, ergeben sich aber gleich wieder im nächsten, schwierigeren Schritt. Übt man eine Zeit lang nicht, dann kommt es teilweise zum Verlust oder Vergessen, was wiederum ein erneutes Üben erfordert. Als Strukturen sind negative Erfahrungen für das Üben elementar. Ich werde zeigen, dass die Gerichtetheit des Übens auf ein Ziel hin durch passive, soziale und machtförmige Momente »gebrochen« wird. Üben geschieht auf der Grundlage einer »fungierenden Intentionalität« (Fink 1988, S. 91, Merleau-Ponty 1974, S. 15).

In der Erziehungswissenschaft geraten in letzter Zeit diese negativen Erfahrungen zunehmend in den Fokus der Forschung: Irritationen, Enttäuschungen, Scheitern und Fehler werden als wichtige Momente, nicht als Betriebsunfälle erfolgreichen Lernens und Übens gesehen (Oser/Spychiger 2005, Agostini 2016, Benner 2012, Meyer-Drawe 2008, Brinkmann 2012, Rödel 2018, Buck 2019). Mit der negativen Erfahrung ereignet sich in der Wiederholung des Übens ein Bruch. Dieser Bruch kann als so stark erfahren werden, dass Weiterüben nicht mehr möglich ist: Die oder der Übende bricht ab. Die Irritationen des eigenen Nicht-Könnens, die Enttäuschung der Intentionen und die Konfrontation mit der Widerständigkeit und Andersheit der Sache in den negativen Erfahrungen können aber auch die produktiven Chancen des Übens verdeutlichen. Die Veränderung von Gewohnheiten und die Reorganisation und Transformation von Sedimentierungen und Habitualisierungen sind ohne die Erfassung, Erfahrung und Inszenierung von Negativität nicht möglich. Der Fokus auf negative Erfahrungen resultiert aus einer pädagogischen Perspektive auf Lernen und Üben, die die prozesshaften und edukativen Erfahrungen berücksichtigt. In Kapitel 4 werde ich die pädagogische Lern-, Bildungs- und Übungstheorie vorstellen und von kognitivistischen, konstruktivistischen und empiristischen Theorien des Lernens abgrenzen.

Pädagogisches Üben ist wiederholte Praxis auf Probe. Deshalb üben nicht nur Schülerinnen und Schüler oder Studentinnen und Studenten, sondern auch Pilotinnen und Piloten am Flugsimulator und auch die Feuerwehr. Fehler und Unvollkommenheiten werden zugestanden, die im »wirklichen« Handeln kaum zugestanden würden. Für Pädagoginnen und Pädagogen bedeutet dies: Die Als-ob-Situation der Übung ist keine Leistungs- und Bewertungssituation, sondern eine Lernsituation. Fehler müssen nicht nur zugestanden werden in einer pädagogischen Fehlerkultur. Sie treten nicht nur als Folge von Nicht-Wissen oder falschem Lernen auf. Fehler gehören vielmehr elementar zum Lernen und Üben dazu.[4] Üben changiert also zwischen Können und Nicht-Können. Es ist daher

---

4 Im pädagogischen Diskurs mehren sich die Versuche, nicht Perfektion, Optimierung und Kompetenz, sondern Irritation, Enttäuschung und Fehler als Chance und Ausgangspunkt des Lernens und Unterrichtens zu nehmen, meist im Kontext der »Fehlerkultur«, mit der gegen die traditionelle Vermeidungs- und Schampraxis Fehlern gegenüber angegangen werden soll. Fritz Oser untersuchte Formen des »negativen Wissens«, die im Unterricht für den individuellen Lernprozess fruchtbar gemacht werden sollen (vgl. Oser/Spychiger 2005). Im Bereich der »Meisterlehre« (Collins et al. 1989) wird unter den Titeln »Coaching« und »Scaffolding« auf Fehler und Scheitern eingegangen, aber ohne

sinnvoll, nicht nur die Ergebnisse des Übens – also Erfolge oder Output –, sondern den Übungs- und Lernprozess als Erfahrungsprozess selbst zu betrachten.

Die »negative« Dimension der Erfahrung im Üben ist eine Zumutung und eine Herausforderung für Übende und für Pädagoginnen und Pädagogen gleichermaßen. Für die Didaktik der Übung (▶ Kap. 7) bedeutet diese Einsicht, dass die konstitutiven negativen Erfahrungen in Lehre und Unterricht gezielt eingesetzt werden können mit dem Ziel, Übensprozesse und bildende Erfahrungen anzuregen. Irritationen, Enttäuschungen und Fehler müssen vorsichtig und behutsam thematisiert werden – z. B. in Aufgabenformaten (▶ Kap. 7.5), im Unterrichtsgespräch über eine »Sache« (▶ Kap. 8.5) oder im gemeinsamen und gegenseitigen Verstehen (▶ Kap. 8.3). Ist aber die Konfrontation mit dem Nicht-Wissen und Nicht-Können zu stark, wird die negative Erfahrung zu deutlich, ereignet sich ein Bruch. Das Weiterüben kann dann unmöglich werden: Die oder der Übende bricht ab und gibt auf. Negative Erfahrungen sollten daher »taktvoll« (Herbart) und mit Rücksicht auf die je individuelle Situation inszeniert und damit die produktiven Potenziale der Übung genutzt werden (▶ Kap. 4, 7, 8.5).

Auf der Grundlage erfahrungs- und bildungstheoretischer Überlegungen (▶ Kap. 4.1) lassen sich zudem die Ziele des Übens pädagogisch bestimmen. Konventionelle Ziele der Übung wie Perfektion und Optimierung können kritisch eingeklammert und relativiert werden. Eine bildungstheoretische Perspektive auf die Erfahrung im Üben zeigt, dass nicht nur Fertigkeiten, sondern auch Fähigkeiten im Üben erworben werden können, dass also im Einüben einer Fertigkeit auch das Ausüben einer Fähigkeit stattfindet. Üben ist also nicht nur ein Etwas-üben, sondern immer auch ein Sich-selbst-üben, bei dem man sich »in Form« bringt und sich eine Form gibt. In dieser *formatio* gestaltet die oder der Übende ihr oder sein Verhältnis zu sich, zu Anderen und zur Welt. Diese Bildung als *cura* (Sorge) und *cultura* (Kultur bzw. Kultivierung) hat eine lange abendländische Tradition (▶ Kap. 2 und 7). Dabei ist nicht Selbsterkenntnis, Autonomie und Emanzipation Ziel übender Selbstsorge (▶ Kap. 4.4). Üben ist in der hier vorgestellten Perspektive auch Lebenskunst und Lebensziel (▶ Kap. 6). Bollnow erkennt darin den Wert des Übens: dass »der Mensch (…) nur da ganz Mensch (bleibt, M. B.), wo er übt; er sinkt unter sein Menschsein hinab, wenn er sich nicht mehr übend bemüht« (Bollnow 1978, S. 12).

---

edukative Überlegungen und ohne direkten Bezug zu negativen Erfahrungen (vgl. Reinmann et al. 2021). Bisher ist noch ungeklärt, was genau ein fruchtbarer, »guter« Fehler ist und was nicht (vgl. Breinbauer 2006, S. 18), ebenso wie kontrovers diskutiert wird, was genau »guten« Unterricht ausmacht (Praetorius et al. 2022). In bildungs- und übungstheoretischer Perspektive erscheint es sinnvoll, nicht nur die Ergebnisse des Lernens – also Erfolge, Outcome oder Scheitern –, sondern den Erfahrungsprozess selbst zu untersuchen. Fehler, so die hier vertretene These, sind nicht Folge falschen Lernens und Lehrens, sondern gehören als negative Erfahrungen elementar zum Lernen und Üben hinzu. Wenn die Chancen und Möglichkeiten in den heteronomen und passiven Bedingungen aufgesucht werden sollen, dann müssen auch gesellschaftliche Bedingungen und der soziale Kontext des Übens einbezogen werden.

1.3 Üben ist eine Praxis der Wiederholung

Die Übung ist eine auf Stetigkeit und Dauerhaftigkeit angelegte Lernform. Einfälle, Zufälle, Ernstfälle und Widerfahrnisse lassen sich nicht üben. Die entscheidende Figur, die die Zeitlichkeit des Übens bestimmt und das Üben vom Lernen unterscheidet, ist die Wiederholung. Alle Übenden können und wissen schon etwas, auf das die wiederholende Übung aufbaut und das in der Gegenwart des Übens iteriert und reaktualisiert wird. Zugleich weist die Gegenwart des Übens über sich selbst hinaus, indem sich in ihrer Praxis eine Gerichtetheit, eine Intention manifestiert, die darauf abzielt, etwas zu können bzw. besser zu können. In dieser Antizipation eröffnet sich ein Zeitraum des Übens zwischen Vergangenheit und Zukunft, zwischen Bekanntem und Unbekanntem, zwischen Gewusstem und Nicht-Gewusstem, Gekonntem und Nicht-Gekonntem. Dieser temporale Kern der Wiederholung lässt sich mit Waldenfels in der Formel von der »Wiederkehr eines Ungleichen als eines Gleichen« (Waldenfels 2001a, S. 7) fassen.

Die Lernsituation der Übung ist also gekennzeichnet von der sinnvollen Wiederholung. Dadurch können Wissen und Haltung ein- und ausgeprägt, Fertigkeiten ausgebildet und Fähigkeiten kultiviert werden. Anders als die Sentenz »üben, üben, üben« suggeriert, ist die sinnvolle Wiederholung aber keine einfache Repetition desselben und auch keine Prozeduralisierung vormals »gespeicherter« kognitiver Regeln. In der Wiederholung kehrt nicht dasselbe noch einmal identisch wieder. Vielmehr scheint es nur so, als ob dasselbe wiederkehrte. Stattdessen ist es die Wiederkehr eines sich Ähnlichen. Nur deswegen sind Variation und Kreativität in der Übung möglich. Streng genommen ist die Wiederkehr eines Identischen im Üben nicht möglich, da in der Zeit schon aufgrund veränderter Kontexte das Wiederholte anders wird bzw. anders ist. Es ist somit die Wiederkehr von scheinbar Identischem, das in der Wiederholung angeglichen und auf die Situation, auf Andere und Ihre Absichten und Intentionen abgestimmt wird. Es gibt somit so etwas wie eine »temporale Differenz« zwischen Erwartung und Erinnerung. »Die Wiederkehr eines Ungleichen als eines Gleichen« (ebd.) wird im Üben thematisch, ausdrücklich oder unausdrücklich. Obwohl in einem unaufmerksamen Zustand jeder Atemzug dem anderen gleicht, erfährt die im obigen Beispiel angesprochene Meditierende in der fokussierten Achtsamkeit auf den Atem, dass jeder einzelne Atemzug ungleich allen vorhergehenden ist. Jeder Atemzug wird als eine Variation der anderen erfahren. In Kapitel 5.2 wird die Zeitstruktur des wiederholenden Übens einer genauen Analyse unterzogen und gezeigt, dass seine Performativität aus einer verändernden Verschiebung resultiert, die Veränderungen und Transformation möglich machen.

Wenn Wiederholung nicht nur als schiere Repetition desselben, sondern als Wiederholung von Gekonntem und Gewusstem mit Ausgriff auf etwas Nicht-Gekonntes und Nicht-Gewusstes gesehen wird, dann werden Transferprozesse relevant. Transfer in der Übung als Ausgriff auf etwas Neues wird nur auf der Basis von Gewusstem und Gekonntem sinnvoll verstanden. Transferprozesse sind für alle Beteiligten eine besondere Herausforderung: Für die Pädagoginnen und Pädagogen, weil sie die Reichweite des Transfers inhaltlich, didaktisch und methodisch bestimmen müssen; für die Übenden, weil sie mit negativen Erfahrungen konfrontiert werden (▶ Kap. 7.3).

1.4 Üben ist eine Praxis der Macht – Normalisierung, Isolierung, Flow

Eine Schülerin oder ein Schüler, die oder der eine Konvention verletzt (»das sagt oder tut man nicht«), begeht einen Fehler, der nicht auf kognitiven Strukturen, sondern auf sozialen Regeln basiert. »Diese Fehlerform führt nicht zur Erkenntnis, sondern zur Bestrafung« (Edelstein 1999, S. 116). Gleichwohl ist es möglich, dass die Lehrerin oder der Lehrer in einer anderen Situation aus pädagogischen oder anderen Gründen genau diese Regelverletzung toleriert. Soziale Regeln lassen sich nicht so generalisieren wie technische Regeln. Hier wird die soziale Dimension der Übung als Struktur der Macht, Disziplinierung, aber auch Formierung deutlich – eine Struktur, die in den allermeisten Lern- und Übungsmodellen völlig übergangen wird. Wenn die Teilnehmerinnen und Teilnehmer in der Volkshochschule und die Schülerinnen und Schüler der 3a diskutieren, wenn meditiert oder Fahrrad gefahren wird, wenn Rechnen, Meditieren und Verstehen geübt wird, dann finden diese Praxen in einem sozialen und meist in einem institutionellen Raum gesellschaftlicher Ordnungen statt. Hier die Übenden – dort Erzieherin oder Erzieher, Lehrerin oder Lehrer, Philosophin oder Philosoph, Handwerks-, Exerzitien- oder Zenmeisterin oder -meister. Wenn Übende »selbsttätig« ihre Praxis ausüben und damit Fertigkeiten und Fähigkeiten einüben, dann übernehmen sie »zwangsläufig« die bestehenden Ordnungen und Normen.

Übungen hatten und haben die Funktion der Disziplinierung und Normalisierung. In der Fremdführung der Erzieherin oder des Erziehers, der Lehrerin oder des Lehrers, der Exerzitienmeisterin oder des Exerzitienmeisters usw. wird die Freiheit der oder des Übenden gezielt eingeschränkt. Übungen gehörten zum Arsenal der »Schwarzen Pädagogik«, eines Unterrichts, der auf der Praxis des »Überwachens und Strafens« aufbaute (vgl. Keck 2000, Rutschky 1984, Foucault 1994a, Brinkmann 2011b). Die Geschichte der Pädagogik zeigt, dass Übungen, wissenschaftlich sanktioniert und produziert, als eine »Kunst des Beybringens« (Rutschky 1984, S. 224) eingesetzt wurden, um den Kindern Gehorchen, Stillsitzen, Schönschreiben usw. und damit die sog. Sekundärtugenden wie Ordnung, Fleiß, Pünktlichkeit, Konzentration und Disziplin »einzuleiben«. Der schlechte Ruf der Übung stammt auch aus dieser Zeit, in der Drill, Pauken und stumpfe Automatisierung in den Schulen an der Tagesordnung war (▶ Kap. 2).

Die sozialwissenschaftliche Forschung kann überzeugend deutlich machen, dass Übungen die Funktionen der Normalisierung übernehmen, indem die äußeren Normen »praktisch« verinnerlicht werden. Dennoch bieten normalisierende Prozesse auch Möglichkeiten, mit den bestehenden Regeln und Normen kreativ oder reflexiv umzugehen. Für diesen zugleich aktiven und passiven Vorgang werden die Begriffe der *Normalisierung* und der *Subjektivierung* verwendet (vgl. Foucault 1994a; ▶ Kap. 5.3). Sie sind keine Einbahnstraße, in der »das« System oder »die« Macht ausschließlich repressiv wirkt. Normalisierung und Subjektivierung sind vielmehr durchaus als aktive Prozesse zu verstehen (▶ Kap. 5.3). Denn Übende sind unter den bestehenden Verhältnissen und in dem gegebenen Rahmen aktiv. Sie machen die »Sache« des Übens zu ihrer eigenen. Die Sache, die geübt wird, kann so abgewandelt zu einem Teil des übenden Subjekts werden.

In der erziehungswissenschaftlichen Diskussion werden solche Prozesse der Normalisierung im Anschluss an Foucault nicht mehr als autonome Handlungen und auch nicht als disziplinierende Unterdrückung durch das »System« oder durch die »Institution« verstanden. Machtprozesse der Normalisierung werden vielmehr als produktive, aber gleichwohl ambivalente Prozesse im Lehr-Lerngeschehen untersucht. Übungen sind Praktiken und Praktiken sind Übungen (frz.: *pratiques*), mit denen sich eine leiblich fundierte Positionierung des Selbst im Zwischenraum von Macht und Freiheit beschreiben lässt. Übung ist nach Foucault nicht nur die zentrale Praktik der Disziplinierung, sondern auch jene der asketischen Selbstsorge, in der zugleich unterwerfende und befreiende Momente zwischen Freiheit und Macht zusammenkommen (Foucault 1989, 1993a, 2004a). In Kapitel 5.3 werde ich die machtförmige Struktur des Übens genauer darstellen.

Der Übung als kultureller und gesellschaftlicher Praxis zwischen fremdbestimmter Disziplinierung und Normalisierung einerseits und selbstbestimmtem und aktivem Tun andererseits ist ein grundsätzlich ambivalenter Charakter zu eigen. Die Spielräume der Übung zwischen Fremd- und Selbstführung, die Möglichkeiten von Variation, Polarisation und Flow stehen nicht im Gegensatz zur Macht (zur Unterscheidung zwischen Üben und Spielen ▶ Kap. 1.6). Vielmehr werden in der Macht der Übung Disziplin und Freiheit zusammengeschaltet und die oder der Übende in ein produktives Verhältnis von Ermächtigung und Unterwerfung eingespannt. Das Verhältnis des oder der Übenden zu sich selbst kann sich in diesem Prozess als solches konstituieren (vgl. Foucault 2004a, Brinkmann 2008b). Diese Perspektive führt schließlich auf die Spur der Praxis und Technik der Konzentration, der Erleichterung, der Entspannung und der Erinnerung, wie sie seit der Antike und in meditativen Praktiken gepflegt wurde und wird (vgl. Mortari 2016, S. 116). In der antiken Terminologie heißt dieses Selbstverhältnis und Selbstkönnen *Selbstsorge* (▶ Kap. 5.3.3). Übungen der Selbstsorge gehen mit einer Aufmerksamkeit und Achtsamkeit (*mindfulness*) für sich selbst und für Andere einher (vgl. Foucault 1990a, S. 97) (▶ Kap. 6). Judith Butler zeigt, an Foucault anschließend, dass Haltungen als Positionierungen immer auch soziale und politische Praxen sind, die leibliche Verletzlichkeit voraussetzen und diese exponieren (Butler 2018; ▶ Kap. 8.4).

Wenn Übungen in Lehre und Unterricht eingesetzt werden, dann werden häufig äußere Einflüsse, Störungen und Ablenkungen gezielt ausgeschlossen. Übungen isolieren – meist nicht nur die Übenden von der Außenwelt, sondern auch einzelne Sinne und Operationen, etwa Bewegungen, Methoden, Handgriffe, Perspektiven, die dann gezielt geübt werden können. Das geschieht, wenn Kinder sich wiederholend auf eine Bewegungsfolge mit Dingen konzentrieren, wenn Musikerinnen und Musiker einige Takte eines Musikstücks herausnehmen, wenn Sportlerinnen und Sportler aus einer komplexen taktischen Situation oder einer komplexen Bewegungsabfolge Details isolieren, wenn in Denk- und Memorierübungen Elemente dekontextualisiert und wiederholt werden oder eben, wenn im Unterricht Vokabeln, Regeln oder Fertigkeiten geübt werden. Begrenzung und Isolierung sind auch Techniken der Macht. Sie schließen ein und schließen aus. Aber neben den normalisierenden und subjektivierenden Aspekten sind für Übungen immer auch freiheitliche und individuelle Momente konstitutiv. Mit ihnen kann ermöglicht werden, dass Übende sich auf eine Sache, ein Thema oder eine Aufgabe fokussieren und sich damit polarisieren (vgl. Brinkmann 2012).

Die Isolierung allein garantiert noch keine sinnvolle Übung. Es muss zusätzlich der Gestalt- und Situationsbezug der Übung gesehen und einbezogen werden. Das isolierte Detail muss in den Zusammenhang des Ganzen gebracht werden, sonst läuft die Übung Gefahr, zum stupiden Drill oder zur stumpfen Automatisierung zu verkommen. Eine Schülerin oder ein Schüler kann versuchen, die Bedeutung eines Wortes oder eines Satzes sinnentnehmend zu lesen. Ein sinnvolles Verständnis und damit ein sinnvoller Gebrauch sozialer Regeln gelingt aber erst dann, wenn die Elemente wieder in die Gesamtsituation integriert werden, wenn also im Rechnen-, Verstehen-, Diskutieren-, Tennis- und Fahrradfahren-üben nicht nur ein Wort, eine Information oder Bewegungsabfolge isoliert wird, sondern wenn diese wieder in den Sinnzusammenhang des Textes, der Aufgabe, der Bewegung, der Situation einfügt werden. Sinnvoll geübt wird also erst dann, wenn zusammen mit der Isolation die Komposition stattfinden kann. Die Wiederzusammensetzung ist weder eine Proceduralisierung von Gedächtnisinformationen nach kausalen Regeln noch eine simple Addition der Teile oder eine ganzheitliche Zusammenschau (▶ Kap. 4). Sie ist vielmehr die Rekomposition der Elemente zu einem Ganzen unter neuen Bedingungen und mit einer neuen Perspektive auf das Gekonnte und Gewusste auf der Grundlage des Vorwissens und Vorkönnens der oder des Übenden. So kann in der Wiederholung eine Veränderung der Gestalt, Struktur und Situation möglich werden. Die Übung wird variiert und verändert. Die Aspekte der Isolation und Komposition sind wichtige Kriterien für die erfolgreiche didaktische Gestaltung von Übungen (▶ Kap. 7).

Die Macht der Übung ist ambivalent: Sie changiert zwischen Normalisierung und Freiheit, zwischen Rezeptivität und Aktivität (vgl. Brinkmann 2012, 2013a). Deshalb sind Beschränkung und Isolierung die Voraussetzungen für die Erfahrung von Selbstvergessenheit, von Polarisation (Montessori) und Flow (Csíkszentmihályi). Die psychologische Kreativitätstheorie von Mihály Csíkszentmihályi bestimmt Flow als »außergewöhnliche Erfahrung«, die auftritt, wenn es in Handlungen zu einer Passung zwischen Können und Herausforderung bzw. zwischen Überforderung und Unterforderung kommt. Wenn Können und Anforderungen im »oberen Bereich« und im Gleichgewicht liegen, stellt sich das Gefühl des »Fließens« ein, das aus dem Vollzug der Sache selbst und dem Genuss am eigenen Können entspringt – ein Gefühl, das jeder kennt: Selbstvergessenheit und euphorische Stimmung in der Zentrierung der Aufmerksamkeit (vgl. Csíkszentmihályi 1991, S. 285; ▶ Kap. 4 und 6).

Ich werde diesen Aspekt der Erfahrung im Üben in unterschiedlichen Zusammenhängen und Feldern aufspüren. Er ist auch für das frühkindliche Üben bedeutsam, wenn Kinder z. B. mit hoher ›Fehler- und Frustrationstoleranz‹ etwas wiederholend bzw. polarisierend üben (das sog. »Montessoriphänomen«; kritisch zu Montessori ▶ Kap. 8.1). Die Intention des Kindes wird dabei nicht gebremst, obwohl das Ziel (zunächst) nicht erreicht wird. Ich werde in diesem Zusammenhang zeigen, dass die Auge-Hand-Koordination für das leiblich-geistige Greifen und Begreifen eine entscheidende Voraussetzung ist (▶ Kap. 8.1.1).

Abb. 5: Konzentration, Auge-Hand-Koordination im frühkindlichen Üben (M. Brinkmann, eigene Aufnahme).

Flow, Polarisation, Aufgehen im Augenblick resultieren aus einer angestrengten Entspannung. Ich werde am Beispiel des meditativen Übens verdeutlichen, dass dieser scheinbar paradoxe Zustand der Entspannung und des Loslassens bei gleichzeitiger Anspannung und Überwindung zu einer existenziellen Erfahrung führen kann, in der die Wiederholung sich gleichsam in einen gegenwärtigen Augenblick zusammenzieht. Wird dieser Zustand dauerhaft eingeübt ausgeübt, werden Haltungen wie Konzentration, Gelassenheit und Achtsamkeit (*mindfulness*) erreicht. Diese Haltungen sind Folge eines Sich-selbst-übens und einer Selbstsorge und haben eine lange Tradition in den antiken und östlichen Übungs- und Meditationspraxen (▶ Kap. 6).

1.5 Üben als besondere Lernform

Im Alltag lassen sich Lernen und Üben schwer unterscheiden. Sie gehen ineinander über. Gleichwohl lassen sich Unterschiede benennen, die Üben als eine besondere Lernform ausweisen. Elementare Strukturen des Übens sind die Wiederholung, Negativität, Leiblichkeit und Machtförmigkeit (▶ Kap. 5). Geübt werden leibliche und motorische Lebens- und Weltvollzüge, Fertigkeiten und Fähigkeiten sowie individuelle Haltungen und Einstellungen. Jede Übung hat daher bei unterschiedlicher Schwerpunktsetzung eine ästhetisch-sinnliche, eine methodisch-reflexive und eine praktisch-ethische Dimension. Üben ist immer Einüben, Ausüben und Sich-üben zur gleichen Zeit (▶ Kap. 4). Üben ist eine Tätigkeit. Sie braucht, wie das Lernen auch, eine Sache, einen Inhalt, einen Stoff – also ein Stück Welt, das Anlass, Thema, Inhalt oder Ziel des Übens ist. Mit anderen Worten: Üben hat immer einen Gegenstand. Dieser ist in einem spezifischen Tätigkeitsfeld lokalisiert. In den unterschiedlichen Feldern des Übens (▶ Kap. 8) ergeben sich daher jeweils unterschiedliche Erfahrungs- und Anforderungsstrukturen des Übens. Fahrradfahren üben hat eine andere Erfahrungsstruktur und folgt anderen Regeln als das Verstehen üben oder das Imaginieren üben. In den unterschiedlichen Feldern des Übens wird der Gegenstand und damit das »Stückchen Welt«, die Sache oder der Inhalt, auf eine je besondere Weise erfahren. Insofern wird das Nicht-Können in diesen Feldern ebenfalls jeweils anders erfahren. Nicht- oder Missverstehen der Anderen bedeutet eine andere Qualität in der negativen Erfahrung als z. B. nicht Fahrrad fahren können. Für alle diese Erfahrungen aber gilt: In diesen negativen Erfahrungen manifestieren sich die produktiven Chancen des Übens. Aufgrund seiner Wiederholungsstruktur zielt Üben nicht direkt und unmittelbar auf Einsicht, auf einen Wow-Effekt oder auf ein Aha-Erlebnis. Trotzdem ist im Üben ein Lernen aus Erfahrung möglich, denn Einsicht oder Erkenntnis ergeben sich im Üben – im Unterschied zum Lernen – erst nach oder mit den Wiederholungen (▶ Kap. 4 und 5.2). Üben unterscheidet sich also vom Lernen durch den wiederholenden Charakter, der dieser Praxis einen kreis- oder spiralförmigen Grundzug verleiht (▶ Kap. 7). Üben ist auch nicht schiere Wiederholung im Sinne einer Repetition desselben. Aufgrund des Bruches in der Wiederholung, der »temporalen Differenz« (▶ Kap. 5.2), richtet sich Üben auf jene negativen Erfahrungen des Nicht-Könnens. Sie werden in einer gezielten Operation angesteuert. Der negative Grundzug des Übens lässt sich nicht vollständig eliminieren. Ohne Negativität, ohne Nicht-Können und Nicht-Wissen wäre das Üben beendet – und ohne Negativität wäre der bildende Charakter des Übens nicht kenntlich.

Hintergrund dieser Überlegungen ist eine phänomenologische Erfahrungs- und eine pädagogische Lerntheorie. Diese versucht, eurozentrische und logozentrische Duale zu überwinden und leibliche, aisthetische und motorische Aspekte ebenso einzubeziehen wie geistige und vernünftige (▶ Kap. 4). Negativität kann dann als elementare Erfahrungsstruktur im Üben bestimmt werden, die die Produktivität und Kreativität und zugleich die implizite Reflexivität des Übens hervorbringt. Aufgrund der leiblichen Grundstruktur des Übens, die auf situativer, kulturell und gesellschaftlich basierter Verkörperung und horizonthafter Gestaltwahrnehmung beruht, spreche ich von einer Positionierung des Übenden (vgl. Spivak 2008, Butler 2018; ▶ Kap. 8.4). In den negativen Erfahrungen der Übenden, im temporalen Zwischenraum der Wiederholung und im machtförmigen Spannungsgefüge zwischen Selbstsorge und Fürsorge erweist sich die bildende und überschreitende Produktivität und Kreativität des Übens. Das bildungs- und übungstheoretisch ausgewiesene Ziel des Übens kann als Selbstsorge und Selbstformung bestimmt werden, mit denen sich eine praktische und »gekonnte« Transformation ereignen kann.

1.6 Üben ist nicht Spielen

Üben ist im Unterschied zum Spiel eine anstrengende und herausfordernde Tätigkeit. Auch wenn man im Üben die Erfahrung der Selbstvergessenheit, des Flow oder der Gelassenheit machen kann, basiert diese immer auf zuvor eingeübten Praktiken. Mit anderen Worten: Um diese Erfahrungen machen zu können, muss man schon etwas geübt haben, muss man schon etwas können, muss man schon in einem Feld oder einer »Domäne« ausgewiesen sein. Spätestens wenn sich negative Erfahrungen einstellen, erfordert das Üben Ausdauer, Beharrlichkeit, Anstrengungs- und Überwindungsbereitschaft – also Tugenden oder Haltungen. Diese ethischen Aspekte werden vor allem im asiatischen Raum, insbesondere in China, mit dem Üben (*lianxi*) verbunden (▶ Kap. 3). Die ethische Dimension des Selbstübens und der Selbstsorge machen in Asien ebenso wie in der europäischen Antike und im Mittelalter den bedeutsamsten Anteil des Übens aus – noch vor dem einübenden Erwerb von Fertigkeiten und der ausübenden Vertiefung als Gewohnheit und Habitus. Das Ethos des Übens (▶ Kap. 3 und 6) als Reaktion auf die allem Üben inhärenten negativen Erfahrungen unterscheidet diese Praxis von der ästhetischen Praxis des Spiels.

Die Ambivalenz des Übens zwischen Perfektion und Negation, zwischen Freiheit und Zwang, Selbstsorge und Fürsorge bewirkt aber eine notorische Unsicherheit der pädagogischen Theoriebildung, um die Praxen des Spielens von jenen des Übens zu unterscheiden. Während die Übung in der Pädagogik wenig gewürdigt wird, steht es um das Spiel anders: Spätestens seit Schiller werden mit dem Spiel Freiheit und Authentizität verbunden. Das hat dazu geführt, dass vor allem ästhetische und kulturelle Bildung mit »Mythen« wie Ganzheit, Totalität und Authentizität verbunden werden, die sie notorisch überfordern (vgl. Brinkmann/Willat 2019). Klammert man diese hehren Hoffnungen und Ziele ein und nimmt die Zeitstruktur des Übens und des Spielens in den Blick, ergibt sich ein differenzierteres Bild. Schleiermacher bestimmt in seiner Vorlesung von 1826 das Üben als Praxis, deren Ziel in der Zukunft liege. Im Spiel hingegen erfahre man eine Befriedigung in der Gegenwart (vgl. Schleiermacher 2000, S. 56). Spiel ist in dieser Perspektive eigentlich »Anti-Übung« (ebd.), weil es in der Gegenwart aufgeht und sich um die Zukunft nicht kümmert. Aufgrund des Bezuges auf ein Ziel hin wird in der Übung an einem Problem, einer Sache oder an einer Fähigkeit »gearbeitet«. Dies ist anstrengend und oftmals mit Frust, Enttäuschung oder Irritationen verbunden. Im Spiel hingegen werden Stolpersteine entweder nicht oder in einer besonderen Leichtigkeit erfahren. Im kindlichen Spiel ist diese Trennung noch nicht vollständig gegeben. Hier ist der Zukunftsbezug im Spiel gleichsam implizit mitgegeben. Erst später, so Schleiermacher, lassen sich Spielen und Üben aufgrund zunehmender »Progression« und Reflexivität auseinanderhalten. In diesem Buch wird im Unterschied zu Schleiermacher, der eine teleologische und entelechische Struktur des Lernens unterstellt, die Zeitstruktur des Übens genauer als differenzielle und diskontinuierliche bestimmt. Üben als Wiederholen – so die im Folgenden vertretene These – basiert nicht auf einer Teleologie, sondern auf einer zeitlich erfahrbaren Differenz, die die Performativität des Übens begründet (▶ Kap. 5.2). Gleichwohl bleibt auch in dieser Perspektive der systematische Unterschied zwischen Spielen und Üben bestehen.

Es lässt sich noch ein weiterer Aspekt dieses Unterschieds benennen: Spielen bewegt sich im »schönen Schein« (Schiller) und transzendiert darin die Wirklichkeit (vgl. Fink 1960). Die Praxis des Übens ist hingegen ein Handeln auf Probe. Im Unterschied zum »schönen Schein« des Spiels ist die Als-ob-Situation des Übens auf die Wirklichkeit bezogen. Sie ist darauf gerichtet, zu einem späteren Moment selbst Wirklichkeit zu werden und darin praktiziert zu werden. Hierin wird nicht die Wirklichkeit transzendiert, vielmehr erwächst aus dem Üben die Möglichkeit, dass sich die oder der Übende transzendiert, d. h. kultiviert, transformiert und darin ihr oder sein Selbst- und Weltverhältnis (Humboldt 1963b) verändert – mit anderen Worten: eine bildende Erfahrung macht (vgl. Buck 2019, Brinkmann 2019d).

1.7 Üben basiert auf Gewohnheit und Habitus

Geübt werden Fähigkeiten und Fertigkeiten. Es werden aber auch Gewohnheiten und Haltungen im Üben erworben. Als stetige Lernform der Wiederholung hat das Üben einen bewahrenden Charakter. In der Wiederholung werden bestehende Erfahrungen bestätigt und vertieft. Erfahrungen bewirken Sedimentierungen und Habitualisierungen als Handlungs- und Wahrnehmungsdispositionen (vgl. HUA VI, S. 56). Sie ermöglichen und schränken gleichermaßen künftiges und spontanes Handeln ein. In den meisten Theorien des Lernens und der Bildung aber haben Gewohnheiten und Habitus einen schlechten Stand. Sie werden entweder nicht berücksichtigt oder sie gelten als etwas, das »unterbrochen« oder überwunden werden soll. Sie werden aufgrund ihrer leiblichen und gesellschaftlichen Herkunft unter Verdacht gestellt und dualistisch einer »theoretischen Vernunft« (Bourdieu) entgegengestellt. Nur auf letztere könne sich Lernen, Bildung und Kognition verlassen – so eine seit Kant verbreitete, intellektualistische und moralische Argumentation, die sich auf die bis heute verbreitete Assoziationspsychologie stützt.

Buck (2019, S. 215 ff.) macht dies am Beispiel von Kant deutlich. Kants Theorie des Lernens basiert auf Autonomie, Subjekt und Bewusstsein – allesamt theoretische Vorannahmen, die in diesem Buch einer kritischen Überprüfung unterzogen werden. Wenn aber im Lernen, in Bildung und Erziehung »alles auf die bewusste Selbstbestimmung ankommt«, dann kann in der sozial und gesellschaftlich dimensionierten Gewohnheitsbildung nur Fremdbestimmung gesehen werden. Was Kant »den stupiden Mechanismus der Gewohnheit« nennt, ist Resultat einer Theorie des Lernens, die sich seit dem Empirismus des 18. Jahrhunderts am Begriff der Assoziation orientiert. Auch das »Geschehen der Assoziation« gilt als eine mehr oder weniger automatische, nicht-selbstständige und nicht-autonome Leistung (vgl. ebd., S. 216). Löst man Gewohnheitsbildung und Habitus aus dieser normativen, assoziationspsychologischen Klammer und erweitert sie erfahrungstheoretisch, dann wird schnell klar: Gewohnheiten und Habitus basieren wie alle Erfahrungen auf einem Horizont, der als Gestalt, als Körperschema und als Verkörperung (▶ Kap. 5.1) sowohl Vorerfahrungen, Vorwissen und Vorkönnen als auch Antizipationen, Erwartungen und Hoffnungen umfasst (vgl. Brinkmann 2011a). Gewohnheit und Habitus sind als »Strukturen des Verhaltens« (Merleau-Ponty) weder statisch-determinierende noch ausschließlich konservativ-bewahrende Strukturen. Sie sind beides, eine strukturierte und zugleich eine strukturierende Struktur (vgl. Bourdieu 2014, S. 98 f.). Gewohnheiten sind »schlecht verstanden, wenn man sie nicht auch als intelligente und für Neues offene Fertigkeiten betrachtet. Gerade das Moment der kreativen Offenheit, die die Erfahrenheit eines erfahrenen Menschen ausmacht, lässt sich am besten verstehen, wenn man den Gang der Erfahrung« im Lernen einbezieht (Buck 2019, S. 217; ▶ Kap. 4).

Um deutlich zu machen, dass Habitus und Gewohnheit unter erfahrungs- und übungstheoretischer Perspektive durchaus Offenheit für Neues bzw. Möglichkeiten des Horizontwandels beinhalten, werde ich die leiblichen Grundlagen des Übens herausarbeiten und zeigen, dass aufgrund der temporalen Struktur der wiederholenden und negativen Erfahrung (▶ Kap. 5.2. und 5.3) Gewohnheiten und Habitus als Fundamente und zugleich als Elemente der Transformation im Üben gelten können.

1.8 Aus Fehlern wird man klug?

Können, sei es motorisches, geistiges, ästhetisches oder ethisches Können, beruht nicht auf Wissen, sondern auf Erfahrung, die nur durch praktisches Tun erworben werden kann. Eine Schülerin oder ein Schüler der Klasse 3a, die Teilnehmerinnen und Teilnehmer im Volkshochschulkurs oder die Fahrradfahrerin oder der Fahrradfahrer sollten nicht nur die Regeln für ihre Tätigkeit kennen, bestimmen und erklären können, sondern sollten sich auch danach verhalten können. Dazu müssen sie die allgemeinen Regeln auf eine besondere Situation beziehen und dort anwenden können. Sie müssen urteilen und oftmals auch situativ entscheiden und handeln können, wie Ärztinnen und Ärzte, die eine Krankheit diagnostizieren, oder Lehrerinnen und Lehrer, die von ihren Plänen abweichen und spontan ein Blitzlicht im Unterricht durchführen. Sie müssen aus der Fülle der Beobachtungen etwas Gemeinsames und Praktikables herauslesen, ein Allgemeines bestimmen und praktisch in Anschlag bringen können. So kann das situative Problem gegebenenfalls besser gelöst werden als durch begriffliche Bestimmung, wissenschaftliche Untersuchung oder Austausch von Regeln. Dazu muss geurteilt werden, indem entweder das Besondere des Falls in das Ganze der Situation eingeordnet und auf diese abgestimmt wird oder indem neue Regeln generiert werden. Letzteres trifft z. B. auf die Kinder der Klasse 3a zu, die allgemeine soziale Regeln erst noch finden wollen.

Ethisches und professionelles Handeln muss genauso wie motorische und geistige Beweglichkeit geübt werden. Im Ausüben können sich die Grundsätze dieses Übens zu einer Haltung verdichten. Eine Haltung nimmt man ein, man bewahrt sie oder kann sie verlieren, vor allem aber zeigt man sie. Sie kann fest sein oder mehrdeutig. Mit der Haltung stellt man sich auf bestimmte Art und Weise der Welt gegenüber. Das zeigt sich in der leiblichen und körperlichen Haltung (z. B. als schief, gerade, schlaff, stramm usw.). Haltungen beinhalten damit immer auch Bewertungen und Positionierungen (▶ Kap. 8.4). Sie rekurrieren auf Unterscheidungen und damit auf Urteile. Haltungen, die man gut findet, haben in der europäischen Tradition den Namen Tugend (im griechischen Sinne von Tüchtigkeit, *arete*). Im Griechischen heißt Haltung *ethos*. Um das Gute (*agathon*) zu bestimmen, setzt Aristoteles bei den praktischen Erfahrungen und Verrichtungen, beim Konkreten und Faktischen an (vgl. Aristoteles 1985). Hier kommt die Wiederholung als Kernelement von Erfahrung und Übung ins Spiel. Aristoteles sagt, dass moralisches Verhalten nur dadurch gelernt wird, dass getan wird, was gelernt werden soll – und das »asketisch« (ebd., S. 1103a). *Askesis* ist das griechische Wort für Übung. Moralisches Verhalten, ob es das Gute bewirkt oder verfehlt, wird geübt. Ethos ist also eine Haltung, die durch Übung erworben wird. Sie basiert wie die Gewohnheit auf Dauer und Wiederholung. Im Unterschied zur Gewohnheit aber verweist die Haltung auf eine reflexive Bezugnahme zu diesen Gewohnheiten. Über diese wird im Üben geurteilt. Die der Haltung zugrunde liegende, reflexive und bewertende Praxis ist nicht ausschließlich als Denktätigkeit zu sehen. Sie ist – so die in diesem Buch vertretene Position – als Urteilsfähigkeit immer als Antwort auf Andere und Anderes zu sehen. Sie basiert auf dem stellungnehmenden Leib und auf der menschlichen Verletzlichkeit. So zeigt sich eine Haltung und zugleich zeigt sich darin jemand als jemand Bestimmtes Anderen gegenüber. Eine Haltung beruht auf einem Unterscheiden können und Urteilen können (▶ Kap. 8.4). Sie manifestiert sich in einer Stellungnahme oder Positionierung: Eine Haltung zeigt sich, nachdem und indem man Urteile fällt und aus unterschiedlichen Möglichkeiten wählt. Dieses kann geübt werden – insbesondere in pädagogischen Settings wie dem Unterricht (▶ Kap. 8.5). Diese urteilende Entscheidungsfähigkeit bezeichnet Aristoteles als verständige Klugheit bzw. praktische Klugheit (*phronesis*), die als Mit-zu-Rate-gehen, als Hin-und-herüberlegen und als gemeinschaftliches, soziales und politisches Beraten übersetzt werden kann (vgl. Fink 1970b, S. 206 ff.; ▶ Kap. 6).

Das bedeutet: Nicht jede und jeder wird aus Fehlern klug, sondern nur diejenige oder derjenige, die oder der mit ihren Fehlern, ihrem Scheitern oder ihren negativen Erfahrungen urteilsreflexiv umzugehen vermag. Der Umgang mit Fehlern ist weder nur angeboren noch nur auf Wissen gegründet, sondern beruht auf Erfahrung und Praxis und muss wiederholend eingeübt werden. Wenn es im Sprichwort heißt »Aus Fehlern wird man klug«, dann müssen die Qualitäten von »Fehlern« aus pädagogischer Sicht differenziert werden. Denn nicht aus jedem Fehler wird man »automatisch« klug (vgl. Breinbauer 2006). Es ist zu fragen, aus welchen Fehlern man auf welche Weise klug wird. Welche Erfahrung ist eine pädagogisch sinnvolle Erfahrung? Wie kommt es im Üben zur Reflexion und zum Urteil (▶ Kap. 8.4)? Welche Erfahrungen sollten begrenzt bzw. ausgeschlossen werden? Wie kann im Urteil das Besondere des Falls, über den geurteilt wird, wieder in den Kontext bzw. Horizont eingefügt werden?

Denn nur wenn das Besondere der Situation in den Erfahrungszusammenhang gestellt und verstanden wird, kann man aus Fehlern klug werden – das gilt beispielsweise für das Fahrradfahren, das Urteilen im Klassenrat, das Meditieren, das Verstehen von Anderen ebenso wie für das Lösen von Mathematikaufgaben. Das Üben isolierter Bewegungen, Informationen, Regeln oder Gedanken kann zwar effektiv sein, führt aber nicht dazu, dass die Bewegungsfolge, der Text, die Situation, die gemeinschaftliche Bemühung als Ganzes im Kontext wahrgenommen und daher gekonnt wird. Isoliertes und mechanisches Trainieren von Informationen, Bewegungen, Regeln oder bestimmten Gedanken kann sogar dazu führen, dass die Übung scheitert. Die Isolierung führt zu einer Fixierung auf Details, die sich zunehmend immer mehr entzieht. Jeder kennt das sog. »Tausendfüßlersyndrom«, wenn wir z. B. beim Treppensteigen eine Stufe statt dem Treppenabsatz fixieren und dann stolpern. Hier zeigt sich wieder das o. g. Grundproblem intellektualistischer, datengetriebener Lern- und Übungstheorien, die ignorieren, dass »es Dinge gibt, die verschwinden, wenn wir die Hand direkt nach ihnen ausstrecken« (Neuweg 2005, S. 213; ▶ Kap. 5.1). Auch in dieser Hinsicht wird das Ideal der Perfektionierung und Optimierung problematisch. Erst wenn isolierte Perspektiven auf Informationen, Daten oder Kompetenzen aufgegeben, dualistische Hierarchien von Körper und Geist, Lernen und Bildung, Wiederholung und Differenz überwunden werden, kann Üben als produktive Lernform und als Lebenskunst in den Blick kommen.

2 Geschichte des Übens

Dieses Kapitel stellt zunächst die europäische Geschichte des Übens in einer genealogischen und kritischen Perspektive dar. Im darauffolgenden Kapitel 3 wird in einem knappen Blick auf die konfuzianische Tradition des Übens in China eine interkulturell vergleichende Perspektive eröffnet. In dieser wird deutlich, dass es in der europäischen Geschichte der Übung mit der Heraufkunft der wissenschaftlich-technischen Moderne zu einer starken Technisierung und Mechanisierung der Übung kam. Deshalb werden im Folgenden auch die verschütteten produktiven, methodischen und ethischen Aspekte der antiken und mittelalterlichen Übung herausgearbeitet. Es wird sich zeigen, dass diese in vielen Aspekten mit den chinesischen Praktiken des Übens vergleichbar sind. Aus der genealogischen Perspektive ergeben sich schließlich aktuelle Probleme der Übungstheorie und Übungsforschung.

In der Antike gilt die Übung (*askesis*) als wesentlicher Bestandteil des Lernens (vgl. Platon 2008, S. 70a). *Askesis* gehört neben den natürlichen Voraussetzungen (*physis*) und der Lehre (*mathesis*) zum »pädagogischen Ternar« (vgl. Prange 2005, S. 62).[5] Asketische Übungen beziehen sich auf körperliche und geistige Praktiken gleichermaßen.

In den klassischen Texten der antiken Philosophie findet sich eine Fülle von praktischen Übungen für den gymnastischen, medizinischen, erotischen, familiären und philosophischen Bereich. In Anlehnung an Rabbow (1954, 1960), Hadot (2005) und Foucault (1989, 1990a, 2004b) können die griechischen, römischen und christlichen Texte als »praktische« Texte gelesen werden, in denen es auch und vornehmlich um Übung geht. Diese Lesarten knüpfen an Nietzsches Verständnis der griechischen Hochschätzung der Übung an. Sich um sein Dasein und um die anderen Menschen zu sorgen, bedeutet, sich eine Form zu geben, einen Stil auszubilden:

> »Eins ist not. Seinem Charakter ›Stil geben‹ – eine große und seltne Kunst! Sie übt der, welcher alles übersieht, was seine Natur an Kräften und Schwächen bietet, und es dann einem künstlerischen Plane einfügt, bis ein jedes als Kunst und Vernunft erscheint und auch die Schwäche noch das Auge entzückt. Hier ist eine große Masse zweiter Natur hinzugetragen worden, dort ein Stück erster Natur abgetragen – beide Male mit langer Übung und täglicher Arbeit daran.« (Nietzsche 1988, KSA 3, S. 530)

Sorge, Form- und Stilgebung verweisen auf den elementaren Zusammenhang von Üben, Leiblichkeit und Bildung, also jener *formatio* (engl./frz. *formation*), in

---

5 Vgl. zum Folgenden Brinkmann 2011b, 2012, 2014c, 2018c.

Abb. 6: Gymnastische Übungen auf einer antiken griechischen Vase (CC0 Met Museum Archiv).

der nicht Geist, Kognition oder Intellekt über das Körperliche und Sinnliche herrschen, nicht das Künstliche über das Natürliche dominiert, sondern in der Übung und die Sorge um sich zusammenfallen.

Im antiken Griechenland gilt: Reines Wissen (*episteme*) oder schiere Kunstfertigkeit (*techne*) ohne Übung ist ebenso sinn- und nutzlos wie Übung ohne Wissen und Kunstfertigkeit. Die praktischen Übungen sind mit den Praktiken des Wissens verzahnt und werden als Selbstsorge und Lebenskunst gepflegt. Nicht die Unterwerfung unter ein moralisches Gesetz oder eine soziale Norm, sondern der tüchtige und tugendhafte Lebenswandel (*arete*) ist Ziel der Übung. Tugend gilt in der Antike nicht als Zustand der Reinheit (wie im Christentum), auch nicht als kognitiv zu erreichende moralische oder ethische Kompetenz, sondern als ein Verhältnis zu sich selbst, das eine Praxis ist und auf ein Können bzw. ein Selbst-Können zielt. In der griechischen Terminologie heißt dieses Selbst-Verhältnis und Selbst-Können *Selbstsorge (epimeleia heautou)*. Sie macht Übungen notwendig, die mit einer Aufmerksamkeit und Achtsamkeit für sich selbst und für Andere einhergehen (vgl. Foucault 1990a, S. 97). Foucault nennt drei Praktiken (*pratiques*) oder Übungen[6] der Selbstsorge: »(...) in der Diätetik als Kunst des

---

6 *Pratique* bezeichnet im Französischen Übung und Praxis. Gleiches gilt für das englische *practice*. Diese Differenzierung muss aus dem Kontext der jeweiligen Texte erschlossen oder aus dem lateinischen bzw. griechischen Original rekonstruiert werden. Sie wurde in den meisten deutschen Übersetzungen der Texte Foucaults nicht vorgenommen. Dieses Manko bestimmt den deutschsprachigen Diskurs zum Thema »Praktiken«. Darin

Verhältnisses des Individuums zu seinem Körper; in der Ökonomik als Kunst des Verhaltens des Mannes als Oberhaupt der Familie; in der Erotik als Kunst des wechselseitigen Benehmens des Mannes und des Knaben in der Liebesbeziehung« (ebd., S. 123). Dazu gehören Tugenden wie Mäßigung (*sophrosyne*) und Selbstbeherrschung (*enkrateia*). Zu einem gelingenden Leben (*eudaimonia*) tragen nach Aristoteles im Wesentlichen Übungen bei, weil nur eine wiederholte Handlung Tugend zur Haltung (*ethos*) werden lässt:

> »Denn das, was wir tun müssen, nachdem wir es gelernt haben, das lernen wir, indem wir es tun. So wird man durch Bauen ein Baumeister und durch Zitherspielen ein Zitherspieler. Ebenso werden wir durch gerechtes Handeln gerecht (…)«. (Aristoteles 1985, S. 1103a f.)

Üben als Sorge um sich hat also eine ethische Dimension. Diese kann nur praktisch, d. h. in konkreten Tätigkeiten wiederholend eingeübt und ausgeübt werden. Sie manifestiert sich in einem ethischen Handeln, das sich zu einer Haltung (griech.: *ethos*) verdichtet. Etwas üben und können korreliert also mit einem Verhältnis des Übenden zu sich selbst. Ich werde in den Kapiteln 8.4 und 8.5 diese durch Üben zu kultivierende Haltung am Beispiel der Kritik und des professionellen Ethos von Lehrpersonen genauer darstellen. Hier gewinnt das Phänomen dann seine ethische Dimension durch Ausprägung von Haltungen wie Treue, Redlichkeit (»Üb immer Treu und Redlichkeit«) oder Kritik (»Kritik üben«). Üben und Übung zielen also nicht nur auf eine Sache, die geübt wird und im frühen und wiederholten Üben besser gekonnt werden soll. Sie zielen nicht allein auf die Aneignung einer Technik, mit der die Sache geübt wird. Üben und Übung zielen auch auf den Übenden selbst, auf seine Haltungen und Einstellungen, die sich in seinem Handeln zeigen können (▶ Kap. 6.3).

Aristoteles führt den Zusammenhang von Ethos, Moral und Handlung (*pragma*) in seiner Rhetorik genauer aus (vgl. Aristoteles 1999). Ethos bezeichnet in diesem Zusammenhang die Glaubwürdigkeit einer Person, die Übereinstimmung von Worten und Charakter (sog. Selbstwirksamkeitsüberzeugungen, vgl. Habel 2006, S. 75). Aristoteles stellt *ethos* in den Zusammenhang mit *pathos* und *logos*. Logos bezieht sich auf das vernünftige Argument, auf die Sach- und Problemebene. Pathos bezieht sich auf die zu erreichende produktive Einstimmung der Adressaten, auf ihre Emotionen und ihre Aufmerksamkeit, d. h. auf die Teilnehmerinnen- und Teilnehmer-Orientierung, welche auf Responsivität, Achtsamkeit und Pathos (Ergriffensein) basiert. Ethos ist das vermittelnde Dritte im Sinne einer stellungnehmenden, positionierenden Entscheidungs- oder Verständigungsfähigkeit (vgl. Hügli 2006). Diese moralische Entscheidungs- und Verständigungsfähigkeit bezeichnet Aristoteles als *phronesis*, eine verständige bzw. praktische Klugheit, die als Mit-Anderen-zu-Rate-gehen, als Hin-und-herüberlegen und als gemeinschaftliches, soziales und politisches Urteilen und Beraten be-

---

wird *pratique* fälschlicherweise fast ausschließlich mit Praktik übersetzt. Von Üben als *askesis*, *pratique* oder *practice* ist kaum die Rede. Aktuell findet sich in den Sozial- und Erziehungswissenschaften im Zuge des »practice turns« eine starke Fokussierung auf »Praktiken«, ebenfalls ohne diese Differenzierung vorzunehmen. Die eurozentrische Marginalisierung des Übens wird auf diese Weise fortgeschrieben.

stimmt wird (vgl. Fink 1970b, S. 206 ff.; ▶ Kap. 8.4). *Phronesis* ist weder nur angeboren (*physis*) noch nur reines Wissen (*mathesis*), sondern beruht auf Erfahrung (*empeireia*) und Handeln (*praxis*). *Phronesis* ist gekonnt und wird geübt. *Phronesis* kann als ein gemeinschaftliches Urteilen bestimmt werden, das auf eine praktische Lebensklugheit zielt. Sie vermittelt Theorie und Praxis, Wissen und Können (▶ Kap. 8.5).

Der Grundsatz der Lebenskunst und der Selbstsorge, dass das gelingende Leben der praktischen Übung bedarf, behält in der römischen Kaiserzeit, aber auch im Mittelalter Geltung. Nietzsche, Rabbow, Foucault und Hadot betonen die Kontinuität der Selbstpraktiken. Diese erhalten allerdings im Christentum einen anderen Schwerpunkt. Der Hauptwandel liegt darin, dass das Ziel der Selbstsorge nunmehr in einer jenseitigen Transzendenz statt in diesseitiger Selbstbeherrschung der Sinnlichkeit liegt. Die christliche Subjektivierung der oder des Übenden im Zeichen einer Askese der Keuschheit, die Foucault exemplarisch bei Cassian und Augustinus untersucht, nimmt die Form eines »geistigen Kampfes« mit der »Macht des Anderen, dem *Widersacher*« an (Foucault 1990a, S. 32). Dieser ist gebunden an die »Verpflichtung, die Wahrheit über sich selbst zu suchen und zu sagen«, was »zu einer unendlichen Objektivierung seiner selbst durch sich selbst führt« (ebd., S. 37).[7]

Schon im römischen Hellenismus rücken als Ziel der übenden Selbstsorge Selbsterkenntnis und Wahrheit an die Stelle von Erfahrung und Handeln. Das Christentum treibt die Tendenz der Verinnerlichung und Individualisierung im Zeichen der Keuschheit, des versprochenen Heils und des kirchlichen Gehorsams weiter voran. Praktische Übungen werden in den Mönchsorden und in den kirchlichen Institutionen an ein persönliches Abhängigkeits- und Gehorsamsverhältnis sowie an das Beichtritual gekoppelt. Sie sind nun Praktiken der Entzifferung des geheimen und verborgenen, »sündigen« Ich. Religiöse Übungen (Exerzitien) haben das Ziel, dass der Übende in ein Verhältnis zu Gott treten soll. Sie sollen Selbstüberwindung und Selbstordnung ermöglichen. Zugleich zeigt sich in der »pastoralen Machtform« (Foucault) eine Ambivalenz zwischen Freiheit und Unterwerfung bzw. zwischen Selbstsorge und Fürsorge, die die eigentümliche Produktivität der Exerzitien ausmacht (▶ Kap. 5.3). Ich werde anhand der »Geistlichen Übungen« von Ignatius von Loyola zeigen, dass das nach innen gerichtete Ziel der Selbstsorge als Selbstüberwindung didaktisch auf eine ganze Reihe von »äußerlichen« Einzelzielen heruntergebrochen und durch ein System von Veranschaulichungen, Inszenierungen und Hilfen unterstützt wird, die eine stufenweise Progression ermöglichen sollen. Bei Ignatius findet sich über die antike Tradition der praktischen Übung und der Rhetorik hinaus eine Fülle von äs-

---

7 Die Unterschiede zwischen griechischer Selbstsorge und christlicher Hermeneutik des Selbst stellt Foucault in der »Geschichte der Gouvernementalität« deutlich heraus. Hier bezeichnet er die christliche Pastoral als »absolut einzigartig« (Foucault 2004a, S. 218), weil die Griechen erstens Führung und Menschenführung nicht am Modell des Hirten, sondern am Modell des Webens (bei Platon) orientieren, sie zweitens keinen personalen Bezug zur Gottheit denken und sie drittens keine vergleichbare »politische« Institution wie die Kirche kennen (vgl. ebd., S. 173 ff.).

thetischen Übungsformen, die auf die »Anwendung der Sinne« (von Loyola 2006) zielen. Sie geben auch für heutige Leser sehr interessante und produktive Hinweise für eine Übung der Imagination bzw. Phantasie (▶ Kap. 8.2; vgl. Brinkmann 2014c).

Sowohl die ästhetisch-sinnliche als auch die praktisch-ethische Dimension der Übung geht in der Neuzeit weitgehend verloren. Der harmonische und kosmologische Zusammenhang zwischen Denken bzw. Wissen, Handeln und Wollen, der die Antike und das Mittelalter bestimmte, ist in der Neuzeit zerbrochen. Für die neuzeitliche Pädagogik stellt das eine Chance dar, weil nun weniger autoritative Vorgaben Üben, Lernen und Erziehung leiten. Im öffentlichen Bildungssystem können familiäre Sozialisation, althergebrachte Tradition und gesellschaftliche Konvention überwunden und erweitert werden. Kritik wird zum wichtigen Organ moderner und wissenschaftlicher Diskurse – eine Praxis, die ebenfalls geübt werden muss (▶ Kap. 8.4). Säkularisierung und Verwissenschaftlichung stellen für die moderne Pädagogik aber auch eine große Herausforderung dar. Neuzeitliche Pädagogik ist nun mit einer doppelten Kontingenz konfrontiert. Sowohl die individuelle Biographie als auch der künftige Beruf der Kinder ist unbestimmt und offen. Das öffentliche Bildungssystem hat nun die Aufgabe, jedem Einzelnen Möglichkeiten zu bieten, um seine individuellen Anlagen, Perspektiven und Schwerpunktsetzungen verwirklichen zu können. Es versucht mit dem Anspruch auf Allgemeinbildung und Bildungsgerechtigkeit gesellschaftliche Ungleichheit abzubauen und zu kompensieren. Es erzeugt aber zwangsläufig auch neue Ungleichheiten. Weil es nun keine allgemeinverbindlichen Werte mehr gibt, sondern nur noch Orientierungspunkte, die gesellschaftlich und wissenschaftlich strittig sind, werden ethische und moralische Fragen auch zum Streitfall in der Pädagogik. Unsicher werden daher auch die Ziele, Normen und Praxen der Erziehung. An die Stelle von Harmonie und Eindeutigkeit treten Differenz, Unterschied, Pluralität und Kontingenz (▶ Kap. 4). Das Vermittlungshandeln der Pädagoginnen und Pädagogen kann sich nicht mehr auf die Vermittlung von vermeintlich eindeutigen und allgemeingültigen Werten beziehen, sondern muss in einer reflexiven Wendung die Wertbildung bzw. Ethosbildung unter Bedingungen von Pluralität und Differenz zum Thema machen. Alle Versuche, im Sinne einer Werteerziehung auf vermeintlich vorgegebene Identitäten zurückzugreifen (heißen sie »Volk«, »Heimat«, »Gott«, »Allah« oder »Sozialismus«), führen in plurale Bestimmungen. Die Pädagogik als Vermittlungshandlung hat damit die Aufgabe, auch plurale und differente Begründungslogiken von Werten in ihren Unterschieden zu thematisieren. Sie hat in die Pluralisierung von Wissens- und Begründungsformen einzuführen, was nur auf dem Weg der Übung von Urteilen geht (vgl. Benner 2012, 2019).

In der Moderne verliert das Üben als Selbstsorge seine ehemals bedeutsame Stellung im pädagogischen Ternar. Üben wird auf methodische, technische und mechanische Funktionen reduziert. Der neuzeitliche Dualismus von Geist (*res cogitans*) und Körper (*res extensa*) manifestiert sich in der Trennung von geistigen Übungen (der Urteilskraft, Vernunft) einerseits und leiblichen, motorischen Übungen andererseits, die nun weitgehend getrennt ausgeführt und behandelt werden. Pädagogisch und didaktisch manifestiert sich der neuzeitliche Dualismus in der Unterrichtslehre der Philanthropisten im 18. Jahrhundert über den Herbartianismus des 19. Jahrhunderts bis heute. Übung wird als sekundäre Lernform der Verarbeitung bzw. der Festigung bestimmt, die der Einsicht, dem Verstehen und Erklären nachgeordnet ist. So findet sich bis heute die Übung am Ende der meisten Lehr- und Unterrichtsstunden, nach Einstieg, Erarbeitung und Anwendung (▶ Kap. 7).

Die Übungstechnologien der »Schwarzen Pädagogik« im 19. Jahrhundert sollen durch Drill, mechanisches Pauken und stumpfes Automatisieren disziplinieren und normieren (vgl. Rutschky 1984). Reformpädagogische Methodik lockert die Übungsmethoden auf und differenziert sie erheblich, kann aber nicht verhindern, dass Übungen in der Schule im Abseits stehen, meist als Nachbeschäftigung zuhause in Form von Hausaufgaben. Reformpädagogik hat entgegen der landläufigen Meinung, hier handele es sich um eine natürliche, kindgerechte Pädagogik (Oelkers 2005), einen machtförmigen, normalisierenden Einschlag. Ich werde auf diese romantisch-religiösen und zugleich rassistischen und positivistischen Tendenzen am Beispiel der Pädagogik Montessoris in Kapitel 8.1.1 eingehen (vgl. Brinkmann 2013a). Allen Reformbemühungen zum Trotz gilt auch heute noch die Reduktion des Übens auf eine Disziplinartechnik: Übungen zielen auf den Leib, ob durch Automatisierung und Stillsitzen oder in der sozialpädagogischen, »indirekten« und reflektierenden Disziplinierung im »Trainingsraum« (vgl. Bröcher 2005, Jornitz 2005). Übungen sind probate Mittel, über den »Körper«, über den »Geist« oder über die vernünftige Selbstbeherrschung, die gesellschaftliche Ordnung und die sozialen Normen »einzuleiben« (▶ Kap. 5.3).

Geistige Übungen findet man in der neuzeitlichen Philosophie. Die philosophische Meditation als geistige Übung wird die bestimmende Form. Meditieren als philosophische Praxis äußert sich nicht nur in Texten, etwa in den »Meditationen« von Descartes (1985) oder Husserl (1992). Husserls Phänomenologie kann beispielsweise als eine »einzige, unablässige Meditation« (Fink 2004b, S. 207) über Tage, Wochen und Jahre gelesen werden, die sich in Tausenden von stenographischen Forschungsmanuskripten niederschlägt (vgl. ebd., S. 220). Meditieren zeigt sich hier als ein radikales »Sich-auf-sich-selbst-stellen«, als eine existenzielle Lebensform, die sich in einer Denkleidenschaft und einem habituellen Stil äußert (vgl. Fink 2004a, S. 81). Philosophische Meditationen nehmen das alte Thema der *prosoché*, der Aufmerksamkeit sich selbst gegenüber, auf und treiben es bis an die Grenzen der Reflexion und des Ich voran (▶ Kap. 6).[8]

In den Meditationen von René Descartes und in der »ethischen Asketik« Kants wird Übung als eine Operation der Urteilskraft (Kant 1977a, KrV B 172) gesehen, mit der die Regeln und Gesetze der Vernunft in Können umgesetzt werden. Nietzsche versucht mit dem Projekt der Stil- und Formgebung durch leiblich-geistige Askesen den Dualismus von Körper und Geist zu überwinden. Die kulturellen Praktiken der körperlichen Übungen (sportliche Athletik), der

---

8 Es gibt daher eine zweite Lesart der Meditationen Descartes', die von der konventionellen Sicht als dem Hauptverantwortlichen für den neuzeitlichen Dualismus abblendet und den Modus der Meditationen als Praxis und Habitus in den Blick nimmt (vgl. Grünbein 2008).

musikalischen Übungen (Instrumentalisten, Virtuosen), der gezielten Übungen in spezifischen Leistungsdomänen (z. B. Schach), der geistigen Übungen der intellektuellen Disziplinen sowie geistige und geistliche Meditationsformen (Zazen) bilden heute spezialisierte und differenzierte Formen beachtlicher Expertenschaft aus.

Diese Expertisierung in Sachen Übung lässt sich exemplarisch am Violinisten, Artisten und Kunstschwimmer Carl Hermann Unthan zeigen. Unthan, armlos geboren, hatte durch Übung erreicht, dass er ohne fremde Hilfe selbstständig für sich sorgen konnte. Er konnte zudem virtuos Violine spielen und erlangte Ende des 19. Jahrhunderts einige Berühmtheit. Unthan war einer jener Artisten, die der Philosoph Peter Sloterdijk exemplarisch als »homo repetivivus« und »homo artista« anführt (vgl. Sloterdijk 2009, S. 24).

Abb. 7: Carl Hermann Unthan – Fußkünstler (Lobe, 1868, S. 438).

Nach Sloterdijk zeigt sich an und mit Unthan eine kulturgeschichtliche Tendenz, mit der sich eine »Renaissance« (ebd., S. 264) der Übung und eine Säkularisierung und »Entspiritualisierung der Askesen« (ebd., S. 150) verbindet. Diese verkörpern »Akrobaten des Körpers und Geistes« wie Rilke, Kafka, Cioran, aber auch der neoklassische Athletismus der olympischen Bewegung Coubertins und nicht zuletzt die aufkommende »Krüppelbewegung«, mit der Unthan verbunden war. Diese profanen Praktiken belegen einerseits die ganze Produktivität und Effektivität des Übens. Andererseits wird die »Wiederkehr des Übens« zu einem Kennzeichen der säkularen, westlichen Moderne, in der der Perfektionsgedanke des Einübens, Ausübens und Sich-Übens mit einem ökonomischen, politischen und biopolitischen Paradigma der Optimierung zusammengeschaltet wird (vgl. Brinkmann 2010). Ich werde später zeigen, wie im Üben einerseits eine Selbstbekräftigung und Individualisierung stattfindet, die andererseits auch eine Subjektivierung und Unterwerfung unter äußere Normen zur Folge hat. Im Modus eines »freiwilligen Gehorsams« (Foucault) verschränken sich im Üben Macht, Wissen und Selbst (▶ Kap. 5.3), sodass das übende Subjekt normalisiert wird und sich gerade darin Freiheits- und Spielräume eröffnen, die Leistungen wie jene von Unthan möglich machen.

2.1 Wiederkehr der Übung?

In der letzten Dekade zeichnet sich auch im öffentlichen und wissenschaftlichen Diskurs eine Wiederkehr der Übung ab. In der Soziologie, Philosophie, Psychologie und den Erziehungswissenschaften rückt das Üben vermehrt in den Fokus. Sloterdijk (2009) betont, wie am Beispiel Unthans dargestellt, den Perfektionismus der Übung. Der Fokus liegt bei ihm darauf, etwas nicht nur zu können, sondern etwas willentlich immer besser zu können und damit die Möglichkeit zu haben, sein Leben zu ändern und zu verbessern. Er betrachtet unterschiedliche Bereiche wie Religion, Wissenschaft, Kunst, Sport und Pädagogik. Seine These lautet, dass sich spätestens mit der »anthropotechnische(n) Wende« (ebd., S. 139) um 1900 eine Rehabilitierung der alteuropäischen Askese ereignete, die sich in den Akrobaten des Körpers (olympische Bewegung, Sportlerinnen und Sportler) und des Geistes (Schriftstellerinnen und Schriftsteller) ankündigt. Diese gelangen durch Übung zu bis dahin ungeahnten Leistungen, die jeweils von nachgeborenen Expertinnen und Experten immer wieder übertroffen werden. Mit dem Aufruf »Du musst dein Leben ändern!« verbindet sich so die Hoffnung auf eine gesteigerte kulturelle Evolution. Sloterdijks Vorhaben, die Übung von den christlichen Buß-Praktiken zu lösen und die produktiven Bezüge zwischen Askese und Übung in Selbstsorge und Selbstperfektionierung zu betonen, ist nur zu begrüßen. Allerdings ist in seiner perfektionszentrierten Darstellung eine Sicht auf Übende jenseits von Leistungs- und Outputorientierung nicht gegeben (vgl. Brinkmann 2010).

Im Unterschied zu dieser perfektionsorientierten Sicht nimmt der amerikanische Kultursoziologe Richard Sennett in seiner Studie zum »Handwerk« konkrete Praktiken in den Blick und stellt Überlegungen zu einer Didaktik der Übung an (vgl. Sennett 2008). Er untersucht darin vor allem vormoderne (kunst-)handwerkliche Praxen wie Goldschmieden, Geigenbau, Glasblasen, Kochkunst, aber auch Instrumentalspiel. Seine Ausführungen bieten eine Fülle von wichtigen

Einsichten zur Didaktik der Übung am Beispiel der menschlichen Hand und des Handwerks. Da Sennet sich in seiner Studie vornehmlich auf vormoderne (kunst-)handwerkliche Traditionen bezieht, favorisiert er auch imitatorische und mimetische Formen der Übung: Der Lehrling macht es dem Meister nach und gleich. Komplexere geistige und mentale Übungen oder auch komplexere didaktische Praktiken der Übung kommen nicht in den Blick (▶ Kap. 7.3).

Eine ganz andere Perspektive auf das Üben nimmt die ältere Hirnforschung ein. Hier werden wiederholende Übungen als erfahrungsabhängige und erfahrungsbildende Bahnung von Nervenzellen im »selbstreferentiellen System« Gehirn thematisiert, deren Vernetzung motorisches, volitionales und emotionales Handeln prädisponiert (Roth 2003, S. 154 ff., S. 462 ff., S. 480 ff.). Damit kann ein Zusammenhang zwischen Erfahrung und Reifung empirisch belegt werden. Übung wird hier als Bahnung von Nervenzellen verstanden, mit der diese angeregt und durch weiteren Gebrauch verstärkt wird (»neurons that fire together wire together«) (vgl. Baars/Gage 2010, S. 83). Ihre Position kann im Gehirn mittels bildgebender Verfahren lokalisiert und ihre Verschaltung dargestellt werden. Um Reaktionen, Bewegungen und Handlungen erklären zu können, greift die Hirnforschung auf eine kognitionstheoretische, dualistische Modellierung des Gedächtnisses zurück. Sie unterscheidet zwischen deklarativem und prozeduralem Gedächtnis, wobei hiermit zugleich deklaratives und prozedurales Wissen gemeint ist (vgl. Anderson 2001). Damit wird das ursprünglich angenommene und diagnostizierte Kontinuum komplexer Vernetzungen von Wahrnehmen, Fühlen, Handeln (Prinzip des *common coding*) in eine Anzahl zeitlich aufeinanderfolgender Repräsentationen und Operationen aufgespalten. In der Kontinuität sukzessiver Operationen erscheint Übung wiederum als sekundäre Lernform. Temporale Differenzen und negative Erfahrungen können damit nicht eingeholt werden (▶ Kap. 4.3). Aktuelle neurophänomenologische Zugänge versuchen unter dem Titel *Embodiment* die Einseitigkeiten und die damit verbundenen methodologischen und epistemologischen Probleme der Neurophysiologie und der Kognitionswissenschaften auf ein neues, »verkörpertes« Fundament zu stellen. Im Anschluss an Varela (Varela et al. 2016) und Merleau-Ponty (1974) soll deutlich werden, dass Kognition im Körperlichen und Leiblichen verankert ist (Fuchs 2009; ausführlicher ▶ Kap. 6.4).

Der amerikanische Psychologe Karl Anders Ericsson hat das Konzept der *deliberate practice* (der zielgerichteten Übung) entwickelt, mit dem außergewöhnliche Leistungen von Experten wie Schachgroßmeisterinnen und Schachgroßmeistern, Violinistinnen und Violinisten, Klaviervirtuosinnen und Klaviervirtuosen und Sportlerinnen und Sportlern empirisch untersucht und auf gezieltes Üben zurückgeführt werden können (vgl. Ericsson et al. 1993). Als Experte gilt, wer dauerhaft in einem Tätigkeitsfeld herausragende Leistungen bringt. Gezieltes Üben ist eine im höchsten Maße anstrengende Tätigkeit, die keinen Spaß macht. Um damit Leistungsverbesserung zu erreichen, müssen typische Rahmenbedingungen und Ressourcen wie Instrumente, Lehrerinnen und Lehrer und soziales Milieu in einer klar definierten Domäne vorhanden sein, und die übende Person muss motiviert sein, ihre Leistung steigern zu wollen. Die Untersuchungen zeigen, dass im Alter von 20 Jahren die besten Experten ungefähr 10 Jahre insgesamt etwa 10.000 Stunden geübt haben, wobei sich die täglichen vier Stunden gezielter Übung mit Ruhezeiten abwechselten. Gezielte Übung ist daher weitaus bedeutsamer für Erfolg und Leistung als natürliche Begabung. Der qualitative Unterschied zwischen guten und weniger guten Experten eines bestimmten Übungsfeldes (Domäne) wird ebenfalls mit der Theorie kognitiver Repräsentationen und einer modifizierten Form der Speicherung im deklarativen Gedächtnis sowie deren »Verwendung« im prozessualen Gedächtnis erklärt. Allerdings werden auch hier Fehler, Scheitern, Mittelmaß und Normalbiographie ausgeblendet, ebenso wie gesellschaftliche, soziale und individuelle Kontexte, sofern sie nicht affirmativ das Ziel und die Norm der Perfektionierung bestätigen (vgl. Brinkmann 2012, S. 73–80).

Die Erkenntnisse der Expertiseforschung sind für die erziehungswissenschaftliche Professions- und Kompetenzforschung von großer Bedeutung. Der Kompetenzbegriff der Bildungsforschung ist in wesentlichen Teilen der Expertiseforschung entnommen. Nach Weinert und Klieme lässt sich der »dort verwendete Kompetenzbegriff (…) hervorragend auf den schulischen Bereich übertragen« (Klieme 2003, S. 72 f.) und für psychometrische Verfahren der Leistungsmessung nutzen. Das »funktionalistische« Kompetenzmodell, das sowohl PISA als auch den Bildungsstandards der KMK zugrunde liegt, hat den Anspruch, »die Verbindung zwischen Wissen und Können« (ebd.) herzustellen. Weinert fokussiert das Konzept der kognitiven Kompetenzen auf einen begrenzten Bereich von Wissen, Fertigkeiten, Metawissen und fächerübergreifendem Wissen. Dieses wird als Handlungs- bzw. Problemlösekompetenz gefasst. Der Übergang vom Wissen zum Können bzw. die Performanz von Kompetenz wird wiederum, wie in der Kognitionspsychologie und der Hirnforschung, als Prozeduralisierung von kognitiv gespeichertem, deklarativem Wissen bestimmt.

Im Zuge kognitivistischer und konstruktivistischer Theorien werden seit einiger Zeit Hoffnungen auf »elaboriertes Üben« geweckt. Es ist von einer »Wiederkehr des Übens« (Duncker 2008, S. 224) und von »intelligentem Üben« (Meyer 2004, Gudjons 2006) die Rede. In den Bildungsstandards der Fächer Mathematik, Französisch und Englisch wird der hohe Stellenwert des Übens gemäß dem konstruktivistischen Theorem der Selbstregulation als reflektierendes, flexibilisierendes und vernetzendes Üben gefasst. »Lernerorientierte Aufgaben« in authentischen Sprechsituationen in mathematischen Modellierungsaufgaben sollen eine Abkehr vom alten, repetitiven Päckchenrechnen bringen und Eigenaktivität und Eigenverantwortung der Lernerinnen und Lerner sicherstellen. Auch in der Fremdsprachendidaktik sollen nach dem *task based approach to language learning* reflexive Aufgaben einen übenden Zugang ermöglichen. In authentischen, lebensweltlich orientierten Sprechsituationen soll sich das an der Sprachpraxis orientierte Fremdsprachenlernen vom »alten« grammatikbasierten Unterricht abgrenzen. Übungen spielen auch hier eine zentrale Rolle (vgl. Brinkmann 2020c, 2014a; ▶ Kap. 7).

»Intelligentes Üben« (Leuders 2005) wird auch im Qualitätsdiskurs im Zusammenhang mit dem Konzept der kognitiven Aktivierung (Bohl 2012) für erfolgreichen und guten Unterricht gefordert, gemessen und evaluiert (Helmke 2007). Die Merkmalslisten für »guten Unterricht« von Meyer und Helmke haben einen überfachlichen Anspruch. Sie entstammen der quantitativen empirischen Forschung, die auf psychometrischen, experimentellen und statistischen Testverfahren und der kognitiven Kompetenztheorie aufbaut und sich v. a. auf Forschungen aus dem Bereich der mathematischen *literacy* (Grundbildung) stützen. Allerdings muss eingestanden werden, dass eine kognitive Aktivierung im Fach Kunst anders als im Fach Französisch oder Sachkunde erfahren wird. Zudem ist fraglich, ob für den Erwerb von praktischen Fertigkeiten, individuellen Haltungen wie Gelassenheit und Gerechtigkeit und sozialen Fähigkeiten nur Kognition als Paradigma ausreicht. Implizites Wissen, sozial erworbene Habitualisierungen und körperlich-leibliche Schematismen sind ebenso im Üben wirksam und entziehen sich einem ausschließlich kognitiven und expliziten Zugang.

Eine andere, interessante Variante der Übungsformate findet sich in Bildungsstandards für das Fach Ethik, wie sie im Moment im Kontext des internationalen Projektes »ETiK« in Berlin entwickelt werden. Darin wird Urteils- und Reflexionskompetenz in pluralen Urteilsformen bildungstheoretisch ausgewiesen, in Teilkompetenzen differenziert und interkulturell pluralisiert (vgl. Benner/Nikolova 2016). Mit diesen Aufgabenformaten werden ältere behavioristische didaktische Modelle der Übung entscheidend modifiziert (vgl. Aebli 1985, Bönsch 2005). Mit ihnen können Prozesse beim Üben analytisch und graduell bestimmbar sowie Fehler didaktisch produktiv nutzbar werden.

Kompetenzorientierte Aufgabenformate übernehmen so eine wichtige Funktion in den Bildungsstandards und den angegliederten Leistungstests. Als didaktische Aufgaben im unterrichtlichen Interaktionsprozess eingesetzt, können mit ihnen Prozesse beim Üben analytisch und graduell bestimmbar sowie Fehler didaktisch produktiv nutzbar werden. Variationen können gezielt implementiert werden, um Reflexionen im Sinne von Selbstkorrektur zuzulassen. Diese z. T. sehr elaborierten Aufgabenformate können als Anzeichen für eine neue Aufmerksamkeit auf Üben und Übung gelten (vgl. Brinkmann 2014a). Damit werden ältere Konzepte der Übung entscheidend modifiziert. Jene orientierten sich noch an den von Thorndike vor über hundert Jahren aufgestellten behavioristischen »Gesetzen der Übung«, die in unterschiedlicher Reihenfolge und Gewichtung jeweils zusammengestellt werden (vgl. Bönsch 2005).

Gleichwohl erscheint sowohl in Forschung als auch in der pädagogischen Praxis eine pädagogische Theorie notwendig, die systematisch grundlegende Aspekte dieser elementaren Lernform zusammenführt, diese für Fächer und Fachdidaktiken nach deren eigener Logik spezifiziert und eine theoretische Modellierung für empirische Untersuchungen der pädagogischen Übung bereitstellt. Grundlagentheoretisch ist immer noch umstritten, was genau unter Üben zu verstehen ist und wie Üben funktioniert. Methodologisch ist ungeklärt, wie man Üben in allen seinen Facetten empirisch erfassen kann.

2.2 Aktuelle Probleme der Übungstheorie und Übungsforschung

Aus dem bisher Dargestellten ergeben sich drei Forschungsfelder der Übungsforschung.

1. Negativität: Enttäuschungen und Fehler im Üben

Der Blick auf den Prozess im Üben und die Erfahrungen darin macht deutlich, dass insbesondere Irritationen, Fehler, Scheitern und Enttäuschungen im Üben gesondert zu untersuchen sind. In der Erziehungswissenschaft geraten in letzter Zeit diese negativen Erfahrungen zunehmend in den Fokus der Forschung. Sie werden als wichtige und produktive Momente im Lernen und Üben gesehen (Oser/Spychiger 2005, Benner 2012, Meyer-Drawe 2008, Brinkmann 2012, Rödel 2018; ▶ Kap. 1.3 und 4). Sie sind zugleich eine didaktische Herausforderung für die Lehrenden. Über ein »Coaching« und »Scaffolding« hinaus (vgl. Reinmann et al. 2020) gilt es, die vielfältigen Formen negativer Erfahrung – die ›Störungen‹ und Widerstände, Irritationen und Enttäuschungen, das Vergessen, Scheitern, Fehlermachen – im pädagogischen Verhältnis edukativ abzufedern, zu gestalten und produktiv zu wenden. Dazu aber bedarf es einer Reflexion auf die Ziele der Übung (▶ Kap. 7) und einer pädagogischen Lerntheorie, die sich den eurozentrischen und logozentrischen Dualen entzieht, die leibliche, aisthetische und motorische Aspekte ebenso einbezieht wie geistige und vernünftige (▶ Kap. 5.1). Negativität kann dann als elementare Erfahrungsstruktur im Üben bestimmt werden, die die Produktivität und Kreativität und zugleich die implizite Reflexivität des Übens hervorbringt. Zudem bedarf es weiterer Anstrengungen, empirisch negative Erfahrungen deskriptiv und rekonstruktiv zu erfassen (vgl. Rödel 2018).

2. Das Neue im Alten: Gewohnheit, Habitus und Transformation

Um Variation, Abweichung und die Umstrukturierung des Selbst- und Weltverhältnisses (also Umüben, Umlernen, Verlernen und Transformation; ▶ Kap. 4) als Ausgriff auf Neues im Üben erfassen und gestalten zu können, muss die Zeitstruktur des Übens in den Blick rücken. Im Üben einer Sache, einer Fertigkeit oder eines Inhaltes werden Fertigkeiten wie Konzentration und Fehlertoleranz mitgeübt, wobei in der kognitivistischen Lerntheorie bisher ungeklärt ist, wie dies stattfindet und welche Reichweite diese haben (vgl. Mähler/Stern 2006). Auch in sozialtheoretischen Ansätzen ist von einer »Habitustransformation« die Rede (von Rosenberg 2011), mit der *habitus* und *hexis* als strukturierte und zugleich strukturierende Strukturen (vgl. Bourdieu 2014, S. 98 f.) verändert werden sollen. Die Fragen lauten hier: Wie kommt das Neue in das Alte, das Nicht-Gekonnte ins bestehende Können und das Nicht-Gewusste in das bestehende Wissen (▶ Kap. 5.2)?

Dazu bedarf es einer Neubewertung von Gewohnheit und Habitus, die aus dem Vorgriff der »theoretischen Vernunft« (Bourdieu) herausgelöst werden muss. Die erfahrungstheoretische Analyse kann zum einen den Dual auflösen, mit dem Gewohnheit und Habitus Veränderung, Lernen, Bildung und Transformation entgegengestellt werden. In Kapitel 3 werde ich im Blick auf das Üben in China zeigen, dass im wiederholenden Lernen und Üben vertiefte Einsichten und reflexives Verstehen möglich sind. In Kapitel 4 werde ich die produktiven Potenziale der Gewohnheitsbildung veranschaulichen und zeigen, dass ein Habituswandel oder gar eine Habitustransformation in übungstheoretischer und übungspraktischer Perspektive möglich werden kann. In Kapitel 5.2 werde ich deutlich machen, dass in der Wiederholung Potenziale der Veränderung liegen, die die Grundlage für eine »formierende« Transformation und Transposition im Üben bilden.

3. Eigensinn des Übens als leibliche und geistige Praxis

Eine grundlagen- und bildungstheoretische Bestimmung der Praxis des Übens ist notwendig, mit der Üben systematisch von anderen pädagogischen Praxen und Begriffen unterschieden wird. In den folgenden Kapiteln wird im Sinne eines systematischen Bestimmungsversuchs Üben von Lernen, Spielen und Repetieren unterschieden und in dessen Eigenlogik bestimmt (▶ Kap. 1 und 4). Üben soll als eine besondere Lernform (vgl. Prange 2005) exponiert werden. Die sozialen und erzieherischen Anteile bezeichne ich als Übung. Diese werden in Kapitel 7.3 zur Didaktik der Übung systematisch herausgearbeitet und erläutert. Dies alles hat das Ziel, den Eigenwert des Übens als Etwas-üben und Sich-selbst-üben in seinen relationalen Perspektiven zu bestimmen. Das Einüben von Fertigkeiten, das Ausüben von Fähigkeiten und das ethische Sich-selbst-üben lassen die Vielschichtigkeit, Produktivität und Elementarität des Übens deutlich werden.

Im folgenden Kapitel zeigt der Blick auf die chinesische Kultur, dass hier, im Unterschied zum europäischen Dualismus, Üben und Lernen als miteinander verschränkte Praxen gesehen werden können (▶ Kap. 3). Mit dieser interkulturellen Perspektive kann einmal mehr deutlich werden, dass Üben keineswegs als sekundäre und nachgeordnete Lernform (miss-) zu verstehen ist.

3   Üben in China

Im asiatischen Kulturkreis und insbesondere in China hat das Üben eine lange Tradition und genießt als Praxis- und Lebensform sehr großes Ansehen. Sowohl im schulischen als auch im außerschulischen Lernen ist die Praxis des Übens dominant. Mit dem Üben werden auch Wiederholung, Beharrlichkeit, Sorgfalt, Anstrengungsbereitschaft, Ausdauer, Konzentration und Achtsamkeit wertgeschätzt (vgl. Li 2012). Üben und Lernen werden nicht wie im Westen dualistisch getrennt gesehen, sondern als Einheit praktiziert. Schon das chinesische Wort für Üben, *lianxi* (练习), bezieht sich sowohl auf geistige und mentale als auch auf leibliche und motorische Praktiken. Geübt werden Fertigkeiten beispielsweise in der Kalligraphie oder in den Martial Arts wie Kung Fu, meditative Praktiken wie Tai Chi, aber auch mathematische Formeln, geschichtliche Zusammenhänge oder komplexe geistige Fähigkeiten wie Urteilen und Verstehen. Das chinesische Wort für Lernen, *xuexi* (学习), setzt sich aus Üben und Lernen zusammen. In den Gesprächen von Konfuzius steht deshalb ganz am Beginn schon der Satz: »Lernen (xue: 学) und fortwährend üben (Xi: 习): ist das denn nicht auch erfreulich? (学而时习之，不亦说乎)?« (Konfuzius 2010, S. 3; Peng et al. 2018, S. 264). Damit werden Üben und Lernen bzw. Lernen und Üben als eine zusammengehörige Praxis gesehen.[9]

Zum Üben gehört vor allem eine Haltung, die sich wiederholend aufbaut. Das Selbst-Üben impliziert Ausdauer, Entschlossenheit, Geduld, aber auch Beharrlichkeit und Überwindungsbereitschaft. Die Praxis des Übens ist in China eine tugendhafte, ethische Praxis. Sie basiert auf den o. g. Haltungen und Wertvorstellungen und hat gleichzeitig deren Ausbildung zum Ziel. Etwas üben und Sich-selbst-üben fallen in der Praxis des *lianxi* (练习) zusammen.

Die westlichen Duale zwischen Repetition und Reflexion, zwischen Tradition und Innovation sowie zwischen Konzentration und Kreation in der Erfahrung und Praxis des Übens gelten hier nicht. Insofern kann das chinesische Üben ein anderes Bild vermitteln. Es soll im Folgenden nicht als exotisches Vorbild dienen, dem nachzueifern wäre. Es soll vielmehr aus einer Perspektive der kulturellen Differenz und Andersheit heraus betrachtet werden (zur kulturellen Fremdheit und zum Antworten darauf vgl. Waldenfels 1998a, b; 1999). Damit soll der

---

9   Im alten Chinesisch gab es für Üben »lianxi« (练习) zwei Zeichen, nämlich »xue« (学) und »xi« (习). »Xue« (学) bedeutet Lernen, »xi« (习) *learning by doing* bzw. Üben. Im heutigen Chinesisch spricht man nur noch von »lianxi« (练习), »jianxi« (践习) oder »Shijian« (实践). Ich danke für diesen Hinweis den Mitgliedern unseres Forschungsteams Jie Peng, Tao Peng und Juang Gu.

Blick geschärft werden für die produktiven und ethischen Aspekte des Übens, die in der europäischen Geschichte und Kultur mittlerweile fast verschüttet scheinen.

Ich werde im Folgenden auf wichtige Aspekte und Charakteristika des Übens in China eingehen, insbesondere auf das Verhältnis von Verstehen und Wiederholen, das Verhältnis von Tradition und Innovation bzw. von Altem und Neuem sowie auf Konzentration und schließlich auf die ethischen Aspekte des Sich-selbst-Übens. Zuvor werde ich einige westliche Vorurteile über die chinesische Lernerin und den chinesischen Lerner bzw. das chinesische Üben in den Blick nehmen und diskutieren. Dazu werden zunächst einige Bemerkungen zu asiatischen und insbesondere zur chinesischen Geschichte und Kultur des Lernens und Übens vorangestellt.

3.1 Westliche Vorurteile

Das Bild des Westens von Asien, von China, Indien, Japan, Korea und Vietnam ist doppelgesichtig. Zum einen herrschte lange und bis heute ein kolonialistisch geprägtes Bild von »den« Asiaten vor. Stereotype wurden und werden nach wie vor transportiert: Asiaten treten in Gruppen auf, legen wenig Wert auf Individualität, ihre Emotionen sind nicht lesbar, ihre Konventionen sind fremd und vor allem ist das Üben und Lernen nachahmend, kopierend und repetitiv, d. h. ohne Kreativität, Originalität, Reflexivität und Kritik. Dieses Bild erhielt in den letzten Jahrzehnten Risse, die nicht nur auf eine postkolonialistische Perspektive auf Differenz und Fremdheit zurückgehen (vgl. Jullien/Köller 2002), sondern auch dem Wiedererstarken Chinas als ökonomische, militärische und wissenschaftliche Weltmacht geschuldet sind. Der westliche Blick nach Osten ist auf der anderen Seite von einer unkritischen Romantisierung und Faszination geprägt. Asiatisches Leben und Lebensformen werden in ihrem Exotismus verklärt, oftmals ohne die kulturellen und historischen Differenzen zu beachten.[10] Gerade in der verklärenden Betonung dieser Andersheit und in der Klassifizierung und Ausgrenzung der Asiaten als Andere und Fremde (*othering*) werden wiederum eurozentrische Vorurteile und Perspektiven verstärkt.

Mit der PISA-Studie, dem Erfolg der asiatischen und chinesischen Schülerinnen und Schüler und der damit ausgerufenen »Bildungskrise« in Deutschland setzt ein Blickwechsel auch in den Erziehungswissenschaften nach China ein, der bis heute andauert. Der Erfolg der chinesischen Schülerinnen und Schüler verführt viele dazu, ungeachtet aller historischen, kulturellen und politischen Diffe-

---

10 Um dieses Problem zwischen Universalismus und Relativismus und um Möglichkeiten und Grenzen, mit und aus China ein verfremdetes Licht auf das westliche Denken zu werfen, kreist die Kontroverse zwischen Jean-Francois Billeter und Francois Jullien (vgl. Baecker et al. 2008).

renzen China als Vorbild anzupreisen. Populärwissenschaftliche Bücher zum chinesischen Bildungssystem wurden zu Bestsellern (vgl. Chu 2017). Die chinesischen Schülerinnen und Schüler sowie die chinesische Mentalität gelten hier als Vorbild. Westliche kapitalistische Vorstellungen von Erfolg, Optimierung und Wettbewerb werden mit traditionellen chinesischen Werten wie Anstrengungsbereitschaft, Ausdauer und Härte gegen sich selbst und andere zu einer autoritativen Vorstellung von Übung und Erziehung kompiliert (vgl. Chua 2011).

In Abgrenzung zu diesen disziplinatorischen und autoritativen Rezeptionen des chinesischen Übens (▶ Kap. 5.3 zur Macht der Übung) sollen im Folgenden seine Ambivalenzen herausgearbeitet werden – auch für die chinesische Praxis des Übens. Es wird versucht, zwischen Exotisierung und Marginalisierung einen anderen, nüchterneren Weg einzuschlagen, auch wenn kulturalisierende Deutungen und Zuschreibungen in Anbetracht kultureller Fremdheit und Andersheit letztlich nicht ganz ausgeschlossen werden können.

In der international-vergleichenden Forschung setzte schon mit den 1990er Jahren ein starkes Interesse am *Chinese Learner* ein, das sich dann mit den PISA-Erfolgen der asiatischen Staaten noch verstärkte. Es wurde schnell klar, dass erstens westliche Fehlkonzeptionen und Vorurteile den Blick auf die Praxis des Übens und Lernens verstellen (Biggs 1996) und zweitens der kulturelle und historische, insbesondere konfuzianistische Hintergrund in die Analysen einbezogen werden muss (Lee 1996). Mittlerweile hat sich dieser Forschungszweig fest etabliert (vgl. Trumpa et al. 2017). Der anfangs erwähnte elementare Zusammenhang zwischen Üben und Lernen, von Wiederholung und Innovation bzw. von Konzentration und Kreation wurde, wie ich zeigen möchte, in diesen Forschungen mehrfach bestätigt. Zunächst ist es für westlich geprägte Wissenschaftlerinnen und Wissenschaftler schwierig, einen Zugang zum traditionell orientierten Denken und zur chinesischen Praxis zu erhalten. Diese wird in Erzählungen, Gleichnissen und Geschichten weitergegeben. Lebensweisheiten werden in Form von Sentenzen und Sprüchen, beispielsweise von Konfuzius oder Mencius, weitergegeben und müssen dann jeweils neu interpretiert werden. Dieser nicht-begriffliche, metaphorische Zugang prägt auch die chinesische Kultur der Prüfungen und das chinesische Bildungswesen seit 1.000 Jahren (vgl. Xu 2007). Es erschwert zusätzlich den Zugang. Einige Forscherinnen und Forscher haben daher Wortfelduntersuchungen angestellt, um bestimmte Begriffe zu kontextualisieren und ihre praktische Relevanz zu erschließen (vgl. Li 2012). Wie die griechische Philosophie ist auch die chinesische Philosophie und Kultur auf Praxis als praktische und ethische Lebenskunst gerichtet.

3.2 Konfuzianistische Hintergründe

China ist weltweit das einzige Land, das auf eine 5.000-jährige, kontinuierliche Geschichte und Tradition zurückblicken kann (vgl. Chan 1999). Der bis heute bestimmende Konfuzianismus hat sich fast über den gesamten asiatischen Raum verbreitet und sich im Laufe der Zeit mit Elementen des Daoismus und Buddhismus vermischt. Gleichwohl wird davon ausgegangen, dass der Konfuzianismus bis heute eines der bedeutendsten Fundamente der asiatischen und chinesischen Kultur darstellt (zum Begriff der *Kultur* vgl. Henze 2011, Jullien/Köller 2002), wenn auch mit Unterbrechungen, Verschiebungen und Transformationen im Zuge einer *compressed modernity* (vgl. Zizek 2020, S. 166), in der eine ökonomisch globalisierte Modernität mit traditionellen Normen, Werten und Praktiken in Konflikt gerät.[11]

Der Konfuzianismus ist geprägt von einer Praxis der weltzugewandten Selbstbeherrschung und Selbstkultivierung. Er basiert auf einer Tugendlehre, die für die Vorstellung von Üben und Lernen von großer Bedeutung ist. Der Konfuzianismus lässt sich in drei Hinsichten kennzeichnen: Harmonie, Hierarchie, *facework* (vgl. Henze 2011, Peng et al. 2018). Er basiert erstens auf einer ausgeprägten philosophischen Harmonievorstellung, die sich in einem Ethos der Selbstzurücknahme äußert. Die Harmonie manifestiert sich in konzentrischen Kreisen, beginnend bei dem nahen Umfeld der Familie über den Freundeskreis und die Institution, der man angehört, bis hin zum Staat (vgl. Li 2012, S. 312 ff.). Soziale Gemeinschaften, auch Institutionen und Staaten, werden unter der Perspektive der Harmonie gesehen und bewertet. Die Gemeinschaft ist in sozialer, ethischer und praktischer Perspektive dem Individuum vorgeordnet. Lernen und Üben ist im asiatischen Kulturkreis damit in erster Linie ein soziales Phänomen und eine soziale Praxis. In der Gemeinschaft erhält das Individuum durch Unterordnung Schutz, Achtung und Unterstützung. Es hat auf der anderen Seite für diese Gemeinschaften einen »Dienst« zu erbringen (vgl. Peng et al. 2018, S. 262). Chinesische Eltern beispielsweise engagieren sich für die Erziehung ihrer Kinder stärker als westliche Eltern und sind bereit, mehr an Zeit, Geld und Geduld für ihre Kinder zu opfern (vgl. Li 2012, S. 145 ff.). Dafür sind im Gegenzug die Kinder ethisch verpflichtet, ihren Eltern, Lehrern und anderen Autoritäten zu helfen, sie zu unterstützen und zu respektieren. Das Hierarchieverhältnis hat also ein Autoritätsverhalten zur Folge, das sich im heutigen, modernen China noch weitgehend durchhält, auch wenn sich schon deutliche Brüche zeigen. Harmonie- und Hierarchievorstellungen bewirken, dass Eltern, Lehrerinnen und Lehrer und Politikerinnen und Politiker als Autoritäten gelten. Der Konfuzianismus fordert Ehrfurcht und Hochachtung vor diesen Autoritäten ein. Selbst der Kaiser sollte gemäß der konfuzianistischen Vorstellung die Lehrerin und den Lehrer und die Philosophie ehren (vgl. Peng et al. 2018, S. 265).

In China, Indien, Korea, Japan und Taiwan sind soziale Gemeinschaften zweitens durch Hierarchien geprägt. Gemeinschaftlicher Umgang, Lernen und Üben, »Lob und Kritik, Mediation, Problemlöseverhalten, Umgang mit Information, Umgang mit Zeit, mit Geschlecht und Körperlichkeit, mit Farben, Speisen, mit

---

11 Zur Geschichte des Konfuzianismus im chinesischen Bildungssystem vgl. Peng et al. 2018. Im Zuge der aktuellen, staatlich forcierten Renaissance des Konfuzianismus entstehen in China unter Bedingungen der Globalisierung und Ökonomisierung der Erziehung hybride Formen und Praktiken (vgl. Wu 2019).

Behinderung usw., alles unterliegt (...) in unterschiedlicher Intensität einer hierarchie-orientierten Bewertung und daraus abgeleiteten Handlungsoptionen« (Henze 2011, S. 90). Der dritte wichtige Aspekt der konfuzianistischen Kultur ist neben Hierarchie und Harmonie Gesicht (*face*) bzw. *facework*. Gesicht/*Face* entsteht als soziales Phänomen im Spiegel eines relationalen Selbst in der Antwort und Referenz auf Andere und verweist auf moralische Integrität, Fähigkeiten, Status, Kultur bzw. Kultivierung einer Person (vgl. ebd., S. 92). *Face* bezieht sich also auf moralische Integrität, auf sozialen Status und Kultiviertheit. Es gilt zum einen als universale Größe, die alle Kulturen dieser Welt betrifft. Allerdings wird es besonders im asiatischen Raum auf vielfältige Weise repräsentiert und erforscht. Man kann das eigene »Gesicht« verlieren, jemand anderem das »Gesicht« nehmen, das eigene »Gesicht« mehren, jemand anderem ein »Gesicht« geben, das eigene »Gesicht« wahren und auch das »Gesicht« der Anderen wahren (vgl. Weidemann 2004, S. 93). *Facework* manifestiert sich zum anderen in einer sozialen, interaktiven Beziehungspflege (*guanxi*), die reziprok kontextgebunden langfristig und utilitaristisch orientiert ist (vgl. Henze 2011, S. 95).

Abb. 8: Schulklasse in Shanghai (M. Brinkmann, eigene Aufnahme).

3.2 Konfuzianistische Hintergründe

Wer in China eine Schule besucht, wird alle drei genannten Charakteristika schnell wiedererkennen. Der Lehrperson wird mit Achtung begegnet. Es herrscht nach europäischen Maßstäben Ordnung, Ruhe und Disziplin, überall hängen moralische Erbauungssprüche für die Schülerinnen und Schüler an der Wand. Die Besten, d. h. die ethisch und sozial vorbildhaften Schülerinnen und Schüler, werden in Form von Wandtafeln geehrt. Es gibt öffentlich ausgestellte Rankings der besten und vorbildlichen Schülerinnen und Schüler und Klassen.

Abb. 9: Moralisch vorbildhafte Schülerinnen und Schüler werden in einem öffentlichen schulischen Aushang geehrt (M. Brinkmann, eigene Aufnahme).

Aber auch die Schattenseiten sind schnell zu sehen: Der kollektive, frontal-orientierte Unterricht lässt Individualisierung und Differenzierung nur in Grenzen zu. Der soziale Druck manifestiert sich in einem *facework*, das Schülerinnen und Schüler oftmals der Beschämung aussetzt. Verlieren diese ihr »Gesicht«, dann ist zugleich die ganze Familie betroffen. Konkurrenz, Wettbewerb und Privatisierung dominieren in China das Bildungs- und Schulsystem. Die althergebrachte Mentalität der konfuzianistischen Prüfung mit der öffentlich kommunizierten Auslese erzeugt zusammen mit dem *facework* einen ungeheuren sozialen und individuellen Leistungsdruck, Versagensangst und Stress, denen nicht jede oder jeder gewachsen ist.

3.3 Kennzeichen chinesischen Übens

Die konfuzianische Tradition ist nach wie vor sehr lebendig und beeinflusst Bildung und Erziehung in China. Die ursprünglich fünf großen Werke wurden um 1.000 n. Chr. durch vier »große Bücher« abgelöst. Sie gelten als Hauptwerke des Konfuzianismus und waren über 1.000 Jahre Grundlage des chinesischen Prüfungswesens für Staatsbeamte (Mandarine) (vgl. Peng et al. 2018, S. 267; Xu 2007). Diese sind ebenfalls Grundlage einer ethischen Lebensführung und Lebenskunst, die auf Selbstkultivierung und Achtsamkeit (*mindfulness*) gerichtet ist. Hierin liegt das wesentliche Ziel von Üben, Lernen und Leben. Geübt wird also nicht nur in der Schule: Geübt wird lebenslang.

Lebenslanges Üben ist erstens verbunden mit Anstrengung, Überwindung und Beharrlichkeit. Negative Erfahrungen, Enttäuschungen, Scheitern, Nicht-Wissen und Nicht-Können gelten als notwendige Bestandteile des Übens. Sie werden nicht nur akzeptiert: Das Ethos des Übens verlangt vielmehr nach einer praktischen Auseinandersetzung und Überwindung dieser negativen Erfahrungen. Viele Beispiele aus biographischen Erzählungen, aus den o. g. Forschungen und aus meinen eigenen Beobachtungen zeugen von der enormen Anstrengungs- und Aufopferungsbereitschaft chinesischer Lernerinnen und Lerner (vgl. Li 2012, Lee 1996, Peng et al. 2018). Dies hat selbstverständlich auch problematische Seiten, wenn diese beispielsweise unter neoliberalen Bedingungen in Selbstausbeutung und Selbstoptimierung umschlagen (vgl. Zizek 2020). Wichtig in diesem Zusammenhang ist die verbreitete Einstellung in China, dass nicht individuelle Begabung, sondern Ausdauer und Beharrlichkeit für Fortkommen, Erfolg und Kultivierung von entscheidender Bedeutung sind (vgl. Li 2012, S. 141; Peng et al. 2018, S. 264).

Für Üben ist zweitens Konzentration (*zhuanxi*) wichtig, d. h. eine polarisierende, kontemplative und achtsame Atmosphäre. Diese wird von Lehrerinnen und Lehrern sowie Eltern gleichermaßen als bedeutsam angesehen. Ruhiges Arbeiten mit wenig akustischer und visueller Distraktion sowie Muße, d. h. Zeit zum Durcharbeiten und Wiederholen, gelten als wichtige Voraussetzungen für erfolgreiches Üben und Lernen (vgl. Li 2012, S. 145). Die Konzentration als wesentlicher Aspekt der Übung wird in der chinesischen Tradition mit meditativen Praktiken in Verbindung gebracht. Atem, Rhythmus und Achtsamkeit im harmonischen Kontext von Yin und Yang spielen eine entscheidende Rolle. Francois Cheng erklärt beispielsweise zur Übung in der chinesischen Malerei, dass die Kunst des Haltens des Pinsels als ein Ergebnis von großer Konzentration gilt. Konzentration ist hier eine »auf die Spitze getriebene Fülle« (Cheng/Kurtz 2004, S. 92). Der Maler darf nicht eher zu malen beginnen als in dem Moment, »in dem die Fülle seiner Hand ihren Höhepunkt erreicht und schlagartig der Leere nachgibt« (ebd., S. 92). Wenn also der Strich »von Atem beseelt ist« (ebd.), entsteht ein Moment höchster Konzentration, ein Loslassen, das leiblich erfahrbar ist und im Kontext der Malerei mit dem Begriff des »leeren Handgelenks« (ebd., S. 92) umschrieben wird.

Abb. 10: Kalligraphie in China hat eine lange Tradition des Übens (M. Brinkmann, eigene Aufnahme).

Konzentration gilt also als Moment einer angespannten Entspannung bzw. einer entspannten Angespanntheit – ein Aspekt, der im Kontext von Achtsamkeit (*mindfulness*) und Embodiment in den meditativen Praktiken auch im Westen große Aufmerksamkeit erfährt. Wir können dadurch wichtige Hinweise und einen vertieften Blick auf implizites Wissen im Üben, auf Flow und *mindfulness* erhalten, wie sie in diesem Buch erläutert werden (▶ Kap. 6).

Eine von Konfuzius überlieferte Sentenz gibt Hinweise auf einen weiteren, dritten Aspekt des chinesischen Übens. Üben zielt auf breites Wissen und Können und gleichermaßen auf tiefes Verstehen. Letzteres widerspricht der westlichen Überzeugung, dass aus wiederholtem und zunächst imitativem Üben kein reflexives und verständiges Durchdringen der Sache erwachsen könne. Es wurde daraus das »Paradox of the Chinese Learner« konstruiert (vgl. Helmke/Hesse 2003). In der chinesischen Praxis des Übens wird dieser Umstand jedoch keineswegs als Paradox wahrgenommen. Vielmehr gehören hier Wiederholung und vertieftes Verstehen zusammen. Ference Marton und sein Team haben schon in den 1990er Jahren in phänomenologisch orientierten Studien gezeigt, dass chinesische Lernerinnen und Lerner durch Wiederholung, Auswendiglernen und Variation ein vertieftes Verständnis von Aufgaben erreichen (vgl. Marton et al. 1996, vgl. auch Dahlin/Watkins 2000). Asiatische Studierende verbringen, das zeigt eine weitere Studie, mehr Zeit mit Wiederholungen und verbinden diese Stufe für Stufe mit vertieften und reflexiven Lernstrategien (*deep level approach*) (Helmke/Tuyet 1999). Man kann, das wusste schon Konfuzius, aus dem Alten, aus der Erfahrung und aus der Geschichte, der Biographie, der Gesellschaft, der Gemeinschaft Neues generieren, d. h. kreativ sein: »Das Alte üben und das Neue kennen: dann kann man als Lehrer gelten (温故而知新，可以为师矣)« (Konfuzius 2010, S. 3). Es ist also durchaus möglich, aus der Wiederholung des Alten und Bekannten eine neue und vertiefte Einsicht zu gewinnen! Mit anderen Worten: Die Wiederholung ist produktiv; aus ihrer »verändernden Kraft« (Waldenfels) können neue Erfahrungen und damit neue Erkenntnisse gewonnen werden (vgl. Li 2012, S. 132; ▶ Kap. 5.2).

Zusammenfassend lässt sich festhalten, dass mit dem verfremdenden Blick auf das Üben in China einige westliche Stereotypen und Vorurteile in Frage gestellt werden können. Die chinesische Kultur des Übens zeigt, dass erstens Üben und Lernen zusammengehören und in der Praxis nicht voneinander getrennt werden können, dass zweitens Haltungen wie Beharrlichkeit, Sorgfalt, Anstrengungsbereitschaft und Ausdauer als Voraussetzung und Ziel eines Ethos des Übens gelten und dass diese wichtiger sind als individuelle Begabung. Drittens, dass Wiederholungen und Verstehen, Repetition und Reflexion im Üben zusammenfallen und viertens, dass – statt schnellem Erfolg und plötzlicher Einsicht – Konzentration, Ruhe, Muße und Achtsamkeit wichtig sind und darin Momente von Flow, Gelassenheit und Achtsamkeit möglich werden. Im chinesischen Üben fehlt allerdings eine explizite Thematisierung der negativen Erfahrungen und deren Stellenwert hinsichtlich des Erfahrungsprozesses im Üben. Zudem fehlt aufgrund der Perspektive auf Harmonie eine temporal-theoretische, differenzielle Perspektive auf die Wiederholung, wie sie in Kapitel 5.2 ausführlich vorgestellt werden wird. Mit ihr wird deutlich, dass aus Wiederholungen Differenzen und Transformationen erwachsen können, die bildungstheoretisch von Bedeutung sind. Deutlich wird auch, dass Üben im chinesischen Kontext vor allem ein leiblicher Prozess ist. Eine Theorie des Leibes und der Verkörperung allerdings ist hier nicht vorhanden (▶ Kap. 5.1).

Üben ist in China an eine konfuzianische Tugendlehre geknüpft, die Selbstkultivierung in den Kontext der Gemeinschaft und den Dienst für die Gemeinschaft in den Mittelpunkt stellt. Dabei spielen Harmonie, Hierarchie und »Gesicht« eine entscheidende Rolle. Damit verbunden sind Vorstellungen von politischer und pädagogischer Wirksamkeit, die dem westlich-europäischen Kausalmuster widersprechen (vgl. Jullien 1999, Jullien 2006). Schon diese wenigen Hinweise machen deutlich, dass eine schnelle und direkte Übertragung auf westliche Zusammenhänge kaum möglich ist. Wird diese gleichwohl vorgenommen, dann zeigen sich perverse Effekte, wie autoritative Erziehungs- und Übungsratgeber deutlich machen (vgl. Chua 2011).

Für den Zusammenhang dieses Buches kann der verfremdende Blick auf China einen Anlass geben, die Grundlagen des Übens noch einmal neu zu reflektieren (▶ Kap. 4).

4 Erfahrung, Lernen, Üben

In diesem Kapitel werden die erziehungswissenschaftlichen Grundlagen des Übens vorgestellt. Es werden Aspekte einer bildungs-, erziehungs- und sozialtheoretisch grundgelegten Theorie des Übens vorgestellt (Brinkmann 2012). In knappen Strichen werden zunächst der pädagogische Lern- und Übungsbegriff sowie sozialtheoretische Verschiebungen im bildungs-, lern- und erziehungstheoretischen Diskurs der deutschsprachigen Erziehungswissenschaft dargestellt (vgl. Brinkmann 2016). Diese grundlagentheoretischen Überlegungen, wie sie in der Allgemeinen Erziehungswissenschaft zu den Grundbegriffen und ihrer pädagogischen Legitimation seit langem diskutiert werden, stecken zunächst den Rahmen ab, in dem die folgenden Überlegungen zu verorten sind. Auf dieser Grundlage wird danach der Zusammenhang von Lernen, Üben und Erfahren sowie von Üben und Verkörperung bestimmt.

Der hier vorgeschlagene pädagogische Übensbegriff stellt Körper bzw. Geist sowie Lernen bzw. Bildung bzw. Selbstsorge und Erziehen bzw. Fürsorge nicht dualistisch gegeneinander. Es werden damit Einsichten aus der historischen Übungsforschung (▶ Kap. 2) und aus dem asiatischen Kulturkreis (▶ Kap. 3) aufgenommen und für eine Bestimmung des Übens als eine besondere Lernform fruchtbar gemacht. Dabei soll die Vorherrschaft psychologischer, oftmals kognitivistischer und output-bezogener Lerntheorien eingeklammert und die sozialen, leiblichen und edukativen Bedingungen von Lernen und Üben als Prozess und als Erfahrung in den Mittelpunkt gestellt werden (▶ Kap. 4.1, 6, 7). Der pädagogische Lern- und Übensbegriff, der sich in den letzten Jahren im Umkreis der Bildungs- und Erziehungstheorie konturiert hat, wird als Relationsbegriff gesehen (vgl. Benner 2019, Meyer-Drawe 2008, Prange 2005, Brinkmann 2018a). Lernen in einem pädagogischen Kontext ist auf Erziehen bezogen. Lernen lässt sich als eine Antwort auf erzieherisches Handeln verstehen, wobei das pädagogische Verhältnis dabei nicht kausal strukturiert ist. Vielmehr ist es von Differenz, Unsicherheit, Pluralität und Kontingenz durchzogen (▶ Kap 2). Insofern haben »pädagogisch inszenierte Erziehungsprozesse Bildungsprozesse zum Ziel (…). Bildende Wirkungen (…) sind daran erkennbar, dass Heranwachsende an Fragen, Sachen und Problemen, nachdem sie in diese eingeführt wurden, neue Erfahrungen machen und aus eigenem Antrieb weiterlernen oder auch umlernen (Meyer-Drawe 1986), ohne jedes Mal auf die Hilfe und Unterstützung durch pädagogische Akteure angewiesen zu sein« (Benner 2019, S. 46). Während erzieherische Relationen auf Andere bezogen sind, ist die Relation im Bildungsprozess ein Verhältnis zu sich selbst. Dieses soll idealerweise darin verändert bzw. transformiert werden. Bildung wird so als Prozess der Transformation (Koller 2012) bzw. als

Blickwendung (Benner 2019) und Umlernen (Meyer-Drawe 2008) bestimmt, in dem das Selbst- und Weltverhältnis verändert wird.

In pädagogischen Zusammenhängen ist eine Generalisierung von Forschungsergebnissen in Form von Gesetzen des Handelns ebenso unmöglich wie die kausale Zuordnung von Wirkungen zu Ursachen (vgl. Berliner 2002). Das bedeutet, dass die Wirkung von Erziehungshandlungen, von Lehre oder Unterricht nicht kausal in Wenn-dann-Korrelationen beschreibbar ist. Die Wirkung von Erziehung, Lehre oder Unterricht ist unsicher. Auch ist sie nicht direkt auf die intentionale Absicht der Lehrperson zurückführbar (vgl. Prange 2005). Daraus kann gefolgert werden, dass Erziehen, Lehren und Unterrichten einerseits und Lernen bzw. Üben andererseits zwei unterschiedliche Praxen bzw. Operationen sind. Es besteht also eine Differenz zwischen Lehren und Lernen. Lehrerinnen und Lehrer müssen diese Differenz im Unterricht überbrücken und kulturelles, theoretisches und wissenschaftliches Wissen (z. B. ihrer Fächer) mit der Erfahrung und der Lebenswelt der Schülerinnen und Schüler in Verbindung setzen.

Die Relation von Erziehen, Lehren bzw. Unterrichten und Lernen bzw. Üben ist also von Nicht-Kausalität, von Unsicherheit und Nicht-Linearität gekennzeichnet. Multikausalität, nichtlineare Beziehungen und dynamische Prozesse bestimmen die Komplexität pädagogischer Situationen und die Interaktionen ihrer Akteure (vgl. Herzog 2011). Da Erziehen, Lehren bzw. Unterrichten sowie Lernen bzw. Üben zwei unterschiedliche Praxen bzw. Operationen sind, besteht also eine Differenz zwischen Erziehen und Lernen. Aus Erziehen und Unterrichten geht Lernen nicht unmittelbar hervor. Lernen und Üben kann nur angeregt und angestoßen, nicht aber »gemacht« werden (vgl. Prange 2005).

In Anlehnung an diese grundlegenden Unterscheidungen und um die unterschiedlichen Praxen besser differenzieren zu können, nehme auch ich eine Unterscheidung vor. *Üben* bezeichnet den individuellen Vollzug, so wie Lernen ein individueller Vollzug ist. Wird Üben edukativ inszeniert, spreche ich von *Übung* – in Anlehnung an Pranges Unterscheidung von Lernen und Erziehen als »pädagogische Differenz« (vgl. ebd.). *Übung* soll also die Praxis bezeichnen, das Üben pädagogisch und erzieherisch zu inszenieren, ob in der Familie, in der Kita oder im Schul- oder Instrumentalunterricht oder in einem Meister-Schüler-Verhältnis. Daraus folgt, dass die edukative Inszenierung als soziale Interaktion in der Übung von der individuellen Erfahrung und Praxis des Übens zu unterscheiden ist.

4.1 Üben – Erfahrung und Praxis

Ich habe in der Einleitung und im ersten Kapitel deutlich gemacht, dass Üben auf Erfahrung und Praxis beruht. Im Üben wird ein Können erworben, das sich auf Fähigkeiten, Fertigkeiten, auf Methoden und auf das Selbst, auf Haltungen und Tugenden bezieht. Im Einüben und Ausüben übt man sich selbst! Ich habe zudem gezeigt, dass im Üben das theoretische Wissen *(knowing that)* mit dem praktischen Können (*knowing how*) in Verbindung gebracht wird. Im Üben entsteht eine Verbindung von theoretischem und reflexivem Wissen mit praktischem Können. Die praktische Erfahrung bewirkt gleichsam »Könntnisse« (Prange 1979, S. 117), deren Sinn und Nutzen sich im Handeln zeigen.

Erfahrung kann sich natürlich zur Gewohnheit, zum Habitus und zur berufsbiographischen Routine verfestigen (vgl. Helsper 2001, Brinkmann 2011a, Prange 2005). Die Ausbildung von Automatismen durch repetitive Erfahrung erweist sich zunächst als nützlich, denn ohne Gewohnheiten, Habitus und Routinen kann nicht gehandelt werden. Eine Abschottung der Erfahrung gegen Veränderungen und Verbesserungen ist also möglich. Doch können sich Erfahrungen auch so wandeln, dass man sich aus und in der Erfahrung positiv verändert. Klug aus und durch Erfahrung (▶ Kap. 1.7)! Ich werde in den folgenden Kapiteln zeigen, wie Üben im Modus der Selbstsorge und der Meditation eine Veränderung des Verhältnisses zu sich und zu anderen hervorrufen kann (▶ Kap. 6) und in geistigen Übungen von Imagination, Verstehen, Urteilen und Kritik (▶ Kap. 8) bestehende Erfahrungen überschritten und Horizonte für neue, andere Erfahrungen eröffnet werden können.

Waldenfels beschreibt diese doppelte Beschaffenheit der Erfahrung, aufgespannt zwischen Gewohnheit und Habitus zum einen und verständiger und reflexiver Praxis zum anderen, folgendermaßen: »Erfahrung, die man *macht*, entfaltet ihre Erfindungskraft in der Abweichung von Erfahrungen, die man bereits *hat*« (Waldenfels 2009, S. 24). Die Differenz zwischen Erfahrung *haben* und Erfahrung *machen* bzw. zwischen *Erfahrung* und *Erfahren* macht auf eine Doppelstruktur von Prozess und Produkt im Erfahrungsprozess aufmerksam (vgl. Brinkmann 2011a).

Einerseits hat Erfahren einen aktiven Charakter. Wie die Etymologie zeigt, ist Erfahren als Vorgang des Fahrens auf ein Ziel hin angelegt. Über Erfahrung verfügt man, wenn man angekommen ist (vgl. Bollnow 2018). *Er-fahren* bedeutet demnach selbst leiblich zu erfahren. Erfahrungen schreiben sich in den Leib ein. Sie sedimentieren sich als »Produkte« und bilden auf dem Fundament eines implizit leiblich strukturierten Vorwissens und Vorkönnens, das Merleau-Ponty das »sensu-motorische Apriori« (Merleau-Ponty 1976, S. 116) nennt, ein »Körperschema« aus. Als Sedimentierungen und Habitualisierung bewirken Erfahrungen Handlungs- und Wahrnehmungsdispositionen (vgl. HUA VI, S. 56). Sie beschränken und ermöglichen künftiges und spontanes Handeln gleichermaßen. In der Doppelstruktur von Prozess und Produkt bzw. von »strukturierter« und »strukturierender Struktur« (Bourdieu 2014, S. 98) ähneln Erfahrungen dem Habitus. Daher sind sie weniger als Formen des Wissens, der Repräsentation und des Bewusstseins zu sehen. Sie sind vielmehr Formen des »impliziten« Könnens und des »Meinens«, d. h. der »doxa«. Erfahrungen kommen in den geübten Praktiken des Alltags und des Berufs zum Ausdruck. Die erfahrene Praktikerin und der erfahrene Praktiker kann etwas, weil sie und er es geübt hat. Hier wird der innere Zusammenhang von Erfahrung, Profession, Wiederholung und Übung sichtbar (▶ Kap. 8.5).

Erfahren ist also einerseits eine Aktivität. Andererseits gibt es im Prozess des Erfahrens stets auch Momente, die passivisch strukturiert sind. Erfahrungen werden immer mit etwas oder mit jemanden gemacht – auch wenn dieser »Jemand« man selbst in der leiblichen Präsenz ist. Sie brauchen ein materielles, geistiges oder emotionales Korrelat, einen »Gegenstand«, einen »Stoff«. Ohne dieses »Stückchen Welt« kann keine Erfahrung stattfinden. Erfahrung ist immer Erfahrung von etwas, weil Erfahrungen nur mit etwas Anderem oder jemand Anderem gemacht werden können. In seinem Klassiker zum Erfahrungslernen hat Günther Buck (2019) diesen Aspekt als Ausgangspunkt gewählt, um den Zusammenhang von Erfahren und Lernen in bildungstheoretischer Perspektive zu erforschen. Im Unterschied zu einem soziologischen, primär auf Habitus begrenzten Blick auf Lernen, Unterricht und Professionalisierung geht es Buck um das bildungstheoretische Potenzial von Veränderung, Transformation und um Lernen *aus* und *als* Erfahrung. Der aristotelische Begriff der *Epagoge* (Hinführung, Induktion), welcher als Prozess und Stufenfolge der Erfahrung (*empeiria*) bestimmt wird, bildet den Ausgangspunkt der begriffs- und problemgeschichtlichen Studie: »Es ist die Erfahrung, dass das Lernen eine Aneignung von Neuem, noch Unbekanntem aufgrund schon Bekanntem, von noch Ungekonntem aufgrund von schon Gekonntem ist« (ebd., S. 8). Erfahrung ist eine reflexive Struktur zu eigen, indem sie zugleich eine »erste Belehrung« und eine »Rückwendung der Erfahrung auf sich selbst«, also eine »Erfahrung über die Erfahrung« (ebd., S. 48) ist. Nur deshalb, so Buck, kann man aus Erfahrung klug werden.

Im Rückgriff auf Husserls Analyse der Intentionalität verweist Buck auf den Zusammenhang zwischen der Horizontstruktur der Erfahrung und dem »Funktionskreis« von »Erfüllung« bzw. »Enttäuschung« der Antizipation (ebd., S. 72). Bleibt das Antizipierte und Erwartete aus, entsteht eine Enttäuschung oder Irritation, weil das Erfahrene nicht mit dem Vorwissen und Vorkönnen übereinstimmt. Auf sich selbst, genauer auf ihre alten Erfahrungen zurückgeworfen, machen die Erfahrenden eine Erfahrung über ihre eigenen Erfahrungen. So wird ein »Wandel unseres Erfahrenkönnens« (ebd., S. XXV) ermöglicht. Erfahrungen der Irritationen, Enttäuschungen und Unterbrechung ebenso wie Erfahrungen von Krisen ergeben sich in der Praxis aus Widerständigkeiten, Stolpersteinen, aus Nicht-Können oder Fehlern. Unter Bezug auf Buck werden sie im bildungstheoretischen Diskurs als negative Erfahrungen bezeichnet. In der Praxis kann aus der negativen Erfahrung ein reflexiver Prozess entstehen, der *lernende* oder *bildende Erfahrung* genannt wird. Daher gelten negative Erfahrungen als – sehr positive – Voraussetzungen von Lernen, Bildung bzw. von Umlernen (Buck 2019; Brinkmann 2019d; Meyer-Drawe 2008), von einem Blickwechsel (Benner 2019), einer Transformation (Koller 2012) bzw. einem Umüben (Brinkmann 2012). Für die Erfahrung im Üben bedeutet das, dass sich mit der negativen Erfahrung in der Wiederholung ein Bruch ereignet. In den negativen Erfahrungen manifestieren sich die produktiven Chancen des Übens. Die erziehungswissenschaftliche Forschung macht deutlich: Die Veränderung von Gewohnheiten, Haltungen und Einstellungen ist ohne die Erfassung, Erfahrung und Inszenierung von Negativität nicht möglich. Diese negativen Erfahrungen, das zeigt die bildungstheoretisch orientierte und qualitative empirische Forschung (Rödel 2018), sind entscheidend, wenn Erfahrungen reflektiert, neue Erfahrungen erworben werden und aus Erfahrung gelernt werden soll. Im bildenden Erfahrungsprozess verändert sich das Verhältnis des Lernenden zu sich selbst und zu Anderen. Auch Vorwissen, Vorkönnen bzw. Vorurteile werden in der bildenden Erfahrung umgelernt bzw. umgeübt, indem sie mit einem »neuen Index« (Husserl) versehen werden (vgl. zu Buck Schenk/Pauls 2014; Schenk 2017; Brinkmann 2014b, 2019d).

Erfahrung und Bildung bzw. Lernen hängen also eng zusammen. Aufgrund der negativen Erfahrungen kann im reflexiven Erfahrungsprozess ein Lernen *als* Erfahrung und damit ein Lernen *aus* Erfahrung stattfinden. Erfahrung, so Buck mit Bezug auf Aristoteles (2019, S. 35 f.), ist Anfang und Ende des Lernens und Übens als Prozess der Analogisierung und Konkretisierung mit und von persönlich erfahrenen Beispielen – und das trifft insbesondere auf die schon Erfahrenen zu. Deshalb subsumiert das Erfahrungskönnen der professionellen Praktikerinnen und Praktiker (der Ärztinnen und Ärzte, der Juristinnen und Juristen, der Lehrerinnen und Lehrer, der Politikerinnen und Politiker) nicht einfach Fälle unter allgemeine Regeln, sondern es findet diese – situations- und personenabhängig – induktiv auf, indem das Besondere zum Allgemeinen ins Verhältnis gesetzt wird (vgl. ebd., S. 123; ▶ Kap. 8.5). Die Praktikerinnen und Praktiker wissen mehr, als sie zu sagen wissen (Neuweg 2006). Sie urteilen. Sie wenden dabei situationsabhängig Regeln und Normen an. Im Urteilen-Können sie sich zudem noch einmal zu Regeln und Normen reflexiv in ein Verhältnis setzen, diese ändern oder kritisieren (▶ Kap. 8.4). Wir gehen lieber zu erfahrenen Ärztinnen und Ärzten als zu solchen, bei denen der Verdacht besteht, dass sie aufgrund fehlender Erfahrung ihr erworbenes Wissen situations- und subjektunabhängig nur »schulmäßig anwenden«. Gleiches gilt für Lehrerinnen und Lehrer, deren Erfahrungswissen die entscheidende Größe für ihr professionelles Können ist (▶ Kap. 8.5).

Mit der phänomenologisch orientierten Erfahrungstheorie findet eine Verschiebung der Perspektive statt: weg vom Wissen und hin zum Können, weg von den Begriffen und hin zu den praktischen und sozialen Erfahrungen der Akteurinnen und Akteure. Das Allgemeine des Wissens und Könnens liegt im Unterschied zum nomothetischen Wissen schon vor – und zwar als lebensweltliches und praktisches Vorverständnis (vgl. Gadamer 1990). Dieses Wissen ist gestalthaft strukturiert und lässt sich schwer explizieren (Polanyi 1985). Als *»knowing how«* (Polanyi) ist es aber nicht theoriefrei. Vielmehr ist die lebensweltliche Praxis und erst recht die professionelle Praxis theoretisch gerahmt und strukturiert. Theoretisches Wissen, wissenschaftliche und pseudowissenschaftliche Modelle durchziehen professionelles Handeln, ohne dass diese jeweils ausdrücklich werden. Die Praxis des Übens ist eine Weise, dieses implizite, stille Wissen (*tacit knowing*) (proto-)reflexiv erfassen zu können – entweder in Praktiken der Selbstsorge und der Meditation (▶ Kap. 6) oder in Praktiken der verkörperten Positionierung und Kritik (▶ Kap. 8).

4.2 Üben als besondere Lernform

Auf dieser erfahrungstheoretischen Grundlage lassen sich fünf Kennzeichen von Lernen und Üben zusammentragen, die die phänomenologische Lern- und Übenstheorie kennzeichnen. Diese werde ich zunächst vorstellen und danach Üben von Lernen unterscheiden.

Lernen und Üben sind erstens immer Lernen bzw. Üben von etwas. Lernen und Üben haben also einen Inhalt, ein Thema, einen Stoff (vgl. Prange 2005). Es findet zudem in einem spezifischen, professionellen Tätigkeitsfeld statt (▶ Kap. 8). Lernen und Üben sind drittens immer auf andere bezogen. Gelernt und geübt wird von anderen und oftmals vor anderen (vgl. Brinkmann 2018a). Lernen und Üben sind, mit anderen Worten, in edukative Zusammenhänge eingebettet (vgl. Benner 2019). Dies zeigt sich bei Lehrerinnen und Lehrern dann, wenn besondere Techniken und Mittel der Vermittlung eingesetzt werden. Insbesondere Zeigen und Fragen sind bewährte didaktische Praktiken (Brinkmann 2018a).

Abb. 11: Üben und Umüben in edukativen Zusammenhängen: Zeigen und Fragen als didaktische Mittel (M. Brinkmann, eigene Aufnahme).

Lernen und Üben basieren viertens auf Erfahrungen. Diese werden im Lern- und Übensprozess thematisch, insofern sich auf Vorerfahrungen, auf Vorwissen, Vorkönnen, Vorurteile bezogen wird. Im Lern- und Übensprozess können fünftens diese oftmals impliziten Sedimentierungen und Habitualisierungen (Husserl) reflexiv erfasst werden: Eine bildende Erfahrung findet statt, oftmals aufgrund von Irritationen, Enttäuschungen, Krisen oder Fehlern. Wie oben dargestellt, wird darin das Verhältnis der Übenden zu sich selbst und zu Anderen reflexiv verändert.

Lernen und Üben sind in dieser Perspektive als Prozess zu sehen, der von einem schon Bekannten, einem schon Erfahrenen, einem Vorverständnis zu etwas Unbekanntem und Neuem fortschreitet (vgl. Buck 2019, Brinkmann 2016a).[12] Die Perspektive auf das Verhältnis von Allgemeinem und Besonderem sieht das Allgemeine als lebensweltlich Vorgegebenes primär in der Erfahrung gegeben. Nicht das Besondere, der Reiz oder das Spezielle und das Isolierte des Falls, das Regelhafte und das Gesetzmäßige, sondern das lebensweltliche Allgemeine, das Gestalthafte und das Situative steht, wenn auch vielfach implizit, vorrational und vorprädikativ, am Anfang des Lernens und Übens; nicht die Generalisierung im Sinne einer Regelanwendung folgt danach, sondern die Analogisierung von Erfahrungen anhand von Beispielen (vgl. Brinkmann 2020a).

Ich habe bisher vor allem auf die Gemeinsamkeiten zwischen Üben und Lernen hingewiesen, so wie sie sich aus der Perspektive der Erfahrungs- und Übungstheorie ergeben (Brinkmann 2012) und wie sie sich im chinesischen Üben zeigen. Nun sollen die Unterschiede herausgestellt werden. Im Unterschied zum Lernen ist Üben eine Praxis, die auf Können bzw. besseres Können gerichtet ist. Wie schon in Kapitel 1 genauer ausgeführt, werden nur Praxen geübt, die man nicht unmittelbar durch Wille und Entschluss ausführen kann. So führt vom Willen allein, ein Instrument spielen zu können, kein unmittelbarer Weg zur gekonnten Ausführung, es muss vielmehr geübt werden. Ich hatte in Kapitel 1 drei Dimensionen der Übung systematisch unterschieden: Geübt werden erstens leibliche Lebens- und Weltvollzüge wie Gehen, Laufen und Sprechen; zweitens komplexe Fertigkeiten und Fähigkeiten künstlerischer, sportlicher, handwerklicher und geistiger Art (Zeichnen, Skifahren, Schachspielen, Rechnen, Verstehen) sowie drittens individuelle Haltungen und Einstellungen (Aufmerksamkeit, Konzentration, Disziplin, Kritik, Urteilen). Jede Übung hat daher bei unterschiedlicher Schwerpunktsetzung eine ästhetisch-sinnliche, eine methodisch-reflexive und eine praktisch-ethische Dimension. Üben zielt nicht direkt und unmittelbar auf Einsicht, auf einen Wow-Effekt oder auf ein Aha-Erlebnis. Das heißt jedoch nicht, dass Einsicht oder Erkenntnis durch Üben nicht erworben werden könnten. Diese treten aber im Unterschied zum Lernen erst nach Wiederholungen und im Zuge der Wiederholung auf (▶ Kap. 5.2). Im wiederholenden Üben werden jene Elemente gezielt angesteuert, die nicht gekonnt werden und die mit den oben genannten negativen Erfahrungen des Nicht-Könnens verbunden sind. Üben unterscheidet sich also vom Lernen durch seinen wiederholenden Charakter, der dieser Praxis einen kreis- oder spiralförmigen Grundzug

---

12 »(...) Es gäbe gar keinen Lernprozeß, wenn wir immer nur einzelnes ohne diesen Horizont des Allgemeinen lernten, ja nicht einmal das Einzelne könnten wir so lernen. (...) Es handelt sich hier, wie man leicht sieht, um das bekannte Phänomen des Ausgehens vom schon Bekannten, genauer des zu jeder Bekanntheit gehörenden Vorverständnisses, auf Grund dessen das neue, noch Unbekannte angeeignet wird« (Buck 2019, S. 36).

verleiht (▶ Kap. 7). Üben unterscheidet sich dabei von einer schieren Wiederholung durch die gezielte Operation, das Nicht-Können zu verändern, denn ohne Negativität, ohne Nicht-Können und Nicht-Wissen wäre das Üben beendet. Die negativen Dimensionen des Übens, das Nicht-Können, gehören aber zum Üben und können nicht grundsätzlich ausgeschlossen werden. Sie bleiben konstitutive Bestandteile dieser Praxis. Gerade die ethischen, anthropologischen und leibtheoretischen Einsichten in die Grundlagen des Übens zeigen, dass Üben ein Grundzug menschlichen In-der-Welt-Seins ist (vgl. Bollnow 1978). Im hier verfolgten erfahrungs- und bildungstheoretischen Zugang zum Üben zeigt sich also, dass im Üben nicht nur Fertigkeiten, sondern auch Fähigkeiten erworben werden können, und dass im Einüben einer Fertigkeit auch das Ausüben einer Fähigkeit stattfindet. Üben ist nicht nur Etwas üben, sondern immer auch ein Sich-selbst-Üben. In der Kultivierung der Fähigkeiten und Fertigkeiten gibt sich die oder der Übende eine Form. Sie oder er formt und formiert sich. Diese Bildung als *cura* (Sorge) und *cultura* (Kultur bzw. Kultivierung) hat eine lange abendländische Tradition (vgl. Helmer 2004, Brinkmann 2019e, 2020c; ▶ Kap. 7). Die übende *formatio* betrifft das Verhältnis des Übenden zu sich, zu Anderen und zur Welt. Im Üben kann zudem eine Transformation dieses Verhältnisses stattfinden. Mit anderen Worten: Es kann zu einer bildenden Erfahrung kommen, und zwar durch Wiederholung.

4.3 Zur Kritik kognitivistischer Theorien des Lernens und Übens

Im Unterschied zu psychologischen und kompetenztheoretischen Theorien werden Lernen und Üben in der pädagogischen Theorie des Übens nicht als stetiger und stufenweiser Zuwachs von kognitiven Fähigkeiten und Fertigkeiten verstanden. Sowohl in der Kompetenztheorie (PISA) als auch in der Hirnforschung (vgl. Brinkmann 2012) wird das Können als Prozeduralisierung von Wissen gefasst, wobei beides in kognitivistischer Tradition als Gedächtnisinhalt bzw. als Repräsentation bestimmt wird. Das weit verbreitete ACT-Modell (*Adaptive Control of Thought*) des US-amerikanischen Kognitionsforschers John Robert Anderson kann mit der Unterscheidung von deklarativem und prozessualem Speicher als Paradigma repräsentationalistischer Lern- und Übungstheorien gelten (Anderson 1983, Anderson 2001). Es baut auf der Annahme auf, dass kognitive Funktionen als Informationsverarbeitung ablaufen. Anderson geht davon aus, dass in sog. Produktionssystemen, wie dem Gehirn, Informationen als symbolische Repräsentationen und als Regeln verarbeitet werden. Während im prozessualen Gedächtnis die Regeln für kognitive Operationen gespeichert werden *(know how)*, werden im deklarativen Gedächtnis die Informationen als sog. *chunks*, d.h. als Einheiten symbolischer Wissensrepräsentation encodiert *(know that)*. Neues Wissen wird den vorhandenen Repräsentationen in Form von *chunks* angehängt. Die in *chunks* gespeicherten symbolischen Informationen werden dann vom prozessualen Gedächtnis abgerufen, interpretiert, kompiliert und abgestimmt (*tuning*). Das Arbeitsgedächtnis funktioniert als informationsverarbeitende Instanz zwischen deklarativem und prozessualem Langzeitgedächtnis und »Außenwelt«, zwischen Encodierung und Performanz. Es findet darin eine Umsetzung in Regeln statt (»Generalisierung«, »Diskrimination«), wobei mittels Feedback die Produktionsregel verstärkt bzw. bei Versagen abgeschwächt wird.

In der älteren Hirnforschung werden wiederholende Übungen als erfahrungsabhängige und erfahrungsbildende Bahnung von Nervenzellen im »selbstreferentiellen System« Gehirn thematisiert, deren Vernetzung motorisches, volitionales und emotionales Handeln prädisponiert (vgl. Roth 2003, S. 154 ff., S. 462 ff., S. 480 ff.). Ihre Position kann im Gehirn mittels bildgebender Verfahren lokalisiert und ihre Verschaltung dargestellt werden. Um Reaktionen, Bewegungen und Handlungen erklären zu können, unterscheidet auch die Hirnforschung zwischen deklarativem und prozeduralem Gedächtnis, wobei hiermit zugleich deklaratives und prozedurales Wissen gemeint ist. Damit wird das ursprünglich angenommene und diagnostizierte Kontinuum komplexer Vernetzungen von Wahrnehmen, Fühlen, Handeln (Prinzip des *common coding*) in eine Anzahl zeitlich aufeinanderfolgender Repräsentationen und Operationen zerlegt. In der Kontinuität sukzessiver Operationen erscheint Übung wiederum nur als sekundäre Lernform. Neuere neurophänomenologische Zugänge versuchen unter dem Titel *Embodiment* die Probleme des Repräsentationalismus zu vermeiden, indem sie Kognitionswissenschaften und Hirnforschung auf eine neues, »verkörpertes« Ziel ausrichten (vgl. Varela et al. 2016, Fuchs 2009). Ob ihnen das gelingt, ist noch offen.

Das Prozeduralisierungstheorem der kognitivistischen Kompetenztheorie und Hirnforschung interpretiert den Zusammenhang zwischen Wissen und Können als Regelanwendung gespeicherter Gedächtnisinhalte (vgl. Roth 2003, S. 154 ff.). Sie unterstellt, dass Kompetenzerwerb ein kognitiver und zerebraler Vorgang der Speicherung bzw. Vernetzung ist. Kognitionsforschung und ältere Hirnforschung können damit Lernen nur als Regelanwendung und Üben nur als sekundäre, nachgeordnete Lernform der Festigung, Sicherung und Speicherung fassen. Kompetenz- und Kognitionstheorie reproduzieren also trotz aller emphatischen Ankündigungen zum »intelligenten Üben« (Gudjons 2006) und »elaborierten Üben« (Edelmann 1996) das konventionelle und eurozentrische Bild vom Üben als sekundärer Lernform: erst Instruktion und Speicherung, dann Erarbeitung bzw. Verarbeitung, dann Sicherung, Anwendung, Übung.

Die Ausblendung von Situation, Kontext, Erfahrungen, Leiblichkeit und Zeitlichkeit des Lernens und Übens erzeugt eine Reihe von Problemen und unbeabsichtigten Effekten, von denen ich hier einige in fünf Punkten hinsichtlich der Übung nennen möchte:

1. Vor-rationales und vor-sprachliches Können als »implizites Wissen« kann kaum erfasst werden. Neuweg identifiziert einen »didaktischen Kategorienfehler« der Kognitionstheorie, da von einer theoretisch modellierten Kompetenz-

beschreibung auf den Kompetenzerwerb selbst geschlossen wird. Er besteht darin, dass Lernen als Speicherung und Regelanwendung gesehen wird, weil Forscherinnen und Forscher »vorher zu bloß theoretischen Zwecken (diese) eingeführt haben, um *schon vorhandenes* Können zu rekonstruieren« (Neuweg 1999, S. 112).
2. Negative Erfahrungen können nur als Betriebsunfälle erfolgreicher Informationsverarbeitung gesehen werden. Damit aber können weder Fehler und Scheitern angemessen im Prozess des Lernens berücksichtigt noch eine Veränderung der Praxis und der Person erfasst werden.
3. Nicht-regelkonforme oder nicht eindeutig in Regeln übersetzbare Lern- und Übungsformen, etwa ästhetische oder soziale, lassen sich schwer mit kognitivistischen Modellen erfassen.
4. Aufgrund des subjektivistischen und kontextunabhängigen Zugangs wird Motivation vom Lern- und Übungsvorgang getrennt. Statt Motivation in ihrer Situiertheit zu erfassen und im Prozess des Lernens und Übens zu finden, wird intrinsische Motivation als Voraussetzung gedacht, die dann umgesetzt bzw. angewendet werden soll. Das bedeutet, dass Motivation zwar als Voraussetzung von gelingendem Üben gesehen wird, aber das Hauptproblem, wie Frustrations- und Enttäuschungserfahrungen im Nicht-Können motivatorisch aufgefangen werden können, wird oftmals gar nicht thematisiert. Für eine genauere Beschreibung von Lern- und Übensprozessen ist es daher sinnvoll, die starre Entgegensetzung von intrinsisch vs. extrinsisch aufzugeben und von einer vorgängigen und situativen Verschränkung von Innen und Außen in der Praxis des Übens auszugehen.
5. Eine der wichtigsten Fragen der Übungstheorie ist, wie aus der Wiederholung des Alten etwas Neues und Kreatives erwachsen kann (▶ Kap. 5.2) – eine Frage, die sich aufgrund anderer kultureller und philosophischer Voraussetzungen im chinesischen Üben gar nicht stellt. Diese Frage kann kognitionspsychologisch kaum beantwortet werden. Schon mit Platons Menondialog (Platon 2008) lässt sich darauf hinweisen, dass eine schlichte Theorie des Hinzulernens und der Kumulation Lernen als Erkenntnis- und Erfahrungsgewinn nicht erfassen kann (vgl. Brinkmann 2012).

Festzuhalten bleibt: Weder implizites Wissen noch emotionale, ästhetische, leibliche und ethische Dimensionen können mit der Fokussierung auf kognitive Prozesse (verstanden als Informationsverarbeitung oder Vernetzung) angemessen erfasst werden (vgl. Brinkmann 2012). Negative Erfahrungen gelten hier als Betriebsunfälle erfolgreichen Lernens und Übens, weshalb sie in ihrem produktiven Potenzial verkannt werden. Damit läuft sie Gefahr, als Normalisierungsstrategie zu funktionieren (▶ Kap. 5.3). Mit der Theorie des Übens können negative Erfahrungen dagegen in ihren bildenden Potenzialen ausgewiesen und sozialtheoretisch gerahmt werden.

4.4 Sozialtheoretische Suchbewegungen – Responsivität

Zusammen mit der Aufmerksamkeit für Brüche, Irritationen und Enttäuschungen im Prozess des Lernens und Übens kommen die widerständigen und passiven Erfahrungen im Üben in den Blick. Wenn negative Erfahrungen als konstitutive Momente von Bildungs-, Lern- und Übensprozessen gesehen werden (vgl. Meyer-Drawe 2008, Koller 2012, Rödel 2018, Buck 2019; Brinkmann 2018b), dann kann in der Konsequenz Bildung, Lernen und Üben nicht mehr am Maßstab des Begriffs der Identität (im Sinne von Selbigkeit und Einheitlichkeit) gedacht werden (vgl. Brinkmann 2016b). Mit dem in der Postmoderne radikalisierten Transformationsgedanken gehen daher im aktuellen erziehungswissenschaftlichen Diskurs zwei folgenreiche Abgrenzungsbewegungen gegenüber traditionellen Vorstellungen von Bildung, Lernen, Üben und Erziehung einher. Erstens sind die Ziele Emanzipation und Autonomie problematisch geworden. Statt »monarchistisch« geleiteter Selbstvorstellungen wird erstens von einem pluralistischen, differenten und dezentrierten Selbst ausgegangen (vgl. Reichenbach 2001, S. 443), das von Fremdheit, Andersheit und Angewiesenheit bestimmt ist (vgl. Lippitz 2007). Bildungstheorien müssen reflektieren, dass das Selbst weder seine Fundamente in einer allumfassenden, logozentrischen Vernunft noch in einer humanistischen Tradition oder in einer eurozentrischen Geschichte finden kann. Emanzipation und Mündigkeit werden damit zu »Pathosformeln« (Rieger-Ladich 2002), Autonomie zur (notwendigen) Illusion (vgl. Meyer-Drawe 1990). Praktiken und Theorien der Bildung, der Erziehung und des Lernens dürfen daher weder Andere und Fremde noch die eigenen, pluralen und differenten Teile des Selbst im Zeichen einer identifizierenden Vernunft kolonisieren (vgl. Reichenbach 2001, S. 443). Sie haben die soziale und ethische Verwiesenheit auf Andere und die damit verbundene, leiblich fundierte Vulnerabilität einzubeziehen (vgl. Burghardt et al. 2017).

Vor diesem Hintergrund wird die in Kapitel 1 mitgängig formulierte These verständlich, dass nicht Selbsterkenntnis, Autonomie und Emanzipation Ziel des Übens sein kann. Vielmehr ist das Ziel ein Können und ein Selbst-Können, eine Selbstsorge und eine besonnene, gelassene Praxis, in der neben leiblich-freiheitlichen Aspekten auch immer unterwerfende und zwingende Momente konstitutiv sind (▶ Kap. 5.3).

Zusammen mit der Kritik an den anthropologischen Grundlagen des traditionellen Bildungskonzepts wird zweitens Kritik an dessen individualistischen Fundamenten laut. Traditionelle Bildungstheorien können – darin besteht weitgehend Einigkeit im Diskurs der Bildungstheorie und -philosophie – die leiblichen, sozialen und gesellschaftlichen Grundlagen nicht angemessen erfassen (vgl. Brinkmann 2016b). So findet momentan in der Erziehungswissenschaft eine Verschiebung von der individualtheoretischen hin zu einer sozialtheoretischen Orientierung statt (vgl. Ricken et al. 2016). Das Konzept des dezentrierten Subjekts lässt auch das Verhältnis von Individuum und Gemeinschaft anders erscheinen. Das

Subjekt wird nicht mehr wie in traditionellen Sozialisationstheorien der Gesellschaft gegenübergestellt und als Rollenträger identifiziert. Vielmehr wird eingestanden, dass das Verhältnis des Subjekts zu sich selbst immer im Horizont des Sozialen stattfindet. Von den Anderen und dem Sozialen, von den Dritten und dem Dritten her, ergibt sich der Rahmen, in dem das Subjekt nach sich selbst fragt, sich konstituiert und unter dessen Bedingungen es wahrnimmt, handelt und urteilt. In den gesellschaftlichen Ansprüchen wird das Subjekt konventionalisiert, normalisiert und subjektiviert. Zugleich aber geht es in diesen Konventionalisierungen, Normalisierungen und Subjektivationen nicht auf. Wäre die Normalisierung total, gäbe es nichts mehr, was normalisiert werden könnte. Es bleiben produktive, individuelle und ereignishafte Momente der »Singularität« (Ricken 2013, S. 29), die nicht normalisiert werden können. Das Verhältnis von Individuum und Gemeinschaft bezeichnet so gesehen keine sozialen Bereiche oder Rollenfelder, sondern eine Differenz, die sich als ein Zwischenraum zeigt (vgl. Schäfer 2012). Das Subjekt antwortet auf Ansprüche und Normen des Sozialen, ohne dass diese Antworten vollständig in diesem aufgingen, ohne dass sich eine bruchlose »soziale Identität« konstituierte. Diese Antwort ist ein Geschehen, keine Reaktion auf einen Reiz bzw. keine Wirkung einer Ursache (vgl. Waldenfels 2007). Vielmehr basiert sie auf einer Passivität und einer Verletzlichkeit (vgl. Burghardt et al. 2017, Nancy 2014), auf einem Pathischen (vgl. van Manen 2014) im Antworten. Sie manifestiert sich in einem Ereignis, das zwischen Individualisierung und Subjektivierung fungiert und eine existenzielle Erfahrungsdimension aufweist. Ich werde dieses ereignishafte und existenzielle Moment als existenzielle Performativität temporalphänomenologisch ausdeuten (▶ Kap. 5.2.4) und in der Erfahrung des Verstehens (▶ Kap. 8.3.5) sowie im interkorporalen Urteilen (▶ Kap. 8.4.3) genauer darstellen. An dieser Stelle bleibt festzuhalten: Gesucht wird in diesen sozialtheoretischen Diskursen nicht nur nach neuen Konzepten, mittels derer sich die Erfahrungen des Subjekts im Horizont von Macht, Subjektivation, Vulnerabilität, Responsivität beschreiben ließen, gesucht wird auch nach Konzepten, mittels derer sich das Soziale diesseits des Gegensatzes von Gesellschaft und Gemeinschaft erfassen ließe (vgl. Brinkmann 2018c). Dabei wird davon ausgegangen, dass nicht nur voneinander oder vom Anderen etwas gelernt wird, sondern auch vor Anderen etwas voneinander gelernt wird – auch wenn diese nur imaginär oder virtuell anwesend sind (vgl. Brinkmann 2016b).

Die erfahrungs- und sozialtheoretische Perspektive auf Üben macht deutlich, dass die Gerichtetheit des Übens auf ein Ziel hin durch passive, soziale und machtförmige Momente »gebrochen« ist. Ich spreche daher mit Eugen Fink und Merleau-Ponty von einer »fungierenden Intentionalität« (Fink 1988, S. 91, Merleau-Ponty 1974, S. 15), auf dem die Erfahrung des Übens aufruht. Diese Doppelstruktur zwischen Aktivität und Passivität soll in den folgenden Kapiteln in mehreren Schritten für eine vertiefte Bestimmung des Übens als Phänomen und Praxis in seinen unterschiedlichen Feldern fruchtbar gemacht werden. Zum einen wird die responsive Perspektive für eine Bestimmung des Übens als leibliche Praxis aufgenommen (▶ Kap. 5.1). Neben phänomenologischen Grundlagen wird der Begriff der *Verkörperung* eine wichtige Rolle spielen. Verkörperungen werden in dieser sozialtheoretischen Perspektive als interkorporale Kommunikation sichtbar (vgl. Meyer-Drawe 2001a). In der Verkörperung nehmen Menschen praktisch zu sich und zum Sozialen Stellung und sie verhalten sich antwortend zugleich zu dieser Stellungnahme vor Anderen (vgl. Brinkmann 2015a, 2016b). In und mit Verkörperungen vergleichen wir uns mit Anderen, urteilen über sie und identifizieren uns mit ihnen (vgl. Waldenfels 2006, S. 168).

Verkörperungen sind daher in sozialtheoretischer Perspektive als Positionierungen zu bestimmen. Der/die/das Dritte ist in der Verkörperung in einem Raum der Sozialität im elementaren Sinne anwesend (vgl. Bedorf 2010). Im Modell des Antwortgeschehens (Waldenfels 2007) findet sich ein Konzept responsiver Interaktion, das sowohl sprachliche als auch leibliche, sowohl subjektive als auch soziale Akte erfassen kann. Die Antwort ist ein Geschehen, d. h. kein Zustand, kein intentionales Handeln und keine Reaktion auf einen Reiz bzw. keine Wirkung einer Ursache. Mit der Antwort eröffnet sich ein leiblicher Resonanzraum. Antworten als Verkörperung ist daher als praktische Stellungnahme in der Differenz von Eigenem und Fremdem vor Anderen zu sehen (vgl. Waldenfels 2002). Darin tritt das, worauf geantwortet wird, ebenso hervor, wie sich der- oder diejenige positioniert, der oder die antwortet, indem er bzw. sie dasjenige, worauf geantwortet wird, produktiv hervorbringt (vgl. Brinkmann/Rödel 2018). Subjektiver Sinn wird als verkörperter und exzentrischer Sinn aus der Kommunikation mit Anderen, vor Anderen und über Andere sozialtheoretisch erschließbar (vgl. Brinkmann 2016b).

Üben als leibliche und verkörperte Praxis zu verstehen, bedeutet also eine Abkehr von kognitions-, aber auch von individualtheoretischen Bestimmungen. Wird das Selbstverhältnis, das gemeinhin als Betriebsgrundlage einer Theorie und Praxis von Bildung und Lernen verstanden wird, nicht mehr subjekt- und identitätstheoretisch, sondern sozial- und erfahrungstheoretisch bestimmt, dann folgt daraus: Nicht der ausgezeichnete Moment der Bildung und des Lernens, nicht mehr ausschließlich reflexive und kognitive Aspekte, sondern die profanen, alltäglichen Spiele der Wiederholung und damit die Last des Lernens und die Zumutung des Nicht-Könnens kommen in den Blick (vgl. Brinkmann 2012). In der pädagogischen Tradition wird die Abwendung von den »sakralisierten Möglichkeitsräumen« (Schäfer 2012, 2011) und die Hinwendung zum wiederholenden Üben konventionell als zwar notwendige, aber bildungstheoretisch uninteressante und marginale Form des ersten Lernens abgewertet.

In konventionellen Bildungstheorien wird Bildung eine normative Höherwertigkeit im Vergleich zu Lern- und Bildungsprozessen zugeschrieben. Bildung wird als ereignishafte und diskontinuierliche Transformation des Mensch-Welt-Verhältnisses (Koller 2012) bzw. als Wandel der Selbst-Identität (Marotzki 1990) ausgewiesen, auf kognitive Dimensionen beschränkt und normativ von »niederem«, wiederholendem und routinisiertem (Hinzu-)Lernen abgegrenzt. Überhaupt existiert in der Bildungstheorie oftmals eine starre Entgegensetzung von Lernen einerseits und Bildung andererseits (vgl. Koller 2012) bzw. von Lernen erster Ordnung und Lernen zweiter Ordnung (vgl. Koch 2015). Damit fallen emotionale, leibliche und aisthetische (auf die Sinne bezogene) Dimensionen nicht unter die Kategorie Bildung (vgl. Brinkmann 2019a). Empirisch können damit weder implizite noch kontinuierliche und wiederholende, noch kindliche Bildungs-, Lern- und Übensprozesse erfasst werden (vgl. Wiezorek 2016). Ebenso fallen Lernprozesse von Personen mit Handicap heraus (vgl. Klika 2016). Auch Praktiken im Sportunterricht, die vornehmlich leiblich und wiederholend stattfinden, sind so kaum beschreibbar und pädagogisch fruchtbar zu machen (▶ Kap. 8.1.2). Die Herausforderung für eine aktuelle und zeitgemäße Bildungs-, Lern- und Übungstheorie besteht also darin, auch wiederholende und stetige sowie leibliche und nicht-sprachliche Lernformen bildungs- und übungstheoretisch zu bestimmen und für die erziehungswissenschaftliche Forschung und das didaktische Handeln fruchtbar zu machen (▶ Kap. 7). Das Konzept der Leiblichkeit und der Verkörperung versucht dieses Desiderat zu füllen (▶ Kap. 5.1). Darauf aufbauend, wird das Modell der leiblich-geistigen Übung in Kapitel 8 für die Praxen der Imagination bzw. Phantasie, des Verstehens, des Urteilens sowie für das Lehren fruchtbar gemacht.

Auf dieser Grundlage der leiblichen Verkörperung können die temporalen (▶ Kap. 5.2) und machtförmigen (▶ Kap. 5.3) Strukturen des Übens genauer bestimmt werden. Die sozialtheoretische Perspektivierung ermöglicht es zudem, dass die Übungen der Selbstsorge bzw. der Meditation aus einer individualistischen Engführung herausgeführt und zugleich als subjektive und soziale Praxen bestimmt werden können (▶ Kap. 6). Sich-selbst-Üben als Selbstsorge hat das Ziel, das Selbst-Verhältnis und Selbst-Können umzuüben. Die philosophischen, asketischen und meditativen Selbstübungen gehen mit einer Aufmerksamkeit und Achtsamkeit (*mindfulness*) für sich selbst und für Andere einher. Die darin erworbenen Positionierungen sind immer auch soziale und politische Praxen, der leibliche Verletzlichkeit vorausgesetzt ist und diese exponiert (vgl. Butler 2018). Vor diesem sozialtheoretischen Hintergrund wird in diesem Buch Verkörperung als eine antwortende Stellungnahme vor anderen bestimmt und als verkörpertes Verstehen des Anderen, als Antworten auf Fremdes und Fremde (▶ Kap. 8.3.3) sowie als verkörpertes Urteilen vor Anderen und verkörpertes Positionieren im öffentlichen Raum (▶ Kap. 8.4.4) kontextspezifisch bestimmt. Darüber hinaus können mit der auf Leib, Verkörperung und Responsivität beruhenden Sozialtheorie edukative und didaktische Dimensionen neu bestimmt werden.

5 Strukturen des Übens

Leiblichkeit, Temporalität und Machtförmigkeit – diese drei Strukturen des Übens sollen in diesem Kapitel vorgestellt werden. In ihm soll eine gleichermaßen bildungs- und sozialtheoretische sowie eine leib- und zeitphänomenologische Bestimmung des Übens vorgenommen werden, der die bereits vorgestellte Theorie des Übens (▶ Kap. 4) in diesen Strukturen präzisiert. Damit kann es gelingen, Üben als leibliche, wiederholende, disziplinierende und zugleich transformatorische Praxis vom Lernen, vom Bilden, vom Wiederholen und vom schieren Disziplinieren bzw. »Unterdrücken« abzugrenzen. Zunächst werden die leiblichen, gestaltförmigen und impliziten Grundlagen des Übens dargestellt. Mit Koffka, Polanyi, Husserl, Merleau-Ponty und Plessner wird Üben als leibliche und performative Praxis der Verkörperung vorgestellt (▶ Kap. 5.1). Danach wird die Wiederholung als Kern des Übens genauer bestimmt (▶ Kap. 5.2). Mit Waldenfels, Derrida und Mersch wird die Veränderung in der Wiederholung selbst verortet (temporale Differenz) und ihre Performativität als kontinuierliche und zugleich diskontinuierliche Praxis in den Mittelpunkt gerückt. Die phänomenologische und diskurstheoretische Perspektive wird in einer Theorie der performativen Wiederholung als verkörpertes und existenzielles Ereignis zusammengeführt, in dem Gelassenheit als temporal-existenzielles Moment kenntlich wird. Schließlich wird mit Foucault Macht in der Verbindung mit Wissen und Subjekt als konstituierendes und performatives Element im Üben dargestellt (▶ Kap. 5.3). Die drei Modi des machtförmigen Übens – Üben als Disziplinierung, als Selbsttechnik und als Selbstsorge und Fürsorge – betonen den Primat des Könnens vor dem des Wissens und Wollens und zeigen, dass Macht subjektivierend funktioniert. Die Ambivalenz von Selbstsorge und Fürsorge in der Fremdführung der Übung ist nicht nur unterwerfend, disziplinierend und polarisierend, sondern eröffnet Erfahrungs- und Handlungsmöglichkeiten. Damit wird deutlich, dass Üben einerseits Medium der Formung seiner selbst und zugleich Medium gesellschaftlicher Normalisierung ist.

5.1 Leib und Verkörperung

Üben ist eine leibliche Tätigkeit. Etwas einüben bedeutet immer auch etwas ausüben und Sich-selbst-Üben. Das gilt für das Fahrradfahren Üben, für Imaginieren

Üben, Verstehen und Kritik Üben. Auch geistige oder meditative Übungen basieren auf einem Tun. Meditierende atmen, sitzen, gehen oder schreiben. Dabei ist der Leib immer beteiligt. Deshalb hieß es in Kapitel 1.1: Mit dem Leib beginnt und endet das Üben.

In Europa finden sich von Platon über das Christentum und vor allem seit Descartes und Kant Vorstellungen und Praktiken, die von einer Unterwerfung des Leibes unter die Vernunft ausgehen (vgl. Kant 1977c). Der Leib wird in Forschung und in der technisierten Lebenswelt, in Kultur und in den Medien instrumentalisiert (vgl. Meyer-Drawe 2005). Die Instrumentalisierung des Leibes basiert auf der eurozentrischen Schichtenanthropologie, die den Leib der Vernunft, dem Geist und der Seele (Psyche) systematisch unterordnet und dazu aufruft, den Leib zu beherrschen statt ihn in seiner eigenen Weise, seinem Stil und seiner Produktivität anzuerkennen. Sie manifestiert sich historisch und aktuell in dualistischen Menschenbildern (*animal rationale* (Aristoteles), *zoon politicon* (Aristoteles), Krone der Schöpfung (Christentum), *homo homini lupus* (Hobbes), das Tier, das sich selbst vervollkommnen kann (Kant), das nicht festgestellte Tier (Nietzsche), *animal symbolicum* (Cassirer), *homo ludens* (Huizinga), *homo cerebralis* (Hirnforschung) usw.).

In der Pädagogik findet die Indienstnahme des Leibes in vielfältigen Theorien, Praktiken und Institutionen statt. Eine wichtige Praxis ist das Üben. Ich habe in Kapitel 2 auf die disziplinierenden Übungen der »Schwarzen Pädagogik« hingewiesen. In Kapitel 8.1 werde ich die »natürlichen«, normalisierenden Übungen des gesunden, weißen Körpers am Beispiel der Montessori-Pädagogik genauer darstellen.

Auch auf der Ebene der Theorie manifestiert sich eine Leibvergessenheit der Pädagogik, die lange die Marginalisierung, Disziplinierung und Normalisierung des Leibes bedeutete. Bildungs- und erziehungstheoretische Konzepte marginalisieren den Leib und die Leiblichkeit im Lernen und Erziehen. Vor allem aber werden leibliche Dimensionen von kognitionspsychologischen Konzepten des Lernens, der Kompetenz sowie der älteren Hirnforschung ausgeblendet (▶ Kap. 4.3).

In den bisherigen Kapiteln wurden drei Weichenstellungen für eine erfahrungs-, bildungs- und sozialtheoretische Neubestimmung unternommen. Üben als leibliche und verkörperte Praxis zu verstehen, bedeutet zunächst eine Abkehr von kognitions- und individualtheoretischen Bestimmungen. Wird Üben auf der Grundlage einer pädagogischen Theorie des Lernens *als* und *aus* Erfahrung gesehen, können auch die bildenden Erfahrungen in den Blick rücken, in denen umgeübt wird. Einüben, Ausüben und Sich-selbst-Üben zielt zweitens auf eine sorgende und kultivierende *formatio*, in der der Mensch das Verhältnis zu sich, zu Anderen und zur Welt gestaltet und umgestaltet. In sozialtheoretischer Perspektive wird drittens deutlich, dass in der Erfahrung des Übens sowohl soziale und gesellschaftliche als auch individuelle und ereignishafte Momente auftreten. In den mitgängigen leiblichen Verkörperungen findet, wie in Kapitel 4.4 dargestellt, zum einen eine Positionierung in einem Raum der Sozialität statt und zu anderen ein Antworten, das sowohl sprachliche als auch leibliche, sowohl subjektive als auch soziale Akte betrifft.

Das Konzept der Leiblichkeit und der Verkörperung soll im Folgenden noch einmal aufgriffen und genauer erläutert werden. Es gilt im Kontext eines nichtdualistischen Zugangs, das Verhältnis von Leib und Geist, Körper und Reflexion neu zu bestimmen. Dazu wird auf leibphänomenologische Forschungen zurückgegriffen. In Abgrenzung zur kognitivistischen Tradition Europas hat die Phänomenologie und die Phänomenologische Erziehungswissenschaft schon im 20. Jahrhundert einen präzisen Begriff von Leib entwickelt. Grundlage ist Husserls Phänomenologie des Leibes, der »fungierenden Intentionalität« (Fink 1988, S. 91, Merleau-Ponty 1974, S. 15) und Horizonthaftigkeit der Wahrnehmung sowie der Fokus auf die pathischen, entzugshaften und heteronomen Aspekte des menschlichen In-der-Welt-Seins (Heidegger 2001) bzw. Zur-Welt-Seins (Merleau-Ponty 1974). Diese werde ich im Folgenden in vier Perspektiven knapp vorstellen.

Die Phänomenologie des Leibes wird im Folgenden für eine Theorie des Übens fruchtbar gemacht. Dies geschieht erstens hinsichtlich gestaltpsychologischer Anregungen zu einer situativ orientierenden Struktur- und Gestaltübung (▶ Kap. 5.1.1). Mit Polanyi kann zweitens deutlich werden, dass leiblich basiertes Üben auf einem »*tacit knowing*« beruht, das nicht vollständig explizierbar, formalisierbar und instruierbar ist (▶ Kap. 5.1.2). Mit Merleau-Pontys Konzept des Körperschemas wird drittens deutlich, dass Gewohnheiten als Sedimentierungen und Habitualisierungen leiblich-kinästhetische Dispositionen der Wahrnehmung, der Bewegung und des Denkens sind, die produktiven Sinn, Bedeutung und Handeln ermöglichen (▶ Kap. 5.1.3). Der Begriff und das Modell der Verkörperung wird viertens mit Plessner vorgestellt als formgebende Leibesübung und als Praxis der Selbstsorge, die sowohl Reflexivität als auch praktische Positionierung erfordert (▶ Kap. 5.1.4).

5.1.1 Üben als wiederholte Gestalt- und Strukturbildung

Die Gestaltpsychologie hat die Bedeutung des gestalthaften, ganzheitlichen Erfassens und Verstehens in einer Situation herausgearbeitet, aus der Einsicht und Umstrukturierung entspringen können. In einer Struktur- bzw. Gestaltwahrnehmung stehen Teil und Ganzes in einem Entsprechungs- und Verweisungsverhältnis. Bekannte Beispiele für Struktur- bzw. Gestaltwahrnehmungen sind das Hören einer Quinte – deren Qualität mehr ist als die Summe zweier Töne (vgl. Stieve 2008, S. 158) –, der harmonische Zusammenklang eines Intervalls oder die Wahrnehmung einer Melodie (vgl. Merleau-Ponty 1976, S. 102). Ein anderes Beispiel ist die Wahrnehmung eines roten Fleckes auf dem Teppich. Im »Feld« der Wahrnehmung (Lewin) konstituiert sich sowohl die Bedeutungseinheit des Wahrgenommenen wie auch das Wahrgenommene in den Differenzen zu etwas anderem. Der Fleck kann nur aufgrund des Horizontes, dem Teppich, d. h. aufgrund einer Differenz als etwas wahrgenommen werden. Es geht nicht mehr um das Wahrnehmen von etwas Bestimmtem, sondern um die Wahrnehmung von etwas *als* etwas. Am Beginn der Wahrnehmung steht nicht der isolierte Reiz, sondern die Situation, die gestalthaft zusammen geschaut wird.

Um eine Struktur bzw. Gestalt zustande zu bringen, braucht es Wiederholungen. Analog zu Melodie, Rhythmus und Figur werden in Wiederholungen Elemente zu einer Struktur zusammengeschlossen. Folglich ist »Übung (…) Ausbildung, im weitesten Sinne, einer Struktur, nicht die Festigung eines Bandes« (Koffka 1921, S. 177). Beim Üben von motorischen komplexen Handlungen wie Radfahren oder Tennisspielen bildet sich »allmählich eine ›Bewegungsmelodie‹ heraus, die nicht aus selbständigen Stücken besteht, sondern ein gegliedertes Ganzes bildet« (Koffka, zit. n. Weise 1932, S. 191). Wiederholendes Üben durch Struktur- und Gestaltbildung bildet Gewohnheiten und Schematismen aus. Die Aufmerksamkeit für die welthaften, vor-subjektiven, vor-rationalen und vor-prädikativen Zusammenhänge des Handelns teilt die Gestaltpsychologie mit der Theorie des »impliziten Wissens«.

5.1.2 Üben – implizites Können

Das implizite Wissen basiert Polanyi zufolge auf der Nicht-Explizierbarkeit gestalthafter Wahrnehmung und Praxis (vgl. Polanyi 1985). Diese sind intentional, d. h. gerichtet auf etwas. In der »Um-zu-Struktur« (Heidegger 2001) des impliziten Wissens richtet sich, so Polanyi, das zentrale Bewusstsein (distaler Term) antizipatorisch auf die Vorwegnahme einer Handlung, während sich das unterstützende Bewusstsein (proximaler Term) implizit verhält. Aufgrund dieser inneren Distanzierung werden äußere Dinge mit Bedeutung belegt, erhalten also eine semantische Funktion. Erst aufgrund äußerer Reize wird ein »distaler Term« fokussiert, aus dem Erlebnisstrom herausgeschnitten und bewusst wahrgenommen. Das Verhältnis von funktionalem Handeln und distaler Fokussierung ist aber aufgrund der intentionalen Bewusstseinsstruktur nicht linear. Wir können einen Nagel nur einschlagen, wenn wir unsere Aufmerksamkeit auf den Nagel (distaler Term) richten, nicht auf den Hammer (proximaler Term). Wir können eine Treppe nur hochgehen, wenn wir uns auf das Ziel fokussieren (distal), nicht auf die einzelnen Stufen (proximal). Wir können nur Fahrrad fahren, wenn wir uns auf die Richtung des Fahrens konzentrieren und nicht auf die einzelnen Verrichtungen des Fahrens. Entweder man handelt im Modus der ersten Person funktional-instrumentell, indem man von dem Körper und der Wahrnehmung weg auf etwas anderes achtet (distal), oder man achtet im Modus der dritten Person fokal-bewusst auf Wahrnehmung und Erkennen (proximal), kann dann aber nicht mehr funktional handeln. Würden wir den proximalen Term (Einzelheiten, Informationen, dritte Person) fokussieren, würden wir diesen nicht nur nicht explizieren können, sondern unser Handeln würde scheitern: Wir würden uns auf Daumen und Zeigefinger schlagen, stolpern oder hinfallen. Hier findet sich also die wahrnehmungstheoretische Begründung des bekannten Tausendfüßlerphänomens (▶ Kap. 1.7).

Wir können etwas entweder nur fokussieren oder es – von ihm auf etwas anderes fokussierend – instrumentalisieren. Wir können also einerseits den Hammer in unserer Hand spüren, sein Gewicht, die Wärme des Holzes, den Geruch des Metalls usw. wahrnehmen, oder andererseits vom Hammer auf den Nagel blicken und diesen einschlagen, wobei der Hammer dann in einer Um-zu-Struktur zum Werkzeug instrumentalisiert wird. Die Dinge aber verschwinden dann, »wenn wir die Hand direkt nach ihnen ausstrecken« (Neuweg 2005, S. 213). Wissen kann daher dem Können hinderlich sein. Im Handeln und damit auch im Üben ist implizites Wissen als praktisches Können primär, verbal explizites und formalisiertes Wissen hingegen sekundär (Neuweg 1999). Daraus folgt erstens: Nicht jedes Können und Üben ist in Regeln überführbar (Explikationsproblem). Die Könnerin oder der Könner kann nicht sagen, wie sie oder er vorgeht. Sie oder er verfährt intuitiv, wenn sie oder er z. B. Gleichgewicht hält oder Schach spielt. Obwohl die kognitive oder naturwissenschaftliche Regel »beschreibt, wie es geht, kann man mit ihr nicht lernen, wie es geht« (Neuweg 2006, S. 20). Zweitens kann ein Beobachter nicht herausfinden, welchen Regeln die Praxis des Übens folgt (Formalisierungsproblem). Es sind keine festen Regeln zu erkennen, nach denen Übungsaufgaben gelöst werden (▶ Kap. 7.5), sportliches Training oder Spiel eingeübt werden soll (▶ Kap. 8.1.2), soziales Verhalten goutiert oder sanktioniert oder im Unterricht auf Störungen reagiert wird (▶ Kap. 8.5). Die Handlungen sind in höchstem Maße vom Kontext, von den intuitiven und biographischen Voraussetzungen der Akteure sowie von deren implizitem Wissen und Können abhängig. Deswegen kann drittens ein Können oder ein Üben nicht in Form von Regeln, Gesetzen oder Schemata dargestellt werden (Instruktionsproblem). Es gibt keine expliziten Regeln für das Erlernen von Radfahren, Tennis spielen, Schach spielen, Verstehen (▶ Kap. 8.3) und Kritik (▶ Kap. 8.4) oder Imagination und Phantasie (▶ Kap. 8.2). Anders gesagt: Auch wenn man die Spielregeln vom Tennis, Schach, vom sozialen Miteinander oder vom kreativen Imaginieren usw. kennt, kann man diese Praxen nicht ausführen – man muss sie ein- und ausüben.

Für das Üben und die Übung bedeutet dies, dass Grundlage des Übens das Allgemeine, Horizonthafte und schon Erfahrene, d. h. das Erfahrungswissen der Praktikerin oder des Praktikers ist. Dies kann weder vollständig expliziert noch formalisiert und in einer auf Wissen reduzierten Instruktion weitergegeben werden (▶ Kap. 8.5). Vielmehr ist es das Tun, die Praxis, die das Medium der Weitergabe ist – oftmals mimetisch (Wulf et al. 2001, Wulf 2007) und beispielhaft (Buck 2019). Für Polanyi wie für die Phänomenologie ist die Intentionalität, also das Gerichtet-Sein im Wahrnehmen und Handeln, in der Leiblichkeit begründet. Sie wird in diesem Buch in der Doppelstruktur von Aktivität und Passivität als »fungierende Intentionalität« (Fink 1988, S. 91, Merleau-Ponty 1974, S. 15) verstanden (▶ Kap. 4).

5.1.3 Leib und Leiblichkeit

> »Unser Körper ist das einzige Ding in der Welt, das wir gewöhnlich nie als Gegenstand, sondern *als* die Welt erfahren, auf die wir von unserem Körper aus unsere Aufmerksamkeit richten. Erst durch diesen intelligenten Gebrauch unseres Körpers empfinden wir ihn als unseren Körper und nicht bloß als ein äußeres Ding.« (Polanyi 1985, S. 23)

Husserl, der Begründer der modernen Phänomenologie, beschreibt den Leib in seiner Doppelstruktur: Er ist einerseits Körperding, d. h. er kann als Objekt und

Ding vergegenständlicht werden (z. B. im Krankenhaus: der Blinddarm als Fall) (vgl. Brinkmann 2018c; 2019a, 2019b). Andererseits ist er Medium unserer Welt- und Selbsterfahrung. Diese Erfahrung ist zunächst implizit, d. h. »ohne Worte« und Begriffe, ohne ausdrückliche Reflexion, d. h. präreflexiv. Husserl spricht vom »primordialen« Vollzugs- und Erfahrungsmodus des Leibes in der Welt im Erfahrungshorizont einer gewohnheitsmäßigen Bekanntheit und eines vorprädikativen Umgangs mit den Dingen und den Menschen. Wir erfahren dann den Leib als Medium unserer Wahrnehmung. Dabei erfahren wir immer etwas bedeutungshaft und in einer Perspektive. Der Leib erscheint immer als etwas Bestimmtes, als schön, dünn, begehrenswert, warm usw. Wenn der Leib in unserer Aufmerksamkeit jeweils *als* etwas erscheint, dann erfahren wir ihn nicht nur als Körper, sondern auch als Leibkörper, als Phänomen. Deshalb ist er nicht als Ding unter anderen Dingen zu betrachten. Er ist kein Stein oder ein Stuhl. Der Leib ist vielmehr eine »Umschlagstelle« (HUA IV, S. 286) zwischen dem Selbst und der Welt.

Zugleich entzieht sich der Leib der intentionalen und vernünftigen Verfügung. Ich kann meinen Leib nicht beherrschen, so wie ich will und es mir vornehme. Diese Entzugsmomente verkörpern sich in den Erfahrungen des Einschlafens, des Aufwachens, in Scham und Ekel, im Neid, im Altern, im Schmerz oder in Lachen und Weinen – und im Lernen und Üben. Ich kann mir beispielsweise vornehmen, einzuschlafen oder zu lernen: Ob dies tatsächlich geschieht, liegt nicht vollständig in meiner Hand. Der Zeitpunkt des Einschlafens und des Lernens entzieht sich dem Wachbewusstsein – ich kann es erst, wie alle Erfahrungen, im Nachhinein feststellen. Die Phänomenologie hat zu diesen Phänomenen eine Vielzahl von qualitativ gehaltvollen Studien erstellt (vgl. Brinkmann 2019a, 2019b). Der Leib tritt also als Entzugsphänomen in Erscheinung. Darin liegt der Grund für das Scheitern des objektiven und wissenschaftlichen Erkennens, das aus der Dritten-Person-Perspektive funktioniert. Der Leib kann als Körper zum Gegenstand werden, als Erfahrungs- und Erlebnismedium kann er nicht vollständig erfasst werden (zu diesem »hard problem of conciousness« (Chalmers 1995) der Kognitionswissenschaften und den Möglichkeiten, die subjektiven Erfahrungen in der Ersten-Person-Perspektive einzufangen ▶ Kap. 6).

Der Rücken der Dinge, aber auch unser eigener Rücken sind für uns stets unsichtbar. Schauen wir in den Spiegel, sehen wir uns von vorn. Und doch sehen wir nicht nur Kulissen oder Pappfiguren, hinter denen nichts ist (vgl. Boehm 2007, S. 46). Wir sehen die Dinge vielmehr im Rahmen eines Horizonts, der nicht jener in der Ferne, sondern der ganz nahe ist. Jedes Ding schattet sich horizontal ab, sagt Husserl, d. h. es baut sich in einem anschaulichen Kontext auf, so dass wir es in der Wahrnehmung als *etwas* realisieren können. Erst vor diesem Hintergrund oder Horizont wird beispielsweise der Fleck auf dem Teppich sichtbar (siehe oben). Dieser unsichtbare Horizont sorgt zudem dafür, dass wir in einer Sicht andere mögliche Sichtweisen mit vergegenwärtigen können, dass also die Wahrnehmung nie in nur einer eindeutigen und isolierten Information aufgeht. Dieser allgemeine Hintergrund ist nicht nur Voraussetzung des Wahrnehmens, sondern auch des Verstehens. Er ermöglicht eine implizite, selbstverständliche Praxis der Verständigung, die einerseits Voraussetzung und andererseits

Hindernis des Verstehens von Anderen ist (▶ Kap. 8.3). Es existiert ein Überschuss von Sinn, der über die Gegenwart des Wahrnehmens hinausgeht (vgl. Meyer-Drawe 1991). Subjektiver Sinn erschöpft sich daher nicht nur in der Leistung des Subjekts, nicht im Be-deuten. Die Sinngebung verweist auf etwas, das nicht vollständig in der Hand des Subjekts liegt, auf etwas Anderes, auf die Dinge oder jemand Anderen (vgl. Brinkmann 2019a). Die Phänomenologie sieht daher vor allem das produktive Potenzial der pathischen, heteronomen Aspekte in der intentionalen Wahrnehmung (vgl. van Manen 2014). Wahrnehmung als produktiver und kreativer Akt wird damit erst möglich. Auf der Grundlage der Intentionalität wird Sinn in den Akt des Wahrnehmens eingelegt (vgl. Brinkmann 2015b). Damit wird zum einen das »Nehmen« im Wahr-Nehmen hervorgehoben, d. h. der eigene Anteil an dem, was eingelegt wird. Zugleich aber ist der oder die Wahrnehmende immer auf etwas angewiesen, was er oder sie nicht ist und über das er oder sie nicht verfügt: Dann steht das »Wahr« im Nehmen eines Gegebenen (Marion 2015), das Pathische und Heteronome im Vordergrund.

5.1.4 Leib und Körperschema

Der Leib produziert Bedeutungen und schafft Werkzeuge, er deutet »praktisch« und produktiv die Welt. Im prädiskursiven, »primordialen«, lebendig-leiblichen Handeln »drückt er sich aus«, in symbolisierenden Bewegungsrhythmen und in werkzeughaften Kulturumwelten. Merleau-Ponty stellt in seinem Werk »Phänomenologie der Wahrnehmung« (Merleau-Ponty 1974) die dynamischen und praktischen Aspekte von Leib und Leiblichkeit in den Mittelpunkt. In der Gesamtgestalt des Leibes und in der konkreten Bewegungs- und Handlungssituation »emergiert« das Körperschema als »System« (ebd., S. 71). Motorische Bewegungen sind daher auf elementare Weise mit der Wahrnehmung verbunden. Sie zeigen die Aufgaben und die Möglichkeiten des »Zur-Welt-Seins«.[13] Sie sind als leiblich-intentionale Akte selbst schon in den Sinn- und Bedeutungsraum der Welt eingelassen. Die Einheit des Leibes stellt sich in der Tätigkeit her. Die »intentionalen Fäden« fügen sich in der Bewegung zu einem »intentionalen Bogen« impliziten Könnens. Daraus resultiert der Primat der Praxis, der Bewegung und der Handlung, ein Primat des Könnens vor dem Wissen und Kennen: »Das Bewusstsein ist ursprünglich nicht ein ›Ich denke zu …‹, sondern ein ›Ich kann‹ (ebd., S. 166). Zuerst ist Wissen inkorporiertes Wissen bzw. geübtes Können. Leibliches Handeln vollzieht sich im Modus des Könnens:

> »Erlernt ist eine Bewegung, wenn der Leib sie verstanden hat, d. h. wenn er sie in seiner ›Welt‹ einverleibt hat, und seinen Leib bewegen heißt immer, durch ihn hindurch auf die Dinge abzielen, ihn einer Aufforderung entsprechen lassen, die an ihn ohne den Umweg über irgendeine Vorstellung ergeht.« (ebd., S. 168)

---

13 Zur Wendung vom »Zur-Welt-Sein« bei Merleau-Ponty im Unterschied zur Formel vom In-der-Welt-Sein vgl. Boehm in seinem Vorwort, Merleau-Ponty 1974, S. 7 sowie Meyer-Drawe 2001a, S. 137.

Die Tätigkeit des Selbst ist vorgängig situiert im handelnden, impliziten Bedeutungsraum der dinglichen und sozialen Welt. Im Umgang mit den Dingen zeigt sich das Körperschema besonders deutlich: Eine Frau mit einer langen Feder am Hut hält immer einen Sicherheitsabstand, damit diese nicht abbricht, ein Autofahrer kann einparken, ohne messen zu müssen, der Stock eines Blinden wird zum Organ der Raum- und Weltorientierung (vgl. ebd., S. 173).

Gewohnheiten sind in dieser Perspektive inkarnierte und habitualisierte Bewegungsstrukturen des Leibes, die als solche in einer Aufforderungssituation reaktualisiert werden (▶ Kap. 1). Gewohnheit im Körperschema ist weder Automatismus noch Kenntnis, sondern eine »Modulation«, ein »Stil« (ebd., S. 174) des leiblichen Selbstverhältnisses. Das Körperschema im Situations- und Orientierungsraum des Leibes (vgl. Brinkmann 2019a) gibt einen neuen »Sinn des Wortes ›Sinn‹« (ebd., S. 177): Der Leib als Bedeutungsträger emergiert in der leiblich-intentionalen Bewegung Sinn. Er fungiert performativ (▶ Kap. 5.2). Durch Wiederholungen »lagern« sich Bedeutungen ab, »prägt« sich Sinn ein: Man erwirbt einen Habitus. Nur durch wiederholtes Tun prägen sich Gewohnheit (*hexis*) und Habitus aus. Die »Habe« des Habitus ist kein Bestand, die Gewohnheit kein Vermögen. Sie sind vielmehr, das zeigt Merleau-Ponty, dynamische und »spontane« (ebd., S. 158, S. 175) Dispositionen, die im Handeln reaktualisiert, hervorgebracht und entworfen werden. Erst in der Wiederholung und vor allem in der Übung werden die Gewohnheiten, die Sedimentierungen und Habitualisierungen zu dem, was sie sind: leiblich-bewegte und bewegende Dispositionen der Wahrnehmung, der Bewegung und des Denkens in der sozialen Welt.

Mit anderen Worten: Die Grundform des praktischen Tuns im Üben ist die performative Hervorbringung von Sache, Selbst und Methode. Sloterdijk benennt diesen Grundmodus der Performativität des wiederholenden Tuns, sehr ähnlich den Worten Aristoteles' (▶ Kap. 1), als »autoplastische Rückwirkung« auf den Akteur:

> »Die Tat erzeugt den Tätigen, die Reflexion den Reflektierenden, die Emotion den Fühlenden, die Gewissensprüfung das Gewissen selbst. Die Gewohnheiten formen die Tugenden und Laster, Gewohnheitskomplexe die ›Kulturen‹.« (Sloterdijk 2009, S. 501)

Die Übungen des Leibes und des Geistes wirken auf den Körper, allerdings nicht im Sinne einer instrumentalistischen Objekt-Formung, sondern in einem performativen Modus, in dem Passivität und Rezeptivität mit Aktivität und Produktivität verschränkt sind, d. h. im Modus einer »fungierenden Intentionalität« (Fink 1988, S. 91, Merleau-Ponty 1974, S. 15). Üben antwortet auf die daseinsmäßige Sorge (Heidegger), sein Leben führen und sich eine Form geben zu müssen (▶ Kap. 6).

Damit wird die in Kapitel 1.2 dargestellte Buck'sche Apologie der Gewohnheitsbildung und des Habitus leibphänomenologisch bekräftigt. Gewohnheiten und Habitus sind nicht moralisch abzulehnen (Kant) oder assoziationspsychologisch auf mechanische Automation zu reduzieren. Vielmehr sind Gewohnheiten Sedimentierungen und Habitualisierungen, das produktive und kreative Fundament der wiederholenden Erfahrung und der Übung.

5.1.5 Übende Verkörperungen

Die Differenz von habituellem und aktuellem Leib (Merleau-Ponty) bzw. von strukturiender und strukturierter Struktur des leiblichen Habitus (Bourdieu) wird von Plessner als Differenz zwischen innerem bzw. innerlichem Leibsein und äußerlichem Körperhaben untersucht (vgl. Plessner 1975). Plessner versteht diese Differenz als eine existenzielle bzw. koexistenzielle Struktur, die lebenspraktisch und bildungstheoretisch von Relevanz ist. In diesem Zusammenhang prägt er den Begriff der Verkörperung. Dieser bezieht sich auf die Leib-Körper-Differenz.

Plessner betont die Expressivität des Leibes in Mimik, Gestik, Haltung, Sprache sowie im Lachen und Weinen (vgl. Plessner 1970). Der Leib ist »produktiv und praktisch« (ebd., S. 231). Er ist in der Welt und Mitwelt positioniert. Positionalität ist grundsätzlich durch einen Verweisungs- und Verschränkungscharakter von Eigenem und Anderem gekennzeichnet. Der Mensch lebt »ex-zentrisch«. Der Mensch verdoppelt sich, indem er zu sich selbst in Distanz geht. »Er lebt nicht nur, sondern er erlebt sein Erleben« (Plessner 1975, S. 292). Das Aus-dem-Zentrum-Sein versetzt ihn in die Lage, zu sich selbst Stellung nehmen zu können. Die Exzentrizität ist Anzeige einer elementaren »Gebrochenheit« und eines »Fragmentcharakters« (ebd., S. 293) menschlichen Daseins. Als »Verhalten zu Verhältnissen« (Plessner 1970, S. 246) ist Bewusstsein nicht Erkenntnisvermögen, sondern Anzeige eines Risses, die »Mitte« verloren zu haben und sie zugleich handelnd wiederherstellen zu müssen. Weil der Mensch »ist«, sich aber nicht »hat« und sich entzogen ist, muss er sich selbst »fest-stellen«, sich »verkörpern«, sich eine Form geben (vgl. ebd., S. 309, S. 320). Er ist sich selbst aufgegeben. Die Exzentrizität ermöglicht nicht nur selbstreflexive Rückbezüglichkeit, sondern erzwingt handelnde Stellungnahme und »Verkörperung«. Die leiblich-körperliche Differenz erzeugt den subjektivierenden und objektivierenden Grundzug der menschlichen Existenz, der sich gleichermaßen produktiv und praktisch in Verkörperungen, in formgebenden Leibesübungen und in kulturellen Objektivationen ausdrückt.

Verkörperung ist auch Leibesübung und Leibeserziehung im elementaren Sinn (vgl. Schütz 1983; ▶ Kap. 8.1.2). Diese ist keinesfalls als Vorbereitung einer späteren Geistigkeit oder in einem Stufen- oder Entwicklungsmodus zu betrachten. Gerade in der Kritik der psychologischen Theoreme gewinnt Plessner die anthropologische Dimension: Übungen sind immer schon leiblich-körperlich und koexistenziell angelegt, denn sie bestehen in einer Verkörperung und Formgebung, also in einer sorgenden Selbst- und Fremdführung. Eine Trennung in körperliche bzw. motorische Übungen einerseits und kognitive, geistige oder geistliche andererseits ist dem abendländischen Dualismus geschuldet. Diese widerspricht der Doppelstruktur der sich verkörpernden Formgebung als natürliche und zugleich künstliche Praxis.

Zusammenfassung: Mit Koffka, Polnayi, Merleau-Ponty und Plessner werden die kinästhetische, leibliche Bewegung in der Einheit von Sensorik, Motorik und Denken sowie die Verkörperung als sozialer Prozess in den Mittelpunkt gerückt.

Die Performativität der Tätigkeiten, in der Subjekt und Objekt, Sache und Form des Handelns hervorgebracht werden, tritt in den Vordergrund. Es zeichnet sich eine nicht-teleologische und anti-dualistische Handlungstheorie ab, die insbesondere übungstheoretisch von großem Interesse ist. Die Verfassung und das Selbstverhältnis des Menschen wird im Modus des »Ich kann« (Merleau-Ponty) und nicht des »Ich weiß« bzw. »Ich bin« beschrieben.

Üben bedeutet daher nicht nur, ein Körperschema aufzubauen bzw. sich zu verkörpern, sondern auch, das schon Gekonnte und zur Gewohnheit Verfestigte und Verkörperte umzuüben. Übungstheoretisch sind Vorwissen und »Vorkönnen« daher von großer Bedeutung. Wie in Kapitel 4 gezeigt, kann im Sinne einer phänomenologischen Betrachtungsweise der Prozess der Erfahrung als eine Umstrukturierung von Vorwissen und Vorkönnen in einer Situation verstanden werden. In der Umstrukturierung und Neuindizierung der Sedimentierungen und Habitualisierungen verschränken sich aktive mit passiven, geistig-kognitive mit leiblich-pathischen Momenten.

Das Konzept der Verkörperung wird in diesem Buch in einer sozialtheoretischen Perspektive aufgegriffen (▶ Kap. 4). Die pathischen Entzugsmomente der leiblichen Erfahrung, denen Plessner wenig Aufmerksamkeit schenkte, werden für eine Theorie und Praxis des Übens als interkorporale Kommunikationen fruchtbar gemacht (▶ Kap. 8.4 und 8.5; Brinkmann 2017b). Verkörperungen können so als praktische Antworten auf die exzentrische »Gebrochenheit« (Plessner 1970) mit dem Konzept der Responsivität (▶ Kap. 4.4) verbunden werden. Denn mitgängig mit der jeweiligen Verkörperung antworten die Anderen gestisch und mimisch darauf. In der Verkörperung nehmen Menschen praktisch zu sich und zum Sozialen Stellung, und sie verhalten sich zugleich antwortend zu dieser Stellungnahme vor anderen (Brinkmann 2016b, 2018c). In und mit Verkörperungen vergleichen wir uns mit anderen, urteilen über sie und identifizieren uns mit ihnen (vgl. Waldenfels 2006, S. 168). Der/die/das Dritte ist in der Verkörperung in einem Raum der Sozialität im elementaren Sinne anwesend (Bedorf 2010). Diese Gedanken dienen als Grundlage für eine genauere Untersuchung des Übens von Praktiken wie dem Imaginieren, Verstehen, Urteilen und Unterrichten (▶ Kap. 8) sowie für eine Didaktik der Übung (▶ Kap. 7).

Leib, Gestalt, Körperschema und Verkörperungen sind wesentliche Voraussetzungen und Fundamente des Übens. Ungeklärt bleibt aber in der Gestaltpsychologie, bei Polanyi, Merleau-Ponty und Plessner, wie genau die Umstrukturierung und das Umüben vollzogen wird. Dazu ist es nötig, die temporalen Strukturen der Wiederholung genauer zu betrachten. In einer temporal-phänomenologischen und dekonstruktiven Analyse soll im nächsten Kapitel deutlich werden, dass in Wiederholungen ein Bruch bzw. eine Verschiebung stattfindet, die Veränderungen und Umüben ermöglichen.

5.2 Wiederholung und Differenz

Wiederholung ist das herausragende Merkmal des Übens. Alle Übenden wiederholen die Inhalte, Sachen, Themen und zugleich die Fähigkeiten, die zu üben sind. Die Sportlerin oder der Sportler wiederholt die Bewegungen, die Instrumentalistin oder der Instrumentalist wiederholt die Passagen, die bzw. der Meditierende die Atemzüge oder die geistigen »Gegenstände« oder Erinnerungen, die Schülerin oder der Schüler die Aufgaben usw. Schon in Kapitel 1 wurde festgestellt, dass die Übung eine auf Stetigkeit und Dauerhaftigkeit angelegte Lernform ist. In Kapitel 4 wurde Üben von Lernen unterschieden, indem die gezielte Wiederholung von Nicht-Gekonntem und Nicht-Gewusstem unter Bedingungen eines Als-ob als Merkmal des Übens herausgestellt wurde. Im Folgenden soll die Wiederholungsstruktur des Übens genauer bestimmt werden. Die leitende These lautet, dass sich im Üben ein Zeitraum zwischen Vergangenheit und Zukunft, zwischen Bekanntem und Unbekanntem, zwischen Gewusstem und Nicht-Gewusstem, Gekonntem und Nicht-Gekonntem eröffnet. Denn Üben basiert einerseits auf Vorwissen und Vorkönnen. Andererseits ist jede Übung intentional und antizipatorisch angelegt. Das »fokale Bewusstsein« (Polanyi 1985; ▶ Kap. 5.1) ist auf etwas Künftiges gerichtet, das erreicht werden soll. Die Übenden antizipieren in der Gegenwart des Übens den Zustand oder die Fähigkeit oder Fertigkeit, die gekonnt werden soll.

Wann aber beginnt das Üben? Kann man einen Anfang im Üben identifizieren? Wann beginnt das Üben in der menschlichen Entwicklung? Wenn es im Kleinkindalter beginnt – wann genau? Was setzt es voraus? Ist z. B. das Trinken an der Mutterbrust oder mit der Flasche geübt oder angeboren? Wenn es geübt wird, was geht ihm voraus? Wir haben in Kapitel 3 erfahren, dass in China dem Üben mehr Beachtung geschenkt wird als dem Theorem der Begabung. Ist das in diesem Fall ähnlich zu sehen? Kann dieses Können weitergegeben werden?

Im Unterschied zu den zyklischen Wiederholungen in der Natur muss die kulturelle Evolution die Weitergabe von Wissen und Können sicherstellen (vgl. Tomasello 2003). In den natürlichen Rhythmen sind Anfang und Ende durch Geburt und Tod, Entstehen und Vergehen zyklisch. Die Wiederholung vollzieht sich gleichsam naturmäßig. Nicht so in der kulturellen Weitergabe. Hier muss die Weitergabe von Kulturtechniken durch Erziehung geleistet werden (vgl. Brinkmann 2020b). Für die Erziehung ist damit das Problem der Generation und der Generationenfolge sowie das Problem des intergenerationalen Lernens verbunden (vgl. Schleichermacher 2000). Für das kulturelle Lernen ergibt sich dann das Problem des »unentstandenen Anfangs« (Dörpinghaus 2018), also die Schwierigkeit, im Lernen auf etwas zurückgreifen und aufbauen zu müssen, das man nicht kennt, sondern erst lernt. Dieses Zirkelproblem im Erwerb von Wissen und Können, dass also Lernen immer schon Wissen und Üben immer schon Können voraussetzt, wird von Platon im Menondialog eindrücklich reflektiert (vgl. Platon 2008). Das »Menonparadox« ergibt sich allerdings nur aus einer logischen Perspektive (vgl. Brinkmann 2012, S. 143–149). Aus Sicht der Erfahrungstheorie habe ich mit Aristoteles, Gadamer und Buck darauf verwiesen, dass das

Allgemeine schon je im Lernen des Besonderen fungiert (▶ Kap. 4). Bezogen auf das Beispiel: Das Kleinkind übt das Saugen (als eine besondere Fertigkeit) und es greift darin auf Erfahrungen zurück, die es schon »hat«, die aber in dieser Praxis reaktualisiert, vertieft und kultiviert werden. Gerade in den negativen Erfahrungen des Nicht-Könnens, des Scheiterns kann das Kind – vorreflexiv und vorprädikativ – das Selbst-, Mit- und Weltverhältnis verändern und damit eine bildende Erfahrung machen.

Aber worin besteht genau der Unterschied zwischen natürlicher und kultürlicher Wiederholung und Weitergabe? Wie genau kommt das Neue in die Wiederholung des Alten hinein? Wie hängen Stetigkeit und Unstetigkeit, Kontinuität und Diskontinuität im Üben zusammen? Ist diese Frage beantwortet, kann auch eine Antwort auf die übungstheoretisch entscheidende Frage gegeben werden, wie im und durch Üben Gewohnheit, Habitus, Rituale und Routinen verändert werden können.

Im Folgenden werde ich drei Zugänge vorstellen. Mit der phänomenologischen und hermeneutischen Perspektive werden erstens die kulturellen Praxen der Wiederholung und des Übens als Praxen der Variation von Ähnlichkeiten dargestellt, die in der Wiederholung aufgegriffen, angeglichen, verändert und transformiert werden können. Das dekonstruktive Modell der Diskurstheorie Derridas rückt zweitens stärker die diskontinuierlichen Aspekte in der Wiederholung in den Fokus. Die Wiederholbarkeit ist demnach gerade die Voraussetzung von Differenz und Ereignis. Die Ereignishaftigkeit steht, Derrida zufolge, nicht im Gegensatz zur Iteration, sondern ist als deren Teil zu sehen. Beide Modelle werden schließlich und drittens in einem Modell der existenziellen Performativität zusammengeführt. Hierin wird die Ereignishaftigkeit als negative und existenzielle Erfahrung in der wiederholenden Übung als Möglichkeit der Veränderung bestimmt. Ich versuche damit eine Antwort auf die oben gestellten Fragen zu geben. In der interkorporalen Performativität wird eine Positionierung möglich, in der sich eine kontinuierliche und zugleich diskontinuierliche Transformation ereignet, d. h. eine Veränderung, die zugleich auch eine Veränderung des Selbst-, Mit- und Weltverhältnisses bedeutet.

5.2.1 Wiederholen – Üben

Für die Bestimmung und Unterscheidung von Wiederholen und Üben lassen sich zunächst Gemeinsamkeiten herausstellen. Beide Formen stehen in der Zeit, sind mit einem »zeitlichen Index« (Husserl) versehen. Sowohl in der Wiederholung als auch im Üben ereignet sich eine Veränderung und ein Bruch, der im Üben als negative Erfahrung erlebbar wird (▶ Kap. 4). Für beide gilt: Die »verändernde Kraft der Wiederholung« (Waldenfels 2001a) entspringt einem Ereignis, das aus der Ordnung der Wiederholung heraustritt und etwas Individuelles und Existenzielles erfahrbar werden lässt. Der entscheidende Unterschied von Wiederholung und Übung zeigt sich im Verhältnis und Verhalten zur Zeit. Während in der Wiederholung etwas *als* etwas wiederkehrt, zielt die Übung, auf dieser Differenz aufbauend, auf Veränderung (▶ Kap. 4). Die Temporalität der Übung in der

Wiederholung ist damit zunächst auf Zukunft ausgerichtet. Schleiermacher sieht darin den zentralen Unterschied zwischen Spiel und Übung (vgl. Schleiermacher 2000, S. 222 ff.; ▶ Kap. 1.4). Das Pädagogische im Üben im Unterschied zur bloßen Wiederholung liegt zunächst in dessen künftigem Ziel. Üben basiert auf und richtet sich auf Können und Besser-Können. Zugleich wird mit dem wiederholenden Ein- und Ausüben eine Verfeinerung und Kultivierung der Fähigkeiten und Fertigkeiten möglich. Je mehr geübt wird, desto besser kann man mit dem Ball umgehen, Vokabeln memorieren und sich in das Atmen versenken. Im Üben findet also einerseits eine Kultivierung des Leiblichen und andererseits eine Naturalisierung des Geistigen statt (vgl. Sloterdijk 2009, S. 25 ff.). Die Genealogien der kulturellen Praxen im Sport, in der Musik, in der Kunst bezeugen eine ungeheure Steigerung des Könnens, das das jeweils für unmöglich und unwahrscheinlich Gehaltene »ins Wahrscheinliche und Wiederholbare übersetzt« (ebd., S. 427).

Im Üben erhält daher im Unterschied zur Wiederholung die Differenz zwischen Altem und Neuem, zwischen Gekonntem und Nicht-Gekonntem eine Verschärfung, insofern als das Neue und Nicht-Gekonnte das Übergewicht bekommt. Die »Wiederkehr eines Ungleichen als eines Gleichen« (Waldenfels 2001a) wird in der Übung thematisiert, ausdrücklich oder unausdrücklich. In den negativen Erfahrungen des Übens, im Ärger und Frust, im Scheitern und in den Irritationen des Nicht-Könnens, bricht gleichsam das Andere als Ereignis ein. Legt die Wiederholung den Schwerpunkt auf das »Wieder«, so rückt das »Holen« als intentionalen und zugleich »gebrochenen« Akt im wiederholenden Üben in den Vordergrund. Es ist ein Wieder-Holen des Vergangenen im Modus des Noch-einmal, der Erinnerung und des Wiedererkennens und zugleich ein Ausholen auf eine Zukunft hin, die im Akt des Übens antizipiert wird.

5.2.2 Wiederkehr eines Ungleichen als eines Gleichen

Das phänomenologische und hermeneutische Modell geht davon aus, dass im Wiederholen das erfahrene Bekannte, Gewohnte, Gekonnte in einem anderen Kontext wiederkehrt, als es vorher erfahren, gekonnt, gewusst und gewohnt war. So erfahren wir die Jahreszeiten in einer stetigen Wiederholung ebenso wie den Rhythmus unseres Leibes in Schlaf und Wachen, Hunger und Sättigung. Wiederholungen bestimmen die sozialen Organisationen und Institutionen, in Ritualen, in Feiern und Festen, in Traditionen und Konventionen. Wiederholungen sind wichtige Elemente der Kunst, etwa in der Musik (als Form, Variation, Leitmotiv, als Loop), in der bildenden Kunst (als Ornament, als Arabesque) bis hin zur Wiederholung im Modus der technischen Reproduzierbarkeit (Fotos, Fließband, Prototyp). In der wiederholten Zeit hat es jeweils schon eine Veränderung gegeben. Wiederholung ist die Wiederkehr eines scheinbar Gleichen, das in der Wiederholung angeglichen wird. Mit der Wiederholung findet also mitgängig und oftmals unbemerkt eine Veränderung statt, deshalb spricht Waldenfels von der »verändernden Kraft der Wiederholung« (2001a). Diese Veränderung ist aus zeittheoretischer Perspektive der Bewegung der Zeit geschuldet. Zeit bewegt sich und mit der Zeit finden stetige Veränderungen statt, auch wenn sie *als* Wiederholungen dem Vergangenen ähneln. Diese Ähnlichkeit ermöglicht es, dass wir in der Generationenabfolge das kulturelle Erbe als Erbe, das Alte als Altes und die Tradition als Tradition weitergeben können. Es ist also streng genommen nicht das Alte, die Tradition und das Erbe, das weitergegeben wird, sondern das Alte, die Tradition und das Erbe *als* etwas Ähnliches, das nun der Gegenwart angeglichen wird. Den paradoxen Kern der Wiederholung fasst Waldenfels in der Formel von der »Wiederkehr eines Ungleichen als eines Gleichen« (Waldenfels 2001a, S. 7). Denn streng genommen kann sich etwas als etwas Selbes nicht wiederholen. Es scheint nur so, als ob in der Wiederholung dasselbe wiederkehrte.

Phänomenologie und Hermeneutik beantworten also die Frage nach dem Verhältnis von Wiederholung und Differenz im Sinne einer Wiederkehr des Ähnlichen, das gerade in der Veränderung und in der Variation des Alten Neues hervorbringen kann. Gewohnheiten, Habitus und Routinen werden daher nicht als problematische Zustände, sondern als Potenziale gesehen, die die Kraft der Veränderung schon in sich tragen.

Üben ist also ein analogisierendes Fortschreiten, in dem das Gleiche nicht als Dasselbe wiederkehrt. Mit der Wiederholung findet immer schon eine Veränderung statt, die im Üben gezielt herausgehoben wird. Vor diesem Hintergrund wird deutlich, dass mechanische Vorstellungen von der Wiederholung als Repetition oder automatisierende und technische Perspektiven auf Üben, wie im Behaviorismus oder Kognitivismus, ihren temporalen Kern verfehlen. Im technischen Modell der mechanischen Reproduktion gibt es keinen Unterschied zwischen natürlichen und kulturellen Wiederholungen. Die diskurstheoretische und dekonstruktive Perspektive versucht genau diesen Unterschied in den Mittelpunkt zu rücken. Sie spricht in diesem Zusammenhang von Performativität und Iterabilität.

5.2.3 Performativität – Bruch in der Iterabilität

Die diskurstheoretische und dekonstruktive Perspektive auf die Wiederholung, wie sie Derrida in seinem Text »Signatur, Ereignis, Kontext« (Derrida 2001) vorstellt, versucht diesen temporalen Kern der Wiederholung noch genauer zu fassen (vgl. Brinkmann 2008a, 2012, 2020b). Derrida kritisiert, dass sich mit der Reduktion der Wiederholung auf schiere Repetition und mechanische Reproduktion ein eurozentrischer Dualismus manifestiert. Er schlägt vor, den eurozentrischen Dual, mit dem die Wiederholung, das Gewohnte und Routinisierte dem Vernünftigen, Freien und Kreativen entgegengesetzt wird, zu verlassen. Derrida untersucht das am Beispiel der Sprache und des Sprechens. Hier ist das Zitat etwas, das wiederholt, also iteriert wird. In diesem Zusammenhang greift er auf die von J. Austin stammende sprechakttheoretische Unterscheidung von konstatierter und performativer Aussage zurück. In der performativen Aussage wird im Sprechen das Zitierte zugleich als soziale Wirklichkeit hervorgebracht, z. B. in dem Satz: »Hiermit eröffne ich die heutige Seminarsitzung«. Nach Derrida gilt es dabei, »nicht (…) das Zitat oder die Iteration der Nicht-Iteration eines Ereignisses entgegenzusetzen« (Derrida 2001, S. 40). Vielmehr sollen in der performativen Wiederholung die Verschiebungen und Veränderungen in den Blick genommen werden, in und mit denen die Situation sich ändert. Mit Derrida eröffnet die sprach- und kulturwissenschaftliche Analyse des Performativen eine Zugangsweise zu einer Äußerung, die eben nicht rein auf ihren Bedeutungsgehalt, sondern auf die Wirkungen und Effekte zielt, die durch die Äußerung hervorgerufen werden. »Es (das performative Zeichen, M. B.) produziert und verwandelt eine Situation, es wirkt« (ebd., S. 23). Für die Analyse von performativen Praxen gilt Ähnliches wie für performative Sprechakte. Es werden Handlungen vollzogen, Tatsachen geschaffen und Identitäten gesetzt. In diesem Sinne sind sie nicht wahr oder falsch, sie können jedoch gelingen oder fehlschlagen. Performative Handlungen vollziehen sich in einem kulturell-gesellschaftlichen und situativen Kontext, wobei die Kontextualisierung in der Situation und die Dekontextualisierung in der Wiederholung im Vollzug der Handlung zusammenfallen. Gerade weil im performativen Akt die Inhalte wiederholbar sind, haben diese den Charakter von Äußerlichkeit und Oberflächlichkeit.

In der zeichentheoretischen Formulierung Derridas wird unter der Perspektive der Performativität deutlich, dass der Bruch in der Struktur des Zeichens, der Sprache bzw. der Schrift und damit in die Performativität eingeschrieben ist. Die performative Wiederholung ist zugleich kontinuierlich und diskontinuierlich. Das Ereignis taucht gleichsam in der Falte der Iteration auf. Wird also der Dualismus von Kontinuität und Diskontinuität bzw. von Natur und Freiheit eingeklammert, dann wird der Blick auf die diskontinuierlichen Aspekte im Kontinuierlichen, auf das Bruch- und Ereignishafte in der Wiederholung frei. Die performative Übung als wiederholende Handlung kann somit als zitathafte und routinisierte Form in einer sozialen Ordnung oder einer erfahrenen Struktur, die darin reproduziert wird, gefasst werden. Das heißt auch, dass die negativen Prozesse des Scheiterns und Fehlschlagens performativen Handlungen inhärent sind. Damit wird sie für eine Theorie der wiederholenden Übung relevant.

5.2.4 Existenzielle Performativität: Ereignis, Flow, Gelassenheit

In einem dritten und letzten Schritt soll die phänomenologische Perspektive auf den Leib und auf die Wiederholung von Ähnlichkeiten als Fundament des Übens mit der Perspektive auf Performativität verbunden werden (vgl. Brinkmann 2017b). Die Regelhaftigkeit der Iteration basiert auf Differenzen. Deshalb ist Wiederholung »im Sinne einer originalgetreuen Kopie nicht möglich« (Schäfer 2012, S. 143). Die Performanz der Wiederholung ist es also, die sie zum Ereignis werden lässt. In der Performanz nistet sich eine temporale Differenz (Brinkmann 2012) ein, die einen Überschuss kenntlich macht. Dieser Überschuss ist das, was nicht mechanisch repetiert wird, was aber trotzdem in der Wiederholung auftritt. Weil er etwas Anderes ist, lässt er sich nicht in Regeln fassen und sich nicht explizieren. Er ist sozusagen in einem Zwischenbereich zwischen Altem und Neuem, Wiederholtem und Nicht-Wiederholbarem. Derrida bezeichnet dies als Ereignis. Das Ereignis ist gerade das, was aus dem Zitierten, Gewohnten, Routinisierten herausfällt, ohne dass es schon in eine neue Ordnung gestellt wäre. Das Ereignis in der Iteration fällt gleichsam aus der »Rolle« und aus der Ordnung. Es überschreitet diese, ohne dass deutlich wäre, woraufhin. Es ist jenes in Kapitel 4.4 erwähnte Moment der »Singularität« (Ricken 2013, S. 29) in der Erfahrung, in der sich die Differenz zwischen Individuum und Sozialem als ein Zwischenraum anzeigt (vgl. Schäfer 2012). Dieser Zwischenraum lässt sich als Singuläres nicht in der Wiederholung wiederholen und nicht diskursiv repräsentieren. Aber in der leiblichen, impliziten und gestalthaften Praxis des Übens ist er erfahrbar. Im Üben wird es entweder in der negativen Erfahrung erlebbar – als Bruch oder gar Abbruch im Zuge von Emotionen wie Ärger, Frust und Verzweiflung und aufgrund von Enttäuschungen und Irritationen. Ich werde in Kapitel 8.4.3 diese negative Erfahrung als performatives Ereignis am Beispiel des (verweigerten) Handschlags bestimmen und zeigen, dass es sich hierbei um ein interkorporales Urteil handelt, das im Ausüben eingeübt wird. Singuläre Ereignisse werden im Üben auch als Momente der angespannt-entspannten Erfüllung, des Flow und der Polarisation und Vertiefung erfahren (▶ Kap. 1, 3, 6). Diese Erfahrungen sind oft, wie das Können der Praktikerin und des Praktikers auch, implizit strukturiert. Sie lassen sich kaum verbalisieren, und wenn ja, dann nur im Nachhinein. Im Moment des Übens sind sie unsagbar. Zugleich fallen sie aus der Ordnung des Sozialen heraus, weil sich in ihnen etwas Individuelles und Existenzielles manifestiert. Ob es sich um Fehler oder um Flow handelt – sie werden jeweils individuell erfahren. Diese Erlebnisse drücken sich leiblich aus – man kann an der Körperhaltung, an der Körperspannung, an Gesten und Mimik sehen, wie diese Momente individuell erfahren werden. Die »Sprache des Leibes« (Mersch 2002, S. 59 f.) teilt also etwas mit, was grammatisch kaum mitteilbar ist. Sie antwortet damit auf gesellschaftliche Ordnungen und kulturelle Anforderungen. Als herausfordernde Bereiche erfordern sie kulturelle Fertigkeiten oder Fähigkeiten. Als soziale, gesellschaftliche und kulturelle Kategorien sind diese sagbar, beschreibbar und mitteilbar – so wie sie auch in diesem Buch beschrieben und dargestellt werden. Im Unterschied dazu unterläuft die Sprache des Leibes als existenzielle Dimension aus den o. g. Gründen die gesellschaftlichen und kulturellen Codes und Normen. Das je individuelle Erlebnis ist nicht mitteilbar, zum einen, weil es der- oder diejenige, der oder die es erfährt, im Moment des Erfahrens nicht zugleich auch mitteilen kann; zum anderen, weil es als implizite Erfahrung sowieso nicht oder nur sehr schwer sagbar ist. Das Ereignis oder das Erlebnis im Zwischenbereich zwischen Altem und Neuem, Wiederholtem und Nicht-Wiederholbarem bewegt sich also auf der Grenze zwischen Sagbarem und Unsagbarem – bzw. zwischen Subjektivierung und Individualisierung (vgl. Schäfer 2012, S. 33). Man kann das als leibliches Sich-Zeigen, als Verkörperung (▶ Kap. 5.1.5) der Übenden und als Antwort auf die Aufgabe und die Herausforderungen im Üben bezeichnen (vgl. Brinkmann 2017b). Es manifestiert sich in einer existenziellen, leiblichen Verkörperung und einem existenziellen Erleben.

In der Performativität der auf Können gerichteten Ein-, Aus- und Selbstübung wird also eine existenzielle Dimension der Zeiterfahrung kenntlich. Die Zeit kann sich in der Übung dehnen oder zusammenziehen. Langeweile oder Kurzweile gehören dazu. Während Langeweile gerade in der scheinbar stereotypen Iteration das Wieder im Wiederholen erfahrbar macht, ist es in der Kurzweile das Holen. Hier kann etwas geschehen, was ebenso profan wie überraschend ist: Im performativen Genuss am eigenen Können der Praxis verliert sich der Übende selbst. Dann wird die Grenze zwischen Spiel und Übung überschritten. Im Flow des Übens steht die Zeit scheinbar still (▶ Kap. 6). Das konventionelle, lineare und progressive Zeitverständnis wird gleichsam in der Wiederholung zurückgebogen. Das ist der »große Mittag« (Nietzsche) der Wiederholung, wenn sich die Kreise im Wiederholen auf einen scheinbar ewigen Moment zusammenziehen, wenn in der Gegenwart Vergangenheit und Zukunft zusammenfallen, wenn in der Anspannung eine große Entspannung erlebbar wird. Hier erfährt der Übende sein Glück, weil er der existenziellen Endlichkeit, dem Besorgen und Sorgen für einen Moment entkommt. Und hier manifestiert sich jenes von Bollnow mit Heidegger angesprochene Ziel des Übens: die Gelassenheit als Kunst, das Leben sorgend und übend zu führen (vgl. Bollnow 1978, Heidegger 1960). Diese existenziellen Erfahrungen werde ich in Kapitel 6 im meditierenden Üben genauer nachverfolgen.

Die existenzielle Dimension der Übung hängt also eng mit der Zeiterfahrung zusammen. Zeit wird erfahrbar, weil sich im Ausgriff auf die Zukunft des Nicht-Könnens und in der Wiederholung der Vergangenheit im Gekonnten die Grenzen der eigenen Zeit als Endlichkeit zeigen: Üben ist so gesehen ein »Vorlaufen zum Tode« (ebd.). Endlichkeit ist schon auf der Ebene der Einübung von Fähigkeiten und Fertigkeiten im Modus der Zuhandenheit und Unzuhandenheit (Heidegger 2001) der Dinge, Sachen und Medien präsent. Sie wird aber vor allem dann ereignishaft deutlich, wenn der Übende aus dem intentionalen »Um-Zu« (Heidegger) und damit aus dem linearen und progressiven Zeitschema heraustritt und sich im »Flow« bzw. in »Gelassenheit« den Wiederholungen überlässt. Diese »passive Aktivität« im Selbst-üben als Selbstsorge ist immer auf *etwas*, auf eine Sache angewiesen. Die Namen dieser Haltung, die sich in diesem temporal-existenziellen Moment im Üben, in dem Einlassen auf das aktiv-passive Wiederholen ausprägt, sind vielfältig. Sie lauten Selbstsorge, Achtsamkeit, *awareness*, *mindfulness* oder Gelassenheit (▶ Kap. 6).

Dieses existenzielle Ereignis wird im Flow als performativer Genuss am eigenen Können und in meditativen Praktiken als eine angespannt-entspannte Öffnung zur Erfahrung des gegenwärtigen Moments erlebt. Diese erfordert ein Üben, das in vielfältigen meditativen und philosophischen Praktiken ausgeführt werden kann (▶ Kap. 6). Das primäre Medium der Übung aber ist der Leib, mit dem sich der Mensch in der »stummen« existenziellen Erfahrung des Übens zur Zeit als Differenz verhält. In der Performanz der Wiederholung ereignet sich im Flow damit die Abwesenheit der Zeit als Ausdruck der eigenen Endlichkeit, die durch keine Erinnerung, durch keine Intention durchkreuzt wird. Und gerade dadurch wird die Erfahrung der Zeit und damit die Erinnerung an die eigene Endlichkeit hervorgetrieben – eine »wilde Zeit öffnet sich im Spalt der Wiederholung« (Schütz 2016).

Zusammenfassung: Die drei Bestimmungen des wiederholenden Übens als »Wiederkehr eines Ungleichen als eines Gleichen« (Waldenfels), als performative Verschiebung und Transformation sowie als existenzieller Ausdruck der Performanz des Körpers bestätigen jeweils auf ihre Weise, dass sich in der Wiederholung eine »temporale Differenz« (Brinkmann 2012) einnistet, die als Ähnlichkeit (Waldenfels), als Bruch (Derrida) oder Ereignis (Derrida, Mersch) die Veränderung, Verschiebung oder Transposition der Übenden ermöglicht. Im Üben wird diese temporale Differenz als Bruch in den negativen Erfahrungen des Nicht-Könnens erfahrbar. Sie kann damit auch zum Thema der Reflexion werden und ermöglicht unterschiedliche didaktische Thematisierungen in unterschiedlichen pädagogischen Feldern (▶ Kap. 8). Aus einer leibphänomenologischen Perspektive wird zudem deutlich, dass der Leib als Medium des Übens und der Selbstsorge auch Medium der Veränderung und des Bruches ist. Die Zeit wird in der Performanz des Leibes gleichsam materialisiert und profanisiert: Eine Transformation kann stattfinden, in der ein zeitlich-leibliches Zwischen erfahrbar wird, zwischen Wissen und Nicht-Wissen, Können und Nicht-Können. Es ist jener temporale Spielraum, der in Kapitel 6 als existenzieller Spielraum des Selbstübens im Kontext meditativen Übens, Embodiment, mindfulness und awareness ausgewiesen werden soll.

5.3 Macht des Übens

Die in Kapitel 4 vorgestellte sozialtheoretische Perspektive auf Üben stellt die leiblichen und körperlichen Praktiken (Butler 1997) und die machtförmigen Prozeduren der Subjektivierung in den Mittelpunkt. Referenzautor für die Analyse der Praktiken der Subjektivierung im bildungs- und erziehungstheoretischen Diskurs ist Foucault (vgl. Ricken et al. 2019, Ricken/Rieger-Ladich 2004). Er gilt mittlerweile – nicht ohne Ironie – als Klassiker der Pädagogik (Messerschmidt 2008). Foucault hat in seinem Werk immer wieder Pädagogik, Bildungsinstitutionen und Erziehung thematisiert. Vor allem aber untersucht er das Üben. Üben ist eine Praxis (*pratique*), die sich als eine leiblich fundierte Positionierung des Selbst im Zwischenraum von Macht und Freiheit beschreiben lässt. Üben ist nach Foucault nicht nur die zentrale Praxis der Disziplinierung, sondern auch jene der asketischen Selbsttechnik, in der zugleich unterwerfende und befreiende Momente zwischen Freiheit und Macht zusammenkommen (vgl. Foucault 1989, 1993b, 1994c, 2004b; ▶ Kap. 6).[14]

Die Geschichte des Übens zeigt, dass gemeinhin mit der Übung im eurozentrischen Diskurs der Pädagogik vor allem Marginalisierung, Disziplinierung und Normalisierung des Leibes verbunden wird (▶ Kap. 2). Üben hatte auch die

---

14 Vgl. zum Folgenden Brinkmann 2012, S. 209–241; Brinkmann 2018c. Zur Kritik Foucaults vgl. Brinkmann 2012, S. 250 ff., Sloterdijk 2014, S. 240.

Funktion der Disziplinierung und Normierung übernommen – und das nicht nur in den Formen des militärischen Drills und des Exerzierens (vgl. Brinkmann 2012, Bröckling 1997). Auch in der pädagogischen Praxis wurde und wird Üben als Technologie eingesetzt, um gehorsame Untertanen, kontrollierte und disziplinierte Bürgerinnen und Bürger beziehungsweise »gesunde« und »natürliche« Mitglieder der (Volks-)Gemeinschaft zu erziehen (▶ Kap. 2 und 8.1). Die Übungen des Philanthropinismus im 18. Jahrhundert, die Technologien der »Schwarzen Pädagogik« im 19. Jahrhundert (vgl. Rutschky 1984) und die »natürlichen« Übungen des gesunden und reinen, weißen Körpers der Reformpädagogik (vgl. Brinkmann 2011, 2013) belegen, dass Übungen auf den Leib wirken und diesen in vielfältiger Weise für pädagogische Zwecke instrumentalisieren.

Die Geringschätzung der Übung und ihre Verkennung als sekundäre Lernform verweist auf die abendländische anthropologische Tradition, in der Leiblichkeit und leibliches Lernen marginalisiert wird (vgl. Kap 5.1). Foucault kann zeigen, dass mit der Heraufkunft der Moderne Wissen und Macht zusammengeschaltet werden und einen technisch-instrumentellen Grundzug annehmen. In diesen »Spielen der Macht« (Foucault 1994b) wird das moderne Subjekt konstituiert. Wissen nimmt den Charakter der machtmäßigen Produktion an und schaltet sich als Macht-Wissen in »mikrophysikalischen« Prozeduren an seine menschlichen Objekte (Foucault 1994a). Eine dieser Prozeduren ist die Übung. Sie führt gleichsam als Scharnier zwischen Wissen und Macht, zwischen Autonomie und Heteronomie (vgl. Schäfer 2012) bzw. Normalisierung und Subjektivation (vgl. Ricken 2013) in die Zirkel der Humanwissenschaften (Foucault 1974).

Foucault untersucht drei Formen von Übungen (vgl. Brinkmann 2018c)[15]: erstens die disziplinierende Übung, zweitens die asketische Übung als ästhetische Stilisierung des Selbst und drittens die pastorale Übung zwischen Macht und Freiheit bzw. Selbstführung und Fremdführung. Alle drei werden im Folgenden nacheinander vorgestellt. Während im ersten Fall Übung als »nützliche Dressur« (Foucault 1994b, S. 199), als Disziplinierung und Normalisierung fungiert (vgl. Brinkmann 2012, S. 227–235), ist sie im zweiten Fall Selbstübung und Selbsttechnik. Im dritten fungiert sie zwischen der Übungsleiterin oder dem Übungsleiter und der oder dem Übenden als besondere Praxis der Selbstführung im Horizont der Fremdführung. In den beiden letzten Formen erreicht sie eine besondere Form der Subjektivation, in der das Individuelle und Existenzielle in den iterierenden Schleifen der Wiederholung aufscheint (▶ Kap. 5.2; Brinkmann 2017b, 2018c).

---

15 Es handelt sich dabei um unterschiedliche Praxen, die nur im Deutschen mit dem Begriff »Übung« versehen werden. Foucault spricht von *exercices* einerseits und von *pratiques* andererseits. *Pratique* bezeichnet im Französischen »Praxis« im Allgemeinen und »Übung« im Besonderen. Dieser Unterschied wurde in den meisten deutschen Übersetzungen dieser Texte nicht beachtet. Deshalb ist oft unterschiedslos von Praktiken die Rede, vermehrt im Zuge des aktuellen *practical turns*. Aber nur die Praxis als Üben (*pratique*) wird in den ästhetischen und pastoralen Übungen von Foucault thematisiert und ermöglicht den Ausblick auf jene Haltungen, die stilisiert werden können.

5.3.1 Disziplinarübungen

Die berühmte Analyse in »Überwachen und Strafen« exponiert die Übung (*exercice*) als Prozedur der Verzeitlichung, Verräumlichung und Verinnerlichung von Lernprozessen, in der eine neue Form von Macht-Wissen (*savoir-pouvoir*) leiblich erfahrbar wird (vgl. Foucault 1994a). Die mikrophysikalischen Techniken der Macht produzieren im Umgang mit dem Körper und dessen natürlichen Dispositionen das Individuum (als differenzierter Disziplinierungs- bzw. Diskursivierungseffekt) und das Subjekt (als *sujet assujetti* der modernen Disziplinar- bzw. Geständniswissenschaften). Subjektivierung geschieht im raumzeitlichen Raster einer Disziplinarmacht als individualisierende Unterwerfung bei gleichzeitiger objektivierender Vergegenständlichung (*assujettissement*). Der Körper ist Kristallisationspunkt der Subjektivierung. Er ist »produktiver wie unterworfener Körper (*corps productif et corps assujetti*)« (Foucault 1994c, S. 37; Foucault 1975, S. 34). Der Körper fungiert zugleich als Ort der »physiologischen Prozesse« (Foucault 1994a, S. 181) sowie als Materialisationspunkt des Macht-Wissens. Er ist passives Objekt und produktives Subjekt zugleich.

Der Körper wird in »Mikro-Ritualen« durch Überwachung, Kontrolle und Abrichtung diszipliniert, kontrolliert und schließlich subjektiviert. Das geschieht dadurch, dass die Disziplinarmacht die Körper im Raum (der Klasse, der Klinik, der Fabrik, des Gefängnisses) verteilt, sie mit einer zeitlichen Feinrasterung instrumentell kodiert und die einzelnen, differenzierten Kräfte neu zusammensetzt (ebd., S. 212), so dass eine »kombinatorische Individualität« (ebd., S. 216) entsteht. Diese neue, zusammengesetzte Individualität ist das Produkt von Macht- und Wissensprozeduren, die sich in den Körper einschreiben und ihn zugleich neu strukturieren. Übung ist zunächst nützliche Dressur (ebd., S. 199), indem die Zeitparzellen mit den Bewegungen koordiniert werden. Foucault zeigt das am Beispiel des Schreibenübens bzw. des Schönschreibens. Die Schreibübung beinhaltet jene drei Aspekte: Wiederholung, Unterschiedlichkeit und Abstufung. Die instrumentelle Ausrichtung auf ein Ziel, auf geübtes Können und Perfektion ermöglicht »eine ständige Charakterisierung des Individuums« (ebd., S. 208), d. h. eine Bewertung des Übenden durch Andere und durch sich selbst aufgrund äußerer, gesetzter Normen. Die oder der Übende versteht sich selbst in diesem Kontext, in Relation zu Normen und Zielen. Sie oder er vergleicht sich mit anderen oder wird verglichen durch Bewertungen, Bemerkungen in den Personalregistern, durch Noten oder Rankings. Mittels Verräumlichung, Verzeitlichung und Verinnerlichung entsteht so ein gerastertes und analytisches, d. h. zerteiltes und wieder zusammengesetztes Objekt der Macht: das Individuum als analysierter, fixierter und unterworfener Körper.

Die Pädagogik des 17. und 18. Jahrhunderts etabliert eine Disziplinarpraxis der Raumorganisation und Zeitrasterung. Die Individuen werden zum einen in Räume verteilt und in diesen effektiv »angeordnet« gemäß dem Kriterium der Sichtbarkeit. Die »zellenförmige« »Mikrophysik der Macht« ermöglicht die Charakterisierung und Hierarchisierung, die Kontrolle, Überwachung und Nutzbarmachung »des Individuums als Individuum« (ebd., S. 191).

Zudem wird eine Technik der Zeitplanung, Zeitausnutzung und Zeitoptimierung durch Zerlegung der Zeit der Tätigkeiten entwickelt. Es entsteht ein neues Zeitregime, das auf Effizienz und Perfektion gerichtet ist. Nicht mehr mittelalterlicher Unterricht in »Haufen« ohne innere Differenzierung, sondern die Organisation in Serien ermöglicht die Individualisierung. Gerade darin lässt sich zuerst der lineare (Frontal-)Unterricht aufbrechen und mittels Gruppenarbeit und Mentoringsystemen differenzieren und regulieren. Danach kann mit der »Erfindung der Natürlichkeit« (ebd.) eine phasen- und entwicklungsorientierte Klassifikation einsetzen, die eine weitere Individualisierung im Zeit- und Raumraster sowie eine Subjektivierung im Zugriff des pädagogischen Wissens nach sich ziehen kann.

Abb. 12: Disziplinarübung im 19. Jahrhundert: Der »Geradhalter« von Moritz Schreber (Schreber, 1891, S. 156).

Die subjektivierende Disziplinarübung ist eine Praxis, die im Zuge von zeitlichen und räumlichen Mikro-Ritualen ein Äußeres in das Innere des Selbst inkorporiert. Die gesellschaftlichen und erzieherischen Normen und Ziele werden so zu Normen und Zielen der Übenden: Sie werden subjektiviert. Diese Inkorporation funktioniert auf der Grundlage eines produktiven Körpers, der nicht nur Objekt der Machtprozeduren, sondern auch Subjekt seiner Tätigkeiten ist (▶ Kap. 5.1). Ohne die produktiven Anteile des Körpers bzw. des Leibes wären die perfektionierenden Effekte des Übens nicht verständlich. Mit anderen Worten: Die disziplinierende Übung funktioniert performativ (▶ Kap. 5.2.3), sie faltet gleichsam Äußeres in das Innere des Körpers ein. Macht und Freiheit »stehen sich daher nicht in einem Ausschließungsverhältnis gegenüber (wo immer Macht ausgeübt wird, verschwindet Freiheit)« (Foucault 1994b, S. 256). Macht lässt sich weder einzelnen Subjekten zuschreiben noch repressionstheoretisch in Herrschaftsverhältnissen hierarchisch verorten. Vielmehr ist Macht im konkreten Handeln der Akteure produktiv. Sie bringt sowohl leiblich fundierte Selbstverhältnisse als auch Wissensverhältnisse bzw. Wahrheitsdiskurse hervor.

5.3.2 Üben als Selbsttechnik

In den späteren Forschungen zur Hermeneutik des Selbst hingegen wird Üben (*apprentissage*) als Selbsttechnik bestimmt (Foucault 1989, 1990a, 1993b, 1994c). Foucault nimmt damit das antike Thema der Sorge um sich auf: »Sorge um die Aktivität, nicht die Sorge um die Seele als Substanz« (Foucault 1993b, S. 35). Bei Platon, Aristoteles und Xenophon entdeckt Foucault das Ziel der körperlichen Askese: *enkrateia* (Selbstbeherrschung) und *sophrosyne* (Mäßigung) (vgl. Foucault 1990a). Die klassischen Texte werden als »praktische« Texte gelesen, in denen es um *pratique* (Übung) geht (▶ Kap. 2 und 6). In praktischen, leiblichen Übungen zur Diätetik, zur Ökonomik und zur Erotik wird ein je anderes Verhältnis zu sich selbst eingenommen, werden Gewohnheiten und Leidenschaften, Triebe und Normen geformt und transformiert. Sie sind selbstverständlicher Teil der Erziehung (*paideia*). Sie gehören in die Geschichte der »Transformation von Moralerfahrungen«, verstanden als Geschichte »einer Form des Verhältnisses zu sich, die es dem Individuum gestattet, sich als Subjekt einer moralischen Lebensführung zu konstituieren« (ebd., S. 315, vgl. Brinkmann 2018c). Die antiken Übenspraxen der Selbstsorge werden ausführlich in Kapitel 6 dargestellt.

5.3.3 Üben als Selbstsorge und Fürsorge im Christentum

Foucault betont in Anschluss an Hadot (2005) und Rabbow (1954) die Kontinuität der Selbstpraktiken von der Antike bis zur beginnenden Neuzeit. Diese haben allerdings im Christentum einen anderen Schwerpunkt bekommen. Foucault analysiert die Machtform der christlichen »Hermeneutik des Selbst« als christliche Pastoral, mit der einerseits eine Selbstbekräftigung und Individualisierung einhergeht und andererseits die Unterwerfung unter die Normen des Christentums stattfindet. Die christliche pastorale Machtform wird als »Kunst, die Menschen zu regieren« (Foucault 2004b, S. 242) bestimmt. Im Unterschied zu der antiken »Sorge um sich« geht es im Christentum nicht um eine Aufmerksamkeit den Akten der Lust (*aphrodisia*) gegenüber, sondern um einen geheimen »Bereich von Begierden« (Foucault 1990a, S. 121). Die christliche Anthropologie des Sündenfalls und der Reinheit sowie das Gehorsamsgebot gegenüber der Autorität der kirchlichen Institutionen und deren Vertretern lassen die Übungen in einem neuen Kontext zirkulieren. Sie werden von der säkularen Lebenskunst der Antike auf ein transzendentes Heil ausgerichtet. Damit verändern sich auch die Form, der Stil und das Ziel des Übens. Die geistliche Übung wird im Unterschied zur antiken asketischen Übung von einem Exerzitienmeister angeleitet (zu den ignatianischen Übungen der Imagination ▶ Kap. 8.2). Diese Leitung nimmt den Charakter der hierarchischen Unterordnung an und zielt auf eine Gewissensführung. Die Technik dazu *par excellence* ist die Beichte bzw. die Beichtübung, die als Geständnisritual die »Wahrheit des Selbst« produziert (vgl. Foucault 1983).

Foucault analysiert und bestimmt die christliche Askese interessanterweise als Praktik des Widerstandes bzw. des »Gegen-Verhaltens« (ebd., S. 227 f.). Die Ambivalenz von Selbstsorge und Fürsorge wird von Foucault im Spannungsfeld von machtförmiger Unterwerfung und praktischer Freiheit angelegt (Foucault 1994c). In den Praktiken der Führung im Zuge einer pastoralen Ökonomie des Verhaltens und der Praktiken des »Gegen-Verhaltens (*contre-conduite*)« (Foucault 2004b, S. 292) werden Widerstand und Dissidententum innerhalb pastoraler Machtprozeduren möglich. Die Produktivität von Macht wirkt in den Subjektivierungsprozessen performativ und bringt nicht nur Abhängigkeit, sondern auch Freiheitsspielräume und damit Widerstand und Überschreitung hervor.

Foucault nennt drei Kennzeichen der christlichen Pastoral: Die Praxis bzw. Übung als *askesis* wird auf das *telos* des Heils ausgerichtet. Sie wird als Beziehung zwischen Individuen konzipiert, die auf Gehorsam beruht. Schließlich wird in der Praxis eine Wahrheit durch Unterricht und Introspektion hervorgebracht.

Das von Foucault sog. »Hirtenparadox« (vgl. Foucault 2004b, S. 192 ff., S. 247 ff.) besteht darin, dass der Hirte jedes einzelne »Schaf« seiner Gemeinde und zugleich das Kollektiv in den Blick nehmen muss. Der Priester ist nicht souverän. Er steht selbst in einer Abhängigkeits- und Unterwerfungsbeziehung dem Gesetz, dem Heil und der göttlichen und kirchlichen Wahrheit gegenüber. Die christliche Pastoral entwickelt eine »Beziehung zwischen Gelenktem und Lenker, zwischen Geführtem und Führer als individuelle Sorge, Aufmerksamkeit und Pflege« (ebd., S. 255). Diese Beziehung ist zugleich die einer »integralen Abhängigkeit« (ebd., S. 255) unter Gesetz und Heil Gottes, das der Pastor vertritt (▶ Kap. 8.2).

Priesterliche Macht gestaltet sich daher als Fürsorge und Förderung, dem das Dienen und Gehorchen nicht entgegensteht, sondern dessen elementarer Bestandteil sie ist. Foucault sieht in dieser Figur, in der Selbstsorge und Fürsorge zusammenkommen, die Geburt der modernen Regierungsform, sofern sie auf das Soziale übertragen wird.

Zusammenfassung: Alle drei Bestimmungen der Übung – Üben als Disziplinierung, als Selbsttechnik und als Selbstsorge und Fürsorge – kommen trotz theoretischer und methodischer Unterschiede (vgl. Brinkmann 2004) in zwei Punkten überein: Zum einen betonen beide den Primat des Könnens vor dem des Wissens und Wollens. Macht ist dem Subjekt nicht äußerlich, sondern Handlungsmacht und -fähigkeit (vgl. Menke 2003). Zum anderen gilt Üben als Medium der Formung seiner selbst, als bildende *formatio* und zugleich als Medium gesellschaftlicher Normalisierung.

In der erziehungswissenschaftlichen Diskussion werden solche Prozesse der Normalisierung im Anschluss an Foucault nicht mehr als autonome Handlung und auch nicht als disziplinierende Unterdrückung durch das »System« oder durch die »Institution« verstanden. Machtprozesse der Normalisierung werden vielmehr als produktive, aber gleichwohl ambivalente Prozesse im Lehr-Lerngeschehen untersucht (vgl. Ricken et al. 2016, ▶ Kap. 4). Übungen können daher die Funktion der Normalisierung übernehmen, indem die äußeren Normen als Subjektivierung »praktisch« verinnerlicht werden (vgl. Ricken et al. 2019). Dennoch bieten normalisierende Prozesse auch Möglichkeiten, mit den bestehenden Regeln und Normen kreativ oder reflexiv umzugehen. Die Macht der Übung ist daher ambivalent: Sie changiert zwischen Normalisierung und Freiheit, zwischen Rezeptivität und Aktivität (vgl. Brinkmann 2012, ▶ Kap. 1 und 8.2).

Die Genealogie der Übung Foucaults unterläuft den europäischen Dualismus zwischen einem (vermeintlich) freien, selbstbestimmten Subjekt und einer abhängig machenden und determinierenden Umwelt. Übende wie »Übungsleiter« sind schon je verwickelt in das Spiel der Macht und produzieren gerade in den verinnerlichenden Prozeduren neue Wissens-, Macht- und Selbstverhältnisse. Mit der Performativität der Übung wird die Vorstellung einer Teleologie der Übung als Befreiung, als Souveränitäts- oder Kompetenzerwerb verabschiedet. Nicht absolute Freiheit, Souveränität oder Vollkommenheit können das Ziel des Übens sein, auch wenn sie von »fürsorglichen« Priestern und Pädagogen oder von klug inszenierten Methodenarrangements versprochen werden. Die machttheoretische Justierung der Übung macht deutlich, dass eine einfache und simple Alternative zwischen Unterwerfung und Disziplinierung einerseits und Befreiung, Souveränität oder »Erweckung« (zu Montessori ▶ Kap. 8.1.1) andererseits nicht besteht, sondern dass beides gleichzeitig geschieht. Disziplinierung und Habitualisierung im raum-zeitlichen Raster der Macht beziehungsweise im sozialen Feld funktionieren auf der Grundlage des objektivierten, unterworfenen Körpers in den praktischen Spielen der Übung. Der Körper liegt aber nicht einfach als Objekt oder Gegenstand vor, sondern fungiert als produktives und aktives Element im Feld der Macht. Eine verblasste, geheime Anthropologie des Körpers wird sichtbar (vgl. Brinkmann 2004). Denn die Unterwerfung und Normalisierung des Körpers kann nicht total sein – es bliebe niemand, der unterworfen oder normalisiert werden könnte. Es bleiben produktive, individuelle und ereignishafte Momente, die nicht normalisiert werden können (▶ Kap. 4.4). Diese hatte ich im vorigen Kapitel in einer temporal-phänomenologischen Analyse als existenzielle Performativität im Kontext von Negativität bestimmt und ihre bildungsrelevanten Aspekte herausgearbeitet (▶ Kap. 5.2.4). In Kapitel 8.4 werde ich darauf zurückkommen und am Beispiel des (verweigerten) Handschlags zeigen, dass ein performatives Ereignis zugleich als interkorporales Urteil fungieren kann.

Festzuhalten bleibt für Kapitel 5: In wiederholenden Übungen findet sowohl der Aufbau eines interkorporalen und intersubjektiven »Körperschemas« (Merleau-Ponty) und eine sozial-gesellschaftliche »Verkörperung« und »Rollenübernahme« (Plessner) als auch eine körperliche bzw. leibliche »Implantation« (Foucault) gesellschaftlicher Normen statt. Die Analyse der Macht des Übens macht eine Perspektivverschiebung nötig, die die konventionelle »Antinomie« von Freiheit und Zwang (Kant 1977c) dynamisiert. Der erzieherische Zwang ist nicht einfach im Sinne einer Stilllegung oder einer Vernichtung zu verstehen, sondern vielmehr umgekehrt: Er bewirkt eine produktive und zugleich »natürliche« »Ausfaltung« der körperlichen Potenziale und Möglichkeiten. Die Produktivität von Macht wirkt in den Übungen performativ und bringt nicht nur Abhängigkeit, sondern auch Freiheitsspielräume und damit Widerstand und Überschreitung hervor. Die Ambivalenz von Selbstsorge und Fürsorge in der Fremdführung der Übung ist zudem nicht nur unterwerfend und disziplinierend, sondern eröffnet Erfahrungs-, Handlungs- und Bildungsmöglichkeiten (vgl. Brinkmann 2018c; ▶ Kap. 6).

6   Sich selbst üben

Im Folgenden soll das Thema der Selbstsorge als praktische Übung des Selbst nochmals aufgegriffen und vertieft werden (▶ Kap. 1, 2, 3, 5.3). In den vorigen Kapiteln wurde deutlich, dass die Selbstübung auch eine ethische Dimension aufweist. Es geht nicht nur um den Erwerb von Fähigkeiten und Fertigkeiten, sondern auch darum, im und durch Üben sich selbst zu formen. Üben ist damit eine Praxis der Lebenskunst, die auf einem geübten Können beruht, ein gutes Leben zu führen. Wie aber kann das gelingen? Und welche Übungspraxen sind dazu nützlich? Welche Ziele hat die Selbstübung zu verfolgen? Diesen Fragen soll in diesem Kapitel nachgegangen werden.

Unter den Titeln »Lebensart« bzw. »Lebenskunst« sind Übungen der Stil- und Formgebung heute aktueller denn je.[16] Als Weg und Methode, sich selbst formen und führen zu können, haben sie in den Kulturen des Westens und des Ostens eine lange Tradition. Unter Anleitung und in direkter Abhängigkeit von einem »erziehenden« Meister oder Eingeweihten sind Übungen der Meditation und der Askese, der inneren Einkehr, Sammlung und Versenkung tief in das Gedächtnis der Kulturen eingeschrieben. Von den ältesten Zeugnissen des indischen Yoga (was so viel wie Anspannung oder Zusammenbinden bedeutet) über die zenbuddhistischen Meditationsübungen (vgl. Suzuki 2000) im Osten und die chinesischen Übungen (*lianxi*, ▶ Kap. 3), die asketischen und geistigen Übungen der Antike, die mittelalterlichen Exerzitien der Mönche und Mystiker bis hin zu den »Meditationen« Descartes' und der Aufnahme des Themas durch Husserl zieht sich eine lange Linie religiös-kultischer und philosophischer Praxis des Übens (vgl. Renger 2012, 2017; Renger/Stellmacher 2018; Renger/Wulf 2013).

Üben als Einüben von Fertigkeiten und Fähigkeiten ist immer auch Ausüben. Ein- und Ausüben implizieren ein Sich-selbst-Üben. Dieses wurde in den vorangegangenen Kapiteln als Selbstsorge bezeichnet. Selbstsorge wurde bisher in den antiken (Askese) und christlichen Übungen (Exerzitien) Europas (▶ Kap. 2 und 5.3) sowie im chinesischen Üben vorgestellt (▶ Kap. 3). Üben erhält in der Selbstsorge als geübtes Selbst-Können eine Beziehung zum Wissen und zur Erkenntnis. In den Übungen suchen die Übenden eine Beziehung zur »Wahrheit«,

---

16 Abgesehen von der unübersehbaren Fülle der Wellness- und Lebensart-Literatur gibt es auch ernsthaftere Versuche, dieses Thema zu fassen. Suhrkamp verlegt die Reihe »Bibliothek der Lebenskunst«, in der das Thema populärwissenschaftlich aufbereitet wird (vgl. Schmid 2007). Bei Schmid lässt sich beobachten, wie das Thema Nietzsches und Foucaults als Sorge um das Private unter Ausblendung der ambivalenten gesellschaftlichen Kontexte wiederkehrt.

zum »Ganzen«, zum »Leben« oder zum »Sein« zu erlangen. Die Wahrheit, auf die sich meditative Übungen beziehen, ist nicht eine objektiv messbare, überprüfbare oder belegbare Wahrheit allgemeiner Regeln oder Gesetze. Vielmehr handelt es sich um eine Wahrhaftigkeit im lebensweltlichen, körperlichen und geistigen Tun. Diese zeigt sich in einer Haltung bzw. in einem Ethos (▶ Kap. 8.5.7). Haltungen beinhalten immer Bewertungen und Positionierungen. Sie rekurrieren auf Unterscheidungen und damit auf Urteile (zum Urteilen und Urteilen-Üben ▶ Kap. 8.4).

In diesem Kapitel sollen nicht wie in Kapitel 5.3.3 die christlichen, sondern die antiken und fernöstlichen Praktiken der Meditation unter übungstheoretischer Perspektive in den Blick genommen werden. Die ethische Funktion der Selbstsorge soll zunächst in den antiken Übungen der *epimeleia heautou* vorgestellt werden. Diese geistigen Übungen haben das Ziel der Aufmerksamkeit und Achtsamkeit, nämlich reflexiv Aufmerksamkeit (*prosochê*) auf sich bei gleichzeitiger ethischer Achtsamkeit zu erreichen (▶ Kap. 6.1). Die Praktiken der Bewusstseinsübung werden im Folgenden mit Fokus auf fernöstliche Meditationspraxen genauer beschrieben. Diese streben einen scheinbar paradoxen Zustand der Entspannung und des Loslassens bei gleichzeitiger Anspannung mit dem Ziel eines Gewahr-Werdens des Augenblicks, der Wachheit und der Achtsamkeit an (▶ Kap. 6.2). Wachheit ist auch das Ziel philosophischer Meditationen. Diese werden am Beispiel phänomenologischer Bewusstseinsübungen von Eugen Fink vorgestellt. Fink gibt jenen eine temporal-phänomenologische Wendung. Zugleich hat die Phänomenologie mit der Epoché eine Methodologie zur Verfügung, mit der das Anhalten des Bewusstseinsstroms erreicht werden kann. Darin wird ein Unterschied markiert zwischen der reflexiven Aufmerksamkeit philosophischer Meditationen einerseits und der eher ethisch und esoterisch orientieren Achtsamkeit buddhistischer Mediationen andererseits (▶ Kap. 6.3). Schließlich werden neuro-phänomenologische Perspektiven auf Übungen der Achtsamkeit dargestellt, die aktuell unter dem Titel *Embodiment*, *Awareness* und *Mindfulness* Konjunktur haben. Es werden Unterschiede zwischen fernöstlichen und philosophischen Achtsamkeits- und Aufmerksamkeitspraktiken herausgearbeitet sowie Desiderate des neuro-phänomenologischen Diskurses um *Embodiment* kritisch benannt. Abschließend werden fünf Kennzeichen asketischer, meditativer und mentaler Übungen zusammengetragen.

6.1 Übungen der Selbstsorge

Schon für die antiken Übungen der Selbstsorge der *epimeleia heautou* galt das Ziel, ein gutes Leben führen zu können. Dazu ist es wichtig, in geistigen und körperlichen Übungen sich selbst zu üben und darin ein anderes Verhältnis zu sich selbst und zu Anderen zu erlangen. Übungen der Selbstsorge zielen auf eine *periagoge*, eine Umwendung, auf eine Transformation des Selbst. Dieses Ziel ist in den klassischen griechischen und römischen Texten nicht ausschließlich auf das Selbst begrenzt. Vielmehr ist Selbstsorge immer auch Fürsorge für Andere. Selbstsorge ist auf Andere gerichtet und findet vor Anderen statt. Als »Kunst des guten Lebens« ist sie Teil der Entfaltung von sozialen Beziehungen und Voraussetzung für die Teilnahme am zivilen Leben (vgl. Mortari 2016, S. 14). Selbstsorge als Praxis in griechisch-römischem Sinne ist daher immer auch die Vorbereitung auf ein öffentliches Leben. Sie ist daher gerade nicht Rückzug in die Innerlichkeit, individualistische Selbstbespiegelung oder endlose Entzifferung eines verborgenen Inneren.

In der Einleitung zu »Der Gebrauch der Lüste« bestimmt Foucault Philosophie als Erfahrungsform und genauer: als »Askese«, als »eine Übung seiner selber, im Denken« (Foucault 1990a, S. 16), d.h. als Erfahrung in Sachen Stil- und Formgebung seiner selbst. Wenn Foucault das Selbstverhältnis im Modus der Übung bzw. Askese untersucht, dann gilt seine Aufmerksamkeit nicht mehr ausschließlich dem Subjekt als Effekt und Einfaltung einer sich entfaltenden Macht (Deleuze 1992), sondern dem Prozess der »Subjektivierung« als »Vorgang, durch den ein Subjekt, genauer noch eine Subjektivität, konstituiert wird« (Foucault 1990a, S. 144, ▶ Kap. 4 und 5.3). Im »realen Handeln« (Foucault 1993b, S. 24) konstituiert sich das Selbst als »Moralsubjekt«, indem das »Individuum den Teil seiner selber umschreibt, der den Gegenstand dieser moralischen Praxis bildet, in der es seine Stellung zu der von ihm befolgten Vorschrift definiert, in der es sich eine bestimmte Seinsweise fixiert, die als moralische Erfüllung seiner selber gelten soll« (Foucault 1990a, S. 39 f.).

Wie Foucault (1990a), Rabbow (1954, 1960) und Hadot (2005) zeigen, lässt sich die griechische und hellenistische Philosophie nicht als Lehre einer abstrakten Theorie oder als Auslegung von Texten betrachten, sondern vielmehr als philosophische Tätigkeit und Lebenskunst, die sich auf die ganze Existenz auswirkt (vgl. Foucault 1990a, S. 15; ▶ Kap. 2 und 1.7). Sie gehen davon aus, dass die antike Philosophie v.a. in ihrem praktischen Interesse und in ihrer praktischen Umsetzung für das Leben der Menschen von Bedeutung war. Tugend bzw. moralisches Verhalten gilt als »ein Verhältnis der Herrschaft, eine Beziehung der Meisterung« (Foucault 1990a, S. 93) zu sich selbst. Dieses Ziel macht »asketische« Übungen notwendig, die mit einer Aufmerksamkeit für sich selbst, einer »Selbstsorge« einhergehen (vgl. ebd., S. 97). Der Begriff der Askese bezieht sich auf leiblich-geistige Übungen in den Bereichen Diätetik, Ökonomik und Erotik (vgl. Foucault 1990a, S. 123, Hadot 2005, S. 50). Schon bei Sokrates und Platon, v.a. aber im Stoizismus, bei den Epikureern und im Neuplatonismus finden sich eine Fülle von Anweisungen, Belehrungen, Reflexionen und Methoden meditativer und asketischer Übung. Foucault weist auf zwei unterschiedliche Pole der Übung (*askesis*) in der griechischen und römischen Antike hin: auf *melete* und *gymnasia*. Während *gymnasia* die Übung einer real-leiblich dominierten Situation darstellt, etwa in der Diätetik oder in der Gymnastik, ist die *melete* eine Meditation, die bestimmte Situationen und Erfahrungen imaginiert. Geistige Übungen als *melete* sind Übungen der Konzentration, des Gedächtnisses oder des Gewissens als Rechenschaftslegung. »Die Meditation (*melete*) ist entsprechend ihrer Etymologie eine Übung, eine Bemühung, einer Idee, einem Begriff oder einem

Prinzip in der Seele Leben zu verleihen« (Hadot 2005, S. 18), eine Art des inneren Dialoges bei gesteigerter Aufmerksamkeit (*prosochê*) sich selbst gegenüber. Wie Rabbow, Hadot und Foucault zeigen können, übernehmen die christlichen Exerzitien der Mönche und später Ignatius von Loyola die antiken Methoden. Die Übungen werden nun von der säkularen Lebenskunst der Antike auf ein transzendentes Heil ausgerichtet (▶ Kap. 5.3.3).[17]

Bei Platon, Aristoteles und Xenophon entdeckt Foucault die *aphrodisia* (»Akt, Begehren und Vergnügen«, Foucault 1990a, S. 57) als »ethische Substanz«, zu der die freien, männlichen und privilegierten Griechen ein Selbstverhältnis im Sinne einer »*ethischen Arbeit* oder *Ausarbeitung*« (ebd.) von sich selbst einnehmen konnten. Im Unterschied zur christlichen Sexualmoral ging es im antiken Griechenland und im Hellenismus um einen aktiven und maßvollen Umgang mit Begehren und Begierden, der sich der Möglichkeiten und der Gefahren (Exzess, Schwächung, Verfall) bewusst ist: Ziel der Askese sind *enkrateia* (Selbstbeherrschung) und *sophrosyne* (Mäßigung). Das geschieht in einer Fülle von praktischen Übungen zur Diätetik, Ökonomik und Erotik. Diätetische Übungen beziehen sich auf körperliche Betätigung, auf bestimmte Speisen und Getränke, auf Schlaf und Sexualität zur Erhaltung und Steigerung der »Lebenssubstanz«. Sie sind streng geregelt nach Dauer, Intensität, Quantität und Qualität (vgl. ebd., S. 131 ff.). Ökonomische Übungen richten sich mäßigend auf die Leidenschaften, etwa in der Ehegemeinschaft der Güter, der Körper und des Lebens im Horizont einer »Ethik der Macht« und dem Ziel von »Enthaltsamkeit« (vgl. ebd., S. 205, S. 229 ff.). Übungen der Erotik sind Übungen zur Knabenliebe, die eine Praktik des Liebeswerbens, eine Moralreflexion und eine philosophische und praktische Asketik (des Mannes) umfassen (vgl. ebd., S. 272, S. 310). In und mit ihnen wird nicht nur jeweils etwas eingeübt. Auch wird ein je anderes Verhältnis zu sich selbst eingenommen, werden Gewohnheiten und Leidenschaften, Triebe und Normen transformiert und umgeformt. Das sich übende, sich mäßigende und beherrschende Selbst kann Teil der allgemeinen Ordnung werden, indem es – im sokratischen Sinn – an Wahrheit, Schönheit, Sittlichkeit partizipiert. Die »großen Selbsttechniken« (ebd., S. 315) des klassischen Griechenland – Diätetik, Ökonomik und Erotik – sind Fundament der griechischen Erziehung (*paideia*) (vgl. Rabbow 1960).

Foucault zeigt, dass im Hellenismus und in der römischen Kaiserzeit eine Autonomisierung und Individualisierung des Selbstbezuges stattfindet.[18] Zugleich wird die Zone der Askese ausgeweitet. Die ontologische Ordnung des klassisch-griechischen Denkens ist zerbrochen. Bei den Stoikern, insbesondere bei Vertretern der römischen Stoa wie Seneca, Epiktet und Marc Aurel, wird die Sor-

---

17 Ich werde in Kapitel 8.2 am Beispiel der Übungen von Ignatius von Loyola zeigen, dass christliche Übungen als Übungen der Imagination darauf gerichtet sind, sich Bilder und Ideen einzubilden, d. h. die Phantasie auszubilden mit dem Ziel der Umbildung der Person.

18 Diese These wird von Hadot bezweifelt. Er hält auch bei den Stoikern »das Gefühl der Zugehörigkeit zu einem Ganzen für das wesentliche Element (…): Zugehörigkeit zum Ganzen der menschlichen Gemeinschaft, Zugehörigkeit zum kosmischen Ganzen« (Hadot 2005, S. 221).

ge um sich transformiert: Sie gilt nicht mehr als Vorbereitung auf das politische Leben und ist nicht mehr auf Erziehung beschränkt, sondern sie gilt nun als »Lebensform, auf die sich jedermann bis aufs Ende seiner Tage verpflichten sollte« (Foucault 1993b, S. 41). Die Ausweitung der Askese als Lebensform vollzieht sich unter der Vorherrschaft der Vernunft. Besonders bei den Stoikern nimmt die »Selbsterkenntnis einen wichtigeren Platz ein: die Aufgabe, sich zu erproben, sich zu überprüfen, sich in einer Reihe wohlbestimmter Übungen zu kontrollieren, versetzt die Frage nach der Wahrheit (…) ins Zentrum der Konstitution des Moralsubjekts« (Foucault 1989, S. 93).

Bereits im Hellenismus beginnt die Frage nach dem Bösen »das Thema der Kunst und der *techne* abzulenken« (Foucault 1990a, S. 94). Die Frage der Wahrheit und das Prinzip der Selbsterkenntnis werden nun in den asketischen Übungen verbunden. Von daher hat das Christentum keine originalen Neuschöpfungen hinsichtlich ethischer Selbstsorge hervorgebracht, sondern auf Themen, Techniken und Problematisierungen zurückgegriffen, die schon lange im Dreieck von Wahrheit, Sexualität und Subjektivität präsent waren (▶ Kap. 5.3.3). Foucault 1993b, S. 283). Foucault betont im Anschluss an Hadot und Rabbow die Kontinuität der Selbstpraktiken, wobei allerdings Ziel der Übungen geändert wird (vgl. Kap. 3.3).

6.2 Praktiken der Bewusstseinsübung

Die Übungen der Selbstsorge weisen Ähnlichkeiten mit rituellen und spirituellen Praktiken auf. »Dazu gehören die Praxis der Isolation, also der Distanzierung von der gewöhnlichen Welt, der Entfernung von allem Gewohnten, um sich mit sich zu beschäftigen; die Techniken der Sammlung, in der Absicht, die Lebenskraft der Seele zu verstärken (…); die Technik der Beharrlichkeit, mit der das Subjekt sich in der Auseinandersetzung mit allem Schmerzhaften übt (…); die Prüfung der Tageserlebnisse, um ein Bewusstsein der eigenen Verhaltensweisen herauszubilden« (Foucault 2004a, S. 70, vgl. Renger 2017). Diese Praktiken werden im klassischen Griechenland und im Hellenismus sowie im christlichen Mittelalter aufgegriffen und verändert. Als ethische Praktiken, die sich einem Anderen und Fremden gegenüber verhalten und zu einer Transformation des Selbst führen sollen, sind sie auch Teil fernöstlicher Meditationspraktiken im Yoga, Zen oder im Tai Chi (vgl. Renger/Stellmacher 2018, Suzuki 2000). Als meditative Praktiken, die sich auf Bewusstsein, Bewusstseinsvorgänge und Erlebnisse richten, sind sie als reflexive Praktiken zu bezeichnen. Sie zielen epistemologisch gesehen auf eine Aufmerksamkeit und ethisch gesehen auf eine Achtsamkeit, die auf den Augenblick und auf die erlebte Gegenwart gerichtet ist. Es geht darum, eine wache Haltung dem gegenwärtigen Moment gegenüber zu entwickeln und diesem Moment des Gewahrseins eine Dauer zu verleihen. Üben ist in diesem

Zusammenhang ein Üben des Bewusstseins als Achtsamkeit, »über das Bewusstsein zu wachen und es wach zu halten« (Hadot 2005, S. 17).

In Griechenland wird diese Aufmerksamkeit und Achtsamkeit mit dem Wort *prosoche* verbunden. In neurophänomenologischen Diskursen, die sich auf östliche Meditationspraktiken beziehen, ist aktuell von *mindfulness* die Rede (siehe unten). Ziel ist die meditative Herauslösung aus den Verstrickungen des Alltags und dem unaufhörlichen »Bewusstseinsstrom« (Stein 1970, S. 11), der eine mit Erinnerungen, Antizipationen, Hoffnungen und Befürchtungen angefüllte Ablenkung bedeutet. Mit den Worten Husserls handelt es sich um Protentionen und Retentionen: »Die Protentionen sind Vorwegnahmen, also Erwartungen, Hoffnungen, Befürchtungen. Man bemerkt, dass das eigene Bewusstsein immerfort mit dem beschäftigt ist, was nun zunächst kommt oder kommen sollte, was es vorhat und wie es zu realisieren wäre. (...) Ähnlich die Retentionen. Hier handelt es sich um eine entsprechende Beziehung zu Vergangenem. Aber keineswegs nur konstatierende Erinnerung. Vielmehr wird das Vergangene beständig wieder neu durchgespielt: Man rekapituliert, es werden Gespräche phantasiert, Rechtfertigungen nachgeschoben, Vorstellungen beschworen« (Böhme 2013, S. 91).

Mentale Übungen sind immer auch Leibesübungen. Üben bezieht sich auf einen Inhalt, eine Sache oder ein Korrelat. Im Zen fungiert das Atmen als leibliches Medium, im Yoga sind es gymnastische Übungen, in den philosophischen Meditationen reflexive Übungen, die sich auf Gedanken, Sachen oder Probleme beziehen und in einer Praxis (des Schreibens, Gehens, Dialogisierens) ausgeübt werden (▶ Kap. 5.1), in der der Umgang mit dem eigenen Bewusstsein und sich selbst praktiziert wird. Ziel dieser Übungen ist es, die Konzentration auf das Bewusstsein bei gleichzeitigem Loslassen und Öffnen für Anderes und Fremdes zu schulen. Diese zugleich angespannte und entspannte Geisteshaltung kann mit unterschiedlichen Übungen erreicht werden. Mortari nennt in Bezug auf Antike und zeitgenössische Quellen vier Typen geistig meditativer Bewusstseinsübung: »Techniken zur geistigen Konzentration: den Geist auf bedenkenswerte Fragen richten (...). Techniken der Erleichterung: den Geist entlasten von allem, was sperrig und unwesentlich ist, das Unwesentliche entfernen, um Platz zu schaffen für das Unverzichtbare. Techniken der Entspannung: die störende Kraft gewisser Gedanken durch entsprechende Übungen minimieren (...). Techniken der Erinnerung: sich Vergangenes zu Bewusstsein bringen, um es zu verstehen« (Mortari 2016, S. 116). Die Schwierigkeit dieser Übungen besteht darin, den Blick auf die Gegenwart zu richten und gleichzeitig den Bewusstseinsstrom anzuhalten, ihn zu unterbrechen, um sich überhaupt für die Gegenwart aufmerksam und achtsam öffnen zu können. Dazu ist Anspannung (*tonus*) bei gleichzeitiger Entspannung (*aneis*) nötig (vgl. ebd., S. 118). Zerstreuungen (Distraktionen) gefährden diesen fragilen Zustand ebenso wie Unstimmigkeiten, »schlechte Emotionen« und »Unbewusstes«.[19] Wir haben diesen scheinbar paradoxen Zustand schon bei

---

19 Ob sich das Bewusstsein als ein Epiphänomen des Unbewussten darstellt, wie es die Psychoanalyse mit Freud behauptet, das sei hier dahingestellt. Foucault weist darauf hin, dass die Konstruktion eines Unbewussten zu einem unendlichen Regress der Ent-

den chinesischen Übungen des Pinselstrichs und des »leeren Handgelenks« (Cheng/Kurtz 2004, S. 92) kennengelernt (▶ Kap. 3). Auch der Zustand des Flow ähnelt dieser Praxis. Im Flow genießt die Könnerin oder der Könner sein Können und verliert sich darin. Wie in Kapitel 5.2 deutlich wurde, findet sich hierin eine temporale Differenz in der Wiederholung. Im Anhalten des Bewusstseinsstromes wird die Wiederholung der Gedanken durchbrochen. Ein Ereignis kann eintreten und eine Öffnung erwirkt werden, die sich zu einer Transformation oder sogar zu einer transzendenten Erfahrung, zum »großen Mittag« (Nietzsche) steigern kann. Im Üben aber ereignet sich diese existenzielle Erfahrung nicht *einfach so*. Das Loslassen beruht auf einer Anstrengung und Überwindung. Böhme spricht deshalb von einem Paradox der meditativen Bewusstseinsübung, »das darin liegt, dass hier ein Bewusstsein in einem bestimmten Zustand vorausgesetzt wird, das ein Bewusstsein in einem anderen Zustand erzeugen soll bzw. sich selbst in diesen anderen umwandeln soll« (Böhme 2013, S. 90). Dieses Paradox lässt sich noch verschärfen, wenn man das subjektive Ziel der meditativen Übungen in den Blick nimmt. Vielfach wird nämlich nicht nur konzentriertes Loslassen oder angespannte Entspannung, sondern auch Befreiung von den Sorgen und Lasten des Alltags, ja schließlich im Sinne einer »Erleuchtung« Freiheit der Person erhofft (▶ Kap. 3).

Diese »esoterischen« Praktiken der Bewusstseinsübung werden hier nicht weiter verfolgt (vgl. dazu Renger 2012, Renger/Stellmacher 2018, Renger/Fan 2019, Suzuki 2000, Herrigel 2002).[20] Ich werde im Folgenden zunächst zeigen, dass sich Meditation auch als gemeinsames Philosophieren praktizieren lässt. Die phänomenologische Philosophie hat mit der Epoché eine methodische Antwort auf das o. g. Paradox der Bewusstseinsübung gefunden, d. h. auf die Frage, wie der Bewusstseinsprozess angehalten werden kann. Dazu muss zunächst geklärt werden, wie eine Bewusstseinsübung als philosophische Meditation praktisch abläuft.

In pädagogischer Perspektive interessieren im Folgenden diejenigen Praktiken, in denen Übungen des Bewusstseins als Meditationen in philosophischer, therapeutischer und neurophänomenologischer Perspektive untersucht werden.

---

zifferung und zu Geständnisritualen der Psychotherapie führt (Foucault 1983). Die verkörperten und somatischen Strukturen des Bewusstseins werden auch in den *Soma Studies* (vgl. Rytz 2012, Hanna 2012, Behnke 2001) und in der Traumaforschung und Traumapädagogik in den Blick genommen. Unter der Perspektive der Verletzlichkeit werden die leiblichen Aspekte seelischer und bewusstseinsmäßiger Prozesse in den Blick gerückt, die mit einem traditionell-dualistischen Blick wenig erfasst werden können (vgl. Jäckle et al. 2017).
20 Zur westlichen Mythisierung der japanischen Zen-Praktiken im Bogenschießen (*kyodo*) zum Beispiel bei Herrigel (2002) und im Anschluss an ihn bei Bollnow (1978), vgl. Yamada 2001 und Brinkmann 2012, S. 143 ff.

6.3 Philosophieren als gemeinsames Meditieren

Das Thema der Bewusstseinsübung findet sich auch in der Philosophie – vorausgesetzt, man versteht sie mit Foucault, Rabbow, Hadot als praktische und nicht nur theoretische Disziplin. Husserls fünf Meditationen (Husserl 1995) und Finks Fortführung in einer sechsten (Fink 1988) bezeugen nicht nur eine inhaltliche Wiederaufnahme der cartesianischen Frage nach Ich, Selbstbewusstsein, Wahrheit und Erkenntnis. Husserls Phänomenologie ist auch eine »Arbeitsphilosophie und Existenzbewegung« (Fink 2004a, S. 83), die sich in einer »einzige(n), unablässige(n) Meditation« (Fink 2004b, S. 207) über Tage, Wochen und Jahre ausdrückt und in Tausenden von stenographischen Forschungsmanuskripten niederschlägt (vgl. ebd., S. 220). Meditieren zeigt sich hier als ein radikales »Sich-auf-sich-selbst-stellen« (Fink 2004a, S. 81), als eine existenzielle Lebensform, die sich in einer Denkleidenschaft und einem habituellen Stil äußert.[21] Meditative Übungen in diesem Sinne lassen sich als selbst-aufmerksame und selbst-reflexive innere Dialoge bestimmen, die eine Praxis der Selbstsorge darstellen.

Das meditative Paradox der angespannten Entspannung oder des gewollten Loslassens wird von Eugen Fink im Sinne philosophischer, meditativer Reflexionen aufgenommen, indem er seinen Überlegungen eine temporalphänomenologische Wendung gibt. Es wird somit als philosophisches Problem in den Blick genommen. Die Phänomenologie hat seit Husserl zu der Frage, wie sich das Bewusstsein zugleich auf sich selbst richtet und reflexiv erfassen kann, eine eigene Methodologie ausgebildet. Es geht um das Problem, wie im Bewusstsein zugleich Erlebnis und Reflexion stattfinden können. Es führt in logischer Perspektive in einen Zirkel, da das Bewusstsein nicht zugleich Erlebnis und Reflexion sein kann. Im Erlebnis des Bewusstseins oder im Akt ist es auf einen Inhalt gerichtet (zum Beispiel auf einen künftigen Ausflug), in der Reflexion ist es das Bewusstsein, das diesen Ausflug noch einmal reflexiv thematisiert (vgl. Blumenberg 2014, S. 170). Eugen Fink verschiebt diese Fragestellung, indem er das Paradox nicht als logisches Problem, sondern als praktisches beantwortet.

Fink findet den meditierenden Habitus des Übens nicht nur bei Husserl, sondern auch bei Descartes im *ego cogito* (Fink 1992, S. 134 f., S. 139), bei Kant im »Das *Ich denke*, muss alle meine Vorstellungen begleiten können« (Kant 1977a, KrV A 95/B 130) und in Hegels Anerkennungstheorie (vgl. Fink 1992, S. 120, S. 135). Wie andere Schüler Husserls, etwa Heidegger und Lévinas, übernimmt Fink Stil und Habitus des meditierenden Phänomenologisierens. Er führt ihn als gemeinschaftliche und koexistenzielle Praxis in seinen Lehrveranstaltungen, als Mit-Philosophieren, fort.[22] Darin nimmt er eine Reihe von grundlegenden Revi-

---

21 Es gibt daher eine zweite Lesart der Meditationen Descartes, die von der konventionellen Sicht vom Hauptverantwortlichen für den neuzeitlichen Dualismus ablendet und den Modus der Meditationen als Praxis und Habitus in den Blick nimmt (vgl. Grünbein 2008).
22 Die Mehrzahl von Finks »Werken« sind nichts anderes als Vorlesungsmanuskripte und Seminarmitschriften, Dokumente des Mit-Philosophierens. Sie bezeugen den inneren

sionen der Husserl'schen Philosophie vor, die ihn zu einer mundanen Phänomenologie und Sozialphilosophie führen. Die Themen Andersheit, Fremdheit, Welthaftigkeit, Koexistenzialität und Generativität werden von einem vierten Thema gerahmt, das Fink mit Husserl seit seiner Doktorarbeit (Fink 2006) verbindet: die Meditation über die Zeit.

Im Wintersemester 1951/52 gibt Fink ein Beispiel für eine gemeinschaftlich meditierende Übung. Um das Phänomen des Zeitbezuges in der wiederholenden Reflexion und in seiner Habitualität zu erfassen, setzt Fink bei der persönlichen Beschreibung lebensweltlicher Erfahrungen an, ganz im Sinne des phänomenologischen Rückgangs auf die Lebenswelt. Er nimmt das Bewusstsein als Bewusstsein von sich selbst zunächst als »unmittelbares Phänomen« (Fink 1992, S. 133), das in unterschiedlichen intentionalen Akten auf sich selbst gerichtet ist. Fink beschreibt eine mögliche Situation in der Vorlesung:

> »Gewöhnlich sind mehrere Akte ›gleichzeitig‹; aber ich lebe nicht in allen mit demselben Interesse; während ich zum Beispiel eine Vorlesung höre, kann ich zum Fenster hinaussehen, Wolkenflug und Schneefall beobachten, an ein Gedicht denken, mich auf den Skiausflug am nächsten Wochenende freuen. In jedem Erlebnis ›erlebt‹ sich das Ich, wirkt es als Aktvollzieher, aber in mannigfach abgewandelten Graden der interessehaften Beteiligung; Wachheit, Achtsamkeit, Aufmerksamkeit sind variabel. In einem Gegenwartsmoment allein kann das Ich in fünf, sechs Erlebnissen Aktvollzieher sein. Es ist dann nicht ein fünf- oder sechsfaches Ich, es ist das eine Ich in mehreren Ich-Strahlen. Diese ›Strahlung‹ also ist der phänomenale Befund, von dem aus die Ichheit des Ich gewöhnlich zur Auslegung kommt« (ebd., S. 122).

Das Ich als Ichstrahl verzeitlicht und vervielfältigt sich, kann also gleichzeitig mehrere intentionale Akte im Gewahrsein halten. Es ist Vieles und doch Eines. Vervielfachung und Reflexion als Akterlebnisse liegen vor jeder Verbalisierung. Sie sind implizit (▶ Kap. 5.1.2). Und trotzdem existiert das Ich als ein Sichwissen (ebd., S. 127), allerdings nicht in einem dinglichen, objektiven oder diskursiven Verhältnis, wie es die eurozentrische Bewusstseinsphilosophie und Kognitionstheorie unterstellen: »(…) das Ich ist nicht eine ›geistige Substanz‹, die auf andere Substanzen bezogen ist im Vorstellen und Erkennen und die schließlich die Möglichkeit hat, sich auf sich selber zurückzubeugen, das Erkennen zu erkennen, das Vorstellen vorzustellen« (ebd., S. 127). Die wiederholende und vervielfältigende Reflexion zeigt vielmehr ein *Selbstverhältnis* an (▶ Kap. 5 und 8.4). Die Erfahrung im Ichstrahl der Reflexion ist instabil und mannigfach. Zugleich bestätigt sich darin das Ich als Erfahrendes und Erlebendes in einem vorausdrücklichen und vorbewussten »habituellen Ichgefüge« (ebd., S. 123). Fink sieht den »Spielraum der Reflexion« als Anzeige einer verkörperten Freiheit des Menschen, sich zu sich selbst vor Anderen verhalten und darin sein Selbst- und Weltverhältnis verändern zu können.

Das Problem des Anhaltens, Unterbrechens oder Zurückbeugens des Bewusstseins wird phänomenologisch als Epoché bestimmt. Die Epoché hat in der Phänomenologie unterschiedliche Bestimmungen erfahren (vgl. Brinkmann 2020d). Sie

---

Zusammenhang von Philosophie und Pädagogik in der Praxis des gemeinschaftlichen Denkens bzw. der koexistenziellen, meditativen Übung.

kommen alle in dem Punkt zusammen, dass sich darin ein Anhalten, Unterbrechen, Einklammern oder Zurückbeugen durchführen lässt. Dieses ist einerseits auf dem Bewusstseinsinhalt und andererseits auf seine Medien, auf das Sehen und Sagen, gerichtet. Alles hängt also davon ab, wie das Bewusstsein (als subjektives, intersubjektives bzw. interkorporales) bestimmt wird. Ich werde in Kapitel 8.4 die Epoché als vorprädikatives, reflexives Grundmoment des Urteilens als Unterscheidenkönnen ausweisen sowie auf diesen Grundlagen Kritisieren als eine Positionierung im sozialen und gesellschaftlichen Raum beschreiben. Ich werde zeigen, dass sich der Spielraum der Reflexivität mittels Praktiken der Verzögerung, durch ein Anhalten, Zurücktreten und Zurückbeugen eröffnen und üben lässt.

Fink zeigt, wie im Zuge des meditierenden Übens eine bildende Erfahrung möglich werden kann (▶ Kap. 4). In dieser, so Fink, manifestiert sich die elementare, inkarnierte Freiheit des Menschen, sich zu seiner Zeiterfahrung verhalten zu können. Den Meditierenden wird es möglich, sich aus dem Fluss der Zeit herauszuheben und sich auf Vergangenes und Erinnertes ebenso zu beziehen wie auf Künftiges und Vorgestelltes. Vor allem aber gelingt es so, sich des gegenwärtigen Moments gewahr zu werden, also achtsam zu sein.

Fink gelingt es zudem, im multiplen Bewusstseinsprozess eine Bedingung der Möglichkeit von Freiheit zu entdecken. Für die meditativen Übungen bedeutet das, dass in der reflexiven Zurückbeugung des Bewusstseins auf sich selbst das scheinbare Paradox aufgelöst wird und eine bildungstheoretische Perspektive sichtbar wird: der Spielraum der Reflexion ermöglicht eine Distanzierung zu den eigenen Bewusstseinsinhalten und Vorstellungen. Die »Flucht ins Denken« (Heidegger 1960, S. 14) und der »Bewusstseinsstrom« (Stein 1970) können somit auf sich selbst zurückgebeugt werden. Die Phänomenologie hat dafür den Begriff der Epoché reserviert (vgl. Brinkmann 2020d).

6.4 Embodiment, Mindfulness, Awareness – Neurophänomenologische Perspektiven

Meditative Praktiken erhalten auch in den Kognitionswissenschaften vermehrte Aufmerksamkeit. Im Zuge des Paradigmas des *Embodiments* bzw. der *Embodied Cognition* bzw. der Neurophänomenologie werden buddhistische Praktiken der Meditation mit phänomenologischen Reflexionen und neurowissenschaftlichen Forschungen in Verbindung gebracht (Varela et al. 2016). Der neurophänomenologische Ansatz geht auf Francesco Varela zurück, der die Kognitionswissenschaft, den Buddhismus und die Phänomenologie in einen radikalkonstruktivistischen Ansatz zusammenzubringen versucht.

Daraus hat sich der *Contemplative Turn* in den Kognitionswissenschaften sowie der *Enacted Approach* entwickelt (vgl. Gallagher/Zahavi 2008, Gallagher 2017). Ausgangspunkt ist die ungelöste Frage der repräsentationstheoretisch vorgehenden Kognitionswissenschaften und der »alten« Hirnforschung nach dem Zusammenhang von objektiven Daten über das Bewusstsein und der subjektiven Erfahrung (▶ Kap. 4.3). Die Frage lautet also, wie aus dem materiellen Gehirn individuelles Bewusstsein entstehen kann. Dieses sog. »hard problem of conciousness« (Chalmers 1995) wird mit phänomenologischen Mitteln beantwortet. Die »objektiven« Kognitionswissenschaften mit ihren technischen Apparaten haben die subjektiven Erfahrungen, die Erste-Person-Perspektive, zur Kenntnis zu nehmen und in ihre Forschungsepistemologie einzufügen. Mit dem Einbezug der Ersten-Person-Perspektive wird erklärbar, dass beispielsweise das Wissen über Farben und Farbwahrnehmung nicht ausreicht, um Farben wahrnehmen zu können: »Ein Farbenblinder, dem alle neurophysiologischen Daten der visuellen Wahrnehmung zur Verfügung stehen, weiß nicht, wie es ist, Rot oder Grün zu sehen« (Ebinger 2005, S. 7). Das heißt, die Qualität der Farbwahrnehmung kann nicht mit den objektiven neurowissenschaftlichen Daten erfasst werden, die letztlich einem repräsentationstheoretischen Paradigma entstammen (▶ Kap. 4.3). Gleiches gilt für alle subjektiven Erfahrungsmomente, wie Hören (z. B. einer Melodie, eines »schönen« Liedes), Schmecken (einer leckeren Speise), Fühlen (z. B. einer weichen oder glitschigen Oberfläche), Riechen (eines anziehenden oder abstoßenden Geruches). Ich werde in Kapitel 8.4 mit Husserl zeigen, dass sinnliche Wahrnehmungen auf vorprädikativen Urteilen beruhen und damit mehr sind als eine simple Reiz- oder Informationsaufnahme. Auch alle subjektiven Körperempfindungen zählen dazu, wie das Spüren eines Schmerzes (z. B. des wandernden Zahnschmerzes), eines Unwohlseins oder auch einer euphorischen Stimmung oder des Mitfühlens mit Anderen (in ihrer Freude oder ihrem Schmerz). Diese intersubjektiven Erfahrungen sind verkörperte Erfahrungen (vgl. Merleau-Ponty 1974, Plessner 1965, 1975; ▶ Kap. 5.1 und 5.1.5). Der Neurowissenschaftler und Systemtheoretiker Varela nimmt diesen Gedanken auf. Er und seine Forschergruppe prägen dafür den Begriff *Embodiment* (Varela et al. 2016), bei dem das Mentale im Körper verankert ist.

Der zentrale Begriff *Embodiment* hat mittlerweile eine atemberaubende Karriere gemacht. Damit werden einerseits die Kognitionswissenschaften »verleiblicht« und der Körper bzw. der Leib als zentraler Bezugspunkt ausgewiesen. Varela hat als Referenz Merleau-Ponty entdeckt. Der Leib wird als erlebte Struktur und als Raum kognitiver Mechanismen fassbar. Überhaupt gilt Merleau-Ponty mit den berühmten Analysen des Phantomschmerzes und dem Fall Schneider als einer der ersten, der eine Verbindung zwischen Phänomenologie und Neurowissenschaften hergestellt hat.[23] Andererseits möchte Varela die Phänomenologie »na-

---

23 Merleau-Ponty zeigt unter Bezug auf die Studien von Gelb und Goldstein (1923) an hirngeschädigten Patienten, insbesondere am berühmten Fall Schneider, dass sich der Leib als das Dritte zwischen dem intellektualistischen bzw. repräsentationistischen Begriff und dem empiristischen Sinnesdatum erweist. Der Leib garantiert die Einheit von Motorik, Sensorik und Denken. In der Gesamtgestalt des Leibes »emergiert« das Körperschema als »System« (Merleau-Ponty 1974, S. 128–165, S. 71). Der Frankfurter Psychiater Gelb ist der Doktorvater von Max Horkheimer. Der Neurologe Goldstein war Cousin von E. Cassirer, er musste nach 1933 emigrieren. In den USA gibt es eine Goldstein-Schule, deren bekanntester Repräsentant Oliver Sachs ist (Waldenfels 2001b, S. 133; zur Kritik Merleau-Pontys an Goldstein siehe ebd., S. 141 ff., vgl. auch Fuchs 2000, S. 67 ff.).

turalisieren«, d. h. an die empirisch-neurowissenschaftliche Datenforschung zurückbinden (vgl. Gallagher 2005, Gallagher/Zahavi 2008). Dieses Programm hat ebenfalls eine große Wirkung erfahren – etwa in der neurophänomenologischen Erforschung von meditativen Erfahrungen (vgl. Varela 2005). Natalie Depraz etwa sieht in der »naturalisierten Phänomenologie« die Möglichkeit, Praxis wissenschaftlich zu erforschen (vgl. Depraz 2012). Gleichwohl ebbt die kritische Diskussion über die Möglichkeiten und Grenzen einer Verbindung des systemtheoretischen Ansatzes Varelas mit der genetischen Phänomenologie Husserls und Merleau-Pontys nicht ab (vgl. dazu Ebinger 2005, S. 124 ff., S. 144; Fuchs 2009; Breyer 2011).[24]

Interessant in der Perspektive des Übens bzw. der Selbstsorge ist der Bezug zur buddhistischen Tradition, der zu den ebenfalls inflationär gebrauchten Begriffen *mindfulness* bzw. *awareness* geführt hat (vgl. Francesconi 2010, Francesconi/Tarozzi 2012). Das Thema der Achtsamkeit (*mindfulness*), der Praxis und der Übung der Achtsamkeit wird momentan im Kontext des von Jon Kabat-Zinn entwickelten Therapieansatzes der achtsamkeitsbasierten Stressreduktion (MBSR) diskutiert und in therapeutischen und pädagogischen Kontexten rezipiert (vgl. Kabat-Zinn 2013, Kabat-Zinn/Williams 2013). Achtsamkeit gilt hier als eine bestimmte Weise, aufmerksam auf den gegenwärtigen Moment zu sein und darin nicht zu urteilen. Kabat-Zinn bezieht sich auf buddhistische Lehren, die in achtsamkeitszentrierten Übungen reaktualisiert werden. Darin sollen ethische Haltungen wie Freundlichkeit, Toleranz, Geduld und Gelassenheit und zugleich eine Unterbindung von Interpretationen und Urteilen erreicht werden. Die Urteilslosigkeit soll zu Offenheit, Akzeptanz und Neugierde führen (vgl. Altner/Adler 2020). Ob allerdings Achtsamkeit als ethische Haltung tatsächlich mit einer epistemologischen Funktion wie Nicht-Urteilen in Verbindung zu bringen ist, darüber besteht im Diskurs Uneinigkeit (vgl. Dreyfus 2013, S. 77). Aus der oben dargestellten phänomenologischen Perspektive heraus ist ein Nicht-Urteilen des Bewusstseins prinzipiell nicht möglich. Möglich ist aber, diesen Urteilsprozess einzuklammern, indem der »Bewusstseinsstrom« (Stein 1970) angehalten wird. In diesem einklammernden »Anhalten eines Erfahrungsprozesses« (Heidegger 1969) manifestiert sich eine Epoché, die sowohl das Loslassen als auch das Anspannen, sowohl das Fokussieren als auch das Öffnen ermöglicht (▶ Kap. 8.5).

Abschließend lassen sich sowohl Gemeinsamkeiten als auch Unterschiede zwischen Philosophie und Buddhismus benennen und mit einem kritischen Ausblick auf neurophänomenologische Zugänge verbinden: Die Verknüpfung von Buddhismus und Phänomenologie hat zunächst einige Gemeinsamkeiten als Grundlage. Etwa scheint der phänomenologische Weg »zu den Sachen selbst« dem buddhistischen Dharma ähnlich zu sein und die phänomenologische Re-

---

24 Zu fragen wäre etwa, ob nicht in der systemtheoretischen Theorie der Autopoiesis Aktivitäten des »Systems«, also auch des verkörperten Bewusstseins, so im Mittelpunkt stehen, dass passive Erfahrungen, Erfahrungen der Unverfügbarkeiten und Widerfahrnisse ausgeklammert werden (▶ Kap. 5.1.3)? Darin wäre ein großer Unterschied zwischen Systemtheorie und Phänomenologie zu sehen, der in der Theorie des *Embodiments* übergangen wird.

duktion bzw. Epoché hat Ähnlichkeiten mit den Meditationspraktiken im Zen (vgl. Varela 1996, Ebinger 2005, S. 61). Beide Zugänge sind einem Antidualismus und den Paradigmen der Leiblichkeit und der Lebenswelt verpflichtet. Bei Varela erscheint der Buddhismus »as a living manifestation of an active disciplined phenomenology« (Varela 1996, S. 332). Die buddhistische Meditation und die phänomenologische Reduktion, als zwei Wege zur *First-Person-Perspective* (Varela/Shear 1999), werden mit den Begriffen *mindfulness* bzw. *awareness* umschrieben:

> »This is the proper meaning of mindfulness meditation, a meaning that it is very well with phenomenology – that is, to develop global awareness through bodily awareness, and to develop awareness not only about ordinary objects or reality in general, but also about one's own mind, one's own cognitive posture« (Francesconi/Tarozzi 2012, S. 282)

Die Konzepte *mindfulness* und *awareness* stehen daher sehr eng mit den oben dargestellten Bewusstseinsübungen in Verbindung:

> »As the meditator again and again interrupts the flow of discursive thought and returns to be present with his breath or daily activity, there is a gradual taming of the mind's restlessness. One begins to be able to see the restlessness as such and to become patient with it, rather than becoming automatically lost in it. Eventually meditators report periods of a more panoramic perspective. This is called awareness« (Varela et al. 2016, S. 25 f.)

Man kann also sagen, es handelt sich hier um Bewusstseinsübungen und Praktiken der Selbstsorge, welche in der buddhistischen Tradition insbesondere durch Sitz- und Atemübungen umgesetzt werden. Meditation kann so als »heilsame Lebenspraxis« therapeutische Wirkung entfalten (vgl. Gottwald 2013). Therapie, Philosophie und Übung überkreuzen sich in diesen »somatischen« Bereichen. »Somatics« bezeichnet hier das Gebiet, das den *Leib* (Soma) erforscht, »so wie er von innen heraus aus der Ich-Perspektive erfahren wird« (Hanna 2012, S. 375). Beispielsweise werden in der oben genannten therapeutischen Methode der *Mindfulness-Based Stress Reduction* (MBSR) Hatha Yoga, Vipassana und Zen mit Achtsamkeitsmeditationen verbunden. Diese wird mittlerweile für achtsamkeits- und mitgefühlsbasierte Weiterbildungen für Pädagoginnen und Pädagogen in Kitas, Schulen, Sozialpädagogik und Hochschulen fruchtbar gemacht (vgl. Altner/Adler 2020). *Mindfulness/awareness* kann zudem eine Perspektive auf »embodied learning« bzw. Bildung erreichen (Francesconi/Tarozzi 2012, 2019), indem eine Umwendung der Person bzw. eine Transformation erreicht werden soll (▶ Kap. 4). Inwiefern allerdings die differenzierten Reflexionen der Phänomenologie und die ausgefeilten und differenzierten Praktiken der Selbstsorge mit dem neurophänomenologischen Ansatz eingeholt werden können, wird aus pädagogischer Perspektive kritisch gesehen. Überhaupt ist kritisch zu fragen, ob medizinische und neurowissenschaftliche Epistemologien geeignet sind, subjektive Sinnmomente zu erfassen. Wird darin nicht doch wieder ein neuer szientifischer Objektivismus und ein kognitionszentrierter Reduktionismus etabliert? Zudem: Die Genealogie der Medizin zeigt, dass Pathologisierung und Normalisierung zum Dispositiv der Humanwissenschaften gehören (Foucault 2004a), dass also eine Fokussierung auf die erste Person und Personalität (Fuchs 2000) sowie auf »Urteilslosigkeit« nicht zureichend ist, um gesellschaftliche, institutionelle und pädagogische Ordnungen zu reflektieren und zu kritisieren (zu Kritik und Kritik üben ▶ Kap. 8.4).

Vor den in den vorhergehenden Kapiteln dargestellten erziehungswissenschaftlichen Perspektiven auf Generation, Weitergabe, auf Macht unter Bedingungen von Unsicherheit, Kontingenz und Nicht-Kausalität pädagogischer Handlungen müssen therapeutische, religiöse und philosophische Perspektiven neu justiert werden. Zu fragen wäre, ob es nicht in pädagogischen und edukativen Zusammenhängen eher um Aufmerksamkeit geht, die auf eine Sache, einen kulturellen Gegenstand oder einen Inhalt gerichtet ist, während Achtsamkeit sich auf sich selbst und auf bestimmte Bewusstseinsinhalte richtet. Ist dann Achtsamkeit nicht zunächst einmal ein Prozess, in dem sich gleichsam egozentrisch das Bewusstsein in der Ersten-Person-Perspektive auf sich selber richtet? Achtsamkeitsübungen wären dann nur vorbereitend auf Lern- und Erziehungsprozesse und Unterricht sinnvoll. Sie können diese aber keinesfalls ersetzen, weil sie eine andere Struktur ausweisen (▶ Kap. 4.1) und andere Ziele haben (▶ Kap. 7.2). Zudem: Die Erste-Person-Perspektive ist in neoliberalen Settings der Selbststeuerung und des Selbstmanagements höchst funktional. Meditationen und Selbstregulationen sind schon längst ein Funktionselement in der postmateriellen Gesellschaft der Singularitäten (Reckwitz 2018), in der Kreativität, Originalität, Einzigartigkeit, Neuigkeit, Attraktivität, Affektion usw. dominante Parameter in allen gesellschaftlichen Bereichen sind. Therapeutische, religiöse und philosophische Praxen können nicht einfach auf das »Pädagogische« übertragen werden, sondern – umgekehrt – die Pädagogik hat sich hier auf ihre »einheimischen Begriffe« (Herbart) bzw. Grundbegriffe und Grundpraxen zu besinnen, unter deren Bedingungen Meditation, Reflexion und Üben eine andere Qualität und eine andere intersubjektive Struktur erhalten. Diese Perspektive werde ich im folgenden Kapitel 7 »Mit anderen üben – Didaktik der Übung« neu aufnehmen unter der Perspektive des pädagogischen Verhältnisses.

Zusammenfassung: Es lassen sich zusammenfassend fünf gemeinsame Kennzeichen asketischer, meditativer und geistiger Übungen nennen. Sie beziehen sich erstens auf eine Praxis, die ausgeführt wird – essen, trinken, atmen, sehen, sagen. Sie haben einen »Inhalt«, ein »Thema«, das eingeübt wird. Sie sind leiblich strukturiert und beziehen sich auf leibliche Prozesse. Der Dualismus von Körper und Geist wird im Sinne des Embodiments aufgelöst. Selbstübungen versuchen zweitens, das Ziel der inneren Wandlung und Transformation des Selbst durch leiblich basierte Methoden hervorzurufen. Das heißt für die pädagogische Inszenierung der Übung: Nicht der Inhalt der Übung ist das Entscheidende, sondern ihre äußere Form, die Methode, mit der die Wandlung als innere Formgebung und Ordnungsstiftung indirekt und mittelbar bewirkt werden soll. Diese Wandlung wird drittens als ein Loslassen, Entspannen, als Gelassenheit beschrieben und erfahren, die durch Techniken der Anspannung, Konzentration und Reinigung erreicht werden. Das neue Selbstverhältnis und Selbstverständnis des Übenden wird also durch ein Absehen von sich selbst und eine Öffnung und ein Hinwenden auf etwas Anderes und Fremdes erreicht. Ziel des Übens ist viertens die leiblich-geistige Formgebung. Bildung wird Selbstsorge. Üben unter dem Primat des Könnens verlangt ein Sich-führen-Können mit dem Ziel der Selbstformung in der Perspektive einer Kultivierung der geübten Fähigkeiten und Fertigkeiten, in der sich einem Ziel möglichst angenähert wird. Die Herkunft der Übung aus religiösen und kultischen Praxen, aus Feier und Fest (vgl. Renger/Stellmacher 2018) verbürgt ihr fünftes Kennzeichen: die ritualisierte Regelhaftigkeit, die sich in Wiederholungen bekräftigt und in Variationen manifestiert, und eine gleichsam inszenatorische Dramatisierung mit sich bringt.

Die Übungen der Selbstsorge gehören als ethische und gleichermaßen epistemologische Praktiken zu einer fast schon vergessenen Pädagogik, in der antike, christliche, philosophische und buddhistische Motive zusammenkommen. Als Selbstübungen können sie den Blick auf die Übung mit anderen schärfen. Dieses soll im Sinne einer Anleitung oder Didaktik im folgenden Kapitel dargestellt werden.

7 Mit anderen üben – Didaktik der Übung

Üben als individueller Vollzug kann von Übung als intersubjektiver Praxis unterschieden werden (▶ Kap. 4). Diese pädagogische Differenz (Prange 2005) soll im Folgenden wieder aufgegriffen werden. Übungen sind soziale und edukative Tätigkeiten, die darauf zielen, jemand anderen zum Üben anzuregen, ihn zu unterstützen und ihm zu helfen, aber auch ihn zu disziplinieren und/oder zu normalisieren. Insofern ist es zwar nützlich zu wissen, welche Aspekte und Dimensionen im Üben und seiner Erfahrung bedeutsam sind; aber von den Strukturen des Übens und Lernens unvermittelt auf das Lehren und die Übung zu schließen, ist ein Kategorienfehler. Die Lehre des Übens, also die Übung, hat eine andere Struktur (vgl. Benner 2019). Übungen finden in einem pädagogischen Verhältnis statt (vgl. Lippitz/Woo 2019). Sie sind edukative Tätigkeiten, die ein Arrangement erfordern und in und mit pädagogischen Praktiken wie Zeigen (Berdelmann/Fuhr 2020) inszeniert werden. Übung als soziale und edukative Praxis benötigt daher eine Reflexion auf didaktische Techniken, Prämissen und Ziele. In diesem Kapitel sollen Aspekte einer Didaktik der Übung dargestellt werden.

In den Kapiteln 1 und 5 wurde die Praxis des Übens dreifach unterschieden. In den negativen Erfahrungen der Übenden, im temporalen Zwischenraum der Wiederholung und im machtförmigen Spannungsgefüge zwischen Selbstsorge und Fürsorge kann die Erfahrung im Üben transformatorischen Charakter annehmen. Die Didaktik der Übung kann, daran anknüpfend, als Kunst der Verschränkung von Aus-, Selbst- und Fremdführung bestimmt werden. Das Führen ist hier als ein didaktisches Können zu verstehen, das an der zu übenden Sache und an den fachlichen Voraussetzungen ausgerichtet ist (zu Sachlichkeit und Fachlichkeit der Übung ▶ Kap. 8). Die Logik der »Sache« und des Inhaltes im Einüben ist weder vom Sich-selbst-Üben und dem Üben unterschiedlicher Haltungen wie Konzentration oder Gelassenheit noch von der erzieherischen Inszenierung im Machtraum der Übung zu trennen. Die Kunst der Übung besteht darin, das Konkrete im Allgemeinen auffinden zu lassen (▶ Kap. 4) und die Grenzen zwischen Unter- und Überforderung auszuloten. Unterfordernd ist eine Übung, wenn sie ausschließlich repetitiv und mechanisch vorgeht. Überfordernd ist sie, wenn auf dem Boden der »temporalen Differenz« (▶ Kap. 5.2) die Wiederholung zu stark unterbricht und das Neue, Nicht-Gekonnte und Nicht-Gewusste zu sehr in den Vordergrund treten lässt. Diese Abwägung ist situativ und individuell zu bestimmen, niemals im Sinne von Rezepten oder Methodenbausteinen pauschal vorzugeben. Sie erfordert eine kluge Verständigkeit (*phronesis*) und pädagogisches Taktgefühl (vgl. Brinkmann 2021, Burghardt/Zirfas 2019; ▶ Kap. 1 und 8.5.2). Das machtförmige pädagogische Verhältnis (▶ Kap. 5.3) kann erziehungstheoretisch als Fürsorge und didaktisch als Fremdführung beschrieben werden, in denen Dispositionen für eine praktische Selbstsorge geschaffen werden. Die Didaktik der Übung als Verschränkung von Aus-, Selbst- und Fremdführung bedarf spezifischer pädagogischer Praktiken, die im Folgenden vorgestellt und differenziert werden.

Die bisherigen Überlegungen zu den leiblichen, inhaltlichen, zeitlichen, sozialen und machtförmigen Dimensionen des Übens haben gezeigt, dass Üben eine intentionale (aber nicht unbedingt absichtsvolle), nicht-teleologische Praxis ist, die den eurozentrischen Dualismus von Körper und Geist, von Rationalismus und Empirismus unterläuft. Sie ruht auf einer »fungierenden Intentionalität« (Fink 1988, S. 91, Merleau-Ponty 1974, S. 15) auf, mit der nicht gegenständliche, passive Erfahrungen im Kontext von Vulnerabilität, Negativität und Exposition einbezogen werden können (▶ Kap. 1, 4, 5). Die Performativität des Übens als »implizite« Praxis erfordert einen Primat des Könnens als Grundsatz einer Didaktik der Übung. In vielen Zusammenhängen wurde in diesem Buch bisher Können von Wissen unterschieden. Der hier verfolgte erfahrungstheoretische, bildungs- und sozialtheoretische Zugang möchte die leiblichen, situativen und kulturellen Aspekte im Üben und in der Übung in den Mittelpunkt rücken. Eine Didaktik der Übung sollte also von spezifischen edukativen Voraussetzungen ausgehen. Sie hätte sich in der Lehre bzw. im Unterricht auf die praktischen Erfahrungen des Übens einzustellen, und sie hätte die situativen Horizonte, die individuellen Vorerfahrungen und die institutionellen und gesellschaftlichen Bedingungen einzubeziehen.

Üben und Übung sind leiblich, machtförmig und zeitlich strukturiert. Im Üben werden nicht einzelne Fähigkeiten und Fertigkeiten geübt, sondern Fähigkeit, Fertigkeit, Methode und Selbst gleichermaßen situativ geübt, verändert und hervorgebracht. In Situationen üben heißt, von der sinnhaft strukturierten Lebenswelt, die gestalthaft wahrgenommen wird, auszugehen und diese zur Grundlage einer Didaktik der Übung zu nehmen. Die erfahrungs- und übungstheoretische Bestimmung der edukativen Übung impliziert, sich von den psychologischen Modellen der Automatisierung, des Gedächtnisses, der Repräsentation und der Kompetenz sowie von den darauf aufbauenden Applikationsdidaktiken zu verabschieden. In diesen wird ein dualistisches und kognitivistisches Modell verfolgt, das Üben und Lernen als kumulative Anhäufung von Kompetenz (miss-)versteht und damit Übung als sekundäre, nachgeordnete Lernform marginalisiert gemäß dem Grundsatz: erst die Instruktion, dann die Vertiefung und ganz zum Schluss die repetitive Übung.[25] Die produktiven Möglichkeiten des Übens kommen dabei nicht in den Blick. Aufgrund des individualistischen Zugangs können zudem die kulturellen und gesellschaftlichen Kontexte sowie die edukativen Praktiken nicht erfasst werden. In Kapitel 4 wurde auf den falschen Grundsatz des Kognitivismus hingewiesen, erst Regeln, Begriffe, Schemata oder *scripts* vorzugeben und diese in der Übung dann ausführen bzw. prozeduralisieren zu lassen. Der »didaktische Kategorienfehler« (Neuweg 1999) besteht darin, von der theoretisch modellierten

---

25 Zu den Problemen einer individualistischen und kontextunabhängigen Bestimmung der Motivation ▶ Kap. 4.

Beschreibung von Erfahrung und Kompetenz auf Erfahrungserfahrung und Kompetenzerwerb zu schließen. Der »Sündenfall einer intellektualistischen Didaktik« (Neuweg 1999, S. 112) ereignet sich, wenn Regeln und Pläne vermittelt werden, weil Forscherinnen und Forscher »vorher zu bloß theoretischen Zwecken (diese) eingeführt haben, um *schon vorhandenes* Können zu rekonstruieren« (Neuweg 1999, S. 112; ▶ Kap. 4.3). Eine Didaktik der Übung sollte im Unterschied dazu von der lebensweltlichen Praxis und der situativen, gestalthaften und leiblichen Erfahrung ausgehen (▶ Kap. 5.1). Der hier vertretene Zugang versucht, Üben im differenziellen Modus als elementare, gleichberechtigte Lernform zu erfassen und damit zu seiner Rehabilitierung für künftiges Lernen und Lehren beizutragen. Der Primat der situativen Praxis im Üben erfordert daher eine Umkehrung – weg von der theoretischen Vernunft, von den kognitivistischen, konstruktivistischen und intellektualistischen Modellen des Lernens und Übens hin zum Primat des impliziten, leiblich und zeitlich strukturierten Könnens.

7.1 Grundlagen einer Didaktik der Übung

Um einen edukativen Zugang zu einer Didaktik der Übung zu erhalten, sollen im Folgenden zunächst drei Strukturen des Übens: Negativität, Wiederholung und Macht (▶ Kap. 4) aufgegriffen und unter didaktischer Perspektive reflektiert werden. Üben ist eine anstrengende und fordernde Tätigkeit, die ein hohes Maß an Ausdauer, Selbstüberwindung und Fehlertoleranz verlangt. Üben ist Arbeit an der Sache und an sich selbst. Weil nur dann geübt wird, wenn man eine »Sache«, eine Fertigkeit oder Fähigkeit noch nicht »kann«, bedarf es der Einstellung, das eigene Ungenügen, das eigene Nicht-Können und Nicht-Wissen auszuhalten (zu den negativen Erfahrungen ▶ Kap. 1.2 und 4). Üben hat daher einen asketischen Charakter. Es ist zudem an die Sach- und Inhaltslogik seines Gegenstandes und Feldes gebunden (▶ Kap. 8).

Das Nicht-Können im Üben ist eine der wichtigsten, wenn nicht die bestimmende Erfahrung – und eine pädagogische Herausforderung. Diese besteht darin, die vielfältigen Formen negativer Erfahrung – über Anspannung, Irritation und Enttäuschung bis hin zu Vergessen, Scheitern, Fehlermachen und Abbruch – im pädagogischen Verhältnis erzieherisch abzufedern, zu gestalten und produktiv zu wenden. Dazu bedarf es einer Reflexion auf die Ziele der Übung.

In den meisten Zugängen und in den daraus abgeleiteten didaktischen Überlegungen wird als Ziel der Übung Output, Optimierung, Höchstleistung oder Vollkommenheit ausgewiesen (vgl. Brinkmann 2012, S. 63 ff.). Diese normativen Bestimmungen finden sich in nahezu allen aktuellen Konzepten von der Expertiseforschung über die Kompetenztheorie bis hin zu philosophischen (▶ Kap. 2) und neurophänomenologischen Modellen (▶ Kap. 6).

Der Fokus auf dieses Verständnis von Übung verstellt aber den Blick auf den Prozess und die Erfahrungen darin. Gerade die negativen Erfahrungen des

Nicht-Könnens sind nicht nur eine Herausforderung für die Übenden. Hier liegt auch die Herausforderung für Pädagoginnen und Pädagogen, nämlich den Frustrierten, Enttäuschten, Irritierten oder Abbrechern und Dropouts zu helfen, und sie zu unterstützen mit dem Ziel, trotz der negativen Erfahrungen noch weiter zu üben. Erste Ansätze gibt es unter den Titeln »Coaching« und »Scaffolding« in der »Meisterlehre« (Collins et al. 1989) im Sinne eines gezielten Feedbacks und einer individuellen Unterstützung. Diese werden mit der Aufforderung an die Schülerinnen und Schüler verbunden, ihre eigenen Erwartungen und Erlebnisse zu formulieren – freilich ohne edukative Überlegungen und ohne direkten Bezug zu negativen Erfahrungen (vgl. Reinmann et al. 2020). Die Perspektivverschiebung auf den Prozess im Üben offenbart somit ein didaktisches Desiderat. Hier kann eine Didaktik der Übung ansetzen.

Die pädagogische Übung hat also von der zunächst banalen Einsicht auszugehen, dass nur dann geübt wird, wenn etwas nicht gekonnt wird. Deshalb sind didaktisch die negativen, die Erwartung enttäuschenden und die Erinnerung versagenden Momente, ›Störungen‹ und Widerstände, Erfahrungen von Irritation, Auffälligkeit, Aufdringlichkeit, Aufsässigkeit und »Unzuhandenheit« (Heidegger) sowie des Scheiterns von besonderer Bedeutung – und zwar nicht, weil sie zur ergebnis- und perfektionsorientierten Intervention im Angesicht von Fehlern und Versagen nötigen, sondern, weil sie – positiv – als Ermöglichungsgrund des produktiven und performativen Übens gesehen werden müssen. Die Didaktik der Übung sollte daher – über den Diskurs zu Fehler und Fehlerkultur hinaus (Leitz/Müller 2009, Gewiese et al. 2011, Meyer et al. 2006) – eine Umkehrung vornehmen, die die Produktivität der Negativität im Üben zum Ausgang nimmt (▶ Kap. 4).

Oft ist auch vom spielerischen Üben die Rede (vgl. Sandfuchs 2000, Sorrentino et al. 2009). Üben sei zwar anstrengend, mache aber »immer« Spaß (vgl. Rampillon 2000, S. 11). Ich habe weiter oben gezeigt, dass Üben kein Spielen ist und dass Spiel und Übung in einem spannungsreichen Verhältnis stehen (▶ Kap. 1.4). Wird Spiel bzw. spielerischer Umgang mit Dingen und Aufgaben edukativ inszeniert und mit einem Lernziel verbunden, wird das Spiel erzieherisch instrumentalisiert. Es handelt sich nicht mehr um Spiel, sondern um Übung. Übungen sind aber schwierig und anstrengend, also gerade nicht »spielerisch«. Spielerisches Üben kann also nicht Ziel einer Didaktik der Übung sein.

Deutlich wurde bisher zudem: Neben Stetigkeit und Linearität sind Ereignishaftigkeit und Diskontinuität weitere Kennzeichen der Erfahrung im Üben. Der in Kapitel 5.2 aufgewiesene temporale Zwischenraum in der Wiederholung lässt die Übung weder als einfache Repetition desselben noch als lineare Kumulation von Kompetenz erscheinen. Maßstab der Übung kann daher nicht Gleichgewicht, Harmonie und Synthese sein. Stattdessen ist von Diskontinuität und der Erfahrung von Fremdheit im Üben auszugehen. Nur so lassen sich Umüben und Transformation systematisch erfassen und didaktisch angemessen inszenieren: sowohl als Umwendung und Durcharbeitung von Gewohntem und Gekonntem, von Sedimentierungen und Habitualisierungen als auch als Öffnung und Überschreitung von Erfahrungen. Nur auf diese Weise lernt man aus Erfahrung und wird aus Fehlern klug (▶ Kap. 1.7 und 4).

Übungen werden edukativ inszeniert. Sie stehen damit in einem Kontext von Macht und Machtpraktiken (▶ Kap. 5.3). Erzieherische Übung ist asymmetrisch und findet in einem sozialen Raum statt, der wiederum mittels kultureller und gesellschaftlicher Normen den pädagogischen Bezug (Lippitz/Woo 2019) disponiert. Für jede Didaktik der Übung gilt, dass in der sozialen und gesellschaftlichen Interaktion auch eine Unterordnung unter die »Kompetenz« bzw. Expertise der Könnerin oder des Könners stattfindet – seien es Eltern, Geschwister, Erzieherinnen und Erzieher, Lehrerinnen und Lehrer, Handwerksmeisterinnen und Handwerksmeister oder Zenmeisterinnen und Zenmeister. In wiederholenden Übungen findet sowohl der Aufbau eines interkorporalen und intersubjektiven »Körperschemas« (Merleau-Ponty) und eine sozial-gesellschaftliche »Verkörperung« und »Rollenübernahme« (Plessner) (▶ Kap. 5.1) als auch eine körperliche bzw. leibliche Normalisierung und Subjektivierung statt (▶ Kap. 5.3). Der erzieherische Zwang ist produktiv. Er ist nicht einfach eine Stilllegung oder eine Vernichtung. Die Performativität der Übung als Einfaltung des Außen in das Innen wirkt nicht nur disziplinierend und normalisierend, sondern auch formierend. Die Produktivität von Macht wirkt in den Übungen performativ und bringt nicht nur Abhängigkeit, sondern auch Freiheitsspielräume und damit Widerstand und Überschreitung hervor. Die Ambivalenz von Selbstsorge und Fürsorge in der Fremdführung der Übung eröffnet also auch Erfahrungs- und Handlungsmöglichkeiten.

Die hier vorgeschlagene Perspektive versucht, den eurozentrischen Dualismus von Körper und Geist zu verlassen. Statt Unterwerfung, Beherrschung und Disziplinierung sind in der Übung vielmehr Formung und Formgebung im Modus einer ambivalenten und »negativen« Praxis zu akzentuieren. Nicht »Herrschaft« eines (geistigen, kognitiven, intellektualen) Vermögens über das (sinnlich) Körperliche, sondern Fremdheit und Andersheit in der ambivalenten Erfahrung des praktischen Selbstverhältnisses kommen im Prozess des Übens zum Ausdruck. Nicht Selbsterkenntnis ist das Ziel übender Selbstsorge, sondern Selbstführung und Selbstformung (▶ Kap. 5.2, 5.3, 6). Der Zwang, der im pädagogischen Verhältnis, in den begrenzenden und normalisierenden Inszenierungen ausgeübt wird, kann auch die Ermöglichung von Freiheits- und Möglichkeitsspielräumen der Übenden hervorbringen.

7.2 Ziele der Übung

Die angesprochenen produktiven Chancen und Möglichkeitsspielräume werden in der edukativen Übung auch durch Einschränkung und Isolation erreicht (▶ Kap. 6). Vor allem aber werden sie durch Unterstützung und Hilfe in Reaktion auf die negativen Erfahrungen erwirkt. Unter Bedingungen von Nicht-Kausalität und Nicht-Linearität des didaktischen Handelns (▶ Kap. 4) ist es eine besondere Herausforderung, die negativen Erfahrungen in ein positives Weiterüben zu überführen. Diese Vermittlungstätigkeit der Pädagoginnen und Pädagogen ist nicht eine simple Vermittlung von Wissen oder Kompetenz. Sie ist auch keine Verhaltenstechnologie, mit der ein erfolgsorientiertes Üben weiter optimiert werden könnte. Die Verschiebung vom Ergebnis zum Prozess manifestiert sich in einem anderen Ziel des Übens: Vermittelt werden kann eine produktive Einstellung oder Haltung zum Üben, eine Selbstführung, die sich in einer Haltung der Selbstsorge verstetigen kann (▶ Kap. 6). Diese Haltung manifestiert sich in der Fähigkeit zur Konzentration, in Fehlertoleranz, in Gelassenheit, in Ausdauer und in Anstrengungsbereitschaft – jene Haltungen, die im chinesischen Üben im Vordergrund stehen (▶ Kap. 3). Die Perspektive auf den Prozess im Üben ermöglicht zudem, dass im Zuge eines produktiven Umgangs mit negativen Erfahrungen schließlich bildende Erfahrungen, Transformationen des Selbst- und Weltverhältnisses möglich werden. Es geht also nicht darum, die Negativität ins Positive und Erfolgreiche zu überführen. Vielmehr geht es darum, eine positive Haltung den negativen Erfahrungen gegenüber zu vermitteln. Die Didaktik der Übung – als gekonnte Kunst – kann sich vor allem der Praxis des Zeigens bedienen (vgl. Berdelmann/Fuhr 2020; zu den einzelnen Praktiken des Zeigens in unterschiedlichen Feldern ▶ Kap. 8).

Die letzte Konsequenz der Perspektive auf die Erfahrung im Üben für eine Didaktik der Übung ist vielleicht die bedeutendste. Wenn der Blick auf den Prozess gerichtet ist und damit die Chancen und Möglichkeiten des Übens überhaupt erst wahrgenommen und angewendet werden können, dann wird deutlich, dass das Ziel der Übung nicht ausschließlich im Ergebnis, im Output, Erfolg oder Optimierung liegen kann. Die pädagogische Perspektive auf die Erfahrungen und produktiven Möglichkeiten rückt die Kultivierung der Fertigkeiten und Fähigkeiten im Üben in den Mittelpunkt. Es geht also nicht ausschließlich um den quantitativ messbaren Erfolg in Wettbewerben, Rankings oder Scores. Es geht vielmehr um eine individuell und kontextuell zu bestimmende Qualität der Fähigkeiten und Fertigkeiten, die im Üben erworben werden. Mitgängig geht es um den Aufbau jener oben beschriebenen Haltungen. Diese individuell und kontextuell, »taktvoll« zu bestimmenden Ziele sind von den Pädagoginnen und Pädagogen, den Übungsleiterinnen und Übungsleitern und Trainerinnen und Trainern festzulegen. Sie orientieren sich an dem gruppenspezifischen, kultur- und feldspezifischen und vor allem am individuellen Leistungs- und Fähigkeitsniveau. Es geht also unter der Perspektive der Kultivierung nicht nur darum, etwas zu können, sondern es geht darum, es schön, gut oder lustvoll zu können. Es geht also nicht ausschließlich darum, schreiben zu können oder rudern zu können, sondern immer auch darum, schön schreiben zu können oder gleichmäßig, rund oder harmonisch rudern zu können. Üben als kulturelle Praxis ist historisch eng mit Kultivierung, d. h. mit Sorge und Arbeit verbunden. In der Kultivierung der Fähigkeiten und Fertigkeiten gibt sich die oder der Übende eine Form. Sie oder er formt und formiert sich. Diese Bildung als *cura* (Sorge) und *cultura* (Kultur bzw. Kultivierung) hat eine lange abendländische Tradition (▶ Kap. 2).

Die arbeitende Formgebung zeigt ihre Herkunft schon im Wort Kultur, das von *cura* (Sorge) herrührt (Heidegger 2001, S. 199, Helmer 2004).[26] Arbeitend und kultivierend sorgt der Mensch sich um sich und um die Welt, gestaltet besorgend seine Umwelt in Selbstsorge und Fürsorge. Die sozialanthropologische Perspektive verweist auf einen engen Zusammenhang von Arbeit und Generationenverhältnis, die schon in den ersten und primitivsten Formen der Weitergabe und Didaktik – etwa der Technik zur Herstellung eines Faustkeils oder des Bogenschnitzens – miteinander verschränkt sind (vgl. Sünkel 2002, S. 39 ff., S. 45 ff.). Die Arbeit erlangt im Besorgen der Dinge zum Überleben, in der Sorge um sich selbst, in der Fürsorge für Andere und in der Vorsorge für das Künftige entscheidende Bedeutung für eine leibanthropologische Markierung der Theorie der Übung.

7.3 Aspekte einer Didaktik der Übung

Die Didaktik der Übung als Lehrform kennzeichnet einige Besonderheiten: Sie stellt sich unter Bedingungen der Isolation, Komposition, Konkretion, Variation, Negation und der Begrenzung von Wahrnehmung und Handlung auf ein bestimmtes Feld ein (▶ Kap. 8). Nur dann kann es zu einer entspannten Anspannung, zu Konzentration und *flow*, d. h. dem Gefühl der Selbstvergessenheit bei gleichzeitigem Gefühl der Kontrolle der Umgebung, kommen (▶ Kap. 6).

Übungen sind sachlich, methodisch und selbstreflexiv strukturiert. Für eine Didaktik des Ein-, Aus- und Selbstübens können fünf Gesichtspunkte wichtig werden (vgl. Brinkmann 2012, S. 393 ff.; Brinkmann 2014a, 2017a):

---

26 Die klassische Formulierung zur »cultura animi« findet sich in Ciceros tusculanischen Disputationen. Hier wird erstens die Pflege des Bodens mit der Formung des Geistes zusammengebracht, also *cultura* bzw. *colere* in der Analogie der Bearbeitung der natürlichen und der menschlichen Natur als Handlung, Arbeit und Sorge bestimmt (»sine cultura fructuosus esse non potest, sic sine doctrina animus«) (zit. n. Helmer 2004, S. 527). Diese Arbeit an sich selbst ist zweitens eine Form der Belehrung (*doctrina*), also eine Praxis der Erziehung und Selbsterziehung. Die Philosophie ist Pflege der Seele: »cultura autem animi philosophia est; haec extravit vitia radicitus et praeparat animos ad satus accipiendos eaque mandat iis (...)« (ebd.). Kultivieren bedeutet drittens nicht nur eine Belehrung, sondern auch einen invasiven Akt. Die Laster sollen mit der Wurzel herausgezogen werden. Die Arbeit an der natürlichen und menschlichen Natur ist ein Akt der Ermächtigung und Bemächtigung. Sie verweist auf den ambivalenten Charakter menschlicher Macht über Natur, Andere und sich selbst und verlangt nach einer machttheoretischen Aufklärung über die Strategien und Formen der Bemächtigung. Hier entspinnt sich die Geschichte der Kultivierung im Prozess der Zivilisation (Elias) und im »Unbehagen an der Kultur« (Freud) bis hin zu den schon etymologischen Verwandtschaften von ausziehen (*extrahere*), *colere* und *excolere* (verbessern, höher bilden), ziehen und züchten in den sozialdarwinistischen Praktiken der Auslese und Eugenik. Auch wenn bei Cicero noch kein oppositorisches Verhältnis zwischen Natur und Kultur impliziert wird, so scheint doch deutlich die dualistische Anthropologie der Stoa durch, mit der die Natur unter die Herrschaft der Vernunft gebracht werden soll (vgl. ebd., S. 528).

1. Sowohl Beschränkung der Situation und Handlung als auch Begrenzung der Wahrnehmung und des inhaltlich-stofflichen Umfangs der Übungen sind Voraussetzung erfolgreichen Übens. Das geschieht, wenn die Musikerin oder der Musiker einige Takte eines Musikstücks herausnimmt und diese gezielt übt, wenn die Sportlerin oder der Sportler aus einer komplexen taktischen Situation Details isoliert und diese trainiert, wenn in Denk- und Memorierübungen Elemente dekontextualisiert und als solche wiederholt werden, wenn in Meditationsübungen eine einzelne Geste oder das Atmen polarisiert werden oder eine Vorstellung wiederholt und ritualisiert wird. Der isolierende Grundzug macht die Übung für einen dekontextualisierenden und instrumentalisierenden Zugang anfällig, wie von den behavioristischen, kognitivistischen und intellektualistischen Modellen auf der epistemologischen Grundlage von Information, Begriff oder Regel vorgegeben. Um den didaktischen Kategorienfehler zu vermeiden, sollte gleichzeitig zu Isolierung, Zerlegung und Analyse der Gestalt-, Struktur- und Situationsbezug im Zeit- und Orientierungsraum der Übung gesehen und einbezogen werden.

Sennett gibt dazu ein gutes Beispiel. Er entlarvt die Nutzlosigkeit der konventionellen und kumulativen Vorstellung vom isolierenden, auf Details gerichteten Üben (Sennett 2008, S. 218 ff.; ▶ Kap. 4.3 und 8.1.3). Sennett interpretiert den Erfahrungsbericht des Pianisten und Philosophen David Sudnow, als dieser vom klassischen Repertoire zum Jazzrepertoire wechseln wollte. Sudnow musste in dieser Situation seine erworbene Technik am Klavier umüben. Er merkt, dass seine konventionelle Strategie des Umübens scheiterte. Zunächst nämlich übte er jede Hand am Klavier für sich, um die für den Jazz typischen und für jede Hand unterschiedlichen Bewegungsabläufe zu erlernen. Die praktische Wirkungslosigkeit dieses Vorgehens wurde deutlich, als er erkannte, dass nicht Isolation (der Hände, Bewegungsfolgen, Aufgaben), sondern Integration und Kooperation sinnvoll sind:

> »Die Koordination der Hände macht deutlich, wie falsch die Vorstellung ist, wonach man technische Beherrschung erlangt, indem man von den Teilen zum Ganzen fortschreitet. (…) Die Koordination der Hände funktioniert nur schlecht, wenn man sie auf diese Weise organisiert und sie aus gesonderten individualisierten Tätigkeiten zusammenzusetzen versucht. Weit besser funktioniert sie, wenn beide Hände von Anfang an zusammenarbeiten« (ebd., S. 221)

– und, so kann man ergänzen, wenn tätiges Üben in Gestalten und Strukturen unter Bedingungen der Vorerfahrung und des Vorwissens betrachtet werden (▶ Kap. 4 und 5.1).

Entscheidend ist also die Differenz zwischen Isolation und Komposition, weil sich erst darin Möglichkeiten für die gezielte Dekomposition und Rekomposition bieten. Übungen funktionieren zugleich isolierend und komponierend, analysierend und synthetisierend. Die Wiederzusammensetzung aber ist weder eine Synthese identischer Elemente zu einem logischen Allgemeinen noch eine simple Addition der Teile noch eine ganzheitliche Zusammenschau. Sie ist vielmehr die Komposition der Elemente unter neuen Bedingungen und mit einer neuen Perspektive auf das Gekonnte und Gewusste auf der Grundlage eines neuindizierten Vorwissens und Vorkönnens. Sie ist daher eine Variation des Wiederhol-

7.3 Aspekte einer Didaktik der Übung

Abb. 13: Gestalt- und Situationsbezug sind im Üben wichtiger als Isolation von einzelnen Bewegungen (CC0 Zoltan Tasi/Unsplash).

ten, eine performative Re-Komposition. Erst unter diesen Bedingungen werden Konzentration, Aufmerksamkeit und Achtsamkeit als elementare Bestandteile des Übens möglich.

2. Die Variation der isolierten Elemente sichert ein vertieftes und lebendiges Verstehen. Die Variation kann in der Übung vielfältig erreicht werden: durch Variation von Tempo oder Artikulation der Elemente oder durch die variable Positionierung des Übenden selbst, durch Variation von Dauer, Rhythmus, Tageszeit, Ort, Position, Körperhaltung, Temperament usw. Eine andere Möglichkeit der Variation ist die Veränderung der Reihenfolge und Zusammenstellung der isolierten Elemente innerhalb der Wiederholung. Das kann sich auf Aufgaben und Aufgabenformate beziehen. Dadurch werden jeweils neue Zusammenhänge hergestellt. Mittels neuer Bezüge zu unbekannten Bereichen kann zudem ein Transfer auf Anderes oder Neues stattfinden. Ein weiteres wichtiges Instrument ist die Perspektivverschiebung innerhalb der Wiederholung. Auch kann die Rekomposition verzögert und weiter differenziert werden, indem die isolierten Elemente zunächst auf neue und unerwartete Bereiche bezogen und darin gleichsam auf Probe integriert werden. So kann gerade in der Übung aus der Isolation, Lokalisation und Konkretion der Elemente eine Öffnung hin zu neuen Erfahrungen und eine Überschreitung alter Erfahrungen, Gewohnheiten und Habitualisierungen möglich werden. Wichtig ist dabei, dass nicht das Ergebnis, das Produkt oder der Abschluss der Übung, sondern der Prozess des Übens im Mittelpunkt steht. Dann wird es einfacher, die individuellen Erfahrungen der Übenden zu berücksichtigen und die besondere Wirklichkeit der Übung als ein Lernen auf Probe zur Geltung kommen zu lassen.

3. Wenn Wiederholung nicht nur als schiere Repetition desselben, sondern als Wiederholung von bereits Gekonntem und Gewusstem auf etwas Nicht-Gekonntes und Nicht-Gewusstes gesehen wird, dann werden Transferprozesse im Üben relevant. Die gezielte Reaktualisierung des Vorwissens und Vorkönnens in der Wiederholung sollte mit dem Anspruch von etwas Neuem und Unbekanntem in Verbindung gebracht werden. Das ist für alle Beteiligten eine Herausforderung: für Pädagoginnen und Pädagogen, weil sie die Reichweite des Transfers inhaltlich, didaktisch und methodisch bestimmen müssen, und für die Übenden, weil sie mit negativen Erfahrungen konfrontiert werden.

4. Die Macht der Übung zielt auf Selbstführung und Selbstsorge. Im Machtraum der Übung fungiert Freiheit als produktives Element (▶ Kap. 5.3). Aber nicht pathetische Freiheit an sich ist gemeint. Vielmehr ergeben sich die Möglichkeits- und Spielräume nur unter Bedingungen von Macht, ohne dass die gesellschaftlichen und sozialen Dispositive ausgeblendet werden. Das heißt, dass der pädagogischen Übung sowohl der automatisierende Drill als auch die leerlaufende Repetition als auch die expertenorientierte Norm der Optimierung und der Höchstleistung nicht gerecht wird. Vielmehr hat sich das Anspruchsniveau an der sozialen und individuellen Situation der Lernenden zu orientieren und ist nach diesen Maßstäben zu graduieren. Die Macht der Übung erfordert Vorsicht und Umsicht von Lehrerinnen und Lehrern: Isolierung, Beschränkung und Polarisation wirken disziplinierend. Hier sind professionelle Lehrerinnen und Lehrer gefragt, die die Zumutungen des Übens mit Anerkennung und Achtsamkeit verbinden können (▶ Kap. 8.5).

5. Ich sagte unter Punkt 2, dass mit der Übung aus der Isolation und Situierung der Elemente eine Öffnung hin zu neuen Erfahrungen und ein Umüben alter Erfahrungen, Gewohnheiten und Haltungen möglich werden kann. Das didaktische Mittel dazu ist die gezielte Inszenierung negativer Erfahrungen durch Perspektivverschiebung, Verzögerung, Irritation, Störung und Enttäuschung oder durch vorsichtig präsentierte Fehler (vgl. Brinkmann 2015a, Rödel 2015, 2018). Die oder der Übende sollte weder beschämt noch frustriert noch durch simple Repetition ermüdet oder gelangweilt werden. Die Kunst der Übung besteht darin, die Grenze zwischen Unter- und Überforderung auszuloten und die Schülerin oder den Schüler nicht zu beschämen – eine große Herausforderung an die Professionalität der Lehrerinnen und Lehrer, die sich nicht auf gutgemeinte Rezepte oder Methodenbausteine, sondern vor allem auf ihr pädagogisches Urteilsvermögen, ihre »phronesis« bzw. ihren »pädagogischen Takt« verlassen können müssen (▶ Kap. 8.5).

Unter diesen Voraussetzungen könnten Übungen edukativ als produktives und performatives Geschehen inszeniert werden, in dem sich das Ereignis des Anderen und Neuen gerade in der Wiederholung des Alten vollzieht. Die Diskontinuität der Differenz in der Wiederholung macht es möglich, dass das Üben Anfang des Lernens sein kann. Vielleicht können diese Überlegungen und Beispiele den Blick auf die Potenziale der Übung richten. Entgegen dem konventionellen Bild dieser immer noch wenig geschätzten Lernform kann die Übung sowohl Übergang als auch Ausgang neuen Lernens sein.

7.4 Übungen im schulischen Unterricht

Bisher wurde deutlich, dass Üben ein in sich gewendeter, mehr kreisförmig als linear verlaufender Prozess ist. Reflexives Üben, d.h. ein Üben, in dem Ein-, Aus- und Selbstüben zusammenfallen, kann auf verschiedene Weise an Altes anknüpfen und zugleich Neues erschließen. Entscheidend am reflexiven Üben und Umüben ist, dass sich das Verhältnis des Übenden zu sich und zu Anderen verändert, d.h. dass bildende Erfahrungen möglich werden. In den negativen Erfahrungen der Übenden, im temporalen Zwischenraum der Wiederholung und im machtförmigen Spannungsgefüge zwischen Selbstsorge und Fürsorge soll sich eine Formation bzw. Transformation bzw. Transposition ereignen. Diese lässt sich nun didaktisch differenzieren:

In der wiederholenden Übung wird das Selbstverhältnis, das im Üben mitgängig ist, selbst zum Thema. Die Reflexion auf Erfahrungen, Wissensformen und Lösungswege impliziert eine urteilskräftige Auseinandersetzung mit der eigenen Haltung im Lernen. In Kapitel 2 und 4 wurde dargestellt, dass die reflexive Struktur im Umüben nicht kognitivistisch oder rationalistisch misszuverstehen ist. Üben bezieht sich gleichermaßen reflexiv und implizit auf Vorerfahrungen, die nun mit einem neuen Index versehen, also umgeübt werden. Für den Unterricht bedeutet die Einsicht in die reproduktive und produktive Wiederholbarkeit von Übungen, dass diese nicht nur an Altes anschließen, sondern auch Neues als Neues erst erschließbar und lernbar machen. Diese Einsicht erfordert eine »Blickwende« in der didaktischen Technik: weg von den Einstiegen und hin zu den Lösungen und Anschlüssen, die in der Wiederholung noch einmal überprüft und problematisiert werden (vgl. Prange 1989, S. 196). Performative Übungen eröffnen im reflexiven Bezug zum Gekonnten neue Horizonte, indem erst auf dem Boden des Gelernten und Gekonnten einsichtig wird, was noch nicht gewusst und gekonnt wird. In der Variation der Übung können neue Fragen und Probleme deutlich werden.

Die traditionelle Unterrichtslehre, die sich oft am herbartianischen Stufenschema von Klarheit, Assoziation und System bzw. von Darstellen, Erklären, Befestigen bzw. am klassischen Dreischritt von Einstieg, Erarbeitung und Anwendung/Sicherung orientiert, verkennt und marginalisiert die Übung. Die Position der Übung am Ende der Stufenfolge des Unterrichts ist aufzugeben. Sie bedeutet nicht nur die konsequente Verarmung und Reduktion der Übung auf Festigung, Automation und Repetition. Sie bedeutet zugleich, dass zentrale Aspekte und Effekte des Übens – Motivation, Transfer, Einsicht, Problembewusstsein – aus dem Übungsprozess abgesondert werden. Die Verkennung der Übung als sekundäre Lernform ist Ausdruck intellektualistischer Theorien des Lernens und des Unterrichts. Motivation, Transfer, Einsicht und Problembewusstsein sind nicht Voraussetzung, sondern Folge des Übens.

Die aktuelle Lehre vom methodischen Lernen im Unterricht fokussiert vor allem den formalen Aspekt der Übung. In der Unterrichtslehre hat sich spätestens seit der Reformpädagogik der Übergang vom inhaltlichen zum methodischen Lernen vollzogen. Themenerschließung und Problemorientierung erhalten unterrichtstechnisch größeres Gewicht. Nicht die sachlich-inhaltliche, sondern die Methode selbst ist nun Ergebnis des Lernens (vgl. Prange 1989). Die pädagogische Übung bekommt so den Charakter des Trainings von Methoden. Übung als »Methodentraining« (Klippert 2006) bleibt dabei ebenso im Vorfeld pädagogischer Übung wie das ausschließlich automatisierende Üben. Der jeweils ausschließliche Fokus auf das methodische Lernen bewirkt einen Reduktionismus, in dem inhaltliches und reflexives Üben ausgeblendet wird (vgl. Brinkmann 2015b, 2016a, 2017a). Übung gerät in die Gefahr, entweder zum stumpfsinnigen Pauken oder zum sinn- und sachleeren Aktionismus zu werden.

7.5 Reflexive Übungsaufgaben

Um negative Erfahrungen im Üben im Unterricht fruchtbar zu machen, bedarf es einer Unterscheidung für Aufgaben und Aufgabenstellung im Unterricht. Die Aufgabenstellung im Unterricht folgt einer anderen Logik als die Aufgabenstellung, die zum Zwecke der Evaluation vorgenommen wird. Dietrich Benner hat auf die unterschiedlichen Paradigmen hingewiesen, indem er Testaufgaben und didaktische Aufgaben systematisch unterscheidet (vgl. Benner 2007, zum Folgenden vgl. Brinkmann 2017a, 2014a).

Testaufgaben sollen in knapp bemessener Zeit Fähigkeiten und Fertigkeiten messen, authentische Anwendungssituationen simulieren und zwischen domänenspezifischen und übergreifenden Strukturen sachrichtig unterscheiden. Sie sollen damit zu einer Evaluation der Leistungen der Schülerinnen und Schüler und ihrer Lehrerinnen und Lehrer beitragen. Didaktische Aufgaben hingegen strukturieren Lehr-Lernprozesse dann anspruchsvoll, wenn sie die lebensweltliche Erfahrung als Ausgangspunkt nehmen, über Irritationen und Variationen Übungsprozesse steuern, d. h. Enttäuschungen und Scheitern systematisch einbeziehen. Sie sind nicht ausschließlich an Lösungen von Anwendungsaufgaben, sondern auch an der Vermittlung mehrperspektivischer Kenntnisse und dem Erwerb von Haltungen ausgerichtet. Benner bemerkt zudem, dass aus Testaufgaben nicht ohne Weiteres sinnvolle didaktische Aufgaben und aus didaktischen Aufgaben nicht ohne Weiteres Testaufgaben abgeleitet werden können.

Diese Differenz ermöglicht es, in didaktischen Aufgabenformaten die negativen, temporalen und damit die produktiven Dimensionen im Üben systematisch zu erfassen und für den Unterricht nutzbar zu machen. Die reflexive Wendung im Umüben kann zum einen auf die Inhalte und Methoden der Übung bezogen sein. Diese können in der wiederholenden Reflexion ebenso thematisch werden wie individuelle Lösungswege. So ließen sich nicht nur individuelle Lernfortschritte inhaltlich bezogen darstellbar und nachvollziehbar machen. Diese wären auch individuell graduierbar. Das geschieht beispielsweise in den Aufgabenformaten im Kontext des *task based language approach* (vgl. zum Französischunterricht Küster 2020). In wiederholenden Übungen können Aufgaben sach- und ergebnisorientiert bearbeitet werden. Ihre Ergebnisse können dann Gegenstand einer gemeinsamen Reflexion im Unterricht werden. Dabei können Modi der Lösung hinsichtlich der Inhalte, der Methode und hinsichtlich der eigenen Haltung und der lebensweltlichen Erfahrung reflexiv bzw. selbstreflexiv thematisiert werden (vgl. Brinkmann 2014a). Die Reflexion kann sich auch auf Gewohnheiten beziehen, die sich entweder als nutzlos oder verbesserungswürdig erweisen. Reflexives Üben wäre dann das Umüben von bereits Gekonntem, indem dieses »verlernt« wird.

Zum anderen kann in der Übung die Differenz von lebensweltlicher Erfahrung einerseits und schulischem Lernen andererseits deutlich werden. Diese (phänomenologische) Differenz von lebensweltlichem Umgangswissen und symbolisch strukturiertem und/oder wissenschaftlichem Wissen der Schule zeigt sich in verschiedenen Übergängen vom Eigenen zum Fremden, etwa in den Übergängen vom mündlichen Sprachgebrauch zum Schriftspracherwerb, von der Muttersprache zur Fremdsprache, vom Zählen zur Algebra, von der Erinnerung zur Historie und vom Zeichnen zur Geometrie (vgl. Benner 2007). In der pädagogischen Übung können die wissenschaftlichen und disziplinären Formen des Wissens und Könnens von den alltäglichen, lebensweltlichen unterschieden werden, ohne dabei die eine oder die andere abzuwerten. Vielmehr kann ihre Wechselwirkung in den Lernerfahrungen fokussiert und reflektiert werden (vgl. Brinkmann 2014a).

Übungsaufgaben sind demnach Aufgaben, die fachspezifisch und situationsabhängig zu formulieren sind und die unterschiedliche theoretische und fachliche Perspektiven zulassen, einfordern und fördern sollen. Sie nutzen Irritationen und Enttäuschungen produktiv, indem sie gezielt Nicht-Wissen im Wissen und Nicht-Können im Können einsetzen. Zudem verweigern sie sich einer sofortigen Lösung und Anwendung. Vielmehr fördern sie eine Kultivierung von Haltungen, die es erlauben, mit den negativen Erfahrungen produktiv umgehen zu können. Sie nutzen dabei gezielt Wiederholungen unter der Perspektive der temporalen Differenz und des Transfers. Sie evozieren in der Wiederholung eine durch Negativität entstehende Verzögerung im Lernprozess und bauen gezielt Reflexionen ein. Damit ermöglichen sie den Ausgriff auf neues Wissen und Können und einen kommunikativen Austauschprozess darüber.

Was bedeutet das für die Lehrperson und die unterrichtliche Umsetzung der Übungsaufgaben? Für qualitativ gehaltvollen Übungsunterricht mit Aufgaben ist es wichtig, ein Klassenklima zu erzeugen, das Fehler und negative Erfahrungen zulässt und als Lernchance wertet, also das »Bermudadreieck« des ausschließlich auf Richtigkeit und Erfolg ausgerichteten Unterrichts verlässt (vgl. Oser/Spychiger 2005). Die unausgeschöpften Potentiale von Fehlern und Irritationen werden genutzt, Fehlertoleranz und produktiver Umgang mit Negativität gefordert und gefördert. Dazu ist die Beschränkung des äußeren Umfeldes (akustisch, visuell, sozial) wichtig. Das eigene, didaktische Vorgehen sollte transparent gemacht werden, z. B. die gezielte Wiederholung unter einer transformatorischen Perspektive. Die Aufgabenformate sind multiperspektivisch auszuwählen, Variationen gezielt einzubauen und mit einer Perspektivverschiebung zu verbinden. Verzögerungen im Lernprozess können so gezielt eingesetzt werden, indem z. B. Missverständnisse und Fehler nicht zu schnell in die Logik der Planung integriert, sondern als »fruchtbarer Moment« im Unterricht erkannt werden (vgl. Copei 2019). Zusätzlich können von der Lehrkraft die Reichweite des Transfers individuell bestimmt und die Lernhaltungen thematisiert, Konzentration, Fehlertoleranz und Überwindungsbereitschaft bemerkt, benannt und anerkannt werden.

Zusammenfassung: Mit anderen zu üben unter Bedingungen von Negativität, Wiederholungen und Macht ist eine Herausforderung und Zumutung für alle Beteiligten. Wird die Perspektive von den Erfolgen, Ergebnissen und perfekten Leistungen auf den Prozess und die Erfahrungen im Üben verschoben, kann Übung als Kultivierung von Fähigkeiten und Fertigkeiten und Einübung in Haltungen kenntlich werden. In dieser *formatio*, der Form- und Stilgebung des Übenden, liegt der Bildungssinn dieser besonderen Lernform. Um diesen pädagogisch zu erreichen, sind Beschränkung, Isolation, Gestalt-, Situations- und Kontextbezug, Rekomposition, Variation und Polarisation didaktische Mittel. Am wichtigsten in der didaktischen Praxis ist die unterstützende und positive Einstellung der Pädagoginnen und Pädagogen den negativen Erfahrungen gegenüber. Diese sollen nicht ausgeschlossen oder umgangen werden, sondern umgekehrt: Sie sind die zentralen Erfahrungsmomente und zugleich die didaktische Bewährungsprobe in der Übung. Die Übung sollte diese negativen Erfahrungen, die Enttäuschungen, Irritationen, Perspektivverschiebungen, Verzögerungen und Fehler gezielt, aber umsichtig und vorsichtig inszenieren, ohne die Schülerinnen und Schüler zu überfordern, zu unterfordern oder zu beschämen. Mit der Perspektive auf den Prozess des Übens kann eine Blickwende hin zu den Anschlüssen und Wiederaufnahmen in der Unterrichtslehre ermöglicht werden, mit der Unterricht anders strukturiert und gestaltet werden könnte. Achtsamkeit ist hier der Begriff und Gelassenheit die Praxis einer taktvollen Kunst der Übung, die schließlich eine Kultivierung nicht nur des Könnens, sondern auch der Übenden selbst zum Ziel hat.

8 Felder des Übens

Es gibt sehr verschiedene Gegenstände des Übens in unterschiedlichen pädagogischen Feldern. Jede Übenspraxis hat einen Inhalt, einen Stoff bzw. ein »Stückchen Welt«, d. h. etwas, das ein- und ausgeübt wird. Üben ohne Gegenstand – das ist so unmöglich wie Atmen ohne Luft oder Lernen ohne Inhalt. Es wird immer etwas geübt, etwas geatmet und etwas gelernt (vgl. Prange 2005, S. 88). Auch die Meditation hat einen Gegenstand, an dem und mit dem sich geübt wird – das Atmen, der Körper, der Bewusstseinsinhalt (▶ Kap. 6.4). Mit Humboldt lässt sich sagen: Erst wenn etwas, eine Sache, ein Inhalt, ein Stoff bzw. ein Gegenstand geübt und gekonnt ist, erst dann kann das methodisierte Üben des Übens bzw. das Lernen des Lernens stattfinden (vgl. Humboldt 1963d, S. 169). Erst mit diesem Sach- und Gegenstandsbezug, der im Feld domänen- und fachspezifisch ausgelegt und umgesetzt wird, fallen einüben, ausüben und sich üben zusammen.

Im Folgenden sollen unterschiedliche Praxen des Übens – Bewegen (▶ Kap. 8.1), Imaginieren (▶ Kap. 8.2), Verstehen (▶ Kap. 8.3), Kritisieren und Urteilen (▶ Kap. 8.4) sowie Unterrichten (▶ Kap. 8.5) – gegenstandstheoretisch und feldspezifisch bestimmt sowie im Verbund mit Fachwissenschaft und Fachdidaktik untersucht werden. Sie sind in den Feldern der frühen Bildung (▶ Kap. 8.1.1), des Sports und der Sportpädagogik (▶ Kap. 8.1.2 und 8.1.3), der ästhetischen Bildung (▶ Kap. 8.2), der Hermeneutik (▶ Kap. 8.3), der allgemeinen und politischen Bildung und demokratischen Erziehung (▶ Kap. 8.4) sowie schließlich im Bereich der Lehrerinnen- und Lehrerbildung und der Professionalisierung (▶ Kap. 8.5) verortet.

Ich hatte zuvor schon darauf hingewiesen, dass sich je nach Gegenstand auch die Erfahrungs- und Anforderungsstruktur des Übens unterscheidet (▶ Kap. 1.8). Die gegenstandstheoretische Bestimmung des Übens, wie sie hier anwendungsbezogen dargelegt werden soll, verlangt danach, nicht nur die Gegenstände, Inhalte oder Stoffe, sondern auch die Kontexte, Horizonte, Zusammenhänge, Domänen – also die Felder der jeweiligen Übenspraxis – genauer zu bestimmen. Somit sollen ausgewählte Gegenstände in ihren Feldern in Einzelstudien vorgestellt und untersucht werden.

Im Folgenden wird unter dem Begriff »Feld« das jeweilige Praxis- und Erfahrungsfeld verstanden. So unterscheidet sich beispielsweise das Feld der leiblich-körperlichen Bewegungsübung (▶ Kap. 8.1) von demjenigen der geistigen Übung der Imagination (▶ Kap. 8.2) sowohl hinsichtlich der Erfahrung, der Praxis als auch hinsichtlich der Didaktik. Hier spielen domänen- und fachspezifische Hintergründe eine Rolle, die ich jeweils knapp aufgreife und diskutiere. Diese

Felder sind aus einer grundlagen- und bildungstheoretischen Perspektive ausgewählt worden. Üben wird daher sowohl im Feld der leiblichen Bewegung als auch im geistigen und mentalen Feld untersucht. Die mental-geistigen Übungen sind wiederum aus einer allgemeinpädagogischen Perspektive in drei Basispraxen unterteilt, die für Bildung, Lernen und Erziehung in demokratischen Gesellschaften essentiell sind: Kreativität und Phantasie (▶ Kap. 8.2), Verstehen bzw. Fremd-Verstehen unter Bedingungen von Andersheit und Fremdheit (▶ Kap. 8.3) sowie Urteilen und Kritisieren (▶ Kap. 8.4). Das Kapitel endet dann mit einer Untersuchung zum Unterrichten üben als Beispiel für eine übungstheoretische Perspektive auf Professionalisierung und die Möglichkeiten und Grenzen des Übens einer Haltung im Sinne eines Ethos (▶ Kap. 8.5).

Bewegen, Imaginieren, Verstehen, Kritisieren und Urteilen sowie Unterrichten können exemplarisch als Felder und Praxen des Übens gelten. Ihre gegenstandstheoretische Bestimmung und Untersuchung in jeweils unterschiedlichen domänen- und fachspezifischen Feldern soll einen Beitrag leisten für eine Übungsforschung, die sich jeweils feldspezifisch verortet und damit die fachwissenschaftlichen und fachdidaktischen Perspektiven und Diskurse aufnimmt mit dem Ziel, Üben als produktive Praxis- und Lernform zu rehabilitieren.

8.1 Bewegen üben

Üben ist Bewegung – Bewegungen sind von Anfang an Teil des tätigen, aktiven Lebens (vgl. Krebs/Noack Napoles 2020). Unser Leben ist in Bewegung und aus Bewegungen besteht das Leben – vom ersten Atemzug an. Bewegungen – sich bewegen, mit anderen bewegen und Beweglichkeit – müssen wie viele andere Fertigkeiten und Fähigkeiten geübt werden. Üben lässt sich in diesem elementaren Sinne als ein leibliches, bewegtes Tun bzw. als Bewegen üben kennzeichnen.

Mit Merleau-Ponty hatte ich deutlich gemacht, dass das leibliche Üben auf einem Primat der Praxis und der Bewegung beruht. Die Bewegung, so Merleau-Ponty, ist erst erlernt, wenn »der Leib sie verstanden hat, wenn er sie sich (…) einverleibt hat« (Merleau-Ponty 1974, S. 168). Der Leib ist damit Organ der Selbst- und Weltorientierung. In leiblichen Bewegungen verkörpern wir uns, indem wir uns eine Form geben und einen individuellen Stil ausdrücken. Leibesübung und Leibeserziehung sind daher in einem elementaren Sinne zugleich notwendig und prekär. Prekär sind sie, weil sie sich in die »Spiele der Macht« (Foucault) zwischen Selbstführung und Fremdführung verstricken (▶ Kap. 5.3). Das gilt insbesondere für die kulturellen Praxen wie Schreiben, Lesen, Rechnen usw., zu denen Stillsitzen, Selbstbeherrschung und Konzentration verlangt werden (zur Geschichte des disziplinierenden Übens ▶ Kap. 2 und 5.3). Zudem sind sie prekär, weil sie auf einer »fungierenden Intentionalität« (Fink 1988, S. 91, Merleau-Ponty 1974, S. 15), auf passiven Erfahrungen im Kontext von Vulnerabi-

8.1 Bewegen üben

Abb. 14: Bewegungen, sich bewegen, Beweglichkeit müssen geübt werden (M. Brinkmann, eigene Aufnahme).

lität, Negativität und Exposition aufruhen (▶ Kap. 1, 4, 5). Notwendig sind sie, weil ohne Bewegung ein Leben unmöglich wäre.

Bewegungen müssen geübt werden, das gilt für elementare Bewegungen wie das Saugen oder Gehen, für komplexe wie das Fahrradfahren (▶ Kap. 1) oder das Tennisspielen. In Bewegungen bildet und formt sich der Leib, er verkörpert sich, indem er Gestalten und Strukturen, Körperschema, Habitus und Haltung ausbildet (▶ Kap. 5.1). Übungen sind insbesondere wichtige Bereiche des frühkindlichen Lernens. Bewegungen und Übungen gehören zudem in den Bereich des Sports, der Sportpädagogik und der Sportdidaktik. Im Folgenden wird jeweils an einem Beispiel aus der Frühpädagogik und der Sportpädagogik das Bewegen üben als elementare Form des Übens und der Übung (zu dieser Differenz ▶ Kap. 4.2) vorgestellt.

8.1.1 Frühkindliche Perspektiven: Greifen und Begreifen

Im Folgenden soll an einem Beispiel frühkindlichen Übens ein besonderer Aspekt im Bewegen herausgehoben werden, der für viele kulturelle Praxen Fundament und Basis darstellt: die Koordination der Bewegung des Körpers, der Hand und des Auges im Greifen und im Begreifen. Diese bilden einen wichtigen, wenn auch vernachlässigten Bereich der frühkindlichen Bildung (vgl. Deckert-Peaceman et al. 2010, Dietrich et al. 2017, Lippitz 1999, Zirfas et al. 2017). Denn auch hier ist Üben ein marginalisiertes Praxis- und Forschungsgebiet, das begrifflich, theoretisch und empirisch wenig oder kaum erfasst wird (vgl. Thiel/Thiel 2010). In den verbreiteten konstruktivistischen (Schäfer 2016, 2014) bzw. ko-konstruktivistischen (Fthenakis 2010, Bergelt et al. 2019) Ansätzen sowie in den kognitivistischen Ansätzen der Kompetenzorientierung (Arnold 2012, Fröhlich-Gildhoff et al. 2014, Mischo/Fröhlich-Gildhoff 2011) wird das Üben als elementares Lernen kaum beachtet. Auch leibliche und materiale Dimensionen kindlichen Lernens werden in diesen Ansätzen unterschätzt (vgl. Stieve 2010). Wie so oft in erziehungswissenschaftlichen Feldern dominieren auch hier psychologische Lerntheorien die Diskussionen in den öffentlichen und medialen Diskursen. Das mag auch daran liegen, dass frühe Bildung für die Erziehungswissenschaft im deutschsprachigen Raum ein relativ junges Gebiet ist, in dem die theoretische, empirische und professionsbezogene Forschung erst seit einigen Jahren an Fahrt aufnimmt (vgl. Deckert-Peaceman et al. 2010, Stenger et al. 2015, Zirfas et al. 2017, Dietrich et al. 2019, zur phänomenologischen Kindheitsforschung vgl. Brinkmann 2019f).

Ein weiterer Grund für die Vernachlässigung des Übens in der frühen Bildung ist ein Kindheitsbild, das in eurozentrischer Perspektive das freie, ungebundene und kreative Spiel in den Vordergrund rückt. Dualistische Kindheitsbilder dominieren auch heute noch die Theorie und Praxis von und mit Kindern (vgl. Deckert-Peaceman et al. 2010, Zirfas et al. 2017). Gemeinhin wird dem kindlichen Lernen ein spielerischer Charakter attestiert. In eurozentrischer Betrachtungsweise wird Spielen und Üben oftmals als Gegensatz gesehen, wobei dem Spiel aus der Erwachsenenperspektive der Vorzug gegeben wird (▶ Kap. 1.6). Wenn Kindheit als »pädagogisches Moratorium« (Zinnecker 2000) gilt, sind Üben und die damit verbundenen Erfahrungen und Herausforderungen der Anstrengung, der Überwindung und des partiellen Scheiterns schlecht mit Vorstellungen von Freiheit, Spiel und Ungebundenheit vereinbar.

Diese Ansichten sagen allerdings wenig über die tatsächliche Praxis kindlichen Lernens und Übens aus. Schon die alltägliche Beobachtung zeigt, dass Kinder, insbesondere Kleinkinder, oft und langanhaltend üben. Überhaupt sind Wiederholungen und Rituale sehr beliebt – und werden von Erzieherinnen und Erziehern sowie von Eltern gerne genutzt (vgl. Wulf 2007).

Dabei wird oftmals auf die Pädagogik Montessoris verwiesen. Denn die italienische Ärztin und Pädagogin hat in der Übung eines etwa dreijährigen Mädchens mit einem Einsatzzylinderblock im römischen Kinderheim Sankt Lorenzo den »Schlüssel« für ihre Pädagogik, ja, »den Schlüssel zu allen Erziehungsproblemen« (Montessori 2010a, S. 162) gesehen. Montessori beschreibt diese Übung in 44 Wiederholungen in religiöser Metaphorik als Erweckungserlebnis sowohl für das Kind als auch für die wissenschaftliche Beobachterin und ihrer Anhänger. Blendet man von dieser für die Reformpädagogik typischen quasi-religiösen Rhetorik (Oelkers 2005) ab, kann man feststellen: Montessori hat das Üben als zentrales Moment kindlichen Lernens erkannt. Sie hat zugleich gesehen, dass mit der Übung Konzentration, Versenkung und Flow einhergehen, was sie mit dem Begriff der Polarisation versucht zu umschreiben (vgl. Montessori 2005, S. 124 f.). Allerdings: Für Montessori ist die Übung Ausdruck einer Disziplinierung und Normalisierung des Kindes im Zeichen einer sozialen und gesellschaftlichen »Hygiene«, die zu einer eugenischen »Züchtung« (Montessori 2010b,

S. 84) der Menschenrasse führen soll (vgl. Montessori 2010b, zur Kritik der Pädagogik Montessoris vgl. Brinkmann 2012, S. 347–458; Brinkmann 2013a). Bei Montessori zeigen sich die romantisch-religiösen und zugleich die rassistischen und positivistischen Tendenzen der Reformpädagogik *in nuce*.

Im Folgenden soll im Unterschied zu Montessoris normativ aufgeladener Perspektive ein deskriptiver Zugang (vgl. Lippitz 2019a) zum kindlichen Üben anhand eines Beispiels aufgezeigt werden. Vorweg sei auf zwei Aspekte des Übens verwiesen, die im Weiteren nicht noch einmal genauer erläutert werden: Für das frühkindliche Üben gilt zum einen in besonderem Maße das Problem des »unentstandenen Anfangs« (ebd.): Das Kleinkind übt das Saugen an der Mutterbrust, weil es das noch nicht kann. Zugleich greift es auf etwas zurück, was es schon kann, weil es schon Erfahrungen gemacht hat. Mit anderen Worten: Das Allgemeine ist bekannt – hier die Erfahrung mit der Mutter, ihrer Nähe, ihrer Wärme ebenso wie eine natürliche Anlage zum Saugen – es liegt schon vor. Aber die Fähigkeit (das Saugen) wird nicht gekonnt und muss weiter vertieft und kultiviert werden – sie muss geübt werden (▶ Kap. 1.2 und 4). Zum andern zeigt sich im folgenden Beispiel, dass dem Üben durchaus spielerische Anteile inhärent sind, die aber heuristisch auseinandergehalten werden müssen. Üben ist nicht Spielen (▶ Kap. 1.4) – das wird besonders in der »Polarisation« der Bewegung eines Kindes zwischen Auge, Hand, Körper und Sache deutlich (▶ Abb. 15).

Abb. 15: Moritz und die Flasche (Knapp/Schneider 2019, 8:10).

Ein etwa anderthalbjähriger Junge hantiert mit einer Flasche (zum Folgenden vgl. Brinkmann 2019c).[27] Moritz' Körper befindet sich durchgängig in einer ge-

---

27 Das Video ist einsehbar unter: https://www.youtube.com/watch?v=MSoYcaCtKZQ, vgl. Knapp/Schneider 2019.

spannten Haltung. Der Tonus der oberen Körperhälfte bleibt über die gesamte Dauer des Videos (mehr als 30 Minuten) sehr hoch. Er korrespondiert mit den in regelmäßigem Rhythmus ausgeführten Tätigkeiten mit Flasche und Deckel. Dabei fixieren die Augen Hand, Deckel und Flasche. Der Deckel wird wiederholt auf die Flaschenöffnung gesetzt. Der Fokus der Augen ist auf ein zentrales Moment (Flasche und Deckel) konzentriert. Sache, Hand und Auge bilden so ein Dreieck fokussierter Tätigkeit von langer Dauer. Diese Dauer seitens Moritz kann als angespannt-entspannte Konzentration beschrieben werden. Moritz nimmt in regelmäßigen Abständen die Flasche bzw. den Flaschenrand in den Mund. Er atmet tief, entspannt und laut, wiederum im wiederholenden Rhythmus seiner Tätigkeiten. Lautes Atmen lässt sich zusammen mit der Auge-Hand-Fokussierung und der wiederholten Tätigkeit als Hinweise auf eine konzentrierte Fokussierung und Polarisierung nehmen. Sie korrespondiert mit dem Tonus des Körpers und dem Rhythmus der Wiederholungen.

In der wiederholten Tätigkeit mit Deckel und Flasche erlangt die Welt- und Dingwahrnehmung von Moritz eine bestimmte Qualität. Die Hände spielen eine wichtige Rolle und darin das Tasten mit und durch die Hand: Moritz fasst, greift, drückt und dreht. Es sind leibliche Erfahrungen, die hier im Mittelpunkt stehen (▶ Kap. 5.1). Die Hand ist »Empfindungsträger« (Alloa/Depraz 2012, S. 20), mit der einerseits das Ergriffene in seinen natürlichen Qualitäten (Härte, Oberflächentextur, Feuchtigkeit usw.) wahrgenommen wird, während sie sich selbst andererseits zugleich als das Wahrnehmende spürt. Dabei ist die Wahrnehmung kinästhetisch, d. h. bewegend als bewegte und bewegende Äußerung des Leibes in seiner vorsprachlichen Präsenz (vgl. HUA IV, S. 146).

Unter übungstheoretischer Perspektive lassen sich im Handeln von Moritz zwei Aspekte herausarbeiten: Die negative Erfahrung einer Widerständigkeit und »Unzuhandenheit« (Heidegger 2001, S. 72) im Umgang mit der Flasche und der elementare Zusammenhang von Greifen und Begreifen.

Der Deckel entgleitet Moritz' rechter Hand und springt fort, die Flasche fügt sich nicht seiner zugreifenden linken Hand usw. Der Gebrauch wird ›schwierig‹. Flasche und Deckel drängen sich gleichsam in ihrer Widerständigkeit auf. Sie fordern auf, es noch einmal zu probieren. Damit kommen im Vollzug negative Erfahrungen (▶ Kap. 4), also Momente der »Unzuhandenheit« (Heidegger 2001, S. 72), Widerstände und Störungen in den Blick. Mit Heidegger lässt sich hier der Unterschied zwischen Vorhandenem (zum Beispiel der Küchenmöbel) und Zuhandenem (der Flasche, des Deckels) erläutern. Das kulturell und praktisch Zuhandene basiert auf einer Um-zu-Struktur (vgl. ebd., S. 68 ff.; ▶ Kap. 5.1.2). Diese Um-zu-Struktur wird im Gebrauch kultureller Dinge sinnfällig. Moritz verwendet die Flasche und den Deckel nicht als bedeutungsloses Objekt, auch nicht instrumentell, sondern als bedeutsames Ding, als »Zeug« (ebd.). Heidegger macht deutlich, dass diese Widerständigkeit der Dinge anregt, unsere Perspektive auf den Vollzug im Gebrauch und auf die Erfahrungen dabei zu richten (vgl. ebd., S. 73).

Moritz spürt beim Greifen aber nicht nur den Deckel und die Flasche auf eine bestimmte (unsichtbare) Art und Weise und macht dabei auch eine Erfahrung der »Unzuhandenheit«. Er spürt auch sich selbst, genauer: seine Hände beim Greifen, Zugreifen – und auch beim Begreifen. Denn die Hand ergreift nicht nur, sie begreift auch. Es gibt, wie Heidegger zeigt, einen elementaren Zusammenhang von Handeln (Greifen, Ergreifen) und Reflexivität (Begreifen). Heidegger zeigt, dass wir es im Handeln mit einer vor-sprachlichen Form von Reflexivität im Handeln zu tun haben. Damit wird eine elementare Verbindung von Ergreifen und Begreifen bzw. von Leib und Denken deutlich: »Jede Bewegung der Hand in jedem ihrer Werke trägt sich durch das Element, gebärdet sich im Element des Denkens. Alles Werk der Hand beruht im Denken« (Heidegger 2002, S. 19). Denken ist eine Sache der Tat, eine Sache der Situierung des Leibes und eine Sache der Beziehung zu den Dingen. Hand und Handeln im Sinne des Sich-Gebärdens und Denkens gehören zusammen (vgl. Brinkmann 2019c). Die Selbstwahrnehmung basiert also auf einem elementaren kinästhetischen Zurückgebeugtsein auf sich selbst. Sie verbürgt kein Selbstbewusstsein, sondern ein Können, das sich übend zu einer Haltung formieren lässt (▶ Kap. 8.4). Üben als ein Sich-selbst-üben »formiert« bzw. bringt »in Form«. Damit kündigt sich der elementare Zusammenhang von Bewegen, Üben und Bildung an, der in diesem Buch als Praxis der Selbstsorge in Kapitel 6 und als interkorporales Urteilen in Kapitel 8.4 herausgearbeitet wird.

Die *formatio* von Moritz als leiblich-bewegende Verkörperung (▶ Kap. 5.1) manifestiert sich in seiner Auge-Hand-Koordination. Diese ist, Polanyi zufolge, Ausdruck eines »impliziten Wissens« (Polanyi 1985), das sich als »fokales Bewusstsein« (Neuweg 1999, S. 187) äußert (▶ Kap. 5.1). Merleau-Ponty spricht in ähnlicher Weise von einem »intentionalen Bogen« (Merleau-Ponty 1974, S. 164) des Körperschemas. »Fokales Bewusstsein« bzw. »intentionaler Bogen« äußern sich in intentionalen Verkörperungen. Sie richten sich primär auf das Intendierte und nicht auf das Objekt. Im Hämmern wird der Nagel (nicht der Hammer) fokussiert; der Seiltänzer schaut auf das Ende des Seils, nicht auf seine Füße. Bei Moritz sieht man deutlich, dass mit der Fokussierung im intentionalen, wiederholenden »Bogen« sowohl eine Gespanntheit im Körpertonus als auch eine Gelöstheit im mimischen und gestischen Ausdruck einhergeht. Diese angespannte Entspannung oder entspannte Anspannung könnte auf eine Selbstvergessenheit hindeuten, die Csíkszentmihályi als Flow bezeichnet (vgl. Csíkszentmihályi 1991, S. 61). Ich habe diese nur scheinbar paradoxe Struktur im chinesischen Üben (▶ Kap. 3) und in meditativen, achtsamen Übungspraxen (▶ Kap. 6) als Grundmoment der Erfahrung im Üben herausgestellt. Es kommt dann zu einer Verschmelzung von Handlung und Bewusstsein, zu einer Fokussierung der Aufmerksamkeit auf ein beschränktes Feld und gegebenenfalls sogar zu einer euphorischen Stimmung. Diese hatte ich temporalphänomenologisch weiter untersucht und als existenzielle Performativität bestimmt (▶ Kap. 5.2.4). Um-zu-Struktur, Unzuhandenheit und Flow sind Kennzeichen wiederholenden Übens (▶ Kap. 1.6). Moritz übt und übt sich – das zeigt sich in der wiederholten Tätigkeit. Die sinnvolle Wiederholung kann keine einfache Repetition desselben und auch keine Prozeduralisierung vormals gespeicherter, kognitiver Regeln sein. In der Wiederholung kehrt nicht dasselbe noch einmal identisch wieder. Vielmehr wird im Wiederholen das Wiederholte verändert. Zur Wiederholung gehören Veränderung, Variation bzw. »Verschiebung« (Derrida 2001) hinzu. Es handelt sich also um eine »Wiederkehr eines Ungleichen als eines Gleichen« (Waldenfels 2001; ▶ Kap. 5.2).

Deutlich ist auch, dass die Wiederholung bei Moritz eine anstrengende und fordernde Tätigkeit ist, die Ausdauer, Selbstüberwindung und Fehlertoleranz verlangt. Geübt wird nur dann, wenn man »es« noch nicht kann, wenn sich im Tun Störungen, Momente der Auffälligkeit und Widerständigkeit bzw. »Unzuhandenheit« zeigen. Moritz ist in seinem gekonnten Tun mit der Flasche zugleich mit seinem Nicht-Können konfrontiert. Flasche und Deckel offenbaren im Gebrauch ihre »Unzuhandenheit«. Negative Erfahrungen gehören zum Üben hinzu und sind bedeutsame Anlässe für Transformation, Umlernen und Umüben (▶ Kap. 4). Neben Wiederholung, Negativität und Erfahrung von »Unzuhandenheit« ist bei Moritz der Wechsel von Isolation und Komposition zu beobachten – ein weiteres Kennzeichen des Übens (▶ Kap. 1.7 und 7.3). Mit der Begrenzung und Isolierung kann sich die oder der Übende auf ein Thema, eine Sache und eine Aufgabe fokussieren. Mit der Isolierung wird zudem erreicht, dass in der Fokussierung eine Konzentration bzw. eine Polarisation eintritt. Wie ich in Kapitel 7.3 deutlich gemacht habe, garantiert allein die Isolierung noch keine sinnvolle Übung. Es muss zusätzlich der Situations- und Gestaltbezug einbezogen werden. D. h., das isolierte Detail muss wieder in den Zusammenhang gebracht werden, sonst läuft die Übung Gefahr, zum stupiden Drill oder zur Automatisierung zu werden. Bei Moritz ist deutlich zu erkennen, dass er im fokussierten und polarisierten Hantieren mit der Flasche immer wieder einen bestimmten Bewegungsablauf variiert. Die einzelnen Bewegungselemente werden also von ihm zu einer kinästhetischen Bewegung (Husserl) zusammengefügt, ohne dass wir sagen könnten, zu welchem Zweck dies geschieht. Moritz gibt damit seinem Handeln in der Wiederholung und mit der Rekomposition der Elemente eine neue »Gestalt« (Koffka). Zugleich zeigt sich ein viertes Element der Übung. In die Wiederholung werden Momente der Variation eingestreut. Es werden durch Verlangsamung und Verzögerung Rhythmisierungen und Unterbrechungen eingefügt. Dies geschieht gegebenenfalls dadurch, dass durch die Widerständigkeit des Materials der Handlungsablauf unterbrochen wird, und auch dadurch, dass – bei Moritz deutlich zu sehen – der Körper in eine neue Position gesetzt wird.

Zusammenfassend: Die kleine Beschreibung und Interpretation von Moritz' Tätigkeiten (vgl. Brinkmann 2019c) zeigt deutlich, dass es sich hier um eine Übung handelt. Diese wird quasi spielerisch, in entspannt-angespannter Konzentration durchgeführt. Moritz übt etwas, indem er sich übt. Dies alles findet statt unter Bedingungen von negativen Erfahrungen wie »Unzuhandenheit«, etwa wenn die Flasche, der Stift oder das Legosteinchen entgleitet und sich als widerständig erweist. Hier setzt das Üben an, eine Praxis, in der eine Fertigkeit (das gekonnte Halten der Flasche, des Stifts usw.), eine Fähigkeit (Aufmerksamkeit, Konzentration) und eine Haltung (Fehlertoleranz, Gelassenheit usw.) erworben werden kann – durch Wiederholung.

Diese bildungstheoretische Dimension des Übens bleibt in den Forschungen zur frühen Kindheit oftmals unberücksichtigt, obwohl sie sich sehr deutlich in der alltäglichen Praxis kindlich-wiederholenden Lernens zeigt. Hier wären erziehungs- und übungstheoretische Überlegungen für eine Pädagogik und Didaktik des Übens anzuschließen, ähnlich wie ich es in Kapitel 7 in Bezug auf Schule und Unterricht vorgeführt habe. Eine Pädagogik und Didaktik des Übens im Bereich der frühen Bildung aber steht noch aus.

8.1.2 Sportpädagogische Perspektiven

Gerade im Sportunterricht spielt Üben eine kaum zu unterschätzende Rolle (vgl. zum Folgenden Giese/Brinkmann 2021). Traditionell gilt Üben als zentrale Praxis und Hauptmethode der Körpererziehung (Trogsch 1961), die nach Wiemeyer und Wollny (2017) bis zu Guts-Muths und Jahn zurückverfolgt werden kann. Obwohl kaum eine Unterrichtsstunde ohne Üben auskommen kann, kann man feststellen, dass Üben in der Sportpädagogik eine vergessene und verkannte Praxis zu sein scheint. In allen relevanten Theorien und Konzepten fehlt eine systematische und theoretisch elaborierte Auseinandersetzung mit dem Üben. Diese Diagnose ist einerseits nicht überraschend, gehört doch das Üben zu den in der Erziehungswissenschaft und (Fach-)Didaktiken seit langem stark vernachlässigten Feldern (vgl. Brinkmann 2012). Eine bildungs- und erziehungstheoretische Aufarbeitung des Übens, die seine produktiven und kreativen Potenziale würdigt und sich von den verbreiteten psychologischen Lernmodellen und ihren Applikationsdidaktiken abgrenzt (▶ Kap. 4.3), steht auch in der Sportpädagogik bis heute noch aus (vgl. Söll 2005, S. 267). Ein bildungstheoretisch orientierter Zugang zum Üben, wie er in diesem Buch vorgeschlagen wird, macht deutlich, dass nicht nur Fertigkeiten, sondern auch Fähigkeiten im Üben erworben werden können, dass also im Einüben einer Fertigkeit auch das Ausüben einer Fähigkeit stattfindet. Üben ist also nicht nur Etwas-Üben, sondern immer auch ein Sich-selbst-Üben, bei dem man sich »in Form« bringt und sich eine Form gibt. In dieser *formatio* gestaltet die oder der Übende ihr oder sein Verhältnis zu sich, zu Anderen und zur Welt. Üben ist eine Praxis, in der eine Fertigkeit (z. B. Fahrrad fahren, Tennis spielen), eine Fähigkeit (Konzentration, Achtsamkeit, Sozialverhalten) und eine Haltung (Fehlertoleranz, Gelassenheit usw.) erworben werden kann – durch Wiederholung.

In der Sportpädagogik wurden, oftmals in großer Nähe zu den Trainingswissenschaften, die perfektions- und leistungsbezogenen Aspekte des Übens hervorgehoben. Üben wird auf das »Beherrschen von sportlichen Fertigkeiten« (Ehni 1985, S. 21) reduziert und »die Optimierung von Bewegungsabläufen bzw. Bewegungsfertigkeiten« (Söll 2005, S. 265) hervorgehoben. In Übungen geht es danach »durch gezieltes Unterweisen um den Erwerb und die Verbesserung sportlicher Fertigkeiten« (Balz/Kuhlmann 2015, S. 85) sowie um den »wiederholte(n) Vollzug von (Bewegungs-)Handlungen mit dem Ziel ihrer Aneignungen und Vervollkommnung« (Schnabel et al. 2014, S. 291). Insbesondere die Trainingswissenschaften können ein reichhaltiges, empirisch belegtes, methodisches und analytisches Repertoire vorweisen, dessen Hauptkennzeichen darin besteht, zur Optimierung für den sportlichen Wettkampf beizutragen. Der Wettkampf, also der selektive und in Ranglisten dokumentierte Leistungsvergleich zwischen Sportlerinnen und Sportlern oder Mannschaften einer Sportart, ist die »Zielgröße sportlichen Trainings« (ebd., S. 445). Sportliches Training kann als didaktisch angeleitetes, optimierendes Training komplexer motorischer Fertigkeiten unter Druckbedingungen (Präzisionsdruck, Zeitdruck, Komplexitätsdruck, Situationsdruck, Belastungsdruck) bezeichnet werden (vgl. Hohmann et al. 2002).

Die Sicht auf das Üben wird in den Beispielen aus Sportpädagogik und Trainingswissenschaft vornehmlich geprägt durch kognitivistische Lerntheorien, die die primären und produktiven Anteile des Übens nicht erfassen können (▶ Kap. 4.3). Erstens wird damit die Perspektive auf Üben auf das Ergebnis reduziert. Erfahrungen und Prozesse im Üben kommen dabei wenig in den Blick (▶ Kap. 5 und 7). Negative Erfahrungen und auch produktive Anlässe von Üben sowie Umüben und Überlernen (Schnabel et al. 2014, S. 250) können nicht erfasst werden (▶ Kap. 1 und 4). Zweitens wird das Ergebnis an der Norm des Erfolges orientiert, sodass nicht eine Kultivierung von Fähigkeiten und Fertigkeiten, sondern eine Optimierung von Leistungen im Fokus steht. Damit aber wird eine pädagogische oder diagnostische Möglichkeit der Erfassung von Nicht-Können in seinen individuellen Abstufungen und individuellen Horizonten schwierig. Ob überhaupt Erfolg, Perfektionierung und Optimierung als ausschließliche Ziele sportlichen Übens pädagogisch sinnvoll sind oder ob sich hier eine Politik des Selbst und der Optimierung formuliert, die Fehler, Scheitern, Mittelmaß und Normalbiographie ebenso ausblendet wie gesellschaftliche, soziale und individuelle Kontexte, sofern sie nicht affirmativ das Ziel und die Norm der Optimierung bestätigen, bleibt unklar (▶ Kap. 7.2).

Aufgrund der dekontextualisierten Perspektive ist es nicht verwunderlich, dass auch in der Sportpädagogik mit dem Üben Stumpfsinn, Drill und Automatisierung verbunden werden. Trainiert wird oftmals in isolierten Bewegungsreihen wie etwa zur Übung des Volleyballspiels (▶ Abb. 16).

Die Übung wird von ihrem Zusammenhang im Spiel abgekoppelt und der Bewegungsablauf in Einzelteile zergliedert. Die Übung konzentriert sich auf isolierte, dekontextualisierte Elemente, etwa Armhaltung ohne Ball im Sitzen, dann Übungen mit Ball, aber ohne Spielhandlung, dann Pritschen usw.

Aus Sicht der Übungstheorie lässt sich sagen: Sowohl Beschränkung der Situation und Vereinfachung der Handlung als auch Begrenzung der Wahrnehmung und des inhaltlich-stofflichen Umfangs der Übungen sind Voraussetzung erfolgreichen Übens. Aber dieser technische Aspekt, der v. a. von behavioristischen, kognitivistischen und intellektualistischen Modellen auf der epistemologischen Grundlage von Information, Begriff oder Regel favorisiert wird (▶ Kap. 4.3), kommt in die Gefahr einen »didaktischen Kategorienfehler« (Neuweg 2006) zu begehen. Um diesen zu vermeiden, muss gleichzeitig zu Isolierung, Zerlegung und Vereinfachung der Gestalt-, Struktur- und Situationsbezug im Zeit- und Orientierungsraum der Übung gesehen und einbezogen werden. Das isolierte Detail muss in den Zusammenhang des Ganzen gebracht werden, sonst läuft die Übung Gefahr, zum stupiden Drill oder zur stumpfen Automatisierung zu verkommen (▶ Kap. 7.3).

Ein Beispiel aus dem Schultennis zeigt, wie dieser Zusammenhang als authentische Spielsituation in einer Übung hergestellt werden kann. Um zunächst die Fähigkeit der Ballbeherrschung einzuüben, wird in Kleinfeldern mit Methodik-

8.1 Bewegen üben

Abb. 16: Das obere Zuspiel beim Volleyball (Meyndt et al. 2003, S. 46; © VSD GmbH – Arnold Schulz – Der Volleyballtrainer). Mit freundlicher Genehmigung von Arnold Schulz.

bällen und -schlägern gespielt, die eine leichtere Ballkontrolle erlauben (vgl. Hasper 2008). Ziel ist es, einen möglichst langen Ballwechsel zu realisieren. Die Schwierigkeit wird langsam erhöht. In einer zweiten Phase wird das Netz erhöht, um das Spiel zu verlangsamen. Zusätzlich legt die Lehrkraft in der Mitte jedes Spielfelds Zeitungsseiten als Zielzonen aus, wodurch die Bälle in der Mitte des Feldes fokussiert werden und mehr Bälle im Feld bleiben. Geübt werden hier nicht einzelne isolierte Fertigkeiten, sondern Spielfähigkeit in vereinfachten, authentischen Übungssituationen.

Sinnvoll geübt wird also erst dann, wenn zusammen mit der Isolation die Komposition stattfinden kann. Die Wiederzusammensetzung ist weder eine Prozeduralisierung von Gedächtnisinformationen nach kausalen Regeln (▶ Kap. 4.3) noch eine simple Addition der Teile, noch eine ganzheitliche Zusammenschau. Sie ist vielmehr die Rekomposition der Elemente zu einem Ganzen unter neuen Bedingungen und mit einer neuen Perspektive auf das Gekonnte und Gewusste auf der Grundlage des Vorwissens und Vorkönnens der Schülerinnen und Schüler. Es findet also eine Variation statt, die ständig neu graduiert werden kann. Diese Kultivierung der Fertigkeit korrespondiert mit einer Formierung der Persönlichkeit. So kann in der Wiederholung eine Veränderung der Gestalt, Struktur und Situation stattfinden – sowohl der oder des Übenden selbst als auch ihres oder seines Könnens.

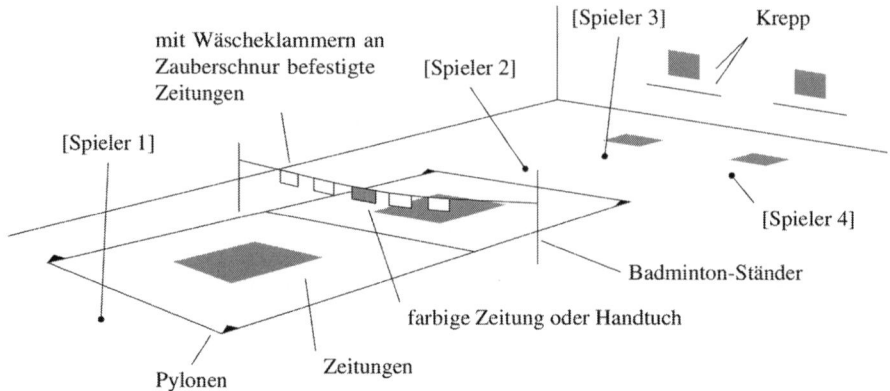

Abb. 17: Anfängergemäße, authentische Spielfähigkeit initiieren (Hasper 2008, S. 271).

Ich habe in diesem Buch deutlich gemacht, dass aus einer bildungstheoretischen Perspektive v. a. negativen Erfahrungen im Üben eine entscheidende Rolle nicht nur für die *formatio*, sondern auch für die Transformation sowohl des Könnens als auch des Übenden selbst zukommt (▶ Kap. 1.3, 4.2, 7.3). In der erfolgsorientierten Perspektive des Sports werden diese Erfahrungen in ihrem produktiven Potenzial wenig gewürdigt und die perfektionszentrierte Sicht auf das Üben zeigt nur eine Facette dieser Praxis. Nimmt man statt der Ergebnisse und der Erfolge den Prozess in der Erfahrung des Übens in den Blick, dann ergibt sich ein anderes Bild: Geübt wird nämlich, wenn man die angestrebte Fähigkeit und Fertigkeit noch nicht »kann«, wenn man scheitert und es aufs Neue versucht. Übung und ihre Wiederholung basieren auf einem Nicht-Können, das überwunden werden soll – durch Übung. Deshalb ist Üben eine anstrengende und fordernde Tätigkeit, die Ausdauer, Selbstüberwindung und Fehlertoleranz verlangt.

Ich habe gezeigt, dass diese negativen Erfahrungen, also Erfahrungen der Irritation, Enttäuschungen, von Stolpersteinen, Nicht-Können oder Fehlern, als – sehr positive – Voraussetzungen von Lernen, Bildung bzw. von Umlernen (Meyer-Drawe 2008), Blickwechsel (Benner 2012), Transformation (Koller 2012) bzw. von Umüben (Brinkmann 2012) gesehen werden können (▶ Kap. 4). Negative Erfahrungen ergeben sich auch im sog. Überlernen (Schnabel et al. 2014) oder dem Umlernen bzw. Umüben motorischer und koordinativer Fertigkeiten: Übt man eine Zeit lang nicht, dann kommt es teilweise zum Verlust oder Vergessen, was wiederum ein erneutes Üben erfordert. Als Strukturen sind negative Erfahrungen für das Üben elementar. In der bildenden Erfahrung kann die leibliche *formatio* transformiert werden – eine Veränderung von Körperschema, Habitus und Bewegungsgewohnheit wird möglich (vgl. Rödel 2018, Brinkmann 2019c; ▶ Kap. 7).

8.1.3 Leibphänomenologische und erfahrungstheoretische Grundlagen des Übens im Sport

Die kritische Auseinandersetzung mit empiristischen und kognitivistischen Wahrnehmungs- und Lernkonzeptionen führte schon in der Gestaltpsychologie der 20er und 30er Jahre des 20. Jahrhunderts zu einer Betonung einer ganzheitlichen Erfahrung (▶ Kap. 5.1). Der Begriff der Gestalt umschreibt den Umstand, dass es auf das Verhältnis der einzelnen Wahrnehmungen und Erfahrungen zueinander ankommt, auf ihre Bedeutung, ihren Sinn. Wird dieser verändert, ändert sich auch die »Struktur des Verhaltens« (Merleau-Ponty 1976). In einer Struktur- bzw. Gestaltwahrnehmung stehen Teil und Ganzes in einem Entsprechungs- und Verweisungsverhältnis. Folglich ist »Übung (…) Ausbildung, im weitesten Sinne, einer Struktur, nicht die Festigung eines Bandes« (Koffka 1921, S. 177). Mit anderen Worten, das mechanische, repetitive Üben von einzelnen, isolierten Bewegungen führt nicht dazu, dass die Bewegung in einer Anwendungssituation gekonnt wird. Vielmehr bildet sich beim Üben von komplexen motorischen Handlungen wie Tennisspielen, Radfahren oder Schwimmen »allmählich eine ›Bewegungsmelodie‹ heraus, die nicht aus selbständigen Stücken besteht, sondern ein gegliedertes Ganzes bildet« (Koffka 1921, zitiert nach Weise 1932, S. 191). Wiederholendes Üben durch Struktur- und Gestaltbildung ist daher nur situativ umzusetzen.

Es wurde mehrfach darauf hingewiesen, dass die geübte Bewegung auf »implizitem Wissen« (Polanyi) basiert, d. h. auf der Nicht-Explizierbarkeit gestalthafter Wahrnehmung und Praxis. Wir können einen Nagel nur einschlagen, wenn wir unsere Aufmerksamkeit auf den Nagel richten, nicht auf den Hammer. Wir können eine Treppe nur hochgehen, wenn wir uns auf das Ziel fokussieren, nicht auf die einzelnen Stufen. Wir können nur Fahrrad fahren, wenn wir uns auf die Richtung des Fahrens konzentrieren und nicht auf die einzelnen Verrichtungen des Fahrens. Polanyi zeigt: Würden wir den proximalen Term (Einzelheiten, Informationen, erste Person) fokussieren, würden wir diesen nicht nur nicht explizieren können, sondern unser Handeln würde scheitern: Wir würden uns auf den Finger schlagen bzw. stolpern oder hinfallen. Hier findet sich also die wahrnehmungstheoretische Begründung des bekannten Tausendfüßlerphänomens. Explizites, regelhaftes Wissen kann daher dem Können hinderlich sein. Im Handeln und damit auch im Üben ist implizites Wissen als praktisches Können primär, verbal explizites und formalisiertes Wissen hingegen sekundär (Neuweg 1999, ▶ Kap. 5.1.2).

Deswegen kann ein Können oder ein Üben nicht ausschließlich in Form von Regeln, Gesetzen oder Schemata dargestellt werden. Es gibt keine expliziten Regeln für das Erlernen von Radfahren, Volleyball- oder Tennisspielen. Anders gesagt: Auch wenn man die Spielregeln vom Volleyball oder Tennis beherrscht, kann man noch kein Volleyball oder Tennis spielen.

Ich habe mit Merleau-Ponty die dynamischen und praktischen Aspekte von Leib und Leiblichkeit herausgearbeitet (▶ Kap. 5.1.4). Motorische Bewegungen sind als leiblich-intentionale Akte in den Sinn- und Bedeutungsraum der Welt eingelassen. Die Einheit des Leibes stellt sich in der Tätigkeit her. Erst in der Gesamtgestalt des Leibes und in der konkreten Bewegungs- und Handlungssituation »emergiert« das Körperschema als »System« (Merleau-Ponty 1974, S. 71). Zuerst ist Wissen inkorporiertes Wissen bzw. geübtes Können, wenn es »der Leib (...) verstanden hat« (ebd., S. 168). Durch Wiederholungen »lagern« sich Bedeutungen ab, »prägt« sich Sinn ein: Man erwirbt einen Habitus. Nur durch wiederholtes Tun prägen sich Gewohnheit (*hexis*) und Habitus aus. Erst in der Wiederholung und in der gezielten Wiederholung werden die Gewohnheiten, die Sedimentierungen und Habitualisierungen zu dem, was sie sind: leiblich-bewegte und bewegende Dispositionen der Wahrnehmung, der Bewegung und des Denkens in der sozialen Welt.

Daraus folgt für eine Didaktik der Übung (▶ Kap. 7.3): Nicht alles Wissen ist in Können überführbar. Das Explikationsproblem führt zu einem Instruktionsproblem. Leibliches Können kann man nicht aus Regeln lernen, sondern nur, indem man es tut. Das bedeutet, es handelt sich um einen didaktischen Kategorienfehler (Neuweg), wenn man Bewegungskönnen über isoliertes, mechanisches Training lehren möchte. Nur ein instrumentalistisches Theorieverständnis führt, so Neuweg, zur didaktischen Forderung, dass in »Lehr-Lern-Prozessen (...) explizites Wissen zu vermitteln ist«, um die »Bewusstheit der Informationsverarbeitung sicherzustellen« (Neuweg 1999, S. 91 f.). Intellektualistische Didaktiken, die auf Informationsverarbeitung, Bewusstwerdung und Explikation von implizitem Wissen setzen, verkennen die Tatsache, dass Bewegungen intentional, situativ und gestalthaft erlernt werden. Nicht Regeln sichern das künftige Können, sondern gestalthaftes und situatives Verstehen des Leibes, das sich in einer »Gestalt« (Koffka), einem »Körperschema« (Merleau-Ponty) bzw. in einem »impliziten Wissen« (Polanyi) ausdrückt. Einüben und Ausüben gehören zusammen, indem man an sich selbst übt.

Zusammenfassung: Übungen im Bereich des Bewegungslernens sind elementar wichtig. Mit ihnen wird der Leib formiert, in Form gebracht: Der Mensch gibt sich damit eine Form. Motorisches Üben steht in der erfahrungs- und bildungstheoretischen Perspektive nicht im Gegensatz zum intellektuellen, mentalen Üben. Vielmehr, das macht das Beispiel aus der frühen Bildung mit Moritz deutlich, ist Bewegung sowohl eine leibliche als auch eine geistige Tätigkeit, die jeweils ineinander umschlagen (Husserl). Deshalb stehen Greifen und Begreifen, Bewegen und Verstehen in einem relationalen Zusammenhang, der nur dann nicht gesehen wird, wenn intellektualistische Modelle der Wahrnehmung und der Kognition oder kognitivistische Lerntheorien angewendet werden. In leibphänomenologischer Perspektive hingegen ergeben sich eine Reihe von zentralen Einsichten für das Üben und eine Didaktik der Übung (▶ Kap. 7.1): von der Um-zu-Struktur in der fokussierten und proximalen (Polanyi) Auge-Hand-Koordination, die ein reflexives Üben ermöglicht, über die Dialektik von Komposition und Rekomposition bis hin zu den negativen Erfahrungen im Üben – die bildende, d. h. die formierende und transformierende, Erfahrung ermöglichen. All das macht deutlich, dass wir es mit einer produktiven Lernform zu tun haben, deren Bedeutung in der Pädagogik der frühen Kindheit und im Sport nicht zu unterschätzen ist.

8.2 Imaginieren üben – Ästhetische Bildung, Kreativität und Phantasie

Jede Künstlerin und jeder Künstler, jede und jeder Kreative – das zeigt die Übungs- und die Kreativitätsforschung sowie die Expertiseforschung (▶ Kap. 2.1) – hat geübt. Die Erfahrung von Flow, Polarisation und Selbstvergessenheit ergibt sich nur auf der Basis von geübtem Können. Es wird geübt, es wird auch im Bereich der Kunst geübt und immer weiter geübt. Kreativität und Wiederholung, Inspiration und Transpiration stehen nicht in einem Gegensatz. Vielmehr kann und muss auch Imagination, Kreativität und Phantasie geübt werden. Sie sind nicht in erster Linie angeboren und damit eine genetische Ausstattung von flexiblen und weiter zu optimierenden Individuen. Sie können vielmehr ausgebildet, kultiviert, d. h. geübt werden. Ich möchte im Folgenden zeigen, dass Einüben und Ausüben von Imagination, Kreativität und Phantasie ein leiblicher Akt, insbesondere der Wahrnehmungsfähigkeit ist. Es geht also wiederum um eine leiblich basierte Praxis, die besonders die Wahrnehmung und die Wahrnehmungsfähigkeit – die Sinne – betrifft. Auch diese werden geübt. Es existiert in der Kunst und in der Kunstpädagogik eine lange Tradition des Übens, zum einen in expertisierter Form, zum Beispiel im Kontext der Bauhauspädagogik (Holländer/Wiedemeyer 2019), zum anderen auch und vor allem in Form einer »Pädagogik im Verborgenen« (Bach 2019).

Denn das Verhältnis von Pädagogik und Ästhetik und noch mehr das von methodischer Übung und freiem Spiel der Einbildungskraft (Kant 1977b) ist, wie ich zunächst zeigen möchte, von Widersprüchlichkeiten durchzogen. Auf der einen Seite proklamieren Künstlerinnen und Künstler und Praktikerinnen und Praktiker in der kulturellen und ästhetischen Bildung eine Abwesenheit pädagogischer Implikationen und Intentionen in ihren Werken, Praktiken und Konzepten (vgl. Brinkmann 2013c). Dies hat eine lange Tradition. Bereits seit Schillers wirkmächtiger Schrift *Über die ästhetische Erziehung des Menschen* (1795/2001) werden ästhetische Praktiken und Erfahrungen mit Spiel, Freiheit und Autonomie verbunden und der edukativen Praxis entgegengestellt – ein Dual, der sich bis in die Gegenwart durchzieht. Auf der anderen Seite wird Projekten und Konzepten der kulturellen und ästhetischen Bildung fast schon mythische Heilswirkung zugeschrieben. Mit ihnen sollen institutionelle und gesellschaftliche Missstände verbessert, individuelle Bildungsmöglichkeiten erweitert und pädagogische Ziele »spielerisch« umgesetzt werden. Mit ästhetischer oder, wie es nun heißt, »kultureller« Bildung verbinden sich im pädagogischen Diskurs Ganzheits-, Einheits- und Freiheitsvorstellungen, die die Möglichkeiten ästhetischer Bildung und Erziehung mit Wünschen, Hoffnungen und Utopien überfrachten. Die tradierten »Versprechungen« (Ehrenspeck 1998) ästhetischer Bildung und Erziehung sind zu »Mythen kultureller Bildung« (Rat für Kulturelle Bildung 2013) geworden (vgl. Brinkmann/Willat 2019).

Obwohl also Pädagogik und Ästhetik, Üben und Kreativität oftmals als Gegensätze konstruiert werden, verbinden sich mit künstlerischen Ambitionen häufig implizite Erwartungen, die sich auch auf Pädagogisches beziehen. Gleichzeitig gibt es auch im Pädagogischen Ansichten, die ihrerseits das Pädagogische strikt vom Ästhetischen trennen, da sie, so das wirkungsmächtige Verdikt Mollenhauers, nicht in die »pädagogische Kiste« (Mollenhauer 1990, S. 484) passten. Gerade aufgrund der die Freiheit einschränkenden pädagogischen Ziele und Praktiken sowie aufgrund der institutionellen Bedingtheiten seien in pädagogischen Zusammenhängen keine ästhetischen Erfahrungen möglich. Ästhetisches erweise sich vielmehr als »Sperrgut« (ebd.) des Pädagogischen. Pädagogische Tätigkeiten und die Kunstpädagogik müssten daher darauf verzichten, ästhetische Erfahrungen anregen zu wollen, vielmehr müssten sie auf eine Propädeutik begrenzt werden.

Die Frage nach dem Verhältnis von Pädagogik und Ästhetik führt also in ein widersprüchliches Feld zwischen der Marginalisierung ästhetischer Bildung auf der einen und ihrer Mythisierung, Entgrenzung und damit ihres Unkenntlichwerdens auf der anderen Seite. Oftmals aber werden Gegenstand, Felder und Praktiken kultureller und ästhetischer Bildung in ihrem Bezug zum Pädagogischen und in ihrer impliziten oder expliziten Normativität nicht ausreichend thematisiert und reflektiert (vgl. Rat für Kulturelle Bildung 2015).

Der vermeintliche Dual von Pädagogik und Ästhetik aber wird im Zeitalter des »ästhetischen Kapitalismus« (Reckwitz 2011) zunehmend problematisch. Im Zuge einer Ästhetisierung von Praktiken, Gegenständen und Denkformen scheint inzwischen alles irgendwie mit Kreativem und Künstlerischem verbunden. Die Entgrenzung der kulturellen, technischen, wissenschaftlichen und ökonomischen Produktionsformen und die allgegenwärtige Beschwörung von Kreativität, von Spielerischem und von Autonomie macht auch vor dem Pädagogischen nicht halt. Die Pathosformeln vom kreativen, autonomen und spielerischen Lernen sind ubiquitär geworden. Die allgegenwärtige Beweihräucherung des Selbst (Selbsttätigkeit, Selbstlernen, Selbstwirksamkeit usw.) in pädagogischen Zusammenhängen, insbesondere in schulischen und vorschulischen Kontexten, passt sich in die Ästhetisierung, Funktionalisierung und Ökonomisierung gesellschaftlicher und sozialer Praktiken ein. Bildung und Erziehung werden als Subjektivierungspraktiken (Ricken et al. 2019) in den Prozess der unternehmerischen (Bröckling 2007) und ästhetischen Selbstoptimierung (Reckwitz 2018) hineingezogen. Erziehung und Übung scheinen dann als Zumutungen und als Unworte zu gelten, die aufgrund ihrer Verbindung von Intentionalität und Normativität unter der Perspektive der Beschwörung des Selbst grundsätzlich in Verdacht geraten, ausschließlich zu disziplinieren und zu unterwerfen (vgl. Reichenbach 2018). Auch in der kreativitätsverliebten »Sprache des Lernens« (Biesta 2008) scheint unter Bedingungen der spätmodernen »Wissensgesellschaft« Üben nichts zur allenthalben gepriesenen Eigenaktivität, Selbsttätigkeit bzw. Selbstorganisation beitragen zu können. In den Schulen, zu Hause und in kreativen Feldern wird zwar nach wie vor geübt, das Üben selbst aber wird oft als lästiges Beiwerk selbstorientierter Lernprozesse gesehen. Übung gilt als sekundäre und reproduktive Lernform, die Ergebnisse sichert und in weiteren Durchführungen Wissen als Können einschleift, nicht aber Lernanfänge fördert, Horizonte aufreißt und Neues bereitstellt. Die Mühen und die Last des Übens werden als notwendiges Übel einer unbeliebten Lernform betrachtet.

In Zeiten des Spätkapitalismus verstärkt sich also das Spannungsverhältnis zwischen Pädagogischem und Ästhetischem. Gleichzeitig finden beide in den Tendenzen der Ästhetisierung und der Pädagogisierung des Selbst zusammen, hier vielfach versteckt, verborgen und unausgesprochen. Lernen wird zunehmend abgelöst von den sozialen, situativen und intersubjektiven Kontexten. Damit wird es zu einer Frage und zum Problem des lernenden Subjekts, das die Verantwortung für Erfolg und Scheitern selbst trägt. Zugleich wird es zu einem Gegenstand formalisierender, objektivierender und intellektualistischer Theorien (▶ Kap. 4.3). Lernen und Üben werden daher subjektiviert und gleichzeitig objektiviert. Gegebenenfalls passen sich sogar die Absichtserklärungen und Abgrenzungsbemühungen funktional in eine allgemein-kulturelle, kapitalistische Ästhetisierung ein. Die Strategien der Aktivierung und Optimierung lassen sich als Technologien des Selbst verstehen, mit denen im Sinne der Subjektivierung menschliche Ressourcennutzung entfesselt und zugleich im Sinne der Objektivierung kontrolliert werden kann – ohne allerdings die pädagogischen, widerständigen Momente zu beachten (vgl. Thompson/Weiß 2008).

Dieser vermeintliche Dualismus zwischen Pädagogik und Ästhetik, Üben und Kreativität schwankt also zwischen Objektivierung, Optimierung und Isolierung einerseits und der pathetischen Beschwörung von Kreativität und Ganzheitlichkeit andererseits.

Die Pädagogik und Didaktik der Imagination haben eine lange – fast vergessene – Geschichte, zu deren Wiederentdeckung hier beigetragen werden soll. Vorausgesetzt wird dabei, dass Imagination – Einbildungskraft oder Phantasie – weder auf Abbildern einer »Wirklichkeit« beruht noch der theoretischen Vernunft entspringt. Imaginationen entstehen vielmehr in einem synästhetischen Zusammenspiel leiblich-sinnlicher Kräfte. Vorstellungen, Einbildungen und Phantasiebilder können das Wirkliche übersteigen und so einen bildenden Effekt erzielen: Nicht die Bestätigung, Fortführung oder »Entwicklung« des Vorstellenden selbst, sondern dessen Umwendung und Umwandlung kann hervorgerufen werden. Der pädagogische Weg dahin ist nicht der des Wissens oder des Lernens, sondern der des Könnens und der Übung.

8.2.1 Geschichte der Imaginationsübung

Imagination als »imaginierte Erfahrung« hat in der europäischen Geschichte des Geistes und der Übung eine lange Tradition (▶ Kap. 2, zum Folgenden vgl. Brinkmann 2008b). Wie Foucault, Hadot und Rabbow zeigen, lässt sich die griechische und hellenistische Philosophie nicht einfach als Lehre einer abstrakten Theorie oder als Auslegung von Texten verstehen, sondern vielmehr als philosophische Tätigkeit und Lebenskunst, die sich auf die ganze Existenz auswirkt (▶ Kap. 6.1). Insbesondere im Stoizismus, so Foucault und Hadot, entwickelte sich die Imaginationsübung zu einem wichtigen Instrument der *askesis*. Eine der verbreitetsten asketischen Übungen der Stoa ist die *praemeditatio malorum*, in der sich eine düstere Zukunft vorgestellt werden sollte. Diese Übung als *melete* sollte nicht der Abkehr vom Leben oder dem Geständnis von Sünden und auch nicht der Erkenntnis abstrakter Wahrheiten dienen, sondern vielmehr umgekehrt: Sie sollte dazu führen, das Leben auch unter widrigen Umständen gut, selbstständig und vernünftig führen zu können (vgl. Foucault 1993b, S. 306). Das setzt die Erzeugung und die annähernde Kontrolle der Vorstellungen voraus. Geistige Übungen sind so auch Übungen der Imagination. Foucault analysiert sie als Selbsttechnik im Modus der Sorge um sich, mit dem Ziel, ein gutes Leben zu führen (▶ Kap. 6.1). Nicht Erkenntnis, sondern Achtsamkeit und Aufmerksamkeit sich selbst gegenüber ist das Ziel der Übungen, nicht Selbsterkenntnis, sondern übende Selbstsorge und Selbstformung, nicht Wissen, sondern Können, nicht theoretische, sondern praktische Vernunft ist hier gefragt (vgl. Brinkmann 2012; ▶ Kap. 1).

Leider ist aus der Antike kein pädagogisch-didaktisches Werk überliefert, das die vielfältigen Übungen zusammenstellt. Daher möchte ich mich im Folgenden einem sehr zu Unrecht vergessenen Werk zuwenden, den »Geistlichen Übungen« von Ignatius – einer Fundgrube für die Genealogie und Didaktik der Imaginationsübung. In den »Exercitia spiritualia« werden die antiken Praxen der Selbstsorge, der Selbstführung und Selbstformung mit den mönchischen Praxen der Exerzitien zusammengeführt und in einen pädagogisch-didaktischen Zusammenhang gestellt. Ignatius stellt nicht nur ein Programm der Imagination vor. Er zeigt darüber hinaus, wie Imaginationen gezielt geübt werden können. Sie werden in der »Anwendung der Sinne« als leiblich-sinnliches, räumlich-temporales Wahrnehmungsgeschehen praktisch geübt. Damit können nicht nur erinnerte Bilder vergegenwärtigt, sondern auch vergegenwärtigte Bilder entgegenwärtigt (Husserl), d. h. verändert werden. So wird nicht nur Bekanntes und Gewohntes reproduziert, sondern dieses auch überschritten mit der Folge, dass ein Umüben alter Gewohnheiten und Einstellungen sowie die kreative »Vision« neuer Bilder bis zur »Umwendung« des ganzen Menschen (vgl. Buck 2019; ▶ Kap. 4.1) geschehen kann. Bildung wird hier also zum einen in einer negativen Bewegung als »Entbildung« (Meister Eckart) und zum anderen als Einbildung des Neuen und Ungewohnten gesehen. Ignatius wendet dazu eine Fülle didaktischer Operationen zur Übung der Imagination an, die aus griechischer, römischer, christlicher und frühneuzeitlicher Tradition stammen.

Bevor ich die Didaktik der Imagination von Ignatius genauer vorstelle, möchte ich einige Bemerkungen zur Bildungstheorie und Übung voranstellen. Die hier eingenommene pädagogische Perspektive auf die Imaginationsübung hat zwei Umkehrungen zur Folge, die sich gegen konventionelle Konzepte der Imaginationsbildung und Imaginationsdidaktik richten. Zum einen erfolgt die Überführung der erkenntnistheoretischen Frage nach Bild und Abbild in eine bildungstheoretische Frage nach Bilden, Einbilden und Umbilden. Sodann erfolgt die Überführung der bildungstheoretischen Frage in eine didaktische Frage nach den pädagogischen Operationen (vgl. Prange 2005, Berdelmann/Fuhr 2020).

8.2.2 Zur Bildungstheorie und Didaktik der Imagination

Die Abbildproblematik der Imagination oder des Vorstellens, die in der Erkenntnistheorie als Kategorienfehler verhandelt wird (vgl. Thyen 2014), ist in der Bildungstheorie lange und ausführlich analysiert worden. Es besteht ein weitgehender Konsens darin, dass Bilder – als Spiegelbilder, Traumbilder, Gleichnisbilder, Scheinbilder oder Vorstellungs- und Phantasiebilder[28] – nie Abbilder einer Sache oder einer »Wirklichkeit« sind. Sie sind vielmehr in anthropologischer Perspektive produktive und schöpferische Antworten auf eine elementare Welt- und Selbstoffenheit und auf einen elementaren Selbstentzug, sich selbst durchsichtig werden zu können (vgl. Schütz 1993, S. 108):

> »Diese Entzugsstruktur findet in der konkreten menschlichen Existenz ihre Entsprechung. Menschen ist nämlich weder der Beginn noch das Ende ihres Lebenswegs in unmittelbarer Erfahrung gegeben und ebenso ist ihnen der direkte Anblick insbesondere ihres eigenen Gesichts verwehrt. Das bedeutet auf der einen Seite die Versagung absoluter Evidenz und begründet gleichzeitig das Begehren nach Kompensation und damit die Möglichkeit des Bildens, das stets die engen Grenzen des Abbildens übersteigt. Dieser Überschuss, welcher im Ungenügen an den Begegnungen mit Archetypen oder Urbildern wurzelt, ist eine zentrale Quelle von Kultur. Bilder (...) sind in dieser Hinsicht Umwege, mit denen auf diesen elementaren Selbstentzug reagiert wird« (Meyer-Drawe/Witte 2007, S. 62).

Der mittelalterliche Theologe und Philosoph Meister Eckhart stellt erstmals den Zusammenhang von Gottesebenbildlichkeit und Bildung her, indem er Bildung als Entbildungs- und Überbildungsprozess entwirft. Durch »Entbildung« wird der Mensch frei für Gott und kann sich *ad imaginem Dei* selbst formen (vgl. Meister Eckharts Predigt 16b, Meyer-Drawe/Witte 2007, S. 67). Die Bildung und Entbildung der »eingebildeten« Bilder wird in der Renaissance ausgeweitet auf den Bereich der Natur und der Welt, die nun auch menschlichem Bildungs- und Handlungsvermögen entsprechen: »›Bildung‹ ist nicht nur *eruditio* im erzieherischen Sinn, sie findet ihre lateinische Wurzel auch in der *formatio* als Gestaltung äußerer Objekte sowie in der *imaginatio* als Einbildungskraft« (Witte 2003, zitiert nach Meyer-Drawe/Witte 2007, S. 69). Bildung als Bildung der produktiven bzw. »plastischen Einbildungskraft« (Humboldt) wird nunmehr zum Kennzeichen der humanistischen Selbst- und Weltauseinandersetzung. Dabei geht zum einen der asketische Aspekt der Selbstversagung, des Selbstentzugs und des Selbstverzichts und damit auch das Fremde, Andere und Unverfügbare im Prozess der Bildung zunehmend verloren, zum anderen auch der Bezug zum wiederholenden Üben (*askêsis*) als Selbstformung und Selbstsorge. An deren Stelle treten nun technische und wissenschaftliche Fortschritts- und Machbarkeitsillusionen sowie Entwicklungs- und Wachstumsprojekte im Zeichen der *perfectibilité* (vgl. Tenorth 2000) und der Optimierung (▶ Kap. 2).

Die negativen Aspekte im Prozess der Bildung werden in neueren Bildungstheorien wieder rehabilitiert. Sie werden unter dem Titel »negative Erfahrungen« (Benner 2005) verhandelt und gelten als konstitutive Momente von Bildungs- und Lernprozessen. Theorien des Umlernens und Umübens (Meyer-Drawe 2008, Brinkmann 2012) sowie transformatorische Bildungstheorien (Koller 2012, Koller et al. 2007) zeigen, dass Bildungsprozesse oftmals eine Umwandlung und

---

28 Zur Phänomenologie des Verhältnisses von Bild und Bildung vgl. Schütz 1993, zur Geschichte dieses Verhältnisses von der Antike bis zur Neuzeit vgl. Meyer-Drawe/Witte 2007.

Umwendung bedeuten, die sowohl die Gegenwart des Menschen als auch seine Erinnerung, sowohl sein Vorwissen und Vorkönnen als auch seine Antizipationen, d. h. seine Vor- und Einstellungen betreffen (▶ Kap. 4.1). Die vorgestellten Bilder werden zu einer Erfahrung, die man »macht« und die zugleich etwas mit einem selbst macht. Sie verändert den Menschen als Ganzen (vgl. Buck 2019).

Entscheidend für den Bildungsprozess ist aber nicht nur der o. g. prekäre Status der imaginierten Bilder, sondern ihre Wirkung und Funktion. Sie sind nicht nur zu einem »Bestand« schon vorhandener oder gewusster Bilder hinzuassoziierte Bilder, nicht nur Informationen für einen schon vorhandenen Gedächtnisspeicher, nicht kognitive Konstrukte oder Schemata, die zu anderen hinzukommen. Die kognitionspsychologischen Modelle beispielsweise von Piaget, Anderson oder Bruner greifen hier zu kurz, um den Bildungssinn von Bildern zu erfassen. In der Imagination wird nicht nur Bekanntes und Gewohntes reproduziert, sondern dieses auch überschritten mit der Folge, dass ein Umlernen und Umüben alter Gewohnheiten und Einstellungen sowie die kreative »Vision« neuer Bilder bis zur Umwendung des ganzen Menschen geschehen kann. Werden Bilder intentional imaginiert, sei es in der vergegenwärtigenden Erinnerung oder in der auf die Zukunft bezogenen Antizipation, d. h. in retentionaler oder protentionaler Intention (Husserl), radikalisiert sich die produktive Tendenz der »Einbildung von Bildern«.

Für die Didaktik der Imagination ergeben sich aus den vorangegangenen bildungs- und übungstheoretischen Bemerkungen zwei Konsequenzen: Die Bildung der Imagination ist erstens wesentlich eine Übung im Vergegenwärtigen als Entgegenwärtigen und im Einbilden als Entbilden. Die Übung der Imagination hat zweitens die negativen Erfahrungen der Entgegenwärtigung und Entbildung nicht nur zu berücksichtigen, sondern in den Mittelpunkt zu stellen. Für die Didaktik der Imaginationsübung folgt daraus ein doppeltes Problem. Zum einen muss sie sich über die Prozesse der Imagination und deren pädagogischer Inszenierung Klarheit verschaffen. Zum anderen muss sie sich übungstheoretisch und übungsdidaktisch verorten. Beides ist in der didaktischen und fachdidaktischen Diskussion der letzten Jahre und Jahrzehnte nur wenig und randständig geschehen.

In der pädagogischen Literatur sind Reflexionen zur Didaktik der Imagination selten.[29] Meist wird im Umkreis intellektualistischer Theorien der Einbildungskraft oder der Kreativität die Imagination dem Reich der transzendentalen Freiheit (Schiller 2001) oder einer »funktionalen« Kreativität zugeschrieben (vgl. Csíkszentmihályi 1995). Auch in der Kunstpädagogik wird der Didaktik der Imagination wenig Aufmerksamkeit geschenkt. Der Dualismus von Vernunft und Sinnlichkeit, von Freiheit des »Geistes« und »natürlicher« Determination setzt unter der Herrschaft des Theorems der »ästhetischen Erfahrung« Kunst und Pädagogik, Ästhetik und Didaktik in eine Opposition zueinander, die pädagogisches Handeln unter Verdacht stellt und didaktische Perspektiven oftmals aus dem Bereich der Kunst ausschließt. Unter der normativen Maßgabe des Theorems der ästhetischen Erfahrung wird die Vermittlung von Können, die gezielte Anleitung und Übung grundsätzlich angezweifelt und aus den Reflexionen über Unterricht

---

29 Eine Ausnahme bildet H. Sowas kunstpädagogische Bilddidaktik (vgl. Sowa 2012).

ausgeschlossen, um der autonomen künstlerischen Erfahrung Raum geben zu können (vgl. Brinkmann/Willat 2019).

8.2.3 Ignatius von Loyolas »Exercitia spiritualia«

Ignatius von Loyola (1491–1556) war ein baskischer Adeliger und Gründer des Jesuitenordens *(societas jesu)*, dem wirkungsmächtigen Organ katholischer Gegenreformation und der katholischen Bildungslehre in den jesuitischen Elite-Internaten.[30]

Die Geistlichen Übungen wurden unter dem Titel »Exercitia spiritualia« in lateinischer Sprache nach einem 27-jährigen Entstehungsprozess der Um- und Überarbeitung 1548 in Rom herausgebracht.

Das Buch umfasst eine planvolle und methodische Anleitung. Es ist gleichsam ein spirituelles Handbuch zur Übung des »Über-sich-selber-Siegens« und »Sich-selbst-Ordnens«. In täglich vier bis fünf Stunden sollen Gebet, Gewissenserforschung, Meditation und Beichte unter Anleitung des Exerzitienmeisters stattfinden. Sie sind in vier »Wochen«, d. h. vier Abschnitte, aufgeteilt. Jede einzelne konzentriert sich auf ein eigenes Thema. Die erste »Woche« dient der Gewissenserforschung der eigenen Sünden und der Selbstbesinnung hinsichtlich des Ziels eines christlichen Lebenswandels. Die Übungen der zweiten »Woche« sollen zu einer existenziellen Entscheidung, einer elementaren »Wahl« (GÜ 169–189) führen, in der der Übende sein Leben radikal umwendet und ihm eine neue Richtung für die Nachfolge Christi weist. Die »Wahl« wird in den beiden letzten Wochen wiederholend thematisch und methodisch variiert und »gefestigt«. Die Übungen sind einem konkreten christlichen Thema gewidmet, nämlich der Leidensgeschichte und der Auferstehung Jesu sowie der göttlichen und menschlichen Liebe.

Die Übungen sollen einerseits die Individualität und Besonderheit des Übenden in den Mittelpunkt stellen. Ignatius legt Wert darauf, dass auf »Alter, Verfassung und Temperament« (GÜ 205), Zeit, Ort, Temperatur, Wetter, Helligkeit, Essen, Schlafen, Bewegung und Kleidung Rücksicht genommen wird. Die Übungen sollen sehr flexibel umgesetzt werden. Das betrifft die Körperhaltung des Übenden (kniend, liegend, sitzend, stehend, auf dem Rücken liegend), die Bewe-

---

30 Die bis heute fortbestehende Affinität der Jesuiten zu Macht und Politik, ihre Funktion als Beichtväter der Mächtigen auf der Grundlage der umstrittenen Kasuistik und der problematischen Probabilistik (vgl. Hartmann 2001) führte und führt bis heute zu starker Kritik am Jesuitenorden und an ihrer Einstellung nicht nur zur Politik, sondern auch zur Bildung. Gleichwohl: Ignatius gilt bei aller Ambivalenz bildungshistorisch gesehen als einer der Vorläufer humanistischer Bildung (vgl. Maron 2001, Guillermou 1981, Rahner 1964, Funiok/Schöndorf 2000). In der Theologie führte der moderne Individualismus von Ignatius von Loyola zu einem Anthropozentrismusstreit, der sich an der Bildungs- und Lehrordnung des Jesuitenordens (Ratio Studiorum) und an der jesuitischen Schul- und Bildungslehre entzündete. Im Europa der Renaissance und des Barocks hatten die Jesuiten ein Monopol im Bildungsbereich und bestimmen bis heute mit ihrer Bildungslehre die Kollegschulen, insbesondere für die Eliten des Landes (vgl. Kalthoff 1997).

8 Felder des Übens

Abb. 18: Ignatius von Loyola (Wierix, Galle, ca. 1610, CC0 Met Museum Archiv).

gung im Raum (GÜ 75), die Art der Nahrung (GÜ 83) sowie die auszuführenden Gesten (GÜ 27). Andererseits nimmt die Leitung durch den Priester den Charakter einer hierarchischen Unterordnung an und zielt auf eine Gewissensführung. Die Technik dazu *par excellence* ist die Beichte. Exerzitienmeister und Beichtvater sind dieselbe Person. In der Beichte soll sich beispielsweise der christliche Dual von Gut und Böse, Licht und Dunkel anschaulich vorgestellt werden, mit besonderer Betonung von »Schmerz«, »Qual«, »Tod« und »Gericht« (GÜ 78). Der Übende hat keinen Einfluss auf die Gestaltung, Durchführung und Zielgebung der Übung. Die christliche Lehre vom Sündenfall und von der Reinheit sowie das Gehorsamsgebot gegenüber der Autorität der kirchlichen Institutionen und deren Vertretern bestimmen die Anthropologie der Übungen. Sie erhalten damit den Charakter einer Unterwerfungs- und Disziplinartechnik (▶ Kap. 1.5).

Die Spannung zwischen Individualisierung und Nuancierung einerseits und Unterwerfung und Disziplinierung andererseits, zwischen Selbstführung und Fremdführung lässt sich mit Foucault als Machttechnik und Machtform der christlichen Pastoral identifizieren. Darin findet mit der Selbstbekräftigung und Individualisierung zugleich die Unterwerfung unter Normen statt: eine Subjektivierung im Zeichen des Heils, des Gehorsams und des Geständnisses (▶ Kap. 5.3.3). Priesterliche Macht gestaltet sich als Fürsorge und Förderung, deren elementarer Be-

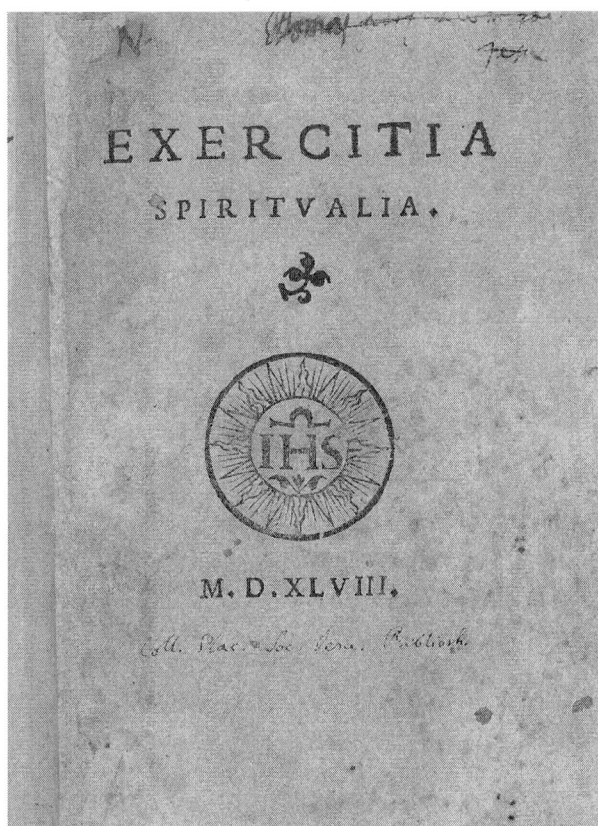

Abb. 19: Frontspitz der Exercitia spiritualia (Loyola, 1548, Wikimedia Commons).

standteil das Dienen und Gehorchen ist (Hirtenparadox). Foucault sieht in dieser Figur, in der Selbstsorge und Fürsorge, Sichbeherrschen und Beherrschtwerden zusammenkommen, die Geburt der modernen, sozialen und pädagogischen Regierungsform. Er nennt sie Gouvernementalität (vgl. Foucault 2004a, Foucault 2004b).

8.2.4 Anthropologie der »Anwendung der Sinne«

> »Mit dem Geruch und mit dem Geschmack riechen und schmecken die unendliche Sanftheit und Süße der Gottheit …« (GÜ 124)
>
> »Mit dem Tastsinn berühren, nämlich wie die Gluten [der Hölle, M. B.] die Seele berühren und verbrennen.« (GÜ 70)

Wie soll etwas Abstraktes oder Transzendentes gefühlt, geschmeckt oder getastet werden? Wie können die »sinnlichen Sinne« »geistlich« etwas wahrnehmen oder geistig etwas imaginieren? Es wird schnell deutlich, dass es Ignatius nicht um eine einfache Emotionalisierung oder um eine simple sensualistische Motivationsstrategie geht, »ganzheitliches Erleben« zu ermöglichen. Es ist ihm offensichtlich an der Gewinnung einer leiblichen, körperlich-geistigen Erfahrungsdimension gelegen, die nicht direkt intentional herzustellen und zu steuern ist. Vielmehr wird dem Exerzitanten eine Fülle von Inhalten angeboten, die zum Ziel haben, die Einbildungs- und Vorstellungskraft anzuregen.

Verspüren und schmecken – *sentir* – nehmen in der Pädagogik und Didaktik der Geistlichen Übungen einen herausragenden Platz ein.[31] In zahllosen Anweisungen[32] und immer wieder neuen zeitlichen, räumlichen und körperlich-leiblichen Variationen soll der Übende Szenen und Episoden aus dem Leben Jesu synästhetisch mit den »fünf Sinne(n)« (GÜ 121) vergegenwärtigen, diese »schauen« und »schmecken«, um sich für die göttliche Botschaft zu öffnen und diese zu empfangen.

Die christliche Passivität und »Indifferenz« gegenüber der irdischen Welt soll nach der erzieherischen Konzeption der Geistlichen Übungen zu einer Aktivität des Übenden führen, zu einem aktiven »Gebrauch« der »freien« Einbildungskraft. Das kann aber weder technisch-methodisch noch kausal »hergestellt« oder »gemacht« werden. Vielmehr sind die Übungen nur Vorbereitung und Abarbeitung eines Geschehens, das sich sowohl der priesterlichen Einflussnahme und Macht als auch dem Willen und der Beherrschung des Übenden selbst entzieht. Die anthropologische Pointe der sozialen und personalen Gehorsams- und Abhängigkeitsbeziehung liegt demnach in der Freisetzung einer elementaren *aisthesis*. In dieser ästhetischen Erfahrungsdimension des Fühlens und Schmeckens (*sentir*) geistlicher Dimensionen[33] manifestiert sich der meditative Weg nach innen, der durch äußeren, regelhaften Zwang und durch Macht nur angeregt, nicht aber hergestellt werden kann.

Die Übungsbeispiele beziehen sich ausschließlich auf Szenen aus dem irdischen Leben Jesu, die einen subjektiven Nachvollzug ermöglichen und sinnlich-ästhetische Qualitäten haben (vgl. Maron 2001, S. 218 f.). Vom Heiligen Geist ist in den Geistlichen Übungen überhaupt nicht die Rede. Innerhalb der Anthropologie der fünf Sinne erhält das Sehen eine herausragende Position. Ignatius selbst hat eine Sammlung von Kupferstichen[34] als Veranschaulichung seiner Szenenauswahl für die Exerzitien angeregt, die eine ganze barocke Bildliteratur begründete (vgl. Barthes 1986, S. 79; Guillermou 1981, S. 70–75; Pfeiffer 1990). Hier

---

31 »Denn nicht das viele Wissen sättigt und befriedigt, sondern das Innerlich-die-Dinge-Verspüren-und-Schmecken« (GÜ 2).
32 Vgl. GÜ 322; die Parallelverweise in der kritischen Ausgabe Knauers zählen allein über 33 Stellen.
33 Die Anregung der Geistlichen Übungen und der ignatianischen Anthropologie für künstlerisches Schaffen, etwa für Joseph Beuys (Mennekes 1992), und für pädagogische Arbeit (Stüper 1990) liegen hier begründet.
34 Ignatius stellt sich damit ganz bewusst gegen Bilderverbote und Bilderfeindlichkeit sowie gegen den Einspruch der Mystiker und ihren Zweifel an der Präsenz des Sichtbaren. Allerdings ist das Beharren Ignatius' auf der Äußerlichkeit und Oberflächlichkeit des Bildes nur im Zusammenhang seiner Anthropologie und impliziten Pädagogik einer vorbereitenden Übung in der Differenz von esoterischer Erfahrung und exoterischem In-der-Welt-Sein zu verstehen.

zeigt sich eine zielgerichtete Auswahl von Themen, gleichsam eine didaktische Reduktion, die ihren Grund in der erzieherischen Zielbestimmung hat.

Abb. 20: Ignatius von Loyola schreibt die »Exercitia Spiritualia« mit göttlicher Eingebung (Rousselet, 1644, Wikimedia Commons).

An entscheidender Position (der »Wahl« und Umwendung) wird die horizontale Sukzession der Szenen und Akte vertikal geöffnet: Die »freie« Einbildungskraft des Übenden und seine existenzielle Entscheidung können nicht in Abhängigkeit und Gehorsam erzeugt werden. Sie kann aber im Modus der negativen Erfahrung inszeniert werden: durch Irritation, Konfrontation und Variation der Vorerfahrungen und Gewohnheiten. Die eingesetzten Bilder und Szenen weisen auf etwas hin, das sich entzieht.[35] Pädagogisch können durch Zeigen (von Bildern)

---

35 R. Barthes spricht in diesem Zusammenhang von »Deiktismus« des Bildes: »Das Bild ist in der Tat von Natur aus deiktisch, es bezeichnet, aber definiert nicht. Es gibt in ihm immer einen Rest an Kontingenz, auf die nur mit dem Finger hingewiesen werden

nur die Bedingungen für dieses Sich-Zeigen eines Nicht-Repräsentierbaren bereitgestellt werden, nicht aber dieses selbst. In dieser Leerstelle, die sich in der Differenz des Zeigens eines Nicht-Repräsentierbaren, eines Sehens von Nicht-Sichtbarem und eines Fühlens und Schmeckens von etwas Abstraktem ereignet, können die Geistlichen Übungen in individuelle, ästhetische oder mystische Erfahrung übergehen. Das Bemerkenswerte dabei ist die pädagogische Gestaltung und Inszenierung dieser Differenz von Repräsentation und Nicht-Repräsentation.

8.2.5 Didaktik der Imaginationsübung

Pierre Hadot und vor ihm Paul Rabbow haben auf die »Methodik der Exerzitien« hingewiesen. Rabbow (1954) zeigt, dass in den Geistlichen Übungen »ein System von Hilfen« bereitgestellt wird, die sich nach einem Schema des 4 x 3 x 5 aufbauen: In den vier »Wochen« werden die drei Seelenkräfte Wille, Verstand und Gedächtnis jeweils auf die fünf Sinne angewendet. In den Geistlichen Übungen gestaltet sich im individuellen Vollzug der »Gang der Erfahrung« (Buck) in einem dialektischen Dreischritt: Zunächst wird in der Buße und Beichte eine innere Reinigung als Gewissensprüfung und Generalbeichte vorgenommen, dann anhand verschiedener Inhalte eine »Bearbeitung« des Selbstverhältnisses mit dem Ziel der »Indifferenz« gegenüber Begehren, Welt und Selbst durchgeführt. Der letzte Schritt, die *unio mystica*, wird offengelassen. Weil sich die Erfahrung dem Diskurs entzieht, entzieht sich diese Stufe auch der didaktischen Inszenierung.

Das System der Hilfestellungen und die Technologie der Dramatik entspringen dem Erbe der Rhetorik. Sie sind »Kunstmittel der Rhetorik« (Rabbow 1954, S. 65–80).[36] Anders und modern gesagt: Die wiederholenden Übungen sind nach pädagogischen Grundsätzen der Kultivierung und Graduierung angelegt. In einem genau durchdachten Plan wird die Artikulation (Herbart) der Imaginationsübung didaktisch operationalisiert. Vom Einstieg (*inventio*) ausgehend wird mittels wiederholender Steigerung, Vergleich und Zerlegung der Einzelaspekte und vor allem durch Veranschaulichung das Thema erarbeitet und durchgearbeitet, indem systematisch die synästhetische Imagination angeregt wird. Nach dem *climax*, der als Umwendung und Umkehr inszeniert wird, folgt die wiederum wiederholende Festigung und Sicherung. Diese Ursprünge der modernen Didak-

---

kann. Semiologisch gesehen treibt das Bild immer weiter als das Signifikat zur reinen Materialität des Erzählten hin. Ignatius folgt stets dieser Aufwallung, die den Sinn in der Materie und nicht im Begriff gründen will« (Barthes 1986, S. 74).

36 Die antike rhetorische Topologie bildet das Grundschema und die Form der Geistlichen Übungen: Betrachtung der Umstände (*circumstantia*) und des Raumes gehören zum Instrumentarium des *inventio*. Die *inventio* ist der rhetorische Topos, in dem das Finden- und Erfindenkönnen als Beginn des sprachlichen, logischen oder imaginativen Aktes stattfinden soll (vgl. Dörpinghaus 2007). Hier werden die Operationen der Vergrößerung (*amplificatio*), des Vergleichs (*comparatio*), der Steigerung bis zum *climax*, die Technik der Aufzählung und Zerlegung (*partitio*, *discretio*), des Gegensatzes (*contrario*) und der Anschaulichkeit (*evidentia*) gezielt angewendet.

tik in der antiken Rhetorik sind weitgehend vergessen, aber deswegen nicht weniger bedeutsam (vgl. Helmer 1997, Dörpinghaus 2002, 2007).

Darüber hinaus findet sich eine ganze Fülle von Übungen, die antiken Ursprungs sind und ebenfalls in Wiederholungen durchgeführt werden, etwa die Technologie der Visualisierung und Dokumentation von Fortschritten. Der Exerzitant wird zur Gewissenserforschung aufgefordert, täglich auf einer Linie seine Sünden aufzuzeichnen und dann rückwirkend zu »schauen, ob man sich gebessert hat« (GÜ 29). Auch sollen Einsichten und Lernerfolge durch Gesten unterstützt werden, um sie ins Bewusstsein zu heben (GÜ 27).

Die Wiederholungen sind der eigentliche Kern der Übungen, ihre Grundform. Über die genannten zeitlichen, räumlichen und ästhetischen Variationen hinaus finden sich reine Repetitionen (als identische Wiederholungen von Gebeten etwa), wiederholende Zusammenfassungen (GÜ 64), Besinnungen und Reflexionen (»schauen, wie es mir in der Betrachtung ergangen ist« GÜ 77), Gespräche als Dialoge mit Jesus, mit sich selbst oder mit dem Beichtvater über das Geschaute und Erlebte. Die Wiederholungen gehorchen einem Rhythmus, der Phasen der intensiven Anspannung und Steigerung mit Phasen der Entspannung und Entschleunigung kombiniert. Sie haben eine doppelte Funktion: Zum einen werden sie als Differenzierungsmittel der Isolation eingesetzt (*discretio*), zum anderen funktionieren sie als Mittel der Zusammensetzung (*synthesis*). In der Dramaturgie der Exerzitien wechseln sich die Funktionen der trennenden und zusammensetzenden Wiederholung ab. Anders gesagt: Negation und Position in der Erfahrung werden jeweils variiert und darin reorganisiert. Sie führen so zu einem Aufschub (*epoché*) in der Anschauung und einer Verzögerung im Urteil, zu Muße und Ruhe (*scholé*) und zu Versenkung und Konzentration (*contemplatio*).

Neben der Wiederholung ist der Grundsatz der Anschaulichkeit (*evidentia*) von entscheidender Bedeutung. Die Wahrnehmung der Bilder der Bibel und die gezielt inszenierten Imaginationen sind Beispiele je eigener sinnlich-ästhetischer Sinngebung. Ignatius rekurriert ganz gezielt auf die bildlich-ästhetischen, vor-reflexiven und vor-diskursiven lebensweltlichen Erfahrungen und Vorstellungen (*invenio*). Die komplexen und differenzierten Imaginationsübungen bauen darauf auf mit dem Ziel, die Haltungen, Einstellungen und Sedimentationen umzuüben.

Die Anthropologie der »Anwendung der Sinne« führt auf die Spur einer Anthropologie des Lernens von überraschender Aktualität. Zum einen liegt ihnen die Konzeption eines nicht-souveränen, leiblich-geistig »verschränkten« Subjektes zugrunde. Zum anderen wird der Lernprozess selbst als ästhetisch-spontaner Erfahrungsprozess in den Mittelpunkt gerückt. Nicht Synthese in einem »*sensus communis*«, nicht Harmonie eines Geschmacksurteils, sondern didaktische Inszenierung der leiblich-sinnlichen Äquivokation der Imagination mit dem Ziel des Bruchs, der Umwendung und der Restrukturierung sind Ziel der Exerzitien. Nur so können Gewohnheiten, Habitualisierungen und Vormeinungen durchbrochen werden und in neuen Erfahrungen alte Erfahrungen umgeübt werden.

Am Beispiel der »Geistlichen Übungen« von Ignatius lassen sich die eingangs angesprochenen bildungs- und übungstheoretischen Überlegungen zur Pädagogik und Didaktik der Imagination präzisieren: Bilden ist kein Abbilden, sondern Einbilden und Entbilden von inneren Bildern am Beispiel und anhand von bildhaften Vorlagen. Äußere Bilder regen die innere, phantasmatische Bildproduktion an. Die bildungstheoretische Pointe der Imaginationsübung liegt in einer doppelten Negativität: Zum einen kann durch Irritation und Konfrontation mit den Vorerfahrungen und Gewohnheiten ein Bildungsprozess angeregt werden. Zum anderen wird der Moment der Bildungserfahrung weder benannt noch gezeigt, er entzieht sich der Darstellbarkeit genauso wie der direkten didaktischen Intervention. Das bedeutet nicht, dass eine didaktische Inszenierung der ästhetischen Imagination ausgeschlossen ist – im Gegenteil! Ignatius zeigt mit Rückgriff auf die antike rhetorische Tradition Grundtypen der didaktischen Gestaltung von Imaginationsprozessen auf. In sich steigernden, variierenden, vergleichenden und vor allem veranschaulichenden und wiederholenden Übungen wird die Imagination angeregt, ohne sie zu »machen« oder zu »erzeugen«. Hier zeigt sich ganz besonders die Ambivalenz der Geistlichen Übungen: Individualität und Phantasie zu fördern und sie gleichzeitig in die Ordnung des Glaubens, der Kirche und des Ordens einzuspannen. Mit Foucault habe ich deutlich gemacht, dass gerade in dieser Ambivalenz zwischen Freiheit und Unterwerfung bzw. zwischen Selbstsorge und Fürsorge die Produktivität der pastoralen Machtform begründet ist (▶ Kap. 5.3.3).

Die didaktische Pointe der Geistlichen Übungen besteht darin, dass die Übung als primäre und elementare Lernform fungiert. Nicht nachträgliche Verarbeitung, Automation oder Sicherung, sondern Erfahrungsbestätigung und Erfahrungsüberschreitung in der Imagination zeichnen diese wiederholenden Übungen aus. Die anfangs angestellten übungstheoretischen Überlegungen werden damit in mehrfacher Hinsicht bestätigt: Übung erscheint hier als eine leiblich basierte Lernform, die auf Können gerichtet ist. Dieses wird als ein synästhetisches Imaginationskönnen, auf der Grundlage von variierenden und produktiven Wiederholungen (temporale Differenz) und von negativen Erfahrungen der Irritation und Konfrontation, gefasst. Die Übung der Imagination ist daher nicht nur eine Fertigkeit, sondern auch eine Haltung und Einstellung der »Welt« gegenüber, die sich nur an einer Sache, an einem Gegenstand oder an einem Bild üben lässt. Gerade darin erweisen die Sachen, Gegenstände und Abbilder überschreitende ästhetische Produktivität und Kreativität der Imagination zu sein.

Zusammenfassung: Imagination, Vorstellungen, Phantasien können geübt werden – allerdings, aufgrund der besonderen ästhetischen Erfahrungsstruktur, nie in einer direkten intentionalen oder didaktischen Operation. Bei Ignatius können wir die Genealogie der Pädagogik der Übung an einem historischen Zeitpunkt gut nachverfolgen, gleichsam im Übergang von antiken und mittelalterlichen Praktiken hin zu modernen, auf das Subjekt bezogenen Praktiken. Von ihm können wir lernen, dass es einer besonderen Sensibilität, eines pädagogischen Taktes (vgl. Burghardt/Zirfas 2019) bedarf, der um die Entzugsstruktur der ein- und entbildeten Bilder weiß, der also einen Freiraum ermöglicht, in dem die Bilder bildsam werden können. Dazu bedarf es didaktischer Prinzipien wie der Anschaulichkeit, der Sinnlichkeit und der Verminderung von Ablenkungen, didaktischer

Mittel wie der Irritation und Konfrontation sowie didaktischer Inszenierungen wie der Isolation und Rekomposition, der Rhythmisierung, Phrasierung sowie der Differenzierung und Graduierung. Diese Prinzipien, Mittel und Operationen sind auch heute noch bekannte Techniken einer Didaktik der Übung, die einer Kultivierung von Fähigkeiten und Fertigkeiten sowie der Selbstformung und Selbstsorge der Übenden dient (▶ Kap. 7).

Die Imaginationsübung ist eine Übung im Kontext ästhetischer Bildung. Das wird nicht nur in der bildungstheoretischen Pointe der Imaginationsübungen im Sinne eines transformatorischen Umübens sinnfällig. Es wird auch in dem Umstand deutlich, dass im Üben der Imagination Anschaulichkeit der Materialien, Sinnlichkeit des Wahrnehmungs- und Übungsprozesses sowie Produktivität und Kreativität der Einbildung zusammenfallen. Pädagogik und Ästhetik, Üben und Kreativität sind in diesem Sinne nicht als Gegensätze, sondern in ihrer produktiven Verschränkung zu betrachten und didaktisch fruchtbar zu machen. Die Freiheit in der ästhetischen Erfahrung ist eine Freiheit, die sich im pädagogischen Raum der Inszenierung als solche erst ergibt. Es sind also jene Freiheitsspielräume, von denen Foucault sagt, dass sie in der pastoralen Übungsform relational zusammenfallen (▶ Kap. 5.3), und die zu einer existenziellen Erfahrung im Üben führen können (▶ Kap. 5.2.4).

8.3   Verstehen üben

Verstehen ist die fundamentale Praxis und Fähigkeit zur Teilhabe und zur Gestaltung von Kultur. Verstehen bezieht sich auf den gesamten Bereich menschlicher, auf Sinn und Bedeutung beruhender Praxis. Ohne Verstehen lassen sich keine Kulturtechniken erwerben. Um einen Zugang zu dieser grundlegenden und komplexen Praxis zu eröffnen, möchte ich zunächst nach den Voraussetzungen des Verstehens tragen. Im folgenden Beispiel, das vom Verhaltensforscher Michael Tomasello stammt, wird zunächst deutlich, dass ohne das Eingebundensein in einen kulturellen, situativen oder biographischen Hintergrund eine Situation und die darin ausgeübten Praktiken (hier des Zeigens) nicht verstanden werden können.

>»Nehmen wir an, Sie und ich seien auf dem Weg zur Bibliothek, und aus heiterem Himmel zeige ich in die Richtung einiger Fahrräder, die an der Mauer der Bibliothek lehnen. Ihre Reaktion wird sehr wahrscheinlich ›Häh?‹ sein, weil Sie keine Ahnung davon haben, auf welchen Aspekt der Situation ich hinweise oder warum ich das tue, da das Zeigen an sich nichts bedeutet. Aber wenn Sie sich einige Tage zuvor auf besonders üble Weise von Ihrem Freund getrennt haben, und wir beide wissen, dass der andere das weiß, und eines der Fahrräder ihm gehört, wovon wir ebenfalls wissen, dass der andere das weiß, dann könnte genau dieselbe Zeigegeste in genau derselben Situation etwas sehr Komplexes bedeuten wie zum Beispiel ›Ihr Exfreund ist schon in der Bibliothek (wir sollten sie deshalb vielleicht meiden)‹. Wenn andererseits eines der Fahrräder dasjenige ist, von dem wir beide wissen, dass der andere weiß, dass es Ihnen vor kurzem ge-

stohlen wurde, dann wird genau dieselbe Zeigegeste etwas völlig anderes bedeuten. Oder vielleicht haben wir uns gefragt, ob die Bibliothek zu dieser späten Stunde noch geöffnet ist, und ich weise auf die vielen Fahrräder draußen hin als Zeichen dafür, dass sie geöffnet ist.« (Tomasello 2009, S. 12 f.)

Abb. 21: Verstehen beruht auf einem gemeinsamen Hintergrund (CC0 Catherine Chu/Unsplash).

Tomasello macht damit deutlich, dass Verstehen auf einem kulturellen Hintergrund, auf einem Horizont basiert. Dieser liegt meist implizit vor. Diese Latenz des Hintergrundes ermöglicht überhaupt erst Verstehen. Dieser Hintergrund lässt sich in vielen Aspekten nicht explizieren und ist insofern selbstverständlich gewohnheitsmäßig, habituell und konventionell geprägt (▶ Kap. 1.7 und 4.2). Darauf aufbauend, formuliert Tomasello mit Bezug auf Wittgenstein eine Kernthese der Hermeneutik, dass nämlich der »sprachliche Code auf einer nichtsprachlichen Infrastruktur des intentionalen Verstehens und auf einem gemeinsamen begrifflichen Hintergrund (gründet, MB), der tatsächlich logisch vorrangig ist« (Tomasello 2009, S. 69). Verstehen ist also auf vorgängige Verständigung angewiesen. Ich werde in diesem Kapitel, über Tomasello hinausgehend, zum einen verdeutlichen, dass Verstehen von Verständigung zu unterscheiden ist, dass beide leiblich und implizit strukturiert und ggf. von Missverstehen und von Nicht-Verstehen durchzogen sind. Verstehen ist zum anderen auf Verständlichkeit angewiesen, um nicht falsch oder nur unvollständig verstanden zu werden (vgl. Prange 2006, S. 148). Insbesondere in pädagogischen Zusammenhängen des Lernens und der Erziehung bzw. des Übens und der Übung muss auf Verständlichkeit der pädagogischen Praktiken (zum Beispiel des Zeigens), der didaktischen Materialien und der kulturellen Symbolsysteme geachtet werden. Diese symbolischen Zeichen, die auf kulturellen Systemen basieren, und ihr selbstständiger Erwerb sind Gegenstand und Ziel kulturellen Lernens und Übens. Verstehen beruht also auf kulturellen Zeichen, die – das zeigt schon die Sprache als Zeichensystem an – eine Ordnung widerspiegeln. Diese Ordnung ermöglicht einerseits das Verstehen und seine Produktivität. Andererseits fungieren diese Ordnungen – seien es sprachliche, kulturelle oder institutionelle – normalisierend. Indem im Üben und auch im Üben des Verstehens diese symbolischen Ordnungen wiederholt werden, reaktualisieren sie also in gewisser Weise diese Normalisierungen. Der allgemeine, kulturelle Horizont der Verständigung ermöglicht also einerseits individuelles Verstehen. Zugleich wirkt er normalisierend insofern, als er grammatische, kulturelle und gesellschaftliche Ordnungen wiederholt. Verstehen fungiert also zwischen einerseits individuellem, leiblichem Verstehen und einer kulturell-symbolischen Verständigung andererseits.

Verstanden werden andere Menschen, ihre Ausdrücke und Aussagen, d. h. ihre Expressionen, ihre Mimik, Gesten, ihre Körpersprache und zugleich ihre Worte, Zeugnisse und Werke. Diese können schriftlicher, architektonischer, ästhetischer, handwerklicher, geschichtlicher, gedanklicher oder technischer Art sein. Verstanden werden, mit einem Wort von Dilthey, menschliche und kulturelle Objektivationen, d. h. kulturelle Zeugnisse und Kulturtechniken. Zudem werden Hintergründe, Kontexte, Zusammenhänge, Argumentationen oder Ordnungen – also jener oben angedeutete Hintergrund – verstanden. Verstehen bezieht sich daher auf kulturelle Gegenstände und Zusammenhänge, auf logische, gedankliche und ästhetische Relationen sowie auf emotionale und aisthetische Äußerungen – kurz auf den gesamten menschlichen Bereich, sofern er auf *Bedeutung* und *Sinn* beruht. Verstehen ist daher die zentrale Praxis und Fähigkeit, die Kultur und damit das Ein- und Ausüben von Kulturtechniken – Lesen, Schreiben, Rechnen, Malen, Musizieren, Imaginieren, Bewegen usw. – ermöglicht. Verstehen ermöglicht somit die Teilhabe an einer Kultur sowie ihre aktive Gestaltung. Sie ist für das Hineinwachsen in Kultur und Gesellschaft und für die elementare Alphabetisierung ebenso zentral wie für die Teilhabe an gesellschaftlichen Praktiken über das Lesen bis hin zur demokratischen Mitbestimmung. Sie ermöglicht darüber hinaus eine kulturelle Bildung ebenso wie Praktiken des Urteilens und der Kritik in einem demokratischen Gemeinwesen (▶ Kap. 8.4). Als Fähigkeit und Fertigkeit erfordert das Ausüben von Verstehen zunächst ein Einüben von Kulturtechniken und damit einhergehend ein Sich-selbst-üben als Verstehen von sich, anderen und Welt. In dieser bildungstheoretischen Perspektive ist Verstehen also eine relationale Praxis, die das sinnhafte und bedeutungshafte Verhältnis des Selbst zu sich, zu Anderen und zur kulturellen Welt formiert und transformiert (zur Relationalität ▶ Kap. 4).

Verstehen ist eine komplexe, kulturelle Fähigkeit und Fertigkeit, die in der europäischen, dualistischen Tradition in das Feld der Kognition eingeordnet wird. In einem Informationsmodell wird oftmals von einem Sender und Empfänger gesprochen, der die Information zu dekodieren habe. In dieser Perspektive der Information und des Outputs wird konventionell vor allem das Ergebnis des Verstehens in den Mittelpunkt gerückt. Unter einer erfahrungs- und übungstheoretischen Perspektive, wie sie in diesem Buch verfolgt wird, kommen im Unterschied dazu die Prozesse in der Erfahrung und Praxis des Verstehens in den Blick. Es geht dann vor allem um das Wie des Verstehens, nicht nur um das Was. Zugleich treten damit die negativen Erfahrungen (▶ Kap. 4), d. h. Erfahrungen des Missverstehens und Nichtverstehens sowie die leiblichen und temporalen Aspekte des Verstehens in den Vordergrund (▶ Kap. 5.1 und 5.2). Damit wird der Prozess des Verstehens zugleich als Bildungsprozess und Bildungserfahrung kenntlich.

Verstehen, so wie es im Weiteren dargestellt werden wird, ist eine leibliche und zugleich geistige, eine kommunikative, auf Verständigung und auf eine kulturelle »Sache« bezogene Praxis, die sich dem Fremden und Anderen öffnet. Verstehen ist eine auf Objektivationen und zugleich auf Kommunikation bezogene Praxis. Jedes Verstehen spielt sich, wie Mollenhauer mit Bezug auf Schleiermachers Unterscheidung von grammatikalischem und psychologischem Verstehen feststellt (▶ Kap. 8.3.1), an zwei »Fronten« ab, »den Ordnungen der historisch gegebenen Lebensformen und den noch nicht diskursfähigen Impulsen, die das Subjekt auch als die seinen anerkennen muss, und für die, früher oder später, das Problem entsteht, wie sie sich in die ›Totalität‹ der individuellen Eigentümlichkeit und Kommunikationsgemeinschaft integrieren« (Mollenhauer 1985, S. 427). Damit ist Verstehen eine zugleich kulturelle und individuelle Praxis. Anders gesagt: In der Praxis des Verstehens wird jeweils etwas als etwas Anderes verstanden. Deshalb muss in der Praxis des Verstehens und Verstehenübens zunächst das Andere (der Inhalt, die Sache, das »Grammatische«) von den Anderen (die im Vorgang der Verständigung verstanden werden) unterschieden werden (vgl. Benner 1999).

Zunächst lässt sich festhalten: Verstehen basiert erstens auf einem kulturellen, gesellschaftlichen und biographischen Hintergrund des Verständigtseins, der ein Verstehen erst ermöglicht. Zweitens richtet es sich auf menschliche Zusammenhänge und »Objektivationen« (das Andere) bzw. auf andere Menschen (die Anderen). Verstehen basiert drittens auf einem meist impliziten, habituell und konventionell geprägten Verständigtsein kultureller und symbolischer Ordnungen. Viertens wird Verstehen vor allem als Miss- und Nicht-Verstehen erfahren. Es ist also als Fähigkeit nicht einfach gekonnt, sondern wird erworben und muss in seinen komplexen, kulturellen Formen geübt werden. Schließlich geht es immer auch darum, sich selbst zu verstehen, vor einem geschichtlichen und kulturellen Hintergrund bzw. Horizont. Im Folgenden gilt es, Verstehenüben als pädagogische Praxis in kulturellen Kontexten genauer zu bestimmen. Die hier vertretene These lautet: Pädagogisches Verstehen und Verstehenüben ereignet sich im Zwischen von interkorporalem, antwortendem Verstehen als Verständigung einerseits und grammatischem Verstehen kultureller Symbole andererseits.

Ich werde in einem ersten Schritt die klassisch-hermeneutischen Theorien des sachlich-kulturellen Verstehens von Schleiermacher, Dilthey, Gadamer und Buck vorstellen (▶ Kap. 8.3.1). Danach werde ich mit Scheler ein Modell des kommunikativen, leiblichen Verstehens als unmittelbares, affektives Fremd-Verstehen vorstellen (▶ Kap. 8.3.2). Während das kulturelle Verstehen auf Objektivationen und Zeichen bezogen ist (also auf etwas Anderes), ist das kommunikative, leibliche Verstehen auf andere Personen oder Gruppen gerichtet (also auf Andere). Daraufhin werde ich Fremd-Verstehen mit Waldenfels als Respondieren genauer bestimmen (▶ Kap. 8.3.3). Anhand von drei Beispielen werde ich dann unterschiedliche Strukturen des Verstehenübens verdeutlichen. Am Beispiel der Situation von Helen Keller werde ich zeigen, dass Verstehen beim lebensweltlichen Hintergrund beginnt und primär leiblich strukturiert ist. Durch ausdauerndes, gezieltes Üben kann es gelingen, den kulturellen Horizont des Verständigtseins zu erwerben und damit die Voraussetzungen für ein kulturelles, grammatisches Verstehen zu erlangen. Das zweite und dritte Beispiel stammt aus dem Schulunterricht. Verstehen ist hier auf das Verstehen kultureller Symbolsysteme gerichtet. Zugleich ist es, wie ich zeigen werde, immer auf eine kommunikative Verständigung angewiesen. Die Doppelung des Verstehens zwischen grammatikalisch-subjektivierendem und normalisierendem Verstehen einerseits und leiblich-individuellem Verstehen andererseits wird in der Schule als »Einübung einer richtigen Deutung« (Hollstein et al. 2016) ein- und ausgeübt (▶ Kap. 8.3.4). Dieses dritte Beispiel zeigt dann, dass sich auch darin Verstehen und Verständigung, grammatisches Missverstehen und leiblich-affektive Verständigung verschränken. Im Verstehenüben werden einerseits die gesellschaftlichen, kulturellen und schulischen Normalisierungen wiederholt. Andererseits kann sich darin ein individuelles, singuläres Ereignis zeigen, in dem und mit dem eine bildende Erfahrung möglich werden kann. Pädagogisches Verstehen, so wird sich zeigen, ereignet sich somit in einem Zwischen von interkorporalem und grammatischem Verstehen (▶ Kap. 8.3.5).

Abb. 22: Verständigtsein, Verständigung, Verstehen und Antwortgeschehen.

8.3.1 Sachliches Verstehen: Hermeneutische Theorien des Verstehens

Verstehen als Grundbegriff der Hermeneutik und Praxis der Pädagogik (vgl. zum Folgenden Brinkmann 2020e) hat eine lange Geschichte von der geisteswissenschaftlichen Pädagogik bis hin zur hermeneutischen Pädagogik (vgl. Broecken 1975). Der Grundsatz Schleiermachers, nach dem Hermeneutik als die »Kunst« bestimmt wird, »die Rede des anderen richtig« (Schleiermacher 1977, S. 75) bzw. »besser zu verstehen als ihr Urheber« (ebd., S. 94), hat Vorgehen und Selbstverständnis der Hermeneutik in der Pädagogik im Kontext der Geisteswissenschaften von Dilthey über Litt, Nohl, Spranger, Flitner bis hin zu Bollnow und Klafki wirkmächtig bestimmt. Verstehen galt als Königsweg, mit dem Theorie und Praxis, Besonderes und Allgemeines, Wissenschaft und Leben zusammengeführt werden können (vgl. Huschke-Rhein 1979, Uhle 1989, Gaus/Uhle 2006).

Die problematischen Verstrickungen der geisteswissenschaftlichen Pädagogik in den Nationalsozialismus haben spätestens seit den 1960er Jahren zu einer Kritik nicht nur dieses Paradigmas, sondern auch des hermeneutischen Verstehens geführt. Mit der von Roth ausgerufenen »realistischen Wende« (Roth 1967), der Heraufkunft der empirischen Bildungsforschung sowie mit dem *linguistic turn* und der poststrukturalistischen Kritik an Subjekt, Kohärenz, Geschichte, Wahrheit und Autor ist das Verstehen in die Kritik geraten. Die »Austreibung des Geistes aus den Geisteswissenschaften« (Kittler 1980) hat dazu geführt, dass die Hermeneutik als Paradigma der Pädagogik mittlerweile fast verschwunden ist.[37]

Schleiermachers oben genannter Grundsatz, Hermeneutik als Kunst zu bestimmen, »die Rede des Anderen richtig« bzw. »besser zu verstehen als ihr Urheber« (Schleiermacher 1977, S. 75, S. 94) belegt, dass es ihm nicht vornehmlich um das Verstehen des Anderen, sondern um das Verstehen des Gesagten oder Geschriebenen geht, und zwar in der »richtigen Weise«. Dazu unterscheidet er die grammatische und die psychologische Form der Auslegung. Die grammatische Auslegung zielt auf den sachlichen Gehalt der Rede (vgl. ebd., S. 94). Die psychologische Form der Auslegung hingegen versucht sich in das schreibende oder sprechende Subjekt, in dessen Intentionen und in seinen historischen Hintergrund »divinatorisch« einzufühlen. Als Theologe steht Schleiermacher in der langen Tradition der Bibelauslegung. Das Verstehen wird damit am Modell der mündlichen Rede und des Textes orientiert. Dilthey hat, an Schleiermacher anknüpfend, Verstehen als einen Vorgang bezeichnet, »in welchem wir aus Zeichen, die von außen sinnlich

---

37 Der Exorzismus der Poststrukturalisten hat zu einer Verschiebung in das Gebiet des Methodischen und Methodologischen geführt. In der qualitativen Bildungsforschung gilt Verstehen nach wie vor als ein, wenn nicht *der* Weg, die Erfahrungen Anderer zu rekonstruieren. Verstehen bleibt damit an Erfahrung gebunden – allerdings als methodisiertes und rekonstruierte Erfahrung Anderer: als Fremd-Verstehen. Das Paradigma der rekonstruktiven Sozial- und Bildungsforschung zeugt von einer mannigfaltigen Pluralität der verstehenden Verfahren: In der objektiven Hermeneutik, dokumentarischen Methode, qualitativen Inhaltsanalyse, der Tiefenhermeneutik sowie in unzähligen weiteren rekonstruktiven Methoden und Forschungspraktiken wird die Prominenz und Ubiquität des Verstehens bezeugt (vgl. Brinkmann 2020e).

gegeben sind, ein Inneres erkennen« (Dilthey 1961, S. 217). Dilthey nennt für diesen Vorgang ein Beispiel: das Gesicht eines Kindes.

Abb. 23: Verstehen ist auch ein Antworten auf einen Anspruch (M. Brinkmann, eigene Aufnahme).

Das Äußere des Gesichts artikuliert sich in der Mimik. Sein Inneres hat eine bestimmte Bedeutung, einen Sinn: Freude, Wohlbehagen, Neugier, Offenheit o. ä. (vgl. Danner 1994, S. 42). Verstehen wird damit als ein Prozess des Dekodierens bestimmt, der von außen nach innen gerichtet ist. Ich verstehe die Bedeutung des Gesichtsausdrucks, indem ich hinter oder unter der Oberfläche der Äußerung einen »tieferen« Sinn verstehe: die Freude, Offenheit oder Zugewandtheit und Aufgeschlossenheit des Kindes auf dem Foto (▶ Abb. 23). Dieses Verstehen funktioniert also wie das Verstehen eines Textes. Hinter oder unter den Buchstaben, die sich auf der Oberfläche der Seite befinden, liegt ein Sinn verborgen. Verstehen beruht auf einem Vorverständnis oder Horizont und bewegt sich in einem Zirkel. Verstehen wird damit als textorientiertes Schließen bestimmt, das sich der kognitiven Tätigkeit eines einzelnen Subjektes verdankt.

Dieser subjektzentrierten Tradition bleibt auch Gadamer verpflichtet, wenn er Verstehen als von der Tradition, dem geschichtlichen Überlieferungszusammenhang und der Wirkungsgeschichte bestimmt sieht (vgl. Gadamer 1990, S. 270 ff., S. 305 ff.). Verstehen sei aber kein Besser-Verstehen – eine Anspielung auf Schleiermachers berühmte Formulierung –, sondern Anders-Verstehen (ebd., S. 302). Es besteht im Fremd-Verstehen die Gefahr, sich »das Andere im Verstehen ›anzueignen‹ und damit in seiner Andersheit zu verkennen« (ebd., S. 305). Fremd-Verstehen fungiert damit zwischen Eigenem und Fremdem. Diese Differenz wird von Gadamer hermeneutisch vermittelt im Sinne der Horizontverschmelzung. Horizontverschmelzung bedeutet die Verschmelzung des Verstehenden mit dem Verstandenen (vgl. ebd., S. 311). Das ist möglich, weil beide, das Subjekt des Verstehens wie das zu verstehende Subjekt/Objekt, am selben Zusammenhang einer Wirkungsgeschichte teilhaben. Die Geschichtlichkeit des Verstehens und die Autorität der Tradition verbürgen damit das Fremd-Verstehen. Im Fremd-Verstehen wird mit dem harmonistischen Modell der Verschmelzung die Andersheit und Fremdheit des Zu-Verstehenden egalisiert.

Günter Buck übernimmt in seinem Konzept der Handlungshermeneutik Gadamers Zugang, Hermeneutik nicht auf eine Methode zu reduzieren, sondern als Grundzug des menschlichen Lebens zu verstehen (vgl. Buck 1981, 2019). Er rezipiert Husserls Intentionalitäts- und Horizontbegriff, geht aber mit Gadamer von der Einheit von Verstehen, Interpretieren und Auslegen aus (vgl. Brinkmann 2014b). Verstehen basiert einerseits auf einer negativen Erfahrung des Nicht-Verstehens, die den Verstehensprozess erst in Gang bringt. Andererseits wird im Verstehensprozess als Erfahrungsprozess eine »Assimilation des eigenen Horizontes des Interpreten (...) an denjenigen des Interpretandum« (Buck 1981, S. 51) vollzogen. Verstehen wird damit als Assimilation im Modus der Horizontverschmelzung gefasst sowie als reflexiver Akt, der durch eine negative Erfahrung der Befremdung ausgelöst und damit zu einer bildenden Erfahrung wird. Verstehen ist demnach mit Gadamer und Buck weder ein Sich-Hineinversetzen in die psychologische Struktur der Autorin oder des Autors, kein Nacherleben oder Miterleben, auch kein Besser-Verstehen, sondern ein reflexives Sich-Verhalten, ein »Zuwachs an Erkenntnis« (ebd., S. 27).

Die Praxis des Verstehens im hermeneutischen Modell wird bei Schleiermacher, Dilthey, Gadamer und Buck also als Explikation bzw. Versprachlichung und Verbalisierung der Erfahrungen Anderer durch ein verstehendes Subjekt verstanden – analog der Auslegung von Texten. Es geht um das sachliche, »grammatische« Verstehen von kulturellen Erzeugnissen, von »Objektivationen«, die in ihrem geschichtlichen, kulturellen und zugleich individuellen Sinn erfasst werden. Die Einheit von Verstehen, Interpretieren und Auslegen verbürgt in der Hermeneutik letztlich ein Selbst-Verstehen, das sich am Modell des Textes und der Sprache orientiert (vgl. Brinkmann 2014b, 2019e). Verstehen wird als Explikation eines verborgenen Sinns gefasst, der sich in einer geschichtlichen Wirkungsgeschichte manifestiert und als Verbindendes eine »Verschmelzung« des Eigenen mit dem Fremden ermöglichen soll.[38]

---

38 Die hermeneutischen Theorien des Verstehens wurden aus poststrukturalistischen und phänomenologischen Positionen heraus kritisiert. Diese Kritik soll nur knapp genannt werden (vgl. Brinkmann 2020e). Sie steht in dieser auf praktische Zusammenhänge gerichteten Darstellung nicht im Vordergrund. Der Primat der Sprache und des Gesprochenen in den Texten bedeutet einen Präsentismus des Zeichens (vgl. Derrida 1994). Von der Oberfläche gilt es auf eine »Hinterwelt« (Nietzsche) des Zeichens mittels Interpretation und Auslegung zu gelangen. Verstehen ist damit vornehmlich Explikation einer verborgenen, latenten Bedeutung. Die Präsenz des Sichtbaren wird abgewertet zugunsten der Latenz des Unsichtbaren und Zu-Interpretierenden. Hermeneutisches

8.3.2 Verstehen als Fremd-Verstehen

Auf der Suche nach einem weiteren Modell des Fremd-Verstehens stößt man schnell auf das Werk von Max Scheler. Er stellt die These auf, dass wir im Fühlen ein primäres leibliches Verhältnis zur Welt entwickeln (Scheler 1973, 1954). Dieses Fühlen ist ein ursprünglicher, elementarer Weltzugang noch vor dem Wahrnehmen, dem Denken und dem Wollen. Erst wenn wir die Gegenstände der Welt fühlend erfasst haben, so Scheler, sind wir zum Schließen und Urteilen in der Lage. Aufgrund dieses elementaren, emotionalen Weltzugangs ist Verstehen eine unmittelbare, leiblich-verkörperte Weise der Teilhabe am Seelenleben eines Anderen.

Fremd-Verstehen basiert daher gerade nicht auf einem starken Subjekt, das sich den Anderen analog vorstellt. Verstehen beginnt auch nicht mit einem Dekodieren von Zeichen. Nach Scheler bedarf es keiner Vermittlung und keiner Repräsentation. Verstehen als Fremd-Verstehen vollzieht sich nicht durch Sprache, nicht durch Zeichen, nicht durch Vernunft oder Urteile, sondern im Modus von Gefühlen, die einen »Gesamtausdehnungscharakter« haben (Scheler 1973, S. 264). Sie werden unmittelbar im leiblichen Ausdruck sichtbar. Scheler nennt in diesem Zusammenhang beispielhaft die Emotionen Trauer, Freude, Scham oder das Verstehen von Kindern (vgl. ebd., S. 24). Sie sind »emotionale Antwortsreaktionen« (ebd.) und insofern unmittelbar verständlich.

Verstehen als Fremd-Verstehen ist nach Scheler also eine unmittelbare, affektive Antwort auf den Anderen, ohne dass es einer Vermittlung bedarf. Die Verkörperung wirkt im Fühlen direkt und evoziert beim Anderen eine Antwort, die sich wiederum verkörpert. Verstehen, insbesondere in pädagogischen Zusammenhängen, ist Fremd-Verstehen (vgl. Lippitz 2019b).

Diese Form des Verstehens als unmittelbare emotionale Antwort lässt sich gut am Beispiel des oben gezeigten Fotos nachvollziehen (▶ Abb. 23). Unsere unmittelbare Antwort auf das Gesicht des Kindes ist eine leibliche Reaktion, die im Fühlen auf einem Eindruck beruht, der sich in einem leiblichen Ausdruck manifestiert. Wir reagieren unmittelbar affektiv, indem wir ebenfalls lächeln, uns freuen oder auf irgendeine andere Art und Weise auf den Anspruch des Kindes, der sich in seiner Mimik artikuliert, antworten. Fremd-Verstehen in diesem Modell ist ein Antworten, ein Respondieren, das nicht durch Zeichen vermittelt ist, sondern auf einem elementaren, leiblichen Zugang zum Anderen und zur Welt basiert.[39]

Verstehen geht vom Subjekt aus. Es richtet sich auf Anderes, d. h. auf Objektivationen, auf kulturelle Erzeugnisse. Der Andere (Mensch) wird zwar erfasst, aber nur als ein Spiegelbild des Eigenen. Das Verständnis des Anderen, seine Intentionen und Emotionen, sein Erleben und sein Erfahren bleiben letztlich auf hermeneutischem Weg unzugänglich. Verstehen als Besser- bzw. Anders-Verstehen (Dilthey, Gadamer) bzw. semiotisches oder einfühlendes Verstehen (Schleiermacher, Dilthey) kann radikale Andersheit (Lévinas 1983), kann die Fremdheit des Anderen nur insofern erfassen, als dass diese bagatellisiert, egalisiert und sogar kolonialisiert wird (vgl. Lippitz 2019). Diese Problematik führt in der Ethnologie zu einer Kritik an der hermeneutischen Herangehensweise (vgl. Kalthoff 2006, S. 155, S. 165).

39 Verstehen kann daher nicht auf eine Dekodierungsprozedur von äußeren Zeichen reduziert werden, wie es etwa das Facial Action Coding System (FACS) von P. Ekman (2004) vorsieht. Das Verstehen emotionaler Gesichtsausdrücke, wie das des Kindes im

8.3.3 Verstehen als Antworten

Im Folgenden möchte ich diese Spur des Fremd-Verstehens als Respondieren aufnehmen und zunächst Fremd-Verstehen als Antworten im Horizont einer Theorie der Responsivität genauer vorstellen. Der Anspruch des Anderen, z. B. des Gesichts des Kindes im oben dargestellten Beispiel, fordert mich zu einer Antwort und einer verkörperten Stellungnahme heraus. Eine Geste, eine Miene, ein Blick zwingen mich in diese Relation, die Scheler »emotionale Antwortsreaktion« (Scheler 1954, S. 24), Lévinas »unverantwortete Verantwortung« (1983), Waldenfels »Antwortgeschehen« (2007) und Nancy »Expeausition« (2014) nennt. Auf einen Anspruch kann man nicht nicht reagieren (vgl. Schäfer 2012, S. 131). Selbst ein Überhören oder Übersehen ist eine Reaktion.

Die Antwort ist also ein Geschehen, kein Zustand, kein intentionales Handeln und keine Reaktion auf einen Reiz bzw. keine Wirkung einer Ursache. Sie konstituiert sich in einer Situation und wird nicht vom Subjekt konstruiert. Vielmehr zeigt sich in der Verkörperung des Antwortens die Passivität jeder Erfahrung, der wir nicht ausweichen können. Antworten als Verkörperung ist daher in der Differenz von Eigenem und Fremdem zu sehen. Waldenfels hat Antworten als Verkörperung in Sensorik, Motorik und Ausdruck im Anschluss an Husserl, Merleau-Ponty und Lévinas im Sinne eines situativen, »leiblichen Responsoriums« beschrieben (vgl. Waldenfels 2007). In den Bruchlinien der Erfahrung (Waldenfels 2002) tritt das, worauf geantwortet wird, ebenso hervor wie die- oder derjenige, die oder der antwortet, sowie dasjenige, worauf geantwortet wird (vgl. Brinkmann/Rödel 2018).

Der Anspruch ist also das, was sich in der Sprache nicht sagen lässt. Er ist implizit, verkörpert. Aber er kann zum Ausgang und Beginn des Verstehens und Kommunizierens werden. Damit wird deutlich, dass vor dem Sprachlichen etwas liegt, was sich in der Verkörperung zeigt (in der Geste, der Miene, im Blick), indem jemand sich in seinem Anspruch vor Anderen und für Andere leiblich zeigt (vgl. Brinkmann 2017b). Fremd-Verstehen ist so gesehen ein affektives und leibliches Antworten, das in Emotionen, Stimmungen und Atmosphären ebenso wie in der Materialität und Symbolizität pädagogischer Ordnungen fungieren kann.

Verstehen in diesem doppelten Sinne – als leiblich-affektives und grammatisch-symbolisches – soll im Folgenden zunächst an zwei Beispielen veranschaulicht und mit der Übung des Verstehens in Verbindung gebracht werden. Im ersten Beispiel wird gezeigt, dass Verstehen-Üben in einem leiblich-kommunikativen Sinn der Wiederholung bedarf und die Bedingung der Möglichkeit eines sachlichen Verstehens darstellt. Wie oben dargestellt, orientiert sich das Verstehen an der normativen und symbolischen Ordnung der Kultur, Gesellschaft, Institution. Entscheidend ist hier ein weiteres Kennzeichen der Übung über die einschlägigen Techniken des Fragens, des Zeigens, des Ermahnens, des Helfens

---

Beispiel oben, beruht nicht auf äußeren Informationen, die ein Inneres erschließen (z. B. schlechte Absichten von Verbrechern), sondern auf einer unmittelbaren leiblichen Antwort. Insofern ist es nicht verwunderlich, dass die Technisierung und Instrumentalisierung dieses kognitivistischen Ansatzes an seine Grenzen stößt (vgl. Reichertz 2013).

usw. hinaus: das der Wiederholung. Es setzt nicht nur ein Verstehen als Verständigung voraus, sondern reaktualisiert diese Ordnungen ständig im Vorgang des Verstehens. Im zweiten Beispiel, das aus dem Schulunterricht stammt, wird zum einen deutlich, dass Verstehen auf eine Sache bzw. auf einen Gegenstand bezogen ist, der normativ bestimmt und im Sinne einer »richtigen Deutung« didaktisch inszeniert wird. Verstehen im Unterricht folgt einer weiteren normativen Bestimmung, nämlich Aufmerksamkeit, Lernen bzw. Bildung ermöglichen zu können, und das unter Bedingungen einer Ordnung, die einer spezifischen Kommunikationslogik unter Bedingungen institutioneller Macht verpflichtet ist (▶ Kap. 5.3).

8.3.4 Leibliche und grammatische Übungen des Verstehens

Prange hat in einem Aufsatz zum Verstehen deutlich gemacht, dass das Zeigen auch als eine Antwort auf Nicht-Verstehen zu sehen ist (vgl. Prange 2006, S. 145). Er macht diesen Gedanken an dem Beispiel der »Lern- und Erziehungsgeschichte« von Helen Keller deutlich. Keller hatte 1902 in ihrer Autobiographie »The Story of my Life« beschrieben, wie sie, nachdem sie mit 19 Monaten das Gehör und Augenlicht verloren hatte, durch die pädagogischen Tätigkeiten und Fähigkeiten ihrer Lehrerin Ann Sullivan langsam Buchstaben, Wörter, Sätze, Sprechen und schließlich sogar Fremdsprachen erlernte. Der Weg dorthin war der der »Übung, Übung, Übung« (Keller 1994, S. 69).

Verstehen-Üben ist hier in einem leiblich-kommunikativen Sinn der Ausgangspunkt von Wiederholungen und von sinnlich-leiblichen Erfahrungen und die Bedingung der Möglichkeit von sachlichem Verstehen. Die Lehrerin habe, so Prange, »Brücken des Verstehens« in eine »fremde Welt« des Hörens und Sprechens geschlagen (Prange 2006, S. 147). Diese Brücken sind zunächst sinnlich-leibliche Erfahrungen: »Ich musste zur Wahrnehmung der Schwingung des Kehlkopfes, der Bewegungen des Mundes und des Gesichtsausdrucks den Tastsinn zu Hilfe nehmen und oft täuschte mich dieser Sinn. In solchen Fällen war ich gezwungen, die Wörter oder Sätze oft stundenlang zu wiederholen, bis ich den entsprechenden Klang in der eigenen Stimme spürte« (Keller 1994, S. 69). Natürlich kommt es in diesen übenden Wiederholungen zu »Entmutigung und Ermüdung« (ebd.). Geschickte didaktische Inszenierung dieser leiblichen Erfahrung und ein leiblich-kommunikatives Antwortgeschehen zwischen Lehrerin und Schülerin sowie die stetige mühevolle anstrengende Wiederholung in den Übungen ermöglichen erst ein Verstehen der »Sache«, das sind hier die Buchstaben, Wörter, Grammatik, Syntax usw. Erst wenn der Kontext, der Horizont bzw. Hintergrund verstanden wurde, können überhaupt Zeigegesten verstanden werden. Helen Keller musste also erst das leiblich-sinnliche Verhältnis von Kehlkopf, Mundbewegung, Atem und Mimik verstehen, um dann symbolische Zeichen verstehen zu können. Mit Tomasello gesprochen, musste sie erst verständigt sein (im Sinne einer Praxis oder eines Sinns), um konkrete Zeigegesten oder symbolische Zeichen verstehen zu können. Hermeneutisch gesprochen, muss das Allgemeine schon vorliegen, bevor das Besondere verstanden werden kann (▶ Kap. 4).

Abb. 24: Helen Keller mit ihrer Lehrerin Ann Sullivan 1898 (Joseph Jastrow, 1903, S. 77).

Mit Buck lassen sich aus dieser Einsicht wichtige Folgerungen für Lern- und Bildungsprozesse gewinnen. Denn nicht das Spezielle und Isolierte, sondern das Allgemeine und Ganze, wenn auch implizit und vorrational, steht am Anfang des Lernens; nicht die Generalisierung im Sinne einer Regelanwendung von Identitäten auf identische Fälle folgt danach, sondern die Analogisierung von individuellen Erfahrungen anhand von Beispielen. Nimmt man gleichsam die teleologische Brille ab, kann der Prozess des Verstehens und Lernens in seiner Eigenart gesehen werden:

> »Kinder nennen zunächst alle Männer ›Vater‹ und alle Frauen ›Mutter‹. Das Kind hat dabei nicht einen für es selbst anfänglich besonderen Gebrauch des Wortes verallgemeinert (also im Sinne einer Übergeneralisierung), sondern es versteht umgekehrt das Wort ›Vater‹ zunächst in undifferenzierter, allgemeiner Hinsicht, und erst vom Ende her, wenn es gelernt hat, was ›Mann‹ bedeutet, stellt sich heraus, dass es in Wirklichkeit von etwas Besonderem ausgegangen ist, das es fälschlicherweise verallgemeinert hat« (Buck 2019, S. 39 mit Bezug auf Aristoteles).

Lernen wie Verstehen beginnt beim lebensweltlichen Hintergrund und entwickelt sich von dieser Basis aus.

Bei Helen Keller lässt sich am Beispiel einer Extremsituation der Erwerb dieses Horizontes des Verständigtseins nachvollziehen. Er ist wesentlich der einer Übung, Wiederholung, gepaart mit negativen Erfahrungen von Enttäuschung und Irritation. Um dieses zu überwinden, bedarf es der Ausdauer, Selbstüberwindung und Fehlertoleranz sowie einer enormen Anstrengungsbereitschaft (▶ Kap. 1.3).

Wird bei Helen Keller das Verstehen-Üben als Einüben in den kulturellen Horizont und in die kulturellen Praktiken der Verständigung deutlich, so kann durch ein zweites Beispiel das Verstehen-Üben als Einüben einer normativ vorgegebenen Deutung, also Verstehen-Üben als grammatisches Verstehen, verdeutlicht werden. In einer systemtheoretisch-orientierten Untersuchung zur Ordnung des Pädagogischen im Schulunterricht analysierten Hollstein, Meseth und Proske detailliert eine Geschichtsstunde zum Thema Nationalsozialismus, in der Passagen aus dem Film »Swing Kids« in einem fragend entwickelten Unterrichtsgespräch interpretiert wurden (vgl. Hollstein et al. 2016). Die Autoren zeigen, dass auch hier für das Verstehen-Üben zentrale Momente wie Leiblichkeit, Zeitlichkeit bzw. Wiederholung und Machtförmigkeit vorliegen. Im pädagogischen Zusammenwirken wird nicht nur etwas verstanden und vor anderen verstanden, auch wird unter Bedingungen der kulturellen und institutionellen Ordnung verstanden. Es geht dann um das »Einüben der ›richtigen‹ Deutung« (ebd.).

Diese »richtige« Deutung kann aber aufgrund der pädagogischen Differenz bzw. – systemtheoretisch gesprochen – des Technologiedefizits nur unter Bedingungen von Untersicherheit, Kontingenz und von zum Teil widersprüchlichen Praktiken »vermittelt« werden. Verstehen-Üben ist auf die individuelle Sinn- und Bedeutungsgebung, auf ein Ereignis des Verstehens, angewiesen. Dieses kann sich auch unter Bedingungen eines normativen und machtförmigen Unterrichts ergeben – muss aber nicht (▶ Kap. 7.4). Die Autoren beschreiben eine Sequenz besonders detailliert. In dieser wird ein weiteres Kennzeichen der Übung über die einschlägigen Techniken des Fragens, des Zeigens, des Ermahnens, des Helfens usw. hinaus in den Mittelpunkt gerückt: das der Wiederholung. Die Wiederholung in der Übung des Verstehens wird in dieser Sequenz dann deutlich, als altes Wissen bzw. Können in der Gegenwart der Unterrichtssituation reaktualisiert werden soll. Die Geschichtslehrerin ruft die Schülerinnen und Schüler auf, bereits gelerntes Wissen für die aktuelle Interpretation des Films im Sinne einer normativen Setzung der Lehrerin fruchtbar zu machen:

> »Das Einüben eines Interpretationsmusters erweist sich so (...) als eine komplexe Integration der drei Zeitdimensionen von Vergangenheit, Gegenwart und Zukunft. Ein bereits gelerntes Wissen wird in der Gegenwart aktualisiert und zugleich in seinen in der Zukunft noch zu behebenden Defiziten dargestellt. Dass im Zuge der Anwendung dieses Kommunikationsmusters das Lernen des Subjekts zugunsten der klassenöffentlichen Darstellung der ›richtigen‹ Deutung instrumentalisiert wird, lässt sich vermutlich unter Bedingungen des modernen Massenunterrichts nicht vermeiden« (ebd., S. 72).

So lässt sich auch ergänzen, dass es zur Struktur des Übens gehört, dass sie normalisierend und disziplinierend funktioniert (▶ Kap. 5.3). Die Interpretation wird von der Lehrerin engeführt und auf eine normativ vorgegebene Perspektive verkürzt.

8.3.5 Pädagogisches Verstehen-Üben im Zwischen von interkorporalem und grammatischem Verstehen

Verstehen setzt ein kulturelles Symbol- und Sprachsystem voraus. Dieser Horizont oder Hintergrund als Basis der Verständigung ermöglicht einerseits überhaupt erst ein sachliches Verstehen, wie wir es mit Tomasello gesehen haben. Andererseits ist das leibliche Verstehen als Antworten schon längst in die Normalisierung gesellschaftlicher und sozialer Ordnungen eingefügt. Verstehen als kulturelle Praxis basiert also auf der Wiederholbarkeit der Zeichen, auf Konventionen und Normen, die in der Wiederholung zitiert und variiert werden (vgl. Derrida 2001). Leibliche Äußerungen, Gesten, Gebärden und Mimik setzen somit ein kulturelles Symbolsystem voraus, in das sie sich einfügen. In ihrer Materialität sind sie in die Normalisierungen gesellschaftlicher und sozialer Ordnung eingespannt. Die Macht der Konvention, der Tradition und der Norm manifestiert sich in diesem geschichtlichen Horizont (vgl. Dilthey 1961). Die Geschichtlichkeit ist damit nicht nur das hermeneutisch-verstehbare Ganze als Horizont, sondern die soziale, gesellschaftliche und kulturelle Voraussetzung dafür, dass sich leibliche Verkörperungen im Sozialen konventionalisieren und normalisieren. Eine – wie man mit Judith Butler sagen könnte – verkörperte Subjektivation findet darin statt (vgl. Butler 2018).

Verstehen als individuelle Antwort verändert aber diese Ordnungen und Konventionen. In der Wiederholung findet immer eine Unterbrechung, Abweichung, Verschiebung, d. h. eine Veränderung statt. Etwas Singuläres taucht auf, das nicht wiederholt werden kann und sich damit der symbolischen und diskursiven Dekodierung entzieht. Die Performanz der Wiederholung ist es also, die sie zum Ereignis werden lässt (▶ Kap. 5.2). Hier zeigt sich wiederum die »verändernde Kraft der Wiederholung« (Waldenfels). Verstehen fungiert somit auf der Grenze zwischen Individuellem und Gesellschaftlichem, zwischen Selbst- und Fremdführung bzw. zwischen Subjektivierung und Individualisierung (vgl. Schäfer 2012, S. 33). Ich habe an anderer Stelle gezeigt, dass gerade in diesem Zwischenraum ein Moment leiblich-ausdruckshaften Antwortens möglich wird, das sich der symbolischen und diskursiven Dekodierung entzieht. Dieses Nicht-Sagbare aber, das Nancy als »Singularität« und »Expeausition« bezeichnet (Nancy 2014; ▶ Kap. 8.4.4), zeigt etwas Individuelles an, das sich leiblich in der verkörperten Antwort des oder der Anderen zeigt (vgl. Brinkmann 2017b, Brinkmann et al. 2019). Die Symbolik der kulturellen Ordnung, die prinzipiell semiotisch entschlüsselbar ist, wird also vom nicht-repräsentierbaren Eigensinn des Leibes und seiner Antworten unterlaufen. Hier manifestieren sich jene – negativen, d. h. entzugshaften, prekären, krisenhaften und vulnerablen – Erfahrungsmomente (▶ Kap. 1), in denen Bildung als Transformation (Koller 2012) und Lernen als Umlernen (Meyer-Drawe 2008) und Üben als Umüben (Brinkmann 2012) möglich werden kann. Ich habe diesen Zusammenhang in Kapitel 5.2 als existenzielle Performativität dargestellt.

Auf dieser Grenze zwischen Subjektivierung und Individualisierung manifestiert sich das Ereignis des Verstehens. Dieses lässt sich gut in pädagogischen Situationen beobachten und beschreiben. Es basiert zum einen auf dem leiblich-affektiven Antwortgeschehen, also auf einer Verständigung. Zum anderen ist es auf kulturelle Zeichen, Inhalte und Gegenstände gerichtet, also ein sachlich-grammatisches Verstehen. Wie oben angedeutet, verschränken sich diese beiden unterschiedlichen Verstehensformen. Häufig geht dabei dem Sprechen das leibliche Antworten und Zeigen voraus. Oftmals wird auch ohne Worte kommuniziert.

Abb. 25: Verstehen als leiblich basiertes Antwortgeschehen (Projekt SZeNe, eigene Aufnahme).

In diesem Still, das aus einem Projekt aus der phänomenologisch orientierten videographischen Unterrichtsforschung stammt[40], sind links die Lehrerin und rechts ein Ausschnitt der von ihr unterrichteten Lerngruppe der 6. Jahrgangsstufe einer Gesamtschule im Sitzkreis einer Deutschstunde zu sehen. Schülerinnen- und Schülerkamera- und Lehrerinnenkameraperspektive sind zusammengeschnitten. Es findet eine gemeinsame Suche nach einer Lösung statt, die einem arithmetischen und moralischen Problem in einer Fabel von Äsop entstammt. Im Sitzkreis werden unterschiedliche Lösungsmöglichkeiten diskutiert. Es entspinnt sich ein Dialog zwischen der Lehrerin und einem Schüler.

Es wird hier über einen Text gesprochen, indem etwas so gezeigt und im Sprechen auf das vom Anderen Gesagte und Gezeigte bezogen wird, dass es wieder gezeigt wird. So entsteht ein Moment intensiver und geteilter Aufmerksamkeit über die Sache. Dabei ist das gestische Zeigen den gesprochenen Worten meist vorgängig. Hinweisendes, vorzeigendes und appellatives Zeigen verschränken sich (vgl. Brinkmann/Rödel 2018, Berdelmann/Fuhr 2020).

Offensichtlich ist in den Videos auch, dass beide einander missverstehen. Die Lehrerin versteht den Lösungsvorschlag des Schülers nicht und der Schüler hat wahrscheinlich die Aufgabenstellung nicht verstanden (vgl. Brinkmann 2018a). Das Missverstehen ist also bezogen auf die Sache des Unterrichts (hier die Fabel). Negative Erfahrungen werden wechselseitig gemacht. Auf leiblicher Ebene wird

---

40 Vgl. https://www.erziehungswissenschaften.hu-berlin.de/de/allgemeine/forschung-1/videografische-unterrichtsforschung

Abb. 26: Verständigung: Verschränkung von Verstehen und Missverstehen (Projekt SZe-Ne, eigene Aufnahme).

aufeinander zeigend und verkörpernd geantwortet, ohne dass das sachlich-grammatische Missverstehen zum Problem würde.

Obwohl in diesem Beispiel das leibliche Antwortgeschehen von einem sachlich-grammatischen Missverstehen durchzogen ist, lässt sich hier von einem Verständigungsvorgang sprechen, der wiederholend aus- und eingeübt wird. In diesem Ein- und Ausüben des antwortenden Verstehens verschränken sich Verstehen und Verständigung, grammatisches Missverstehen und leiblich-affektive Verständigung, ohne dass sie ineinander aufgehen oder »vermittelt« werden. Im Zwischen von grammatischem und leiblich-affektivem Verstehen wird sich gegenseitig verstanden, indem geantwortet wird, auch ohne dass alles im Detail »richtig« verstanden wird. Die »richtige« Deutung als Einübung in ein Interpretationsmuster führt auch hier in der Ordnung des Unterrichts zu einer Engführung. Darin erscheinen sogar Momente, die sich nicht einfügen lassen. Diese bewirken so einerseits ein individuelles oder ggf. existenzielles Moment, das andererseits in die Ordnungen des Unterrichts und ihre Normalisierungen eingeschlossen ist.

Zusammenfassung: Verstehen-Üben ist als gegenseitiges, geteiltes Verstehen immer von Missverstehen und Nicht-Verstehen durchzogen – ja, man kann mit Humboldt sagen, dass alles Verstehen auf Nicht-Verstehen beruht (Humboldt 1963a, S. 439). Wir haben bei Helen Keller gesehen, dass Verstehen beim lebensweltlichen Hintergrund beginnt und primär leiblich strukturiert ist. Hier konnten wir am Beispiel einer Extremsituation nachzeichnen, dass der Erwerb des Horizontes des Verständigtseins nur durch Üben gelingt und wesentlich mit negativen Erfahrungen verbunden ist. Durch Ausdauer, Selbstüberwindung und Anstrengungsbereitschaft (▶ Kap. 1.3) kann es gelingen, die Voraussetzungen für ein kulturelles, grammatisches Verstehen zu erlangen. Am zweiten Beispiel konnten wir sehen, dass das schulische Üben auf das Verstehen kultureller Symbolsysteme gerichtet ist. Das Lesen und Schreiben, das Rechnen, Musizieren, Zeichnen und das Bewegen ist dabei immer auf ein sachliches Verstehen und zugleich auf eine kommunikative Verständigung angewiesen. Die Doppelung des Verstehens zwischen grammatikalisch-subjektivierendem und normalisierendem Verstehen einerseits und leiblich-individueller Verständigung andererseits verweist auf die Machtförmigkeit der Übung zwischen Fremd- und Selbstführung. In Kapitel 5.3 habe ich mit Foucault deutlich gemacht, dass die Freiheitsspielräume immer im Kontext von Machtpraktiken gesellschaftlicher und institutioneller Ordnungen fungieren, dass es also eine vollkommene, autonome Freiheit des Übens und damit auch des Verstehens nicht geben kann. Aber: Die Normalisierungen des Verstehens sind nicht total. In den Iterationen eröffnen sich Zwischenräume, in denen das Individuelle, auch des Verstehens, als Ereignis stattfinden kann. Im Ein- und Ausüben des antwortenden Verstehens, das zeigte das letzte und dritte Beispiel, verschränken sich Verstehen und Verständigung, grammatisches Missverstehen und leiblich-affektive Verständigung. Im Verstehen üben werden einerseits die gesellschaftlichen, kulturellen und schulischen Normalisierungen und Subjektivierungen reaktualisiert. Andererseits kann sich darin ein individuelles, singuläres Ereignis zeigen, in dem und mit dem eine bildende Erfahrung möglich werden kann. Pädagogisches Verstehen und Verstehen-Üben ereignet sich im Zwischen von interkorporalem und grammatischem Verstehen.

8.4 Urteilen und Kritisieren üben

Im Folgenden werde ich zwei Formen der geistig-mentalen Übung genauer in den Blick nehmen und übungstheoretisch bestimmen: Urteilen und Kritik üben. Beide stehen, wie ich zeigen möchte, in einem engen Verhältnis. Beide Praxen setzen ein Unterscheiden-Können voraus. Aber das Urteilen ist vorgängig. Kritisieren-Können setzt ein Urteilen-Können voraus. Im alltäglichen Sprachgebrauch versteht man unter Urteilenkönnen bzw. Urteilskraft die Fähigkeit, sich über Sachen oder Sachverhalte ein richtiges oder rechtes Urteil zu bilden. Lebensweltlich sedimentieren sich diese Urteile oft in Sprichwörtern und Sentenzen (vgl. Fink 1970b). Sie geben Verhaltensmaßregeln an, nach denen sich in ähnlichen Situationen gerichtet werden sollte. Im Deutschen heißt es schon: Urteilen oder Kritik *üben* – und hier ist gleich hinzuzufügen: Beides wird aus*geübt* (als Praxis) –, zuvor müssen sie als Fähigkeiten einge*übt* werden. Mitgängig übt sich die oder der Übende, indem sie oder er eine urteilskräftige oder kritische Haltung zeigt.

Das griechische Adjektiv κριτικός (*kritikos*) und das Verbum κρίνω (*krinein*) bedeuten ›scheiden‹, ›trennen‹, ›entscheiden‹, ›urteilen‹, ›anklagen‹, ›streiten‹, ›unterscheiden‹ (vgl. Gemoll 1988). Urteile und Kritik unterscheiden. Urteilen und Kritisieren wird ausgeübt in der Praxis des Unterscheidenkönnens.

Geurteilt wird über Gegenstände, Sachen oder Sachverhalte wie über Beziehungen, Regeln oder Strukturen. Es gibt vielfältige Formen und Praxen des Urteilens und Kritisierens. Beide sind, wie oben angedeutet, als Praxen unterscheidend und differenzierend. Während das Ein- und Ausüben des Verstehens, das im vorigen Kapitel dargestellt wurde, auf einem Unterschiedensein beruht, das sich zum einen in einem elementaren Nicht-Verstehen manifestiert und zum anderen auf einer elementaren verkörperten Praxis der Verständigung beruht (▶ Kap. 8.3), sind Urteilen und Kritisieren auf dieses Unterschiedensein *reflexiv* bezogen. Indem sie scheiden, trennen und differenzieren, wird ein Verhältnis zu Anderen, zur »Sache« und zu sich selbst eingenommen. Dieses Verhältnis kann durch Üben zu einer Haltung stilisiert werden – im Sinne einer reflexiven bzw. kritischen Haltung.

Wie Urteilen ist auch Kritisieren in vielfältige Praxen ausdifferenziert. Es gibt unterschiedliche Begriffsgebräuche von Kritik etwa im juristischen, ethischen, politischen, philosophischen und auch pädagogischen Bereich. Kritisieren wird in diesen Bereichen jeweils anders ausgeübt. Zudem wird Kritik von vielen Theorien, Methoden und Personen in Anspruch genommen. Grundlegend kann man sagen, dass etwas – ein Gegenstand, ein Verhalten, ein Zusammenhang – kritisiert wird, indem Unterschiede markiert werden, also geurteilt wird, und sich zu diesen Unterschieden reflexiv positioniert wird. Das setzt voraus, dass das Urteilsvermögen geübt und sich der Frage nach der Gültigkeit von Urteilsmaßstäben ausgesetzt wird. Während Urteilen eine gleichermaßen kognitive wie körperlich-leibliche Praxis ist, wird darauf aufbauend Kritik, im gesellschaftlichen Raum oft als Markierung eines je exklusiven politischen Blickpunktes, in Anschlag gebracht.

Im Folgenden möchte ich zeigen, dass Urteilen eine leiblich-geistige Praxis des Unterscheidens ist, angefangen beim vorprädikativen Wahrnehmungsurteil bis hin zu prädikativen und logischen Urteil. Urteile beziehen sich auf Gegenstände, Personen, Wertmaßstäbe und Verhältnisse, die im Urteilen unter eine Ordnung und ein Regelsystem gebracht werden. Kritik setzt sich zu Ordnungen und Regelsystemen noch einmal in ein Verhältnis (▶ Kap. 4). Auf das Urteilen als Unterscheidenkönnen aufbauend, wird im Kritisieren zu diesen Regeln und Ordnungen noch einmal eine Position und eine Haltung im öffentlichen Raum eingenommen. Diese beruht als politische oder kritische Praxis auf einer Entscheidung, dieses und nicht etwas anderes zu tun. Kritisiert wird, indem diskutiert und argumentiert oder sich in praktischer Form in »Versammlungen« (Butler 2018) politisch positioniert wird. Kritisieren ist, wie ich im Folgenden zeigen möchte, eine politische Praxis, die in einem sozialen und gesellschaftlichen Kontext einerseits die Ordnungen, Regeln und Systeme anerkennt und sich andererseits dazu positioniert, indem eine Entscheidung gefällt und als Stellungnahme vor Anderen verkörpert wird.

Voraussetzung von Kritisieren ist somit Urteilen. Urteilen ist ein Differenzieren- und Unterscheidenkönnen. Voraussetzung dafür wiederum ist eine Distanzierung zu den Ordnungen, Regeln, Systemen, was ein Zurücktreten, ein Anhalten oder Heraustreten aus den selbstverständlichen, alltäglichen, habitualisierten oder sedimentierten Vollzügen, aus den Meinungen und Vorurteilen voraussetzt. Urteilen und Kritisieren setzen also ein Unterscheidenkönnen und ein Distanzieren, ein Anhalten und Unterbrechen – eine Epoché – voraus, um sich zu den Gegenständen, Positionen, Regeln und Ordnungen, über die geurteilt werden soll und die kritisiert werden sollen, in ein reflexives Verhältnis setzen zu können. Bevor ich eine Sache, einen Sachverhalt oder eine Regel reflektieren und kritisieren kann, muss ich also in eine Distanz dazu treten. Die Praxis der Epoché ist somit Voraussetzung und Vollzugsmodus des Urteilens als Unterscheidenkönnen. Sie ist zugleich Voraussetzung des Kritisierens, insofern Kritik auf Urteilen und Unterscheidungen beruht.

Ich werde dieses reflexive Verhältnis im Folgenden als eine leibliche bzw. zwischenleibliche Bewegung darstellen. Reflexion beginnt also nicht in den Höhen rationaler oder transzendentaler Vernunft, auch nicht in kognitiven Repräsentationen. Sie konstituiert sich vielmehr in einer verkörperten Art und Weise.

Um dies zu zeigen, werden die leiblich-geistigen Grundlagen des Urteilens und Kritisierens herausgearbeitet. Dies erfolgt zunächst mit einer Darstellung und einer Kritik der klassischen Bestimmung der Urteilskraft nach Kant (▶ Kap. 8.4.1). Urteilen wird dann in Abgrenzung zum intellektualistischen, kognitivistischen oder transzendentalen Modell als leibliche Reflexivität bestimmt. Mit den Einsichten der Gestaltpsychologie sowie mit Husserl wird Urteilen als vorprädikativer Modus im Wahrnehmen bestimmt (▶ Kap. 8.4.2), um, daran anschließend, die interkorporale Dimension der Reflexivität und des Urteilens mit Merleau-Ponty und Heidegger am Beispiel des Händedrucks herauszuarbeiten (▶ Kap. 8.4.3). Auf dieser Grundlage der distanzierenden, relativierenden und pluralisierenden Reflexion der Urteilsformen und Urteilspraxen werde ich Kritisieren als politische Praxis der Positionierung unter vulnerablen und prekären Bedingungen im öffentlichen Raum bestimmen (▶ Kap. 8.4.4). Dabei werde ich die Praxis der kritischen Positionierung als Verkörperung unter Bedingungen des Spätkapitalismus und der Postdemokratie genauer in den Blick nehmen. Schließlich frage ich nach Möglichkeiten, Urteilen und Kritisieren zu üben.

Die zentrale These, die ich hier ausführen möchte, lautet: Urteilen als Unterscheiden und Unterscheidenkönnen basiert auf einer Reflexion als Zurückgebeugtsein auf sich selbst und Andere, die im Urteil als Andere anerkannt werden. Leibliches und interkorporales Urteilen ist das Fundament und zugleich die dezentrierende Instanz logischen Urteilens. Im Urteilen findet eine Distanzierung zu den Urteilsmodi und zu den Urteilsformen statt. Urteilen als Praxis des Unterscheidenkönnens wird daher als distanzierende, einklammernde, anhaltende und unterbrechende Bewegung dargestellt, die ich als Epoché ausweisen werde (▶ Kap. 8.4.4). Auf dieser Grundlage wird dann Kritisieren als politische Praxis der Positionierung dargestellt (▶ Kap. 8.4.5). Abschließend werde ich Praktiken der Distanzierung und Verzögerung an drei Beispielen veranschaulichen und Aspekte einer Didaktik des Urteilenübens herausarbeiten (▶ Kap. 8.4.5 und 8.4.6).

8.4.1 Bestimmende und reflektierende Urteilskraft

Die aufklärerische Definition der Urteilskraft findet sich in Kants »Kritik der reinen Vernunft«. Bestimmende und reflektierende Urteilskraft werden als angeborene »Vermögen« ausgewiesen. Bestimmende Urteilskraft ist das »Vermögen«, »unter Regeln zu subsumieren, d. i. zu unterscheiden, ob etwas unter einer gegebenen Regel (casus datae legis) stehe, oder nicht« (Kant 1977a, KrV, B 172). Die

Subsumtion unter Regeln unterwirft die Welt, die Anderen und die Sachen vernunftgemäßen Regeln und Gesetzmäßigkeiten. Dieses erst ermöglicht ihnen in Freiheit autonomes Handeln und sachgerechtes Entscheiden. Urteilen ist in dieser Sichtweise der »Königsweg des souverän gewordenen Menschenverstandes (…). Daß der Mensch urteilen kann, das hebt ihn anscheinend über das bloße Vegetieren in vorgefertigten Systemen und Kontexten hinaus« (Schütz 1996/1997, S. 26). Die Anthropologie des starken, vernünftigen, autonomen Subjektes verbindet sich in dieser Bestimmung der Urteilskraft mit dem aufklärerischen Pathos der Säkularisierung und Entmythisierung.

Ist das Allgemeine nicht gegeben, sondern muss noch gefunden werden, so spricht Kant von reflektierender Urteilskraft (Kant 1977b, KU, XXIV). Das Finden, Entdecken und Erfinden ist das Feld der reflektierenden Urteilskraft: Sie manifestiert sich im Sinne einer »Findigkeit« oder eines Findens von Ähnlichkeiten oder Verwandtschaften, im Sinne eines »Gespürs« für Entdeckung desjenigen, was unbekannt ist, oder im Sinne einer produktiven Schöpferkraft, die erfindet, was es noch gar nicht gibt (vgl. Koch 1991, S. 228). Dieses führt in den logisch-begrifflichen Begründungszusammenhang der Transzendentalphilosophie Kants. Wenn nämlich Urteilskraft das Vermögen ist, unter Regeln zu subsumieren, d. h. nach Regeln der allgemeinen Logik in Begriffen, Regeln und Schlüssen zu denken, kann dieses Vermögen seinerseits nicht durch allgemeine Regeln gelehrt werden:

> »Diese aber erfordert eben darum, weil sie eine Regel ist, aufs neue eine Unterweisung der Urteilskraft, und so zeigt sich, daß zwar der Verstand einer Belehrung und Ausrüstung durch Regeln fähig, Urteilskraft aber ein besonderes Talent sei, welches gar nicht belehrt, sondern nur geübt sein will« (Kant 1977a, KrV, B 172).

Würde die Urteilskraft nach Regeln angewendet, wäre ein *regressus ad infinitum* die Folge. Das Regellernen würde den Gebrauch der Regeln verhindern. Deshalb kann es »keine Logik der Anwendung logischer Regeln geben« (Koch 1991, S. 204). Urteilskraft ist nach Kant ein Vermögen, das ein Talent erfordert. Sie beruht auf »natürlichen Voraussetzungen« und kann daher nicht erlernt, sondern nur geübt werden. Auch beim Urteilen zeigt sich also das Problem des »unentstandenen Anfangs« (▶ Kap. 8.1 und 4.2). In dieser Praxis kommt die oder der Urteilende auf etwas zurück, was sie oder er nicht kann, sondern erst durch Übung erwirbt. Die Fähigkeit wird nicht gekonnt und muss weiter vertieft und kultiviert werden – sie muss geübt werden. Dazu ist neben Wissen Erfahrung und Praxis nötig. Mit Kant – so die verbreitete Sicht auf die Philosophie und Pädagogik der Aufklärung – wird die Urteilskraft bzw. Vernunft selbstreflexiv, weil sie selbst die Grenzen bestimmen kann, innerhalb derer sie uneingeschränkt herrschen können soll:

> »Urteilskraft hat sich, so diese Sicht, nicht nur kognitiv konsolidiert, sondern auch jene Führungsrolle in allen menschlichen Geschäften übernommen – im wissenschaftlichen, technischen, moralischen und ästhetischen Bereich –, die lange durch Mythen, Aberglauben, Religionen und Traditionen verdeckt geblieben war« (Schütz 1996/1997, S. 26).

Aber der Transzendentalphilosophie Kants, wie überhaupt den aufklärerischen und humanistischen Anthropologien und Pädagogiken, liegt ein massiver Dualismus zugrunde (vgl. Brinkmann 2012, S. 273, S. 282; ▶ Kap. 4.3 und 5).[41] Mit der dualistischen Trennung von Körper und Geist, Natur und Kultur, Innen und Außen wird die Unterordnung bzw. Unterwerfung des Leibes unter die reflexive, kritische und autonome Vernunft besiegelt. Eine lange Tradition von Platon über das Christentum – vor allem seit Descartes und Kant – bestimmt das Ich als reflexives Bewusstseinssubjekt. Der Geometrisierung der Natur bei Descartes, die Husserl in seiner Krisis-Schrift kritisch aufdeckt (HUA IV), folgt die Instrumentalisierung des menschlichen Leibes (vgl. Meyer-Drawe 2004). Kants Diktum »Das ›Ich denke‹ muss alle meine Vorstellungen begleiten können« (Kant 1977a, KrV B 132) garantiert ein Sich-selber-Wissen, mit dem Sein und Wissen, Ich-Bewusstsein und Welt im Modus der Repräsentation verbunden wird. Das Ich als *fundamentum inconcussum* kann sich im Selbstbewusstsein aber nur auffinden, weil Denken und Sein, Reflexion und Welt, Subjekt und Objekt zuvor intellektualistisch auseinanderdividiert werden. Leiblichkeit und Reflexion stehen so in einem Spannungsverhältnis, das sich als »übergangene Sinnlichkeit« (Rumpf 1981) bzw. als bildungstheoretische Leibvergessenheit (Schütz 1995) in der pädagogischen Tradition findet und in vielfältigen Theorien, Praktiken und Institutionen die Indienstnahme des Leibes durch die »List der pädagogischen Vernunft« (Meyer-Drawe 2004, S. 618) belegt. Scheinbar unangefochten gelten meist diese Grundsätze: Selbstreflexion garantiert Selbstbeherrschung, Selbstbewusstsein garantiert Erkenntnis. Für die Übung folgt daraus die konsequente Marginalisierung, Disziplinierung und Normalisierung des Leibes (Zirfas 2004) sowie ihre Reduktion auf Disziplinierung und Repetition (▶ Kap. 1).

Im Folgenden soll im Unterschied zu dieser dualistischen und logozentrischen Bestimmung eine Theorie des Urteilens und Kritisierens vorgestellt werden, die beide als verkörperte und soziale Praxen exponiert.

8.4.2 Wahrnehmen und Urteilen

Ich hatte in Kapitel 5.1 mit Merleau-Ponty und Koffka auf die gestaltpsychologischen Einsichten zum Verhältnis von Einheit und Vielheit in der Wahrnehmung hingewiesen. Ein roter Fleck auf dem Teppich konstituiert sich im »Feld« der Wahrnehmung (Lewin) in der Differenz zu anderen Dingen. Der Fleck kann nur aufgrund des Horizontes, des Teppichs, d. h. aufgrund einer Differenz *als* etwas wahrgenommen werden. Mit der Gestaltpsychologie habe ich gezeigt, dass Wahr-

---

41 Das logische Schlussverfahren muss, so meine kritische Lektüre von Kants berühmtem Deduktionskapitel in der »Kritik der reinen Vernunft«, auf empirische »Typen« zurückgreifen. Die »Wiederholung des Empirischen im Transzendentalen« (Foucault 1974) bedeutet, dass die drei Synthesen der Apprehension (der sinnlichen Wahrnehmung), der Reproduktion (in der Einbildungskraft) und der Rekognition (im synthetischen Begriff) auf dem Konzept einer präreflexiven und vorassoziativen Einbildungskraft beruhen. Der Prozess des Urteilens ist daher weniger auf die Logik von Gesetz und Fall, sondern vielmehr auf ein Wahrnehmungs- und Erfahrungsgeschehen zurückzuführen, das im Modus einer »fungierenden Intentionalität« (Fink 1988, S. 91, Merleau-Ponty 1974, S. 15) vorbegrifflich und vorreflexiv fungiert (vgl. Brinkmann 2012, S. 271–282).

nehmung als produktive Bedeutungsgebung in einer Situation fungiert. Struktur- und Gestaltgebung ist weder eine Reaktion auf einen bestimmten Reiz noch eine mentale Repräsentation oder Konstruktion noch eine Bewusstseinssynthese, sondern ein Akt, der sich in der Differenz von Figur und Grund bzw. Punkt und Hintergrund vollzieht. Die protoreflexive (ursprüngliche) Struktur der Wahrnehmung im »Etwas-als-etwas-Sehen« impliziert, dass schon in diesem Akt Urteile gefällt werden (vgl. Brinkmann 2012, S. 168–172).

Abb. 27: Der Fleck kann nur vor einem Hintergrund wahrgenommen werden. Seine Wahrnehmung basiert auf einem vorprädikativen Urteil. Als gemeinsamer, intersubjektiver Hintergrund ermöglicht er Verstehen (▶ Kap. 8.3) (Gradt/Adobe Stock).

Husserl bezeichnet das sinnlich-wahrnehmende Urteil als vorprädikatives Urteil (vgl. Husserl 1939, S. 21). Dieses macht er am Beispiel der Farbwahrnehmung deutlich: Die Farben sind in einer solchen Wahrnehmung immer schon »aufgefaßt« (ebd., S. 75) – als Farbeigenschaft eines konkreten Dings, als Farben einer Oberfläche mit einer bestimmten Textur, schlicht als Flecken auf dem Teppich (vgl. ebd., S. 75). Sinnlich in der Erfahrung gegebene Gegenstände sind Zusammenschlüsse, die selbst auf eine Genese verweisen können, bevor sie in der Erfahrung auftreten.

Sinnliche Wahrnehmungen sind also weitaus mehr als bloße Reize oder Informationsaufnahme. Sie beruhen auf einem vorprädikativen Urteil, das zur Wahrnehmung und Erfahrung, zum »sinnlichen Gewahrwerden« (ebd., S. 67) elementar dazugehört. Auf diesem genetischen Prozess des Urteilens bauen »prädikative Urteile« (ebd., S. 21) auf. Sie basieren auf einer leiblichen Reflexivität.[42] Erst wenn sich das prädikative Urteil auf das vorprädikative Urteil bezieht, wird die

---

42 Husserl differenziert an dieser Stelle Wahrnehmen von Erfahren. Ich werde im Folgenden diese Differenz hier nicht weiter vertiefen. Ich verdanke den folgenden Gedanken zu Husserl den Hinweisen von Severin Sales Rödel.

Wahrnehmung und Erfahrung unter eine andere, sprachliche Ordnung gestellt. Wir können mit Husserl hier den genetischen Prozess des Urteilens vom vorprädikativen zum prädikativen Urteil nachvollziehen.[43] Urteilen ist so gesehen ein zugleich aktiver und passiver Akt. Es setzt eine Unterschiedenheit der Dinge, der Menschen und Verhältnisse voraus, auf die im Akt der Unterscheidung geantwortet wird. Das prädikative Schließen kann vor diesem Hintergrund nur als ein – besonderer – Modus eines allgemeinen, induktiven Schließens in der Wahrnehmung und Erfahrung betrachtet werden. Es antwortet auf ein Unterschiedensein, das dem Unterscheiden vorausliegt. Das Unterscheiden im Urteil beruht also auf einem Unterschiedensein der Dinge, Menschen und Verhältnisse. Es ist im wahrsten Sinne des Wortes ein Ur-Teil. Das ontologische Unterschiedensein ist die Bedingung der Möglichkeit des Unterscheidenkönnens (vgl. Schütz 1996/1997). Diese ontologische Differenz impliziert im Selbstverhältnis eine vorprädikative Struktur, ein elementares Zurückgebeugtsein des Menschen auf sich selbst, das sich schon in den einfachsten Formen der Wahrnehmung bis hin zu den Erfahrungen des Scheiterns, Nicht-Könnens, des Vergessens, aber auch in den Stimmungen und Emotionen zeigt. Die Schärfung des Urteils kann auch im Scheitern, in der Enttäuschung, im Nicht-Können und Nicht-Verstehen oder im Entzug bestehen, d. h. darin, im Urteil zu irren bzw. das Vorurteil der Vorerfahrung als falsch oder als nicht angemessen erfahren zu müssen.

Nimmt man das Urteilen als Praxis im Kontext einer vorprädikativen »fungierenden Intentionalität« (Fink 1988, S. 91, Merleau-Ponty 1974, S. 15), dann lassen sich zunächst zwei wichtige Konsequenzen ziehen: Das prädikative Urteil im Modus von Subjektivität und Objektivität, von Logik und Grammatik ist erstens nur eine Form der Praxis des Unterscheidens, eine Praxis, die die kulturellen und symbolischen Urteilsformen ausübt und kultiviert. Darüber hinaus werden, zweitens, die erkenntnistheoretischen Voraussetzungen der logischen Urteilsformen sowie der psychologischen Konzepttheorie erschüttert. Urteilen heißt nicht mehr, die Welt im Modus der Vernunft zu repräsentieren, sie auf Begriffe zu bringen oder in einen Schematismus zu zwängen. Urteilen setzt vielmehr die Nichtrepräsentierbarkeit von Mensch und Welt bzw. der Welt im Menschen geradezu voraus. Damit wird der Wahrheitsanspruch des logischen Urteils ebenso brüchig wie die Idiosynkrasien der psychologischen und philosophischen Bewusstseinstheoretikerinnen und Bewusstseinstheoretiker.

Im Urteilen-Üben ist in dieser Hinsicht ein Unterscheiden-Üben enthalten, wie ich später zeigen werde. Schon in der Wahrnehmung, im Sehen, Hören, Riechen, Fühlen, Schmecken, findet Urteilen als ein Unterscheiden-Können statt. Dessen logischer Vollzug ist nur eine von vielen Urteilsformen. Die Verfügungen

---

43 »In diesem Bereich des bloß betrachtenden Wahrnehmens ist der Aufbau des prädikativen Urteilens auf das vorprädikative wahrnehmende Erfahren am leichtesten nachzuweisen« (Husserl 1939, S. 68). Die Erfahrung im Wahrnehmen ist hier dann als ein Prozess zu fassen, in dem das Wahrgenommene schon auf bestimmte Weise gegeben ist. Damit wird auch klar, dass sich das in Kapitel 6 angeführte »hard problem« der Kognitionswissenschaften, das ich dort am Beispiel der Farbwahrnehmung verdeutliche, nur ergibt, weil eine kognitivistische und intellektualistische Theorie der Wahrnehmung verwendet wird.

der Vernunft werden so auf eine leiblich-körperliche Unverfügbarkeit in der Wahrnehmung und Erfahrung zurückgeführt. Im Folgenden wird in einem weiteren Schritt das Urteilen als leibliche Praxis genauer dargestellt. Ich werde zeigen, dass in der Selbstberührung die Unterschiedenheit als Differenz im Selbst thematisch wird – als Unterschiedenheit von Körper und Leib, von Eigenem und Fremdem. Das Urteil ist so gesehen nicht primär ein prädikatives, intellektuelles und logisches Urteil, sondern ein leiblich-taktiles Urteil zu sich selbst im Modus der Achtsamkeit. Die Selbstwahrnehmung basiert auf einem elementaren kinästhetischen Zurückgebeugtsein, auf einer Re-Flexion auf sich selbst. Sie verbürgt kein Selbstbewusstsein, sondern zeigt ein Selbstverhältnis (▶ Kap. 4), das sich in einem Können äußert und sich übend zu einer Haltung formieren lässt (vgl. Brinkmann 2012, S. 381–392; ▶ Kap. 6.2).

8.4.3 Korporales und Interkorporales Urteilen

Die vorprädikative und vorobjektive Dimension leiblicher Erfahrung wird von Husserl am Beispiel der Selbstberührung exemplarisch vorgeführt (vgl. HUA IV, S. 142 f., vgl. Brinkmann 2019a, c; ▶ Kap. 5.1). Wenn die linke Hand die rechte berührt, dann nehmen beide nicht nur etwas (nämlich die andere Hand), sondern auch sich selbst wahr. Die andere Hand kann in ihren taktilen Qualitäten (z. B. Oberflächentextur, Feuchtigkeit, Wärme oder Kühle) wahrgenommen werden. Sie kann aber auch als etwas Überraschendes, Merkwürdiges und Fremdes wahrgenommen werden. Die Empfindung der Hand als Körper (bzw. Objekt) und als lebendiger »Empfindungsträger« (Alloa/Depraz 2012, S. 20) verdeutlicht die Verschränkung subjektiver und objektiver Erfahrungsmomente sowie diejenige von Eigenem und Fremdem in der Selbstpräsenz des Leibes. Mit anderen Worten: In der Selbstwahrnehmung ereignet sich ein vorprädikatives Urteil, das sich einerseits der aktiven Bewegung und andererseits einer passiven Erfahrung verdankt. Ich kann mich dann über mich selbst wundern oder mir Sorgen machen (z. B. über die Trockenheit oder die Feuchte der Haut, was mir als ein bestimmtes Anzeichen gilt, oder ich kann mich selbst erspüren, indem ich die eigene Hand achtsam »erforsche« und daraus »Schlüsse« ziehe). Das wahrnehmende Ich verdoppelt sich gleichsam, indem es sich taktil auf sich selbst bezieht und darin ein Urteil fällt. Wir nehmen die Hand dann als warm, feucht, weich oder kühl wahr. Wir fühlen uns in unseren Erwartungen bestätigt oder sind überrascht über uns selbst – ähnlich wie wir überrascht sind, wenn wir uns selbst zufällig im Spiegelbild des Schaufensters entdecken und uns dabei fremd werden.

Husserl legt damit ein Modell der leiblichen Reflexivität als Urteilen vor, das der Verschränkung von Körper und Leib entspringt und damit die Möglichkeit eröffnet, theoretisch zu fassen, dass und wie sich das Ich in der Selbstberührung fremd wird. Selbstwahrnehmung wird von Husserl somit kinästhetisch bestimmt, als bewegende und bewegliche Äußerung des Lebens, d. h. als Gebärde (vgl. Heidegger 2002, S. 26). Zudem werden damit die vorprädikative und vorobjektive Performanz des Leibes sowie der individuelle Eigensinn leiblicher Erfahrung veranschaulicht. Jede Berührung des Leibes drückt einen jeweils besonde-

8.4 Urteilen und Kritisieren üben

Abb. 28: Vorprädikatives Urteilen in der Selbstberührung: Selbstaffektion, Selbstverhältnis und Selbstreflexion (CC0 Shiny Diamond/Pexels).

ren individuellen Stil und individuelles Temperament aus, welche keineswegs zufällig sind.

Leibliche Reflexivität als leibliches Urteilen in der Wahrnehmung ist somit vorprädikativ und vorobjektiv, sie verkörpert sich in Gebärden und verschränkt darin Eigenes und Fremdes sowie Selbstaffektion und Selbstreflexion. Hier zeigt sich auf der leiblichen Ebene, dass wir in einem Verhältnis zu uns selbst agieren. Urteilen-Können ist ein Unterscheiden-Können (griech.: *krinein*). Das Unterscheiden im Urteil weist zurück auf die Unterschiedenheit der Dinge, der Verhältnisse und der Menschen, zu denen im Ur-Teil noch einmal ein Verhältnis eingenommen wird. Auf diese Verhältnisse antwortet das Selbst im Wahrnehmen und Sich-Zeigen: ein Verhältnis zu Verhältnissen. Das leiblich-taktile, vorprädikative Urteil basiert also auf einem Zurückgebeugtsein, auf einer Re-Flexion, die kein autonomes Selbstbewusstsein, sondern ein achtsames Selbstverhältnis anzeigt, das sich üben und »formieren« lässt (▶ Kap. 6). Im vorprädikativen Urteil kommt das Selbst auf sich selbst zurück, indem es fühlt, unterscheidet, wertet. Diese Bewegung ist affektiv-unmittelbar. Es bedarf, wie das Fremd-Verstehen (▸ Kap. 8.3.2), keiner Vermittlung und keiner Repräsentation. Aber: Das Zurückbeugen kommt sozusagen immer zu spät und kann nur in einer temporalen und signifikativen Differenz wahrgenommen und formuliert werden (zur signifikativen Differenz vgl. Brinkmann 2019a, e). Die soziale, interkorporale Dimension des leiblichen Urteilens lässt sich gut an einem weiteren, ebenfalls prominenten Beispiel verdeutlichen: dem Händedruck. Im Händedruck geht der Leib in seinen Bewegungen und seinen Akten über sich hinaus. Im Händedruck wird sowohl das Über-sich-hinaus-Weisen als auch die Liminalität des Leibes deutlich. Die oder der Andere wird im Händedruck durch meinen Leib präsent und evident, »weil mein Leib sich dem des Anderen durch jene ›Art der Reflexion‹ einverleibt, deren Sitz er paradoxerweise ist« (Merleau-Ponty 2007, S. 246; vgl. Bedorf 2012, S. 73). Merleau-Ponty macht deutlich, dass im Händedruck eine »Kompräsenz« der Körper und eine »Zwischenleiblichkeit« (Merleau-Ponty 2007, S. 246) entsteht. Diese Zwischenleiblichkeit konstituiert eine Intersubjektivität. Die Ontologie des Leibes, die wir in der Selbstberührung auffanden, wird hier auf die interkorporale Sphäre ausgedehnt. Das reflexive Selbstverhältnis in der Selbstberührung, das ich oben beschrieben habe, wird mit dem Händedruck in das Soziale transferiert. Mit dem Beispiel des Händedrucks wird deutlich, dass das Verhältnis zu sich auch ein Verhältnis zu Anderen ist, ja, dass das Selbstverhältnis und das Verhältnis zu Anderen gleichursprünglich sind.

Abb. 29: Interkorporale Reflexivität: Der Händedruck (CC0 Cytonn Photography/Unsplash).

Mit Heidegger lässt sich nun die mit Husserl und Merleau-Ponty aufgewiesene reflexive, vorprädikative und implizite Leiblichkeit und Zwischenleiblichkeit als Reflexivität und Urteilen bestimmen. In seiner Schrift »Was heißt Denken?« konstatiert Heidegger einen elementaren Zusammenhang von Leib und Denken im Sinne des Gebens und der Gebärden:

> »Jede Bewegung der Hand in jedem ihrer Werke trägt sich durch das Element, gebärdet sich im Element des Denkens. Alles Werk der Hand beruht im Denken. Darum ist das Denken selbst das einfachste und das schwerste Hand-Werk des Menschen, wenn es zu Zeiten eigens vollbracht sein möchte« (Heidegger 2002, S. 19).

Das Denken ist eine Sache der Tat, eine Sache der Situierung des Leibes und eine Sache der Beziehung zum Sein. Hand, Handeln im Sinne des Sich-gebärdens und Denken gehören zusammen. Ja, Denken und Gebärden fallen insofern zusammen, als sie auf eine Sprache verweisen, die nicht im Grammatischen und Symbolischen aufgeht. Der Handschlag als intersubjektives Ereignis deutet also auf eine leibliche Reflexivität hin, die sich nicht ausschließlich dem Selbst, sondern auch dem Anderen und den Anderen verdankt. Das Geben der Hand wird damit auch zu einem Sich-Geben oder Sich-Hingeben. Darin öffnet sich die oder der Gebende und wartet auf die Antwort, die sie oder er nicht kennen kann. Derrida sieht daher in dieser Situation auch eine ethische Dimension:

> »Der Übergang von der transitiven Gabe, wenn man so sagen kann, zur Gabe dessen, was *sich* gibt, was sich selbst als Geben-Können gibt, was die Gabe gibt, dieser Übergang von der Hand, die etwas gibt, in die Hand, die *sich* gibt, ist offensichtlich entscheidend« (Derrida 1987/1988, S. 67).

Der soziale Sinn des Urteils beruht auf der Unterschiedenheit der Menschen, d. h. auf der Differenz zwischen Ich und Anderen. Die elementare Unterschiedenheit kommt im Handschlag darin zum Ausdruck, dass im ›Schlag‹ eine Asymmetrie und Nicht-Vermitteltheit zum Anderen angezeigt wird. Das Geben der Hand als Geste weist über den Leib hinaus auf den Anderen hin. Im Händedruck fallen Selbstwahrnehmung und Fremdwahrnehmung, Verhältnis zu sich und Verhältnis zu Anderen zusammen, indem er eine interkorporale Sphäre konstituiert. Aber: Auf die Geste des oder der Anderen kann ich nur antworten. Das, worauf ich antworte, steht nicht in meiner Macht, genau wie sich mir auch der Anspruch der oder des Anderen, etwa im festen oder nachlässigen Händedruck, entzieht.

Damit wird auch die vulnerable Dimension des Urteils als soziale Praxis sinnfällig. Das Urteil eines Anderen – sei es ein verweigerter Handschlag, ein Blick oder eine Geste – kann verletzen, ausgrenzen, abwerten. Es wird eine negative Erfahrung möglich, die ich als existenzielle Dimension deutlich gemacht habe (▶ Kap. 5.2.4 und 5.3) Das Unterscheiden beruht also auf der leiblich-körperlichen Voraussetzung der Exposition (Butler) bzw. der *Expeausition* (Nancy) (▶ Kap. 8.4.4). Nancy versucht mit dem Wortspiel »Expeausition«, das sowohl die Haut (*peau*) als auch Position beinhaltet, den sinnlich-vulnerablen Charakter sozialen Handelns deutlich zu machen (vgl. Nancy 2014, S. 36, S. 147). Wird das Handgeben im Handschlag nicht dialektisch als »Vermittlung« gedacht, kann die ethische und existenzielle Dimension des Urteilens auch nicht deutlich werden.

Diese wird vielmehr im verweigerten Handschlag sinnfällig. Die oder der Gebende öffnet sich dem Urteil einer oder eines Anderen. Die Asymmetrie der verweigerten Gabe im Geben wird offenkundig. Auch das ist ein Urteil. Es verdankt sich einer Entscheidung, die sich in einer Stellungnahme oder Positionierung dem Andern gegenüber verkörpert. Auf diese lässt sich nicht reagieren, sondern nur antworten. Die Situation kann dann zum Ereignis werden (▶ Kap. 5.2.3). Hier scheint eine existenzielle Dimension interkorporaler Performativität auf, die ich in Kapitel 5.2.4 als existenzielle Performativität gekennzeichnet habe.

Der Handschlag ist ein Ur-teilen im Sinne des Unterscheidens, der auf einem Unterschiedensein beruht. Zugleich wird im Handschlag ein zwischenleibliches Verhältnis zu diesen Unterschieden eröffnet, das aber nicht der Intention und Souveränität eines Subjekts entspringt. Vielmehr ist es auf die oder den Anderen angewiesen. Aufgrund dieser »Expeausition« (Nancy) ist interkorporale Reflexivität und Urteilen elementar mit der Vulnerabilität verbunden. Diese verkörpern sich in einem Antwortgeschehen. In diesem Antworten unterlaufen sie dann die symbolische Ordnung (▶ Kap. 5.2 und 8.3.5).

Die intersubjektiv vermittelte Leiblichkeit am Beispiel des Händedrucks zeigt somit die soziale und – wie ich weiter zeigen möchte – politische Dimension von Urteilen an. Beide Formen des Ur-Teils als reflexive Formen des Zurückkommens auf sich selbst durch das Andere (des eigenen Leibes) und den Anderen (im Handschlag) setzen die Nichtrepräsentierbarkeit des Urteilens (und damit seine Nachträglichkeit) voraus. Urteilen in diesem Sinne aber ist weder kontingent (es ist vielmehr konkret und situativ), noch vollzieht es sich in totaler Unverfügbarkeit. Leibliche Reflexivität als Urteilen ist die Bedingung der Möglichkeit logischen Urteilens und zugleich seine dezentrierende Instanz, indem nämlich die Verfügungen der Vernunft auf die Unverfügbarkeit leiblicher Erfahrungen im Anspruch von Ich und Anderem zurückgeführt werden.

8.4.4 Kritisieren – Urteilen und Positionieren im öffentlichen Raum

Urteilen-Können und Urteilen-Üben setzen ein nicht-repräsentationalistisches Modell »fungierender Intentionalität« (Fink 1988, S. 91, Merleau-Ponty 1974, S. 15) voraus, da sonst Vulnerabilität und Sozialität in der Praxis des Urteilens und der Kritik nicht differenzsensibel erfasst werden können. Urteile wie der verweigerte Handschlag können sich körperlich-leiblich als Positionierung im gesellschaftlichen Raum ausdrücken. Sich zu positionieren heißt dann auch, sich auszusetzen und damit den vulnerablen Körper zu exponieren. Gleichzeitig bedeutet diese Positionierung dann auch, eine Entscheidung zu treffen. Den Handschlag zu verweigern heißt also, Stellung zu nehmen und in der Stellungnahme eine Differenz zu setzen. Die urteilende Unterscheidung wird so zu einer praktischen Entscheidung. Als Unterscheiden beruht Kritisieren wie Urteilen einerseits auf einer leiblich-körperlichen Voraussetzung der Exposition (Butler) bzw. der Expeausition (Nancy). Andererseits basieren sie auf einer Praxis des Unterscheidens und damit auf einem Verhältnis zu Verhältnissen, zu denen sich in einer

Entscheidung positioniert wird. Letzteres habe ich als *Kritisieren* bestimmt. Kritisieren basiert also auf Urteilen. Während im Urteilen diese Differenzen gesetzt werden – und ich habe mit Husserl gezeigt, dass dieses schon im vorprädikativen Wahrnehmungsurteil geschieht, auf dem prädikative und logische Urteile genetisch aufbauen –, werden diese Differenzen in der Kritik in den öffentlichen, politischen, wissenschaftlichen und gesellschaftlichen Raum getragen. Dies basiert wiederum auf einer Entscheidung, zu den Unterscheidungen Stellung zu nehmen und sich zu dieser Stellungnahme reflexiv zu verhalten.

Ich hatte gesagt, dass Urteilen und Kritisieren auf ein leibliches und soziales Unterschiedensein reflexiv bezogen sind. Indem sie scheiden, trennen und differenzieren, wird ein Verhältnis eingenommen. Geurteilt wird über Gegenstände, Sachen oder Sachverhalte ebenso wie über die Beziehungen, Regeln oder Strukturen, in denen sie stehen. Urteilen wurde sodann als ein reflexives Zurückgebeugtsein auf die eigenen vorprädikativen und/oder prädikativen Urteile bestimmt, indem sich zu diesen in eine Distanz gesetzt wird. Die weiter oben angesprochene temporale und signifikative Differenz (▶ Kap. 5.2 und 8.4.3) ermöglicht nun in einer intentionalen Bewegung eine Distanzierung zu sich selbst. Diese Distanz ermöglicht also ein Verhalten zu den Unterscheidungen, die in einem Urteil eingenommen wurden. Die Bewegung der Distanzierung zu den eingenommenen Urteilen und Stellungnahmen wird, wie ich weiter zeigen möchte, durch ein Anhalten, Unterbrechen, Zurücktreten, d.h. durch eine Epoché ermöglicht. Urteilen ist so gesehen eine leiblich-geistige Praxis, die sich auf Andere bezieht und sich – wie im Handschlag – auch anderen verdankt. Urteile und Kritik betreffen nicht nur das Selbst bzw. das Verhältnis des Selbst zu Normen, Werten und Regeln, sondern auch das Verhältnis zu Anderen. Zu diesen Verhältnissen wird im Urteil eine Unterscheidung getroffen. Im Kritisieren wird nun zu diesen Unterscheidungen Stellung genommen im Sinne einer verkörperten Entscheidung. Kritisieren als politische Praxis bezieht sich auf das Gemeinwesen und die Gesellschaft, insofern man sich zu den Urteilen im Kontext machtförmiger Ordnungen und Regeln positioniert. Kritik als Positionierung setzt sich zu Ordnungen und Regelsystemen in ein reflexives Verhältnis, indem sich von diesen verkörpert unterschieden wird.

Unter postdemokratischen und spätmodernen Bedingungen treten die Konflikte der auf Differenz, Pluralität und Heterogenität beruhenden Prozesse politischer Meinungs- und Demokratiebildung besonders hervor (vgl. Brinkmann 2018d).[44] Wird Demokratie als Demokratisierung, d.h. als Prozess gesehen, kommt ein antagonistischer Modus ins Spiel. Rancière bestimmt Demokratisierung als Streit bzw. Agon mit abweichenden und fremden Perspektiven und Artikulationen (vgl. Rancière 2012). Demokratiebildung lässt sich damit bildungstheoretisch nicht in Bezug auf eine Staatsform (*demos kratos*), auch nicht in Bezug auf eine Lebensform (Dewey 1985), sondern als öffentliche Praxis (*res publica*) der Anerkennung, Reflexion und Kritik des Anderen (Wissen, Praktiken,

---

44 Zu Pluralität und Differenz als Kennzeichen moderner Pädagogik unter Bedingungen einer doppelten Kontingenz mit der Folge der Pluralisierung der Wissens-, Begründungs- und Urteilsformen ▶ Kap. 2.

Wissensformen) und der Anderen (Menschen) unter Bedingungen von Differenz, Streit und Heterogenität bestimmen (vgl. Biesta 2019). Politische Meinungsbildung ist somit nicht nur eine Form der Diskussion und Entscheidung im Parlament, auch nicht nur eine Basis demokratischer Praxis – etwa in Kleingruppen oder Räten –, sondern eine politische und leibliche Praxis der Positionierung im politischen und gesellschaftlichen Raum.[45]

Abb. 30: Kritisieren als Positionierung im öffentlichen Raum (CC0 Kelly Lacy/Pexels).

In einer körpertheoretischen Perspektive kann diese politische Praxis auch in Form von Versammlungen (Butler 2018) stattfinden, in denen und mit denen Personen sich positionieren und in denen sie sich verkörpert im sozialen Machtraum exponieren. Butler radikalisiert damit die Perspektive auf Vulnerabilität

---

45 In einer Demokratie lassen sich pädagogische Ziele daher nicht aus – für sich genommen legitimen – Ansprüchen anderer gesellschaftlicher Praxen und Systeme (Ökonomie, Kunst, Medien, Religionen, Politik) ableiten (vgl. Fink 1970b). Bildung und Pädagogik müssen vielmehr als eigenständiger Praxis- und Wissensbereich von anderen gesellschaftlichen Praxis- und Wissensbereichen unterschieden werden. Bildung und Bildungssystem dürfen nicht durch normative Setzungen von Unterrichtszielen aus dem politischen, ökonomischen, ästhetischen oder religiösen Praxis- und Wissensbereich zu einem angewandten Teil der Politik gemacht werden (Humboldt 1963c, Benner 2001a). Vielmehr muss die Eigenlogik pädagogischen Denkens und Handelns herausgestellt und nach seinem spezifischen sozialen Mit-einander-Sein gefragt werden.

und Interkorporalität, indem sie den Körper vor allem aus der Perspektive der Anderen sieht. Diese konstituieren das Subjekt als körperliches und vulnerables Selbst:

> »Wenn (...) das Ausgesetzt-Sein unserer Körper im öffentlichen Raum uns fundamental konstituiert und unser Denken zu einem sozialen und verkörperten, verwundbaren und leidenschaftlichen macht, dann führt unser Denken zu nichts, wenn es nicht genau diese leibliche Interdependenz und Verflechtung voraussetzt. Der Körper wird durch Perspektiven konstituiert, die er nicht einnehmen kann; eine andere Person sieht unser Gesicht und hört unsere Stimme in einer Weise, wie wir es nicht können. Wir sind in diesem Sinne – körperlich – immer schon dort und doch hier und diese Enteignung kennzeichnet die Sozialität, zu der wir gehören. Wir sind ortsgebundene Wesen und doch immer woanders, konstituiert in einer Sozialität, die über uns hinausgeht. Dadurch entsteht unser Ausgesetzt-Sein, unser Gefährdet-Sein, unser Angewiesen-Sein auf politische und gesellschaftliche Institution, um fortbestehen zu können« (Butler 2018, S. 130 f.).

Ausgesetztsein, Verletzlichkeit, Prekarität – d. h. Pathos und Passivität (▶ Kap. 4) – sind bei Butler Voraussetzungen einer Theorie und Ontologie des Körpers. Sie zeigt, dass im politischen Raum (der Versammlung) eine verkörperte Stellungnahme, eine Positionierung einen möglichen Effekt für Kritik und Widerstand haben kann (vgl. Butler 2002).

Butler macht uns wie Foucault (und Husserl) darauf aufmerksam, dass sich Kritik auf keinerlei rationalisierte Gelingensbedingungen allein berufen kann, die immer schon außer Streit stünden, sondern dass sie sich – mit Roland Reichenbach (2001) gesprochen – als *Ethos der Differenz* konstituiert. Foucault zeigt, dass Kritik, insofern sie auf verschiedene Gegenstände bezogen bleibt, immer nur in Beziehung auf etwas anderes als sie selbst existiert (Foucault 1990b). Ihre Aufgabe besteht also nicht nur darin, etwas zu bewerten, »vielmehr solle Kritik das System der Bewertung selbst herausarbeiten« (Butler 2002, S. 250). Kritik als kritische Beziehung zu Normen und Wertmaßstäben, als unterscheidende und positionierende Haltung, übt ein Verhältnis zu äußeren Bewertungsmaßstäben ein und übt diese im Sinne einer verkörperten Entscheidung und Haltung als Praxis aus. Kritik ist also eine Formierung des Selbst (▶ Kap. 4 und 7) in Beziehung zu Regeln. Kritik ist damit eine Wiederholung und zugleich Erweiterung schon vorhandener Regeln, eine Selbstautorisierung des Selbst im Sinne einer »Entunterwerfung« und einer Transformation (vgl. Foucault 1990b). Diese manifestiert sich in einer Haltung, die Foucault als »*l'attitude critique comme vertu en général*« (ebd., S. 36) im Sinne einer kritischen Haltung und einer spezifischen Einstellung dem Denken *als* Praxis gegenüber bestimmt. Eine solchermaßen entgrenzte und dynamisierte, nicht aber universalisierte Fassung von Kritik als Projekt, charakterisiert Foucault schließlich als »Grenzhaltung«:

> »Es handelt sich nicht um ein Verweigerungsverhalten. Man muss der Alternative des Draußen und des Drinnen entkommen; man muss an den Grenzen sein. Die Kritik ist gerade die Analyse der Grenzen und die Reflexion über sie.« (Foucault 2005, S. 702)

Wenn sich die Grenzhaltung des Kritisierens nicht auf rationalistische oder intellektualistische Urteilsformen zurückziehen kann, heißt das aber eben nicht, dass sie überhaupt nicht auf Urteilen basiert. Es geht hier vielmehr um eine Pluralisierung unterschiedlicher Urteilsformen. Urteilen als vorprädikative und prädikative Praxis bezieht sich auf die eigenen Unterscheidungen und Differenzen, Erfahrungen und Urteile.

Ich habe gezeigt, dass im Sinne der Urteilsgenese nach Husserl diese Distanzierung schon bei vorprädikativen Urteilen der Fall ist. Findet nämlich das Urteilen als Reflexion, Distanzierung und Relativierung nicht statt und bleibt es beim Werten, Deuten, Zuschreiben, Ablehnen oder Zustimmen, wird die »Hingabe an die Sache« (Horkheimer 1985) verhindert. Hier deuten sich die Gemeinsamkeiten zwischen Urteilen und Verstehen an. Man kann auch sagen, dass ein »grammatisches Verstehen« (zu Schleiermacher ▶ Kap. 8.3) Voraussetzung jedes Verstehens- und damit jedes reflexiv-kommunikativen Urteils- und Kritikaktes ist. Mit anderen Worten: Fehlt der Sachbezug, das »grammatische Verstehen« im Urteilen, dann wird auch die reflexive Bezugnahme zu den eigenen vorprädikativen oder prädikativen Urteilen schwierig. Die Zurückbeugung auf sich selbst und damit auch auf die Sache und auf den Inhalt des Urteils geht nämlich dann verloren. Statt einer Distanzierung zum »Was« und »Wie« des Urteils findet eine Identifizierung mit nur einem Urteil und einer Urteilsform statt. Kritisieren wird so zur Dogmatik, zum schieren Aktivismus oder platten Aktionismus, zu einer vordergründigen Attitüde. Horkheimer nennt das, was dann übrig bleibt, Ideologie; Adorno nennt es Halbbildung, Foucault nennt es Rechtfertigungsideologie für Macht-Wissen. Unter Bedingungen der Mediendemokratie heißt es heute: Populismus.

Kritisieren beruht auf Urteilen. Urteilen beruht auf einer doppelten Reflexivität, indem ein Verhältnis zu sich und zu Anderem und Anderen eingenommen wird. Eine Didaktik des Urteilen-Übens kann daran anschließen. Sie kann vor dem Hintergrund des gerade Dargestellten auch als eine Voraussetzung für Kritik bzw. Kritisieren-Können und Kritisieren-Üben gelten, d. h. als eine erste Stufe des Kritisieren-Übens mit dem Ziel des Kritisieren-Könnens als Positionierung. Kritik ohne reflexive Distanzierung und – wie ich im Folgenden weiter zeigen werde – Relativierung und Pluralisierung der Urteile (vgl. Benner 2009), gerät in die Gefahr, zu Dogmatik, Aktionismus oder Populismus zu werden.

Wie aber lässt sich dieses Urteilen als Zurückbeugen bzw. Re-flektieren und Antworten auf Andere im Sinne einer Entscheidung und politisch-kritischen Stellungnahme üben? Im Folgenden nehme ich den anfangs angesprochenen Zusammenhang zwischen Unterscheiden, Distanzieren, Urteilen und Kritik wieder auf. Dort hatte ich dargestellt, dass Voraussetzung für ein Urteilen in einem reflexiven Sinne eine Distanzierung ist – also ein Verhältnis zu den im Urteil eingenommenen Verhältnissen zu sich und zu den Anderen. Diese Distanzierung beruht auf einer Differenz, die ich als temporale Differenz ausgewiesen habe (▶ Kap. 5.2) und die in der Bewegung der Distanzierung nun thematisch wird. Ich werde dies als einen Prozess deuten, der ein Zurücktreten, ein Anhalten bzw. Heraustreten aus den selbstverständlichen, alltäglichen, habitualisierten und sedimentierten Vollzügen, aus den Meinungen und Vorurteilen impliziert und damit eine Voraussetzung für eine reflexive politische Stellungnahme sein kann.

8.4.5 Urteilen: Distanzieren, Anhalten, Unterbrechen

Reflexivität als Zurückgebeugtsein, sei es in vorprädikativem oder prädikativem Urteil, basiert auf einer Bewegung der Differenzierung. Reflexivität bedeutet auch, dass die Wahrnehmungen und Erfahrungen nie vollkommen unmittelbar, z. B. im Sinne einer simplen Reizaufnahme verlaufen. Vielmehr sind sie schon auf eine gewisse Weise vermittelt. Ihre »vermittelte Unmittelbarkeit« (Plessner 1975) beruht auf einer Distanz, die sich schon im Wahrnehmungsurteil anzeigt und im prädikativen Urteil als »signifikative Differenz« (zu Merleau-Ponty vgl. Brinkmann 2019e) deutlich wird. Die Distanzierung findet also mitgängig im Wahrnehmungs- und Erfahrungsprozess statt. Es werden im Urteil Wahrnehmungen und Erlebnisse nicht unmittelbar aufgenommen, sondern schon einer ersten Unterscheidung und Einordnung unterzogen. Bereits das vorprädikative Urteil funktioniert unter Bedingungen von Regeln, Ordnungen und Systemen. Will man die Distanzierungsbewegung reflexiv einholen und sie damit auch zu einer »Sache« oder zum »Thema« des Übens machen, dann muss sie zu den affektiven, leiblichen und zwischenmenschlichen Verhältnissen noch einmal in ein Verhältnis treten, d. h. reflexiv thematisiert werden. Mit anderen Worten: Es muss noch einmal ein Verhältnis zum Selbstverhältnis und zu den Verhältnissen zu Anderen eingenommen werden. Diese Distanzierungsbewegung ist damit kein Urteil, keine Einordnung oder Unterordnung unter Regeln oder Systeme, sondern vielmehr eine Bezugnahme zu den Erfahrungs- und Wahrnehmungsprozessen, in denen Urteile stattgefunden haben. Die Distanzierung kann durch ein Anhalten, Zurücktreten oder Unterbrechen erreicht werden. Diese ermöglichen einen Aufschub des Urteils. Die Operation des Aufschubs, der Verzögerung, des Anhaltens und Zurücktretens vom Urteil nennt man – in einer langen Tradition skeptischer Philosophie stehend – Epoché (vgl. zum Folgenden Brinkmann 2020d).

{εποχή / Epoché}

Abb. 31: Epoché: Einklammern, Anhalten, Zurücktreten, Unterbrechen als Distanzierung zum Urteilen und Praktik der Verzögerung (eigene Darstellung).

Epoché oder eidetische Reduktion bedeutet Enthaltung einer Stellungnahme, eines Urteils bzw. eines (Vor-)Urteils über eine »Sache« (HUA III, S. 64). Dazu muss das Urteil über die »Sache« zunächst eingeklammert werden. Einklammern ist also nicht Nichturteilen, sondern Aufschub des Urteils. Der distanzierende Schritt zurück wird damit zu einer reflexiven Blickwende hin zum *Wie* dieses Prozesses.

Die Epoché kann sich gleichermaßen auf vorprädikative wie auf prädikative Urteile beziehen. Im Zuge der Einklammerung als Distanznahme zu den eigenen, präverbalen Wahrnehmungs- und Erfahrungsurteilen sowie zu den prädikativen, logischen Urteilen lässt sich eine andere Sicht ›auf die Sache selbst‹ gewinnen, weil diese als Zuschreibungen, als Bewertungen oder Abwertungen, als Interpretationen und Deutungen expliziert werden. Mit anderen Worten: Sie werden als (Vor-)Urteile kenntlich. Vorurteile sind sie nicht, weil sie moralisch verwerflich oder hinderlich sind für eine Emanzipation und Autonomie. Vorurteile sind sie in einem temporalen, genetischen Sinne (vgl. Buck 2019; Brinkmann 2019d). Sie sind einerseits als leibliche und zwischenleibliche Urteile notwendiger Teil der Wahrnehmung und Erfahrung und damit Voraussetzung für Handeln und Denken. Andererseits werden sie als vorläufige Urteile erst im Zuge der Einklammerung kenntlich. Dann kann zu ihnen noch einmal ein Verhältnis eingenommen werden. Dieses Verhältnis kann sich leiblich-körperlich in einer Geste oder Stellungnahme äußern: Wenn ich mich zum Beispiel selbst frage, was ich da gerade gesehen oder gehört habe. Oder wenn mich die oder der Andere fragt, ob ich sie oder ihn nicht richtig verstanden habe. Die Irritation bzw. die negative Erfahrung ist eine Möglichkeit, sich zu sich selbst und damit zu Anderen distanzierend verhalten zu können (dazu ausführlich ▶ Kap. 1.3 und 4.1).

Heidegger geht einen Schritt weiter, indem er zeigt, dass sich in der Epoché ein Anhalten einer Erfahrungsbewegung ereignet. Damit kann die Rückführung auf Erfahrung und Wahrnehmung als eine Bewegung vom Subjekt weg hin zum Sich-Zeigen des Phänomens verstanden werden. Sie ist damit auch ein Sich-Öffnen für das Nicht-Selbstverständliche, Fremde und Andere, das zunächst aufgrund der eigenen (Vor-)Urteile nicht gesehen wurde. Waldenfels bestimmt die Epoché, noch weiter greifend, als responsive Epoché (zur Responsivität ▶ Kap. 4.4). Darin geschieht eine Unterbrechung des Bekannten, Gewohnten und Normalen. Fremdheit und Andersheit wird nicht nur erfahrbar, sondern es werden Ordnungen gestört und durchkreuzt. Wie lässt sich dies konkret vorstellen? Waldenfels bemerkt hierzu in Bezug auf Lévinas, dass der Überschuss im Aufruf als »(…) fremder Appell in die allgemeine Sprache verwickelt bleibt, deren Regelungen er durchkreuzt« (Waldenfels 2012, S. 119). Die responsive Epoché bleibt daher an ein Sprechen gegen die Grammatik der Sprache gebunden. Sie ist zugleich ein Sehen gegen die Sedimentierungen des Gesehenen, wie Waldenfels in Bezug auf Merleau-Ponty anfügt: »Was sich hier andeutet, ist ein verfremdender, schräger Blick, eine indirekte Rede« (ebd., S. 120). Epoché ist daher ein paradoxes Unterfangen, eine Reduktion vom Gesehenen auf das Sehen (Merleau-Ponty), ohne dass sich darin das Sehen und das Gesehene vollständig fassen ließen. Sie ist zudem eine Reduktion vom Gesagten auf das Sagen (Lévinas), ohne dass sich das Gesagte und das Sagen vollständig erfassen ließen. Damit wird es möglich, die eigenen Erfahrungen im Horizont von Fremdheit reflexiv auf anderes Wissen auszurichten. Mit der Epoché können Stereotypen und Schemata nicht nur eingeklammert, sondern die wechselseitigen Zuschreibungen im Sagen und Zeigen als solche thematisiert und reduziert werden (vgl. Brinkmann 2020d).

Mit der Einklammerung von Urteilen (Husserl), dem Anhalten einer Erfahrungsbewegung (Heidegger) oder der Reduktion auf das Gesagte und Gesehene (Waldenfels) kann eine Distanzierung stattfinden. Damit wird es möglich, in der Erfahrung eine reflexive Wendung zu erreichen.

Einklammern, Anhalten, Unterbrechen sind »Praktiken der Verzögerung« (Dörpinghaus 2018), die zu einer »Bildung der bzw. als Verzögerung« (ebd.) beitragen können. Wenn das Urteil aufgeschoben, die Erfahrung angehalten und das Gesagte und Gesehene unterbrochen wird, dann eröffnet sich ein »Zeitspielraum« der Reflexivität (vgl. Fink 1992, S. 133). Es ist jene reflexive Haltung zu den eigenen Akterlebnissen, die Eugen Fink als Meditation bezeichnet hat. In dieser Meditation ist es möglich, sich aus dem Fluss der Zeit und aus den Selbstverständlichkeiten herauszuheben und den gegenwärtigen Moment achtsam in den Fokus zu rücken (▶ Kap. 6.3). Diese Reflexivität in der Epoché setzt sich zu dem vorprädikativen und prädikativen Urteil noch einmal in ein Verhältnis. Dies geschieht zuerst im Zuge einer negativen Erfahrung der Irritation oder der Konfrontation. Die Distanzierung kann damit als ein Beginn von Lernen und Bildung bezeichnet werden (▶ Kap. 1.3 und 4.1). Urteilen-Üben kann so zunächst verzögernd und distanzierend als ein Aufschieben bestimmt werden. Hier werden die Unterschiede zur landläufigen und zur kantischen Bestimmung der Urteilskraft sinnfällig. Urteilen als Epoché gilt hier nicht so sehr als Einordnung oder Unterordnung in Systeme oder Regeln, sondern als ein Verzögern, Verlangsamen, Distanzieren.

8.4.6 Urteilen Üben – Praktiken der Distanzierung

Schon Kant macht darauf aufmerksam, dass Urteilen anders als Wissen funktioniert. Wissen wird erst in der Praxis des Urteilens wirksam. Viel wichtiger aber ist die Erfahrung. Eine wissende Ärztin oder ein wissender Arzt, eine Juristin oder ein Jurist, eine Politikerin oder ein Politiker, eine Lehrerin oder ein Lehrer ist erst dann eine gute Praktikerin oder ein guter Praktiker, wenn zum Wissen die Erfahrung und die konkrete Praxis hinzukommen. Um urteilen zu können, bedarf es zudem eines Könnens, das Wissen mit der Erfahrung zu verbinden. Dies geschieht im Urteilen. Im Urteilen ist nicht nur Wissen und nicht nur Können, sondern die rechte Mischung und Anwendung von Wissen und Können entscheidend:

> »Ein Arzt (…), ein Richter, oder ein Staatskundiger kann viel schöne pathologische, juristische oder politische Regeln im Kopf haben, in dem Grade, daß er selbst darin gründlicher Lehrer werden kann, und wird dennoch in der Anwendung derselben leicht verstoßen, entweder, weil es ihm an natürlicher Urteilskraft (obgleich nicht am Verstande) mangelt, und er zwar das Allgemeine in abstracto einsehen, *aber* ob ein Fall in concreto darunter gehöre, nicht unterscheiden kann, oder auch darum, weil er nicht genug durch Beispiele oder wirkliche Geschäfte zu diesem Urteile abgerichtet worden. Dieses ist auch der einige und große Nutzen der Beispiele: dass sie die Urteilskraft schärfen.« (Kant 1977a, KrV, B 173)

Vor dem Hintergrund der geäußerten Kritik an dem logozentrischen Modell Kants (▶ Kap. 8.4.1) und der daran anschließenden Bestimmung des Urteilens als »fungierendes«, korporales und interkorporales Zurückgebeugtsein auf sich und Andere kann die Lösung, die Kant mit der Unterscheidung von bestimmender und reflexiver Urteilskraft anbietet, nicht mehr recht überzeugen.

Um Urteilen als soziale, interkorporale Praxis zu beschreiben, bedarf es zuvor einer Relativierung der nomothetischen und logozentrischen Urteilsform sowie einer Pluralisierung der Urteilsformen (vgl. Benner 2009). Die identifikatorische Einheitsform des intellektualistischen Urteils – sei es im Sinne der kantischen Urteilskraft oder im Sinne der Konzepttheorie der psychologischen Begriffsbildungsforschung – basieren auf dualistischen Vorannahmen, die schließlich den Leib unter die Kuratel der Vernunft stellen. Damit werden nicht nur leibliche Urteilsformen und damit Menschen mit Handicap oder Kleinkinder als wenig oder nicht urteilsfähig ausgeschlossen, sondern auch die Übung des Urteilens als ausschließlich kognitive Operation verkannt. Das logische Schließen ist nur ein Modus des Urteilens unter anderen.

Um vorprädikative oder prädikative Urteile reflexiv zugänglich zu machen und sie damit als Vorurteile bestimmen oder als Urteile bestätigen zu können, bedarf es der Einklammerung des Urteilens und der Verzögerung. Diese können nicht nur ausgeübt, sondern auch eingeübt werden.

Vor dem Hintergrund der Erfahrungstheorie des Lernens (▶ Kap. 4.1) lässt sich sagen, dass zum Urteilen das nötig ist, was Aristoteles die »praktische Verständigkeit (*phronesis*)« nennt. *Phronesis* ist weder nur angeboren (*physis*) noch nur reines Wissen (*mathesis*), sondern beruht auf Erfahrung (*empeireia*) und Handeln (*praxis*) (▶ Kap. 2). Es geht also nicht nur um kognitive oder intellektualistische Perspektiven, sondern um den Zusammenhang von Ethos, Moral und Handlung (*pragma*). Schon einfache Beispiele des praktischen Urteilens wie die Selbstberührung oder der Handschlag machen deutlich, dass das »reine« Wissen, die Information oder die bloße Kenntnis nicht ausreichen, um zu urteilen. Das urteilskräftige Können ist nicht Ergebnis einer plötzlichen Einsicht, auch kann es nicht praktiziert werden, nur weil man es will oder sich vornimmt. Es kann daher nicht gelehrt werden im Sinne einer Instruktion oder Information, es muss vielmehr praktiziert und aus der Praxis heraus durch Anleitung, Beispiel und Zeigen unterstützt werden (zur Didaktik der Übung ▶ Kap 7).

Im Folgenden soll es somit um didaktische Praktiken gehen, mit denen Urteilen als Distanzieren und Aufschieben eingeübt werden kann. Das Üben im Urteilen wird so zu einer Übung des Urteilens (zu dieser Unterscheidung ▶ Kap. 4.2). Dörpinghaus nennt in einer temporal-phänomenologischen Studie eine Reihe von »Praktiken der Verzögerung«, die mit der Wiederholung beginnen (vgl. Dörpinghaus 2018). Wie schon in Kapitel 5.2 dargestellt, liegt in der Wiederholung eine temporale Differenz vor, die im Wiederholen Abweichung und Veränderung möglich macht. Wiederholungen können das Vergangene noch einmal zurückholen. Zugleich stiften sie einen offenen Horizont. Sie sind aber auch Praktiken, in denen auf das, was geschehen ist, im Modus der Erinnerung oder der Reaktualisierung noch einmal zurückgekommen wird. Die Verstetigung in der Wiederholung ermöglicht zugleich eine Vertiefung – etwa in der Auseinandersetzung mit einer Frage, einem Problem usw. Vor allem aber ermöglicht die Wiederholung eine Distanzierung durch Anhalten oder sogar durch Unterbrechung. Dies geschieht dadurch, dass in der temporalen Differenz negative Erfahrungen als Irritationen, Stolpersteine oder Unterbrechungen auftreten und damit den Beginn einer reflexiven Wendung darstellen können. Der verweigerte Handschlag kann also nicht nur als ethisches *skandalon*, sondern auch Anlass einer Zurückbeugung auf sich selbst und auf den Anderen werden, der gerade darin (erneut) als Anderer anerkannt wird. Dieses Urteil verdankt sich der verzögernden Wirkung der negativen Erfahrung (▶ Kap. 8.4.2).

Des Weiteren lassen sich künstlerische und imaginative Praktiken als Praktiken der Verzögerung benennen. Auch mit ihnen lassen sich die Voraussetzungen für eine Epoché schaffen. Das »spielerische Umfigurieren« (Husserl) von Vertrautem ist Kennzeichen der Kunst und zugleich ein Prinzip der Übung der Imagination (▶ Kap. 8.2). Im aisthetischen und ästhetischen Imaginieren findet ein Verweilen statt (vgl. Brinkmann/Willat 2019). Imaginieren als Umfigurieren bedeutet auch, dass durch Irritation, Konfrontation und Variation Vorerfahrungen und Vorurteile reflexiv thematisiert und eingeklammert werden können. Ich habe gezeigt, dass dieses, wie das Urteilen auch, nur als nicht-repräsentationistische, wiederholende, veranschaulichende, geistige Übung didaktisch umgesetzt werden kann.

Auch Fragen, Antworten und Zeigen können als Praktiken der Verzögerung eine Epoché anregen. Werden Fragen oder Zeigegesten im Sinne einer Irritation oder Konfrontation verwendet, die eine Erfahrungsbewegung anhalten oder die Ordnung unterbrechen, dann können sie bewirken, dass die Person auf ihre eigenen (Vor-)Erfahrungen und (Vor-)Urteile zurückgeworfen wird. Dörpinghaus bemerkt in bildungstheoretischer Perspektive am Beispiel der Erwachsenenbildung dazu:

> »Bildungsprozesse haben etwas mit Fragen zu tun, und zwar mit Fragen, deren Antwort nicht schon bereit liegt und die zu finden (*inventio*) den fruchtbaren Augenblick (*kairos*) (…) ausmacht. Etwas wird fraglich, die selbstverständlichen und domestizierenden Deutungsmuster geraten ins Wanken, die eigene Sicht ist kein ruhender Pol am gesicherten Ufer, sondern gerät in die Wogen des Nachdenkens. Im Grunde geht es darum, die unbefragte Ordnung, in der sich oft Weiterbildungen und Trainings bewegen, selbst zu thematisieren, um ein tieferes Verständnis seiner selbst als Akteur und des sachlichen Gehaltes zu erlangen« (Dörpinghaus 2018, S. 461 f.).

Auch in Gesprächen, in denen fremde Perspektiven geäußert werden, können Verzögerungen zum Anlass einer Epoché werden. Insbesondere Gespräche und Interaktionen mit Menschen aus fremden Kulturen können zu einer Infragestellung eigener Urteile führen (zur interkulturellen Epoché und den Schwierigkeiten kulturalistischer Zuschreibungen vgl. Brinkmann 2020d). Urteilen-Üben als Verzögern-, Anhalten- und Unterbrechen-Üben kann also viele Spielarten einnehmen. Entscheidend ist, dass in der Reflexion als Zurückbeugung eine Wiederholung stattfindet, ein (Wieder-)Holen der bereits stattgefundenen Vorerfahrungen und Vorurteile. Erst damit können sie reflexiv thematisiert und dann eingeklammert werden.

Eine weitere Praktik der Verzögerung kann im öffentlichen Kritisieren ausgeübt werden, wenn zum Beispiel im politischen Raum unter Bedingungen einer gesellschaftlichen Ordnung Unterschiede benannt werden und sich zu diesen Unterschieden positioniert wird (vgl. Butler 2018). Hier wird deutlich, dass Kritisieren nicht nur auf einem Urteilen als Unterscheiden beruht, sondern als eine öffentliche Praxis dieses Unterscheiden im Sinne einer Stellungnahme umsetzt.

Mit anderen Worten: Im Ausüben der Kritik als Positionierung im öffentlichen Raum wird sie zugleich eingeübt – als Praktik der Verzögerung, sich zu den eigenen und den Urteilen Anderer in ein verzögerndes Verhältnis zu setzen.

Zusammenfassung: Urteilen ist ein Unterscheiden und Unterscheiden-Können. Geübt wird diese Fähigkeit schon in aisthetischen Zusammenhängen der Wahrnehmung, im Schmecken-, Sehen-, Riechen-, Fühlen- oder Tasten-Üben. Diese vorprädikativen Urteile sind die Basis und zugleich die dezentrierende Instanz der prädikativen und logischen Urteile. Sie basieren auf einer leiblichen Reflexivität, die sich der autonomen und souveränen Intentionalität entzieht und sich Anderen verdankt. Deshalb ist Urteilen ein prekärer Akt, der neben aktiven Aspekten immer auch passive und vulnerable impliziert. Urteilen ist zudem die Voraussetzung und die Praxis einer Kritik als »Grenzhaltung« (Foucault) im öffentlichen Raum, die sich auf die Sache und auf Beziehungen, Ordnungen, Systeme verzögernd zurückwendet. Kritisieren-Üben ist damit zunächst ein Urteilen-Üben. Dieses manifestiert sich gerade nicht in einem weiteren Urteilen, sondern in einem Zurücktreten, Anhalten und Aufschieben bzw. Unterbrechen des Prozesses des Urteilens – also in einer Epoché. Das bildungstheoretische (und demokratietheoretische) Ziel des Urteilen-Übens als Urteilsaufschub ist die Pluralisierung von Urteilsformen (vgl. Benner 2009). Dann kann deutlich werden, dass das prädikative bzw. logische Urteil nur eine von mehreren Urteilsformen ist – vom vorprädikativen Wahrnehmungsurteil bis hin zu den politischen Stellungnahmen im öffentlichen Raum.

8.5 Unterrichten üben

Im letzten Kapitel dieses Buches soll ein übungs- und erfahrungstheoretischer Blick auf Unterrichten und Lehren geworfen werden. Wie lässt sich Unterrichten üben? – so lautet die Frage, um die es im Folgenden gehen soll. Zur Beantwortung dieser Frage gibt es, wie zu allen bisher behandelten Fragen und Problemen, eine Vielzahl von Meinungen und Positionen sowohl in der Lebenswelt als auch in der (Erziehungs-)Wissenschaft. Diese können hier nicht alle behandelt und diskutiert werden. Ich werde vielmehr von der Erfahrung des Lehren- und Unterrichten-Übens ausgehen und darstellen, wie sich darin ein Können bzw. ein Besser-Können verwirklichen lässt. Ich gehe also davon aus, dass das Einüben (des Lehrens, des Unterrichtens) der Ausübung (der Praxis des Lehrens und Unterrichtens) bedarf und darin zugleich ein Sich-selbst-Üben stattfindet. Das Ein- und Ausüben zielt somit nicht nur auf ein Können, auf Fähigkeiten und Fertigkeiten, die kultiviert werden sollen (▶ Kap. 7.2). Ein- und Ausüben erfordert Arbeit, Konzentration, Anstrengung, Überwindung und Fehlertoleranz (▶ Kap. 1, 4). Zugleich findet mitgängig mit der Kultivierung der Fähigkeiten und Fertigkeiten eine Kultivierung des Selbst statt – eine Formgebung und *formatio*, in der eine Haltung und ein Stil ausgebildet wird. Dieses Ethos des Lehrens und Unterrichtens wird nur möglich, indem im Ein- und Ausüben ein Selbst-Üben und eine Selbstsorge stattfindet (▶ Kap. 6).

8.5.1 Erfahrung, Übung, Profession

Es ist allgemein bekannt, dass Unterrichten eine Praxis ist, die Erfahrung und Können erfordert, das über ein reines Fachwissen hinausgeht. Lehrerinnen und Lehrer müssen, wie Ärztinnen und Ärzte oder Juristinnen und Juristen, über ein domänen- und berufsspezifisches Können verfügen. Sie können mehr, als es die auf ihr Handeln bezogenen Theorien erklären können, und sie wissen mehr, als sie zu sagen wissen (vgl. Neuweg 2006). Zu einem erheblichen Teil basiert dieses Können auf dem impliziten Wissen (Polanyi 1985) ihrer Berufserfahrung. Ärztinnen und Ärzte beispielsweise, die für den individuellen Kranken Heilung herbeiführen möchten, müssen nicht nur Krankheiten bestimmen und klassifizieren können oder wissen, welche chemische Zusammensetzung das verordnete Präparat aufweist. Sie können aufgrund ihrer Berufserfahrung aus der Fülle ihrer Beobachtungen etwas Gemeinsames und Praktikables herauslesen, also ein Allgemeines bestimmen und es praktisch in Anschlag bringen (vgl. Gadamer 1990, S. 356, Buck 2019, S. 34). So auch Lehrerinnen und Lehrer, die nicht aufgrund eines Handbucharktikel in einer Unterrichtssituation von ihren Stundenplänen abweichen und z. B. ein Blitzlicht einführen, sondern weil es ihnen ihre Erfahrung »sagt«.

Ich gehe im Folgenden wieder davon aus, dass das implizite Wissen auf Erfahrung beruht. Es ist in gewisser Weise gekonnt. In der Unterrichtssituation wird vor dem Hintergrund der Berufserfahrung ein Urteil gefällt. Das situative Urteil basiert, wie ich zeigen möchte, auf einer induktiven Erfahrungsstruktur und kann geübt werden. Erfahrung wird so als wichtige Kategorie in professionellen Zusammenhängen kenntlich. Sie wird als Bindeglied zwischen Theorie und Praxis bzw. zwischen Wissen und Können bestimmt. Deshalb wird das Verhältnis von Theorie und Praxis um eine dritte Position, nämlich die der Erfahrung, erweitert und in ein dreistelliges Differenzverhältnis überführt (vgl. Brinkmann 2015b). Dieses Verhältnis wird in Erfahrungstheorien der Reflexion zugänglich. Sie können dazu beitragen, dass Fragen zum Erfahrungserwerb und zur Weitergabe von Erfahrung aufgeklärt werden.

Ich habe in diesem Buch schon gezeigt, dass sich Erfahrung zur Gewohnheit, zum Habitus und zur berufsbiographischen Routine verfestigen kann (vgl. Helsper 2001, Brinkmann 2011a, Prange 2005; ▶ Kap. 1.2). Das ist einerseits nützlich, denn ohne Gewohnheiten, Habitus und Routinen kann nicht gehandelt und auch nicht unterrichtet werden. Andererseits besteht das Risiko der Ausbildung eines berufsspezifischen Habitus der Lehrerinnen und Lehrer (Helsper 2018), der anschließend nur noch schwer in einen reflexiven Modus überführbar ist. Deswegen verweilen Lehrkräfte oftmals in ihren Routinen. Eine Abschottung der Erfahrung gegen Veränderungen und Verbesserungen ist also möglich. Erfahrungen können sich aber auch wandeln. Dann verändert man sich mit und aus

Erfahrung so, dass man aus Erfahrung lernen bzw. klug, also erfahrener werden kann. Für Lehrerinnen und Lehrer bedeutet dies, ein professionelles Können und einen professionellen und somit reflexiven Habitus auszubilden.

Im Folgenden soll der Zusammenhang von Praxis, Theorie und Erfahrung im Hinblick auf Unterrichten-Üben (als ein Handeln auf Probe), im Hinblick auf Professionalisierung und im Hinblick auf die oben genannte Ausbildung einer professionellen Haltung, d. h. eines Ethos, genauer dargestellt werden (vgl. zum Folgenden Brinkmann 2021, Brinkmann/Rödel 2021). Das (domänen-)spezifische, urteilskräftige Können ist nicht Ergebnis einer plötzlichen Einsicht, auch kann es nicht praktiziert werden, nur weil man es will oder es sich vornimmt. Es kann daher nicht gelehrt werden im Sinne einer Instruktion oder Information. Es muss vielmehr praktiziert werden und aus der Praxis heraus durch Anleitung, Beispiel und Zeigen unterstützt werden – mit anderen Worten: Es kann nur durch Übung erworben werden.

Im Folgenden stehen hochschuldidaktische Zusammenhänge professionellen Handelns und Unterrichtens in einer erfahrungs- und übungstheoretischen Perspektive im Mittelpunkt. Ich möchte zeigen, dass Unterrichten geübt werden kann und dass dieses Üben als ein Sich-Üben in einer gemeinsamen Verständigung über Fälle als Beispiele stattfinden kann. Mit der Erfahrungstheorie kann Beispielverstehen in professionellen Kontexten bildungstheoretisch gerahmt und damit hochschuldidaktisch fruchtbar gemacht werden. Es wird erklärbar, wie professionelle und erfahrene Praktikerinnen und Praktiker Regeln situations- und personenabhängig auffinden und anwenden (vgl. Buck 2019, Brinkmann 2020a), indem sie das Besondere der Situation und des Falles – beispielsweise die Unterrichtssituation, in der die Lehrerin oder der Lehrer ein Blitzlicht anwendet – in ein Verhältnis zu einem Allgemeinen setzen und damit ein Urteil fällen. Das professionelle Urteilen gründet auf den in Kapitel 8.4 dargestellten »fungierenden« Urteilsformen und auf der dort dargestellten Praxis des Distanzierens von den eigenen Vormeinungen. Die Praxis des Urteilens wird dann hinsichtlich professionellen Urteilens im Lehrberuf differenziert und spezifiziert. Im professionellen Urteilen werden die eigenen Erfahrungen zu den konkreten Umständen in ein Verhältnis gesetzt, sodass beides verändert werden kann: Ein Lernen aus Erfahrung wird möglich. Mit dem Einsatz von Fällen aus der empirischen Unterrichtsforschung als Beispiele in Lehramtsseminaren kann es zum einen gelingen, bildende Erfahrungen hochschuldidaktisch zu inszenieren. Zum anderen kann damit eine Voraussetzung für eine distanzierende, reflektierende und forschende sowie professionelle Haltung, ein Ethos des Lehrens, geschaffen werden. Erfahrungstheoretisch soll damit ein anderer Blick auf Professionalisierung und auf die oftmals gegeneinander bzw. »nebeneinander« stehenden Duale von Berufspraxis und Wissenschaftspraxis, von Profession und Biographie eingenommen werden (vgl. Helsper 2001, 2018, Leonhard 2018).

Ich möchte meine Gedanken in sechs Schritten darstellen. Zunächst werde ich professions- und bildungstheoretische Implikationen der Erfahrungstheorie darstellen, mit der die Gegenüberstellung von Theorie und Praxis bzw. Wissen und Können erfahrungstheoretisch erweitert werden kann (▶ Kap. 8.5.2). Da-

Abb. 32: Lehren und eine professionelle Haltung müssen geübt werden (Contrastwerkstatt/Adobe Stock).

nach spezifiziere ich Üben als Unterrichten-Üben in hochschuldidaktischen Kontexten, indem ich Fallarbeit als Beispielverstehen und damit als Methode eines Lehren-Übens ausweise (▶ Kap. 8.5.3). Das Praxisbeispiel wird dann in seiner didaktischen (▶ Kap. 8.5.4) und bildenden Funktion (▶ Kap. 8.5.5) bestimmt und für hochschuldidaktische Zusammenhänge fruchtbar gemacht. Urteilen-Üben an Beispielen aus der Unterrichtsforschung wird schließlich als »Form der Professionalisierung« und als propädeutisches Unterrichten-Üben ausgewiesen (▶ Kap. 8.5.6). Abschließend wird Haltung und Ethos in professionellen Kontexten übungstheoretisch bestimmt (▶ Kap. 8.5.7). Mit der hier vorgestellten Perspektive auf Unterrichten-Üben wird eine Propädeutik für künftiges professionelles Können als Verbindung von theoretischem und reflexivem Wissen und für ein pädagogisches Ethos vorgestellt. Es wird möglich, bildende Erfahrungen hochschuldidaktisch zu inszenieren und die Voraussetzung für eine distanzierende, reflektierende und forschende Haltung zu schaffen.

8.5.2 Unterrichten: Theorie, Praxis, Erfahrung

Zunächst soll der Gegenstand der folgenden Untersuchung – das Unterrichten – genauer bestimmt werden, um dann das Verhältnis von Theorie, Praxis und Erfahrung grundlagentheoretisch in den Blick zu nehmen.

Wenn Ärztinnen und Ärzte während einer Behandlung bspw. ein Medikament verabreichen, dann ist die Wirkung dieser Maßnahme relativ sicher. Mit klinischen Tests wird in der evidenzbasierten Medizin versucht, Vorhersagen über Wirkungen und ein »Wissen, was wirkt« (Bellmann/Müller 2011) zu generieren. Aber auch im Bereich der Medizin bestehen Unsicherheiten des evidenzbasierten Verfahrens (vgl. ebd.). Diese sind im Bereich des pädagogischen Handelns allerdings ungleich größer. Das ist auf die Vielzahl an Faktoren, die dort eine Rolle spielen, zurückzuführen. Im Unterricht spielen bespielsweise die unterschiedlichen Vorerfahrungen der Schülerinnen und Schüler, ihre familialen Prägungen, die Individualität der Persönlichkeiten, der soziale Habitus und das kommunikative Zusammenspiel im Unterricht, die Erfahrungen der Lehrperson, die unterschiedlichen Reaktionen auf unterschiedliche Inhalte, individuelle Stimmungen, Atmosphären, Emotionen eine Rolle. Daher haben evidenzbasierte Methoden meist unbeabsichtigte Effekte und lassen sich nicht ohne Weiteres »anwenden« (vgl. Bellmann et al. 2016).

Daher ist in der Pädagogik und in der Unterrichtstheorie das Theorie-Praxis-Verhältnis bzw. das Verhältnis zwischen Wissenschaft bzw. Forschung und Praxis sehr komplex: Theorien, Methoden oder Forschungsergebnisse lassen sich weder in einem kausalem oder in einem deduktiven (einfaches Top-down) Modus »anwenden« noch lassen sich auf solche Weise Erkenntnisse generieren. Wirkungen kausal Ursachen zuzuordnen ist ebenso unmöglich wie Forschungsergebnisse in Form von Gesetzen des Handelns zu generalisieren (vgl. Berliner 2002; ▶ Kap. 4). Die Komplexität pädagogischer Situationen und die Interaktionen ihrer Akteure werden vielmehr durch Multikausalität, nichtlineare Beziehungen und dynamische Prozesse bestimmt (vgl. Herzog 2011).

Die Wirkung von Unterricht ist demnach nicht in Wenn-dann-Korrelationen beschreibbar (▶ Kap. 7). Sie ist unsicher und lässt keinen direkten Rückschluss auf die intentionale Absicht der Lehrperson zu (vgl. Prange 2005). Das bedeutet, dass Unterrichten und Lernen, Übung und Üben zwei unterschiedliche Praxen bzw. Operationen sind (▶ Kap. 4.2). Zwischen Lehren und Lernen besteht also eine Differenz. Diese müssen Lehrerinnen und Lehrer im Unterricht überbrücken und die Erfahrung sowie die Lebenswelt der Schülerinnen und Schüler mit kulturellem, theoretischem und wissenschaftlichem Wissen (z. B. ihrer Fächer) in Verbindung bringen (vgl. Brinkmann 2017c; ▶ Kap. 7).

Schon in der Alltagserfahrung zeigt sich, dass Praxen jeder Art von (Vor-)Wissen, Meinungen, Vorstellungen, Zielen und Wünschen begleitet und damit eben schon theoretisch organisiert sind. Subjektive Theorien sind berufsbiographisch vorgeprägt und leiten oftmals auch die Unterrichtspraxis (vgl. Helsper 2018). Wird weiter nach der Art und Weise gefragt, wie die Praxis des Unterrichtens und professionelles Können erlangt werden oder wurden, welche Erfahrungen sich dabei als nützlich, welche sich als unnützlich erweisen, welche Praktiken des Lehrens Erfolg bringen und welche eher weniger erfolgreich sind – dann muss wiederum eine theoretische Perspektive eingenommen werden, nämlich jene der Unterrichtstheorie und der Didaktik: Im Unterrichten entsteht also eine Verbindung zwischen Theorie und Praxis. Es wird deutlich, dass Lehrerinnen und Lehrer durchaus theoretisch vorgehen. Die Gewichtung des Verhältnisses zwischen Theorie und Praxis bzw. zwischen Wissen und Können muss allerdings noch einmal neu ausgelotet werden.

Eine theoretische Perspektive ist also notwendig, um das Verhältnis von Theorie und Praxis aufzuhellen (vgl. Benner 1980). Im Folgenden soll dies im Kontext einer erfahrungstheoretischen Perspektive (vgl. Brinkmann 2011a) erfolgen. Von der Hermeneutik über die Praxeologie und die aktuell populären Praxistheorien bis hin zur Diskurstheorie (vgl. Wolff 2008, Reckwitz 2003, Schatzki et al. 2001, Schmidt 2012) – in den Sozial- und Geisteswissenschaften herrscht seit langem ein Streit darüber, was als Praxis gelten soll. Was als gute Praxis (des Unterrichtens) bezeichnet werden darf, wird noch kontroverser diskutiert (vgl. Praetorius et al. 2022). Deswegen muss geklärt werden, was erstens unter Praxis bzw. gekonnter Praxis professioneller Akteurinnen und Akteure und zweitens, was unter Theorie bzw. Wissenschaft und Wissenschaftspraxis (in der Pädagogik) zu verstehen ist. Das Spektrum der Wissenschaftstheorien ist breit gefächert: Je nach Paradigma unterscheiden sich die Definitionen, die bestimmen, was Wissenschaft bzw. wahre oder richtige Wissenschaft sei (vgl. Plöger 2003; Benner 2001, 2019). Nach dem »Ende der großen Erzählungen« (Lyotard, 1986) wurde im Zuge kritischer und dekonstruktivistischer Ansätze der Anspruch der Wissenschaft auf universale Wahrheit und letztgültige Richtigkeit und damit die Wissenschaftlichkeit der Wissenschaft im gesellschaftlichen, philosophischen und auch wissenschaftlichen Bereich in Frage gestellt.

Die hier vorgeschlagene erfahrungstheoretische Perspektive versucht, den Dualismus von Theorie und Praxis in ein dreistelliges Verhältnis von Theorie, Praxis und Erfahrung zu überführen (vgl. Brinkmann 2011a, 2015b).[46] In der europäischen Philosophie und Pädagogik hat diese Sichtweise auf Erfahrung zwischen Theorie und Praxis eine lange Geschichte. Wird nach traditionellen Antworten auf die Frage nach der Verhältnishaftigkeit gesucht, gelangt man schnell zu Aristoteles (vgl. Aristoteles 1985, S. 114 f.). Bei Aristoteles lässt sich diese Verbindung als *Phronesis*, verstanden als verständige und besonnene Praxis oder als praktische Verständigkeit und Klugheit, finden. Darin werden also Theorie und Reflexion einerseits und Handeln bzw. Praxis andererseits zusammengeführt. Als verständige Klugheit bietet *Phronesis* eine Verbindung zwischen Wissen und Können, zwischen Theorie und Praxis. *Phronesis* beruht auf Erfahrung (*empeiria*). Sie ist nicht nur theoretisches Wissen (*mathesis*) oder nur körperliches Reagieren (*physis*). Deswegen ist der Erwerb einer Praxis nach Aristoteles nur durch Praxis möglich (▶ Kap. 2 und 8.4.6). Um gute praktizierende Gitarrenspielerin und guter praktizierender Gitarrenspieler, Ärztin und Arzt oder Lehrerin und Lehrer zu werden, reichen theoretisches Wissen, Informationen oder bloße Kenntnis nicht aus. Das ist aber nicht im Sinne einer »theoretischen Haltung« zu verstehen. Der Reflexionsprozess findet vielmehr innerhalb der Erfahrung – genauer – im Erfahrungsprozess selbst statt. Ich habe in Kapitel 8.4 gezeigt, dass diese reflexive Bewegung als *Urteilen* bezeichnet werden kann. Urteilen ist ein Unterscheiden und

---

46 Das Verhältnis von Theorie und Praxis ist nicht kongruent. Die Differenzen erfordern eine Reflexion, die sich jeweils unterschiedlich als theoretische, praktische und empirische ausweisen muss. Der vermeintliche Dual erweist sich so in einer erfahrungstheoretischen Perspektive als dreistelliges Differenzverhältnis von Theorie, Praxis und Empirie (vgl. Brinkmann 2015b).

Unterscheiden-Können. Kant hat diese Reflexionsstruktur zwischen Wissen und Können als Urteilskraft bezeichnet. Urteilskraft wird als ein »besonderes Talent« bestimmt, welches »gar nicht belehrt, sondern nur geübt sein will« (Kant 1977a, KrV, B 172). Dabei unterscheidet er zwei Formen der Urteilskraft: Die Fähigkeit, das Besondere unter das Allgemeine ein- und unterzuordnen (bestimmende Urteilskraft) und die Fähigkeit, kreativ das Allgemeine erst zu finden (reflektierende Urteilskraft). Professionelle Akteurinnen und Akteure müssen also nicht nur über ein Wissen von Regeln verfügen. Sie müssen diese Regeln auch anwenden können, wozu es der Urteilskraft bedarf. Um diese zu schärfen, muss geübt werden (vgl. Brinkmann 2012, S. 382–386).

Ich hatte darüber hinaus deutlich gemacht, dass im Unterschied zur rationalistischen und transzendentalen Bestimmung Kants das Unterscheiden im Urteil auf die Unterschiedenheit der Dinge, der Verhältnisse und der Menschen zurückweist, zu denen im Urteil noch einmal ein Verhältnis eingenommen wird (▶ Kap. 8.4). Auf diese Verhältnisse antwortet das Selbst im Wahrnehmen und Sich-Zeigen: ein Verhältnis zu Verhältnissen. Geübt wird diese Fähigkeit schon in aisthetischen Zusammenhängen der Wahrnehmung, im Schmecken-, Sehen-, Riechen-, Fühlen- oder Tasten-Üben. Das leiblich-taktile, vorprädikative Urteil basiert auf einem Zurückgebeugtsein, auf einer Re-Flexion, die kein autonomes Selbstbewusstsein, sondern ein achtsames Selbstverhältnis anzeigt, das sich üben und »formieren« lässt (▶ Kap. 6). Diese vorprädikativen Urteile sind Basis und zugleich die dezentrierende Instanz der prädikativen und logischen Urteile. Sie manifestieren sich in einer leiblichen Reflexivität, die sich der autonomen und souveränen Subjektivität entzieht und sich Anderen verdankt. Deshalb ist Urteilen ein prekärer Akt, der neben aktiven Aspekten immer auch passive und vulnerable impliziert. Ich hatte zudem gezeigt, dass Urteilen als Epoché nicht primär um eine Einordnung oder Unterordnung in Systeme oder Regeln, sondern um ein Verzögern, Verlangsamen, Distanzieren bemüht ist (▶ Kap 8.4).

Herbart (1991, S. 140 f.) äußerte ebenfalls Kritik am kantischen Modell der Urteilskraft, das die empirische Erfahrung transzendental übersteigt. Mit dem Begriff des pädagogischen Taktes hat er die verständige Praxis im Unterricht genauer bestimmt. Als achtsame Resonanz- oder Responsivitätssensibilität zeigt sich der pädagogische Takt in dem jeweils sach-, situations- und vor allem personenspezifisch abgestimmten Handeln der Lehrperson (vgl. Burghardt/Zirfas 2019). Insofern ist der pädagogische Takt kein Vermögen der vernünftigen Ein- oder Unterordnung, sondern eine Praxis des achtsamen, sachbezogenen Respondierens. Aristoteles, Kant und Herbart stimmen darin überein, dass in der guten und gekonnten Praxis Regeln weder schlicht angewendet noch exekutiert werden. Pädagogische Praxis zeichnet sich durch die jeweils situations- und personenabhängige, eben urteilskräftige und besonnene Antwort auf Situation und Personen aus. Auch Stenhouses Konzept des *Teacher as a Researcher* hat zum Ziel, Unterricht als reflexive Praxis auszuweisen, die Wissen und Können, Wissenschaft und Praxis verbindet. Unterricht ist deshalb als besondere Form praxistheoretisch zu erforschen und kann als forschendes Lernen bezeichnet werden (vgl. Brinkmann 2021).

Mit der Erfahrungstheorie verschiebt sich die Perspektive weg vom Wissen hin zum Können, weg von Begriffen hin zu den praktischen und sozialen Erfahrungen der Akteurinnen und Akteure. Im Unterschied zum theoretischen Wissen ist das Allgemeine des Wissens und Könnens als lebensweltliches und praktisches (Vor-)Verständnis bereits vorhanden (vgl. Gadamer 1990, Buck 2019; ▶ Kap. 4). Seine Strukturierung ist gestalthaft. Es lässt sich nur schwer explizieren (▶ Kap. 5.1). Dennoch ist dieses Wissen als *knowing how* (Polanyi) nicht theoriefrei. Professionelles Handeln ist von theoretischem Wissen, von wissenschaftlichen und pseudowissenschaftlichen Modellen durchzogen, auch wenn diese selten explizit werden. Im Folgenden wird dieser Aspekt nicht nur für eine erfahrungstheoretisch ausgewiesene Lern- und Übungstheorie bedeutsam, sondern auch für einen reflexiven Einsatz innerhalb des nachher vorgeschlagenen Zugangs zur Lehrkräftebildung als Beispiel-Verstehen und Urteilen-Üben. Zweitens wird eine genauere Bestimmung des Gegenstandes der theoretischen und gegebenenfalls empirischen Untersuchung im Sinne einer theoretischen und pädagogischen Empirie möglich (vgl. Meseth et al. 2016, Brinkmann 2015b). Schließlich und drittens kann so die Praxis des Lehrens bzw. des Unterrichtens selbst noch einmal für eine theoretische Perspektive geöffnet werden, die den Erwerb dieser Fähigkeit und Fertigkeit reflektiert.

Letzteres soll nun genauer dargestellt werden. Die von Aristoteles, Kant und Herbart aufgeworfene Frage nach dem Mittelglied zwischen Theorie und Praxis soll beantwortet werden. Ich gehe zunächst von drei theoretischen Weichenstellungen aus. Grundlage meiner erfahrungstheoretischen Überlegungen sind eine didaktisch und schultheoretisch informierte Bildungs-, Erziehungs- und Unterrichtstheorie (vgl. Brinkmann 2017c), eine phänomenologisch und leibphänomenologisch ausgewiesene Theorie der Übung und die von Günther Buck entwickelte hermeneutische Theorie des Beispiels als besondere Variante einer Theorie, die mit dem Beispiel einen Praxisbezug herstellen kann, ohne theoretische Zusammenhänge aufzugeben (vgl. Buck 2019).

Bildungstheoretische Implikationen der Erfahrungstheorie

Ich hatte in Kapitel 4.1 die doppelte Beschaffenheit der Erfahrung herausgearbeitet. Ich werde diese Gedanken hier noch einmal wiederholen, auch auf die Gefahr hin, Redundanzen zu erzeugen. In dieser Wiederholung werden die erfahrungs- und übungstheoretischen Grundlagen variiert und auf den hier zu problematisierenden und zu untersuchenden Gegenstand, das Unterrichten-Üben, transferiert. Ich hatte festgestellt, dass Erfahrung sich zwischen Gewohnheit und Habitus und verständiger und reflexiver Praxis aufspannt. Diese Differenz zwischen Erfahrung *haben* und Erfahrung *machen* bzw. zwischen Erfahrung und Erfahren wird von Waldenfels folgendermaßen ausgeführt: »Erfahrung, die man *macht*, entfaltet ihre Erfindungskraft in der Abweichung von Erfahrungen, die man bereits *hat*« (Waldenfels 2009, S. 24). Waldenfels verweist damit auf eine Doppelstruktur von Prozess und Produkt im Erfahrungsprozess.

Wie oben schon dargestellt (▶ Kap. 4.1, 8.5) bewirken Erfahrungen zum einen Sedimentierungen und Habitualisierungen als Handlungs- und Wahrnehmungsdispositionen (vgl. HUA VI, S. 56). Zum anderen machen sie spontanes und künftiges Handeln erst möglich. Erfahrungen sind in der Doppelstruktur von Prozess und Produkt bzw. von »strukturierter« und »strukturierender Struktur« (Bourdieu 2014, S. 98) dem Habitus nach Bourdieu sehr ähnlich. Ich habe sie als Formen des »impliziten« Könnens bezeichnet, die in den geübten Praktiken des Alltags und des Berufes zum Ausdruck kommen. Hierin wurde der innere Zusammenhang von Erfahrung, Profession, Wiederholung und Übung sichtbar.

Erfahrung werden »gemacht«. Sie sind einerseits aktivisch strukturiert. Andererseits ist Erfahrung immer Erfahrung von etwas Anderem. Insofern widerfährt einem etwas im Erfahren. Günther Buck hat in seinem Klassiker zum Erfahrungslernen (Buck 2019) den Zusammenhang von Erfahren und Lernen in einer bildungstheoretischen Perspektive untersucht. Ihm geht es um Veränderung, Transformation und Lernen aus und als Erfahrung. In diesem bildungstheoretischen Potenzial liegt der Unterschied zu einem primär soziologischen, auf einen statischen Habitusbegriff begrenzten Blick auf Lernen, Unterricht und Professionalisierung. Ausgehend vom aristotelischen Begriff der *Epagoge* (Hinführung, Induktion) wird Erfahrung als eine »erste Belehrung« und zugleich eine »Rückwendung der Erfahrung auf sich selbst« bestimmt, also als eine »Erfahrung über die Erfahrung« (ebd., S. 48). Der Erfahrung eignet also eine reflexive Struktur. Diese ermöglicht, dass man aus Erfahrung klug wird (▶ Kap. 4.1).

Ich hatte gezeigt, dass Buck auf Husserls Analyse der Intentionalität zurückgreift. Die Horizontstruktur der Erfahrung hängt mit dem »Funktionskreis« von »Erfüllung« bzw. »Enttäuschung« der Antizipation zusammen (ebd., S. 72). Tritt das Antizipierte und Erwartete nicht ein, entsteht eine Irritation oder Enttäuschung, weil das Erfahrene nicht mit dem Vorwissen und Vorkönnen kongruent ist. Dann werden die Erfahrenden auf sich selbst, genauer auf ihre alten Erfahrungen zurückgeworfen. Sie machen eine Erfahrung über eigene Erfahrungen. Ein »Wandel unseres Erfahren*könnens*« (ebd., S. 8) wird möglich. Anlass dieser reflexiven Wendung sind Erfahrungen der Irritation, Enttäuschung oder Krisen. Sie ergeben sich in der Praxis aus Widerständigkeiten, Stolpersteinen, Nicht-Können oder Fehlern – also aus negativen Erfahrungen. Aus der negativen Erfahrung in der Praxis kann dann ein reflexiver Prozess erwachsen – ein Umlernen (Buck 2019, Meyer-Drawe 2008), ein Blickwechsel (Benner 2019), eine Transformation (Koller 2012) bzw. ein Umüben (Brinkmann 2012).

Erfahrung und Bildung bzw. Lernen stehen also in einem engen Zusammenhang. Im reflexiven Erfahrungsprozess kann aufgrund von negativen Erfahrungen ein Lernen *als* Erfahrung und damit ein Lernen *aus* Erfahrung stattfinden.

8.5.3 Beispiele und Fälle in der Lehrerinnen- und Lehrerbildung

Wird die Frage, wie sich die pädagogische Übungstheorie für die universitäre Lehrkräftebildung in dem bisher Vorgestellten fruchtbar machen lässt, aufgeworfen, stellt sich erneut das Theorie-Praxis-Problem: Im universitären Lehren lässt sich der Praxisbezug nur indirekt herstellen. Wie das Üben ist es gewissermaßen ein Handeln auf Probe (▶ Kap. 1.3). Zudem beabsichtigen die universitären Veranstaltungen, insbesondere jene im Praxissemester, eine reflexive »Vermittlung« der Erfahrungen aus der Praxis mit dem wissenschaftlichen (Fach-)Wissen. Fallarbeit bzw. Kasuistik gilt hierfür als Methode der Vermittlung (vgl. Helsper 2001). Nicht nur Forscherinnen und Forscher, auch Praktikerinnen und Praktiker erhoffen sich, über den Fall Bezüge zur pädagogischen Praxis herzustellen. Für die Professionalisierung künftiger Lehrkräfte zählt die Fallarbeit als ein wichtiges Instrument. Dabei werden meist Fälle aus der unterrichtlichen Praxis mit unterschiedlichen Medien (Schrift, Audio, Video) gezeigt, anhand derer dann ein reflexiver Prozess in Gang gesetzt werden soll mit dem Ziel, dass eine »Vermittlung« zwischen Theorie und Praxis stattfindet (zum Folgenden vgl. Brinkmann 2020a). Ich möchte im Folgenden deutlich machen, dass Fälle aus der empirischen Unterrichtsforschung hochschuldidaktisch als Beispiele genutzt werden können mit dem Ziel, reflexive, d. h. verzögernde und distanzierende Bewegungen anzustoßen, die als Voraussetzung für die Ausbildung einer reflexiven, professionellen Haltung gelten können.

In seinem Klassiker zum Erfahrungslernen hat Günther Buck auch die didaktischen, bildenden und produktiven Funktionen des Beispiels dargelegt (vgl. Buck 2019). Beispiele veranschaulichen nicht nur etwas (vgl. Shulman 2004, Lindow/Münch 2014). Sie bieten die Möglichkeit, eine These zu beweisen (deduktiv), auf einen spezifischen Sachverhalt hinzuweisen (demonstrativ) oder die Sachhaltigkeit eines Satzes auszuweisen (rhetorisch). Beispiele zeigen nicht nur einen Weg (*methodos*) (vgl. Buck 2019, S. 135), sie animieren und appellieren auch zu einer »Nachfolge« (ebd., S. 121). Indem sie situativ demonstrieren, ist ihr Bezug auf die Praxis nur mittelbar. Aus theoretischer Sicht sind sie zu besonders. Von Praktikerinnen und Praktikern werden sie dagegen oft für zu abstrakt gehalten.

Wird dieses Still (vgl. Abb. 33) aus einem Video aus der videographischen Unterrichtsforschung in einem Seminar beispielhaft gezeigt, kommt es schnell zu wertenden Urteilen und emotionalen Reaktionen. Zu sehen ist, wie eine Lehrerin einem Schüler von hinten über die Schulter greift und seine Aufgaben korrigiert. Unmittelbar wird meist von den Studierenden darauf reagiert: »Das ist übergriffig«, »Das ist zu nah und unangenehm«, »Das verursacht mir Beklemmung« oder: »Ich weiß nicht, warum du das so schlimm findest, die Lehrerin wird doch nur ihrer Rolle und ihrer Aufgabe gerecht. Sie hat ein effektives Classroom Management«. Im intersubjektiven Geschehen der Lehrsituation wird die Beispielsituation jeweils vor dem eigenen Horizont vergegenwärtigt. Es werden Urteile gefällt. Zugleich wird sich darüber ausgetauscht. Die Szene wird damit verstanden – nicht in einem regelhaft objektiven Sinn, auch nicht in einem hermeneutisch oder rekonstruktiven Sinn, sondern in einem responsiv antwortenden Sinn (▶ Kap. 8.3). Die Antworten drücken ein Getroffensein, ein Aufmerken oder eine Emotion aus, ohne dass diese reflexiv bemerkt oder objektiv bestimmt wären.

Diese Funktionen können Beispiele nur übernehmen, indem sie eine Situation *vergegenwärtigen*. Sie »bringen auf *eine Spur*« (ebd., S. 143, Herv. im Original). Beispiele lassen sich nur aus einem »Verwendungszusammenhang« (Witt-

Abb. 33: Still aus der videographischen, phänomenologisch orientierten Unterrichtsforschung. Hochschuldidaktisch als Beispiel mit bildungstheoretisch ausgewiesen Potenzial (Projekt SZeNe, eigene Aufnahme).

genstein 1984, S. 270) bzw. einer »Um-zu-Struktur« (Heidegger 2001, S. 68 ff.) verstehen. »Sie sind ein *indirektes* Mittel der Erklärung« (Wittgenstein 1984, S. 270, Herv. im Original), d. h. »ein Weg von Erfahrung zu Erfahrung« (ebd.). Weil »das Unscharfe gerade das ist, was wir brauchen«, ermöglicht es »das Gemeinsame« (ebd.) zu sehen. Dieses Gemeinsame der Erfahrung liegt lebensweltlich, implizit und vorreflexiv schon vor. Um Beispiele als didaktische und bildende Mittel fruchtbar machen zu können, muss nach Buck ihre Situativität, Vieldeutigkeit und Produktivität exponiert werden.

Werden in einer Seminarsituation – etwa im Begleitseminar zum Praxissemester – Fälle aus der Unterrichtsforschung – etwa in Form von Videos, einer ethnographischen Beschreibung oder in Form von transkribierten Interviewsequenzen – als Beispiele präsentiert, dann können diese hochschuldidaktisch gezielt eingesetzt werden, um die oben genannte reflexive Bewegung im Erfahrungslernen zu initiieren. Diese wird erstens durch eine Bewegung der Verzögerung und Distanzierung von den eigenen Vorerfahrungen, Vormeinungen und Vorurteilen und zweitens durch eine Bewegung der Einklammerung, d. h. der Epoché, ermöglicht.

Ich komme also auf die im folgenden Kapitel dargestellten Praktiken der Distanzierung und Verzögerung zu sprechen, die mit einem Einklammern, Anhalten und Zurücktreten als Epoché bezeichnet werden können (▶ Kap. 8.4). Sie werden nun hochschuldidaktisch differenziert und spezifiziert.

8.5.4 Didaktische Funktion des Beispiels – Verzögerung und Distanzierung

Beispiele solcherart können Studierende dazu auffordern, selbst Ansichten, Hinsichten und Vorerfahrungen zu formulieren. Zum einen sind dies biographische, geschlechtsspezifische, kulturell-lebensweltliche Vorerfahrungen und womöglich auch Vorurteile, Wertungen und Bewertungen. Wertende Aussagen wie »Das ist übergriffig«, die im Kontext des o. g. Beispiels gefallen sind, gehören dazu. Die Sicht auf die Wirklichkeit kann zum anderen auch durch wissenschaftliche oder pseudowissenschaftliche Meinungen präfiguriert werden, etwa wenn vage auf das Konzept des »Classroom Managements« Bezug genommen wird. Die Äußerung von lebensweltlichen oder wissenschaftlichen Vormeinungen in der gemeinsamen Diskussion lässt sich als erste Stufe einer reflexiven Bewegung ausweisen. So ergibt sich meistens nicht nur eine Diskussion über die formulierten Hinsichten. Auch die zugrunde liegenden Normen und Theorien werden im Seminar thematisch (vgl. Brinkmann 2020a, e). In der o. g. Seminarsituation wurde anlässlich dieses Beispiels über Fragen der Autorität von Lehrerinnen und Lehrern sowie über Nähe und Distanz im Unterricht diskutiert.

In diesem Moment vollzieht sich bei den Studierenden eine Bewegung der Distanzierung, die auf einer Verzögerung im Urteilen beruht. Werden die implizit vorgenommenen (Vor-)Urteile, Bewertungen und unmittelbaren Meinungen thematisch, bedeutet das weder ein Aussetzen noch eine Eliminierung des (Vor-)Urteils. Vielmehr kann der Prozess des Urteilens einer intersubjektiven Reflexion zugeführt werden (▶ Kap. 8.4.5). So können am Beispiel unterschiedliche Distanzierungspraktiken variativ durchgespielt werden. Mit Fragen oder mittels Konfrontation mit anderen, gegenteiligen Positionen kann dann etwa die Art und Weise, wie die biographischen und theoretischen Vorerfahrungen thematisch werden, diskutiert werden. So gesehen führen Beispiele auf die Spur individueller Lernwege.

Diese ließen sich in einem ersten Schritt von den Seminarleiterinnen und -leitern sammeln, ohne eine subsumptionslogische Einordnung oder eine Bewertung vor dem Hintergrund einer allgemeinen Lehrmeinung vorzunehmen. Im Anschluss können sie zweitens variiert werden, indem unterschiedliche subjektive oder theoretische Sichtweisen an das Beispiel ›angelegt‹ werden, um die jeweiligen Konsequenzen durchzuspielen (zur Variation als phänomenologische Operation vgl. Brinkmann 2015b, Rödel 2018). In Bezug auf das o. g. Beispiel können z. B. unterschiedliche Konzeptionen (Classroom Management, pädagogisches Verhältnis, pädagogische Autorität, pädagogische Anerkennung) und Praktiken im Umgang mit Fehlern im Unterricht erörtert werden. Wichtig dabei ist, dass die Pluralität und ggf. der Widerstreit der Perspektiven erhalten und offen bleiben. Mit der Variation der Hinsichten wird eine weitere Verzögerung, Relativierung und Distanzierung vorgenommen. Werden die Studierenden im Rahmen der Variation dazu aufgefordert, die eigenen Perspektiven am Beispiel darzulegen und zu plausibilisieren, lassen sich unterschiedliche subjektive und theoretische Positionen gleichsam ›auf Probe‹ durchspielen sowie Zugänge und Perspektiven pluralisieren. Werden am Beispiel die unterschiedlichen Hinsichten und Perspektiven plausibilisiert, findet eine intersubjektive Validierung statt (vgl. Brinkmann 2020d). Dies führt zu einer weiteren, reflexiven Distanzierung. Es können Indizien und Argumente für oder gegen die jeweilige Deutung vorgebracht werden. Es geht also zum einen darum, die gegenseitige Verständigung mit einem »grammatischen Verstehen« an der Sache bzw. am konkreten Fall zu verbinden (zum Verstehen als Antworten zwischen interkorporaler Verständigung und sachlichem Verstehen ▶ Kap. 8.3). Zum anderen kann die Bewegung der Distanzierung dazu führen, dass einem am Beispiel etwas Neues, Anderes, Fremdes auffällt, dass sich also etwas zeigt, was vorher verstellt, verschattet oder verdeckt war (vgl. Heidegger 2001, S. 35 f.). Diese distanzierende Bewegung und die in Kapitel 8.4.5 dargestellte Epoché ermöglichen eine Erfahrungserweiterung durch die Öffnung für andere und fremde Erfahrungen.

Erste reflexive und (selbst-)kritische Momente werden schon an dieser Stelle manifest. Zugleich erfolgt in der Variation eine Relativierung und Pluralisierung der Perspektiven der subjektiven und wissenschaftlichen Vormeinungen und Vorerfahrungen. Auf diese Weise gelingt es, exemplarisch am Beispiel die Pluralität und den Widerstreit der biographischen und wissenschaftlichen Modelle, Ansätze und Paradigmen nachzuvollziehen.

Die Bewegung der Distanzierung als Relativierung und Pluralisierung von Perspektiven hat schließlich bildungstheoretische Relevanz. Zusammen mit der Herausforderung, seine eigene Perspektive argumentativ in Auseinandersetzung mit Anderen zu plausibilisieren, am Beispiel zu prüfen und zu validieren sowie mit den damit verbundenen Erfahrungen des Widerstreits der Positionen und der Konfrontation mit anderen, fremden Hinsichten werden negative Erfahrungen manifest: Es kommt zu Erfahrungen der Irritation, der Enttäuschung und womöglich sogar zu Erfahrungen des Nicht-Könnens. In der Mit-Teilung der eigenen Perspektive ereignen sich Erfahrungen des Missverstehens oder des Nicht-Verstehens und Irritationen. Gegebenenfalls wird sogar die Erfahrung gemacht, dass die eigene Position revidiert werden kann. Anders formuliert: Die Kontinuität der eigenen Vorerfahrung wird durch negative Erfahrungen durchbrochen. Damit diese negativen Erfahrungen in bildende Erfahrungen überführt werden können, muss noch ein weiterer Schritt gemacht werden. Hermeneutisch gesprochen: Das Allgemeine, das uns stets in Wahrnehmung, Verstehen und Meinen begleitet, gerät nur schwer in den Blick. Bisher nämlich wurde offengelassen, wie konkret eine Reflexion (im Wortsinn als Zurückbeugung verstanden) auf die eigenen Vorerfahrungen und Meinungen vollzogen werden kann. Um eine Verzögerung und Distanzierung zu den subjektiven oder theoretischen Meinungen und Vorurteilen einzuleiten, ist eine gezielte Operation notwendig, die ich im Folgenden als phänomenologische Epoché ausweisen werde.

8.5.5 Bildende Funktion des Beispiels – Einklammern und Zurücktreten (Epoché)

In Kapitel 8.4 habe ich drei Modelle der Epoché vorgestellt. Dort wurde erstens gezeigt, dass nach Husserl Epoché oder eidetische Reduktion die Enthaltung einer Stellungnahme, eines Urteils bzw. eines Vorurteils über eine »Sache« (HUA III, S. 64) bedeutet. Zunächst erfordert dies das Einklammern des Urteils über die »Sache« (vgl. Brinkmann 2020a, d, e). Die Einklammerung bewirkt nicht ein Nicht-Urteil, sondern den Aufschub des Urteilens. Der distanzierte Schritt zurück eröffnet die Perspektive auf das Wie dieses Prozesses hin zu einer reflexiven Blickwende. Um also eine Unterbrechung bzw. ein Anhalten des Urteilsprozesses einzuleiten, muss dieser zunächst als socher kenntlich werden. Im Zuge der Einklammerung als Distanznahme zu den eigenen subjektiven und theoretischen Meinungen werden diese als Zuschreibungen, als Be- oder Abwertungen, als Interpretationen und Deutungen kenntlich. Mit Heidegger habe ich zweitens deutlich gemacht, dass sich in der Epoché ein Anhalten einer Erfahrungsbewegung und Rückführung auf Erfahrung ereignet. Die einklammernde Bewegung richtet sich nicht nur auf das Subjekt, sondern bewirkt eine Öffnung für das Phänomen, für die »Sache«. Epoché kann ein Sich-Öffnen für das Nicht-Selbstverständliche, Fremde und Andere ermöglichen, welches zunächst aufgrund der biographischen und theoretischen Vormeinungen ungesehen blieb. Nach Waldenfels erfolgt drittens in der Epoché eine Unterbrechung des Bekannten, Gewohnten und Normalen, die nicht nur Fremdheit erfahrbar macht. Es werden auch Ordnungen durchkreuzt und gestört. Die Epoché ermöglicht es, nicht nur Stereotypen und Schemata einzuklammern, sondern auch die wechselseitigen Zuschreibungen in Sagen und Zeigen als solche zu thematisieren und zu reduzieren (vgl. Brinkmann 2020d).

Es bedarf also zunächst einer Rückführung (Epoché), um die bildende Funktion des Beispiels weg von den subjektiven und theoretischen Vorerfahrungen hin zu einer Wahrnehmung der »Sache selbst« (Husserl), hin zum Überraschenden und Ereignishaften (Heidegger) oder zum Ungewohnen und Unnormalen (Waldenfels) einzuleiten. Die o. g. Bewegung der Distanzierung wird mit dem Einklammern von Urteilen (Husserl), dem Anhalten einer Erfahrungsbewegung (Heidegger) oder der Reduktion auf das Gesagte und Gesehene (Waldenfels) eingeleitet. Damit lässt sich in der Erfahrung eine reflexive Wendung erreichen. Für das Beispielverstehen als hochschuldidaktisch inszenierte Fallarbeit bedeutet das: Die Studierenden können sich über ihre widerstreitenden Erfahrungen und Perspektiven verstehend austauschen. Sie können sowohl in der interkorporalen Verständigung Perspektiven mitteilen und sich gegenseitig befremden (▶ Kap. 8.3.5) als auch in einem sachlich-grammatischen Verstehen des Beispiels ihre Perspektiven zeigen, anhand von Indizien belegen und damit intersubjektiv nachprüfbar machen. Studierende können so gemeinsam neue Perspektiven hervorbringen. Sie können auf diese Weise am Beispiel eine bildende Erfahrung als Erfahrung über die Erfahrung machen.

8.5.6 Beispielverstehen als Urteilen-Üben und »Form der Professionalisierung«

Die hochschuldidaktisch inszenierte Fallarbeit als Beispielverstehen wird, wie gezeigt, in Situationen praktisch eingeübt. Hochschuldidaktisch sind dazu unterschiedliche »Praktiken der Distanzierung« (▶ Kap. 8.4.6) nützlich, etwa Zeigen, Fragen, Konfrontieren oder Irritieren, aber auch Wiederholen, Umfigurieren und Variieren sind bewährte Mittel dieser Übung (▶ Kap. 7). Um in praktischen Situationen professionell urteilen und handeln zu können und um eine reflexive, bildende Erfahrung zu erwirken, bedarf es über ein Wissen hinaus der Erfahrung. Hierin liegt die erfahrungstheoretische Grundlegung des Beispiels. Des Weiteren liegt hierin der oben angesprochene Zugang zum impliziten und gestalthaften Erfahrungswissen und Erfahrungskönnen der Praktikerinnen und Praktiker und zur Professionalisierung von Lehrerinnen und Lehrer – verstanden als ein übendes Handeln auf Probe und ein verstehendes Üben im Urteilen. Im Üben des Unterscheidens können auch die Normen und Kategorien, die im Verstehen relevant werden, reflektiert und differenziert werden (▶ Kap. 8.3). Die daraus entstehende Pluralität von Perspektiven und ihr Widerstreit ist somit kein Makel vermeintlich nicht-objektiver Methoden, sondern Voraussetzung und Ziel der Beispielarbeit.

In der hochschuldidaktischen Praxis ließe sich die Relativierung und Pluralisierung der Urteilsformen – sei es im Sinne der kantischen Urteilskraft oder im Sinne einer kognitivistischen Kompetenztheorie der psychologischen Bildungsforschung – mit der Relativierung, Pluralisierung und Differenzierung der Perspektiven auf Beispiele kombinieren, weg von der monothematischen und identifikatorischen Einheitsform des intellektualistischen Urteilens hin zu historisch, kulturell und disziplinär bzw. fachdidaktisch unterschiedlichen Formen des Urteilens (vgl. Benner 2019).Urteilen ist also nicht nur auf das logische Urteilen reduziert. Vielmehr bedeutet Urteilen als »Praxis« (Heidegger) eine mögliche Öffnung für Anderes und für Fremdes. Dies geschieht auf Basis eines aisthetischen Unterscheidens und Unterscheiden-Könnens, das sich in einer Reflexivität als Zurückgebeugtsein manifestiert (▶ Kap. 8.4.4). Sowohl das vorprädikative als auch das prädikative Urteil basiert auf einer Bewegung der Differenzierung und lässt sich als Praktik der Distanzierung im Sinne des Anhaltens und Zurücktretens vom Urteilen üben. Die reflexive Blickwende als Üben im Urteilen basiert auf einer Relativierung *zu* den eigenen Vorannahmen durch Distanzierung, Variation, Plausibilisierung und Epoché.

Urteile können am Beispiel nicht nur eingeübt, sondern auch umgeübt werden. Im o. g. Beispiel wurden einige wertende Aussagen im Laufe der Diskussion zurückgenommen. Zugleich wurde deutlich, dass eine erziehungswissenschaftliche Perspektive eine andere Struktur und andere Legitimationsformen aufweist als lebensweltliche oder pseudowissenschaftliche. Es werden so Spielräume für weitere forschende Perspektiven eröffnet, lebensweltliche Erfahrungshorizonte überschritten und Wissensformen umgelernt (vgl. Brinkmann 2012). Lernen wird so als bildende Erfahrung möglich. Zugleich wird Üben damit »als Form der Professionalisierung« relevant (Idel et al. 2014, S. 86 f.). Schulpraktische Ausbildungskontexte können so auch »als Lern- und Übungsräume genutzt werden« (ebd.). Schließlich lässt sich Übung als Form der Professionalisierung und Urteilen-Üben anhand von Beispielen aus der Unterrichtsforschung auch als Haltung-Üben kennzeichnen.

8.5.7 Ethos üben – Haltung zeigen

Bezogen auf das Berufsethos von Lehrerinnen und Lehrern ist die Forschungslage unübersichtlich. Es gibt keine klaren Befunde (vgl. Oser 1998, Prengel 2013). Gleichwohl gehören Haltung bzw. Ethos zum Kernbestand der Vorstellungen von guten, kompetenten und professionellen Lehrpersonen (vgl. Meyer 2017, Cramer/Oser 2019). Diese Leerstelle in der Forschung mag zum einen an dem »weichen«, komplexen Gegenstand und seiner kulturellen sowie je individuellen Ausprägung liegen. Zum anderen ist ein methodologischer Grund zu nennen: Haltungen basieren auf Wertungen und Entscheidungen, die situativ, kontextabhängig und individuell getroffen werden. Sie können daher nicht einfach erlernt und in eindeutig greifbare Kompetenzen überführt werden.

Eine Haltung kann schief, gerade, schlaff, stramm, eindeutig oder zweideutig, aufrecht oder gedrückt sein. Eine Haltung wird eingenommen. Man kann sie bewahren oder auch verlieren. Mit der Haltung stellt man sich auf bestimmte Art und Weise der Welt gegenüber. Mit anderen Worten: Man bezieht Position – insofern wird eine Haltung immer gezeigt. Man zeigt sich darin und damit vor Anderen. Haltungen beinhalten als Positionierung Bewertungen (▶ Kap. 8.4.4; vgl. zum Folgenden Brinkmann/Rödel 2021). Diese Positionierung drückt sich im Handeln aus. Das Ethos einer Person zeigt sich in einer leiblichen Positionierung vor Anderen, indem die Situation handelnd bewertet und von Anderen als solche verstanden und erfahren wird. Die Bewertungen rekurrieren auf Unterscheidungen und damit auf Vorstellungen von dem, was gut sein soll. Die ethische Dimension der Stellungnahme wird nicht nur in dieser normativen Rahmung deutlich, sondern vielmehr darin, dass Verantwortung übernommen wird – Verantwortung für die Situation, für Andere und für sich selbst (vgl. Arendt 2000). Die Verantwortungsübernahme kann sich auf vergangenes Handeln beziehen. In pädagogischen Zusammenhängen wird Verantwortung für eine per se ungewisse Zukunft der Anwesenden, z. B. der Schülerinnen und Schüler, übernommen (vgl. ebd.). Zugleich wird man in pädagogischen Situationen in eine Verantwortung gestellt, ohne dass man diese im Sinne eines souveränen Aktes übernommen hätte. Der französische Philosoph Lévinas macht diese Form der unverantworteten Verantwortung am Beispiel des Schreis eines Kindes deutlich. Schon dadurch wird man in eine ethische Situation hineingestellt, auf die geantwortet werden muss, ohne dass sie übernommen worden wäre (1983; ▶ Kap. 8.3.3). Mit dem Begriff der Haltung bzw. des Ethos befinden wir uns also im Bereich der pädagogischen Ethik (vgl. Hügli 2006, S. 48, Prange 2010).

Im Ethos, verstanden als eine praktisch-ethische, leibliche Stellungnahme, äußert sich ein ethisches Urteil, ohne dass eine ausdrückliche Reflexion stattfinden muss. Vielmehr wird aus und in einer praktischen Erfahrung gehandelt. Zwischen Positionierung einerseits und Bewertung andererseits kann durchaus auch ein Spannungsverhältnis entstehen. Ein pädagogisches Ethos als Handlung und Positionierung kann bestimmten normativen Vorstellungen oder rechtlichen Vorgaben widersprechen. Positionierungen können daher auch widerständig sein und sich gegebenen Ordnungen und Normen verweigern.

8 Felder des Übens

Abb. 34: Auch eine professionelle Haltung bzw. ein professionelles Ethos will geübt sein (Contrastwerkstatt/Adobe Stock).

Die praktische Positionierung beruht auf bereits »gemachten« Erfahrungen, die den habituellen Hintergrund des Handelns bilden. Ich habe oben gezeigt, dass professionelle Akteurinnen und Akteure auf eine besondere Weise urteilskräftig vorgehen (▶ Kap. 8.4.4). Die Urteile äußern sich in der Praxis und basieren auf einem »impliziten Wissen« (Polanyi, 1985). Sie lassen sich oftmals schwer explizieren und theoretisch einholen. Ich werde im Folgenden zeigen, dass diese Urteile als moralische Entscheidungsfähigkeit im Sinne der aristotelischen *phronesis* zu bestimmen sind.

Haltungen, die man »gut« findet, haben in der europäischen Tradition den Namen Tugend (im griechischen Sinne von Tüchtigkeit, *arete*). Im Griechischen heißt Haltung *ethos*. Ich habe in Kapitel 2 darauf hingewiesen, dass Aristoteles in seiner Nikomachischen Ethik die Voraussetzungen von Ethos erläutert. Um das Gute (*agathon*) zu bestimmen, setzt Aristoteles bei den praktischen Erfahrungen und Verrichtungen, beim Konkreten und Faktischen an. Hier kommt die Wiederholung als Kernelement von Erfahrung und Übung ins Spiel. Aristoteles sagt, dass moralisches Verhalten nur dadurch gelernt wird, indem das getan wird, was gelernt werden soll (▶ Kap. 1.1). Praxis, auch die professionelle und die moralische Praxis, sei sie gut oder schlecht, wird geübt – und d. h.: wiederholt (▶ Kap. 5.2). Durch die Wiederholung verdichtet sich die Erfahrung zur Gewohnheit. In Kapitel 1.7 habe ich den Zusammenhang von Übung und Gewohnheitsbildung deutlich gemacht. Ich habe zudem aus einer erfahrungstheoretischen Perspektive gezeigt, dass in der Übung Gewohnheiten nicht nur aufgebaut, sondern im Kontext von negativen Erfahrungen auch geändert werden können (▶ Kap. 4). Habitus und Gewohnheit beinhalten unter erfahrungs- und übungstheoretischer Perspektive prinzipiell Offenheit für Neues.

Die ethischen Tugenden sind nicht nur bei Aristoteles, sondern bei vielen griechischen Denkern Thema und Ziel vielfältiger Übungen. Rabbow (1954), Hadot (2005) und Foucault (1989) haben diese praktischen Übungen in den Mittelpunkt ihrer Untersuchungen gerückt (ausführlich dazu ▶ Kap. 2 und 6). Sie gehen davon aus, dass die antike Philosophie v. a. in ihrem praktischen Interesse und in ihrer praktischen Umsetzung für das Leben der Menschen von Bedeutung war. Tugend gilt dort als ein Verhältnis zu sich selbst, das eine Praxis ist und auf ein Können bzw. ein Selbstkönnen zielt.

Aristoteles führt den Zusammenhang von Ethos, Moral und Handlung (*pragma*) in seiner Rhetorik genauer aus. Er stellt *ethos* in einen Zusammenhang mit *pathos* und *logos*. Logos bezieht sich auf die Sach- und Problemebene. Es handelt sich also um die grammatikalische und sachbezogene Ebene, die im Üben (▶ Kap. 2) und im Verstehen (▶ Kap. 8.3) relevant wird. Pathos ist die zu erreichende produktive Einstimmung der Adressaten, d. h. die zu erleidende oder pathische Dimension, die Teilnehmerinnen- und Teilnehmer-Orientierung, welche auf Responsivität und Achtsamkeit zielt. Die pathische oder passive Dimension wurde ausführlich im Zusammenhang von negativer Erfahrung (▶ Kap. 1.3 und 4.2) als existenzielle Erfahrung (▶ Kap. 5.2.4) diskutiert, die auf Verletzlichkeit und Ausgesetztheit (▶ Kap. 8.4.4) im Verhältnis zu sich und zu anderen beruht.

Ethos ist das vermittelnde Dritte im Sinne einer situativen, moralischen Entscheidungsfähigkeit, so die im Folgenden vertretene These (vgl. Brinkmann/Rödel 2021). Diese Entscheidungsfähigkeit ist die Voraussetzung jeder positionierenden Stellungnahme und jedes Ethos. Durch sie wird das ethische Handeln als reflexives Handeln (und nicht nur als spontanes oder willkürliches Handeln) verständlich. Aristoteles bestimmt dies als *Phronesis*, eine verständige Klugheit bzw. praktische Klugheit, die sich im Mit-anderen-zu-Rate-Gehen, als Hin-und-her-Überlegen und als gemeinschaftliches, soziales und politisches Beraten äußert (Fink, 1970). Phronesis, Urteilen bzw. Pädagogischer Takt müssen geübt werden (▶ Kap. 8.4.6 und 8.5.2).

Phronesis als reflexive, moralische Entscheidungs- und Bewertungsfähigkeit und als Antwort auf Andere und Anderes ist die Grundlage der Herausbildung einer Haltung oder eines Ethos. Denn im Unterschied zur Gewohnheit rekurrieren Haltungen auf eine reflexive Bezugnahme zu bestimmten Gewohnheiten. Darin werden diese mit einem Wert versehen. Zugleich beruht eine Haltung auf Unterscheidungen (Differenzen) und setzt eine Entscheidung voraus (▶ Kap. 8.4.3). Eine Haltung zeigt sich, nachdem und indem man aus unterschiedlichen Möglichkeiten wählt.

Genau genommen kann Ethos im o. g. Sinne als implizite und situationsgebundene professionelle und erfahrungsbezogene Handlung nicht geübt werden. Die Situationen und die individuelle Positionierung lassen sich nicht wiederholen. Wohl aber lässt sich die moralische Entscheidungsfähigkeit, die sich in einem Ethos, das heißt in einer situativen Handlung, manifestiert, üben. Unter diesen Voraussetzungen kann wieder das Beispielverstehen als professionelles Üben zur Anwendung kommen (▶ Kap. 8.5.6).[47] Ein pädagogisches Ethos als leibliche, widerständige Stellungnahme muss auf der Basis professioneller Erfahrungen verstanden warden. Da ein Ethos erst in der Praxis entsteht, muss es sich dort auch üben und überprüfen lassen. Z. B. kann geklärt warden, ob es sich um ein fachliches oder überfachliches Ethos handelt, das nicht aufgrund äußerer Vorgaben und Einflüsse entstanden ist. Als pädagogisches Ethos ist diese Bildung und Übung von Urteilen mit Blick auf spezifische Domänen pädagogischen Handelns zu entwickeln. Übungen des Ethos zielen nicht auf die Perfektion eines Ethos, die Herausbildung bestimmter Kompetenzen, das Erlernen eines pädagogischen Tugendkatalogs oder die Rationalisierung des Impliziten, sondern auf eine Bildung des Ethos im Sinne der Pluralisierung in der moralischen Entscheidungsfähigkeit sowie der Sensibilisierung für Herausforderungen und Entwicklungspotentiale in Bezug auf ein professionelles Ethos.

Zusammenfassung: Im universitären Kontext kann Unterrichten und Lehren im gemeinsamen Austausch über Beispiele geübt werden. In der hochschuldidaktischen Praxis ließe sich dies sowohl als Einübung in ein Unterscheiden von biographischen und theoretischen Perspektiven als auch in deren Variation und Plausibilisierung im Sinne einer intersubjektiven Validierung nutzen. Die erfahrungstheoretische Erweiterung des Theorie-Praxis Duals ermöglicht eine Perspektive auf die Verbindung von Theorie und Praxis in der konkreten Lern- und Übungserfahrung. Wissen und Können, Reflexion und Handeln lassen sich dann in ihrer praktischen Einheit erfassen. Auf diese Weise können theoretische Perspektiven am praktischen Beispiel im Als-ob-Modus durchgespielt, erörtert und geprüft werden. Die Erfahrungen, die darin gemacht werden, lassen sich als eine Erfahrungserfahrung bezeichnen. Diese Blickwende ermöglicht eine hochschuldidaktische Inszenierung bildender Erfahrungen – gleichsam als Propädeutik für künftiges, professionelles *knowing how*. So kann ein Grundstein sowohl für eine distanzierende, reflektierende und forschende als auch für eine ethische Haltung gelegt werden.

---

47 Zum professionsbezogenen Üben in hochschuldidaktischen Kontexten vgl. Brinkmann & Rödel 2021 sowie das Forschungsprojekt »Ethos im Lehrberuf« (ELBE): https://www.erziehungswissenschaften.hu-berlin.de/de/allgemeine/forschung-1/allgemeine-erziehungswissenschaft/aktuelle-forschungsprojekte.

Abbildungsverzeichnis

Abb. 1: Fahrradfahren-üben: Sich bewegen üben. Malte Brinkmann, eigene Aufnahme. 20
Abb. 2: Klassenrat in einer Grundschule: (Orig. Titel: Im Unterricht). Drubig-Photo/Adobe Stock, Lizenz: Adobe Stock Standard. Online: https://stock.adobe.com/de/images/im-unterricht/ 84727692, Zugriff am 18.08.2020. 21
Abb. 3: Meditieren-Üben als achtsames Anhalten des Bewusstseinsstroms. (Orig. Titel: Person Doing Yoga on Floor). JD Mason/Unsplash, Lizenz: CC0. Online: https://unsplash.com/photos/xCPdjitY5sQ, Zugriff am 18.08.2020. 22
Abb. 4: Schreiben, Lesen, Rechnen üben als Ein- und Ausüben von Kultur (Orig. Titel: Children Writes in School). Martin Vorel/ Libreshot, 2016, Lizenz: CC0. Online: https://libreshot.com/de/ children-writes-in-school, Zugriff am 18.08.2020. 23
Abb. 5: Konzentration, Auge-Hand-Koordination im frühkindlichen Üben. Malte Brinkmann, eigene Aufnahme. 32
Abb. 6: Gymnastische Übungen auf einer antiken griechischen Vase (Orig. Titel: Terracotta Lekythos (Oil Flask)). Met Museum Archiv, Lizenz: CC0. Online: https://www.metmuseum.org/art/ collection/search/254891, Zugriff am 18.08.2020. 40
Abb. 7: Carl Hermann Unthan – Fußkünstler (Orig. Titel: Hermann Unthan. Nach einer im Besitz der Gartenlaube befindlichen Originalphotographie). In: Lobe, J. C. (1868): Ohne Arme! In: Die Gartenlaube, No. 1., Heft 28, S. 437. Online: https://comm ons.wikimedia.org/wiki/File:Die_Gartenlaube_(1868)_b_437.jpg, Zugriff am 18.08.2020. 45
Abb. 8: Schulklasse in Shanghai. Malte Brinkmann, eigene Aufnahme. .. 56
Abb. 9: Moralisch vorbildhafte Schülerinnen und Schüler werden in einem öffentlichen schulischen Aushang geehrt. Malte Brinkmann, eigene Aufnahme. 57
Abb. 10: Kalligraphie in China hat eine lange Tradition des Übens. Malte Brinkmann, eigene Aufnahme. 59
Abb. 11: Üben und Umüben in edukativen Zusammenhängen: Zeigen und Fragen als didaktische Mittel. Malte Brinkmann, eigene Aufnahme. 66
Abb. 12: Disziplinarübung im 19. Jahrhundert: Der »Geradhalter« von Moritz Schreber. In: Schreber, D. G. M. (1891): Das Buch der

Abbildungsverzeichnis

	Erziehung an Leib und Seele. Für Eltern, Erzieher und Lehrer. 3. Aufl. Leipzig: R. Voigtländer, S. 156.	95
Abb. 13:	Gestalt- und Situationsbezug sind im Üben wichtiger als Isolation von einzelnen Bewegungen (Orig. Titel: Greyscale Photo of Person Playing Piano). Zoltan Tasi/Unsplash, Lizenz: CC0. Online: https://unsplash.com/photos/5ZLYemyhjSg, Zugriff am 18.08.2020.	123
Abb. 14:	Bewegungen, Sich-Bewegen, Beweglichkeit müssen geübt werden. Malte Brinkmann, eigene Aufnahme.	131
Abb. 15:	Moritz und die Flasche. Eigener Screenshot aus: C. Knapp & K. Schneider (Hrsg.) (2019): Moritz und die Flasche: Zum Dialog eines jungen Kindes mit Kultur. Weimar/Berlin: Verlag das Netz. Beigefügtes Video, Sek. 8:10. Online: https://www.youtube.com/watch?v=MSoYcaCtKZQ, Zugriff am 18.08.2020.	133
Abb. 16:	Das obere Zuspiel beim Volleyball. In: Meyndt, P., Peters, H., Schulz, A. & Warm, M. (2003): Der Volleyballtrainer. Lehrpraxis für Lehrer und Trainer. München: Volleyball-Service GmbH, S. 46.	139
Abb. 17:	Anfängergemäße, authentische Spielfähigkeit initiieren (Orig. Titel: Abb. 10.5: Möglicher Geräteaufbau und Materialeinsatz). In: Hasper, J. (2008): Tennis. Eine kultursemiotische und bewegungswissenschaftliche Untersuchung mit unterrichtspraktischen Konsequenzen, München: Dr. Hut Verlag, S. 271.	140
Abb. 18:	Ignatius von Loyola. Wierix, Hieronymus; Galle, Philips (ca. 1610): St. Ignatius of Loyola, from the series Male Founders of Religious Orders, Kupferstich, 16.2 x 12.7 cm, Met Museum Archiv. Online: https://www.metmuseum.org/art/collection/search/369489, Zugriff am 18.08.2020.	150
Abb. 19:	Frontspitz der Spiritualia. In: St Ignatius von Loyola (1548): Exercitia Spiritualia, Rom: Antonio Bladio. Online: https://commons.wikimedia.org/wiki/File:Exercitia_Spiritualia_1ed2.jpg, Zugriff am 18.08.2020.	151
Abb. 20:	Ignatius von Loyola schreibt die »Exercitia Spiritualia« mit göttlicher Eingebung. Gilles Rousselet (1644): Exercitia Spiritualia by Ignatius of Loyola, Kupferstich, 31 x 22 cm, Loyola University Museum of Art, Chicago. Online: https://commons.wikimedia.org/wiki/File:Rousselet_-_Exercitia_Spiritualia_by_Ignatius_of_Loyola.jpg, Zugriff am 18.08.2020.	153
Abb. 21:	Verstehen beruht auf einem gemeinsamen Hintergrund (Orig. Titel: Three Parked Bicycles). Catherine Chu/Unsplash, Lizenz: CC0. Online: https://unsplash.com/photos/AjO26wPFhLU, Zugriff am 18.08.2020.	158
Abb. 22:	Verständigtsein, Verständigung, Verstehen und Antwortgeschehen. Malte Brinkmann, eigene Grafik.	161
Abb. 23:	Verstehen ist auch ein Antworten auf einen Anspruch. Malte Brinkmann, eigene Aufnahme.	163

Abb. 24: Helen Keller mit ihrer Lehrerin Ann Sullivan 1898 (Orig. Titel: Miss Helen Keller and Miss Sullivan (1898)) In: Jastrow, J. (1903): Helen Keller: A Psychological Autobiography. In: Popular Science Monthly, 63, S. 71–83. New York: The Science Press, S. 77. Online: https://commons.wikimedia.org/wiki/File:PSM_V63_D081_Helen_keller_and_miss_sullivan.png, Zugriff am 20.08.2020. 168

Abb. 25: Verstehen als leiblich basiertes Antwortgeschehen. Screenshot aus einem Unterrichtsvideo des Forschungsprojekts SZeNe (Schulunterrichtliches Zeigen und Negativität), Rechte beim Autor. ... 171

Abb. 26: Verständigung: Verschränkung von Verstehen und Missverstehen. Screenshot aus einem Unterrichtsvideo des Forschungsprojekts SZeNe (Schulunterrichtliches Zeigen und Negativität), Rechte beim Autor. 172

Abb. 27: Der Fleck kann nur vor einem Hintergrund wahrgenommen werden. Seine Wahrnehmung basiert auf einem vorprädikativen Urteil. Als gemeinsamer, intersubjektiver Hintergrund ermöglicht er Verstehen (Orig. Titel: Fleck Rotweinfleck umgekipptes Glas). Gradt/Adobe Stock, Lizenz: Adobe Stock Standard. Online: https://stock.adobe.com/de/images/fleck-rotweinfleck-umgekipptes-glas/209401052, Zugriff am 18.08.2020. 178

Abb. 28: Vorprädikatives Urteilen in der Selbstberührung: Selbstaffektion, Selbstverhältnis und Selbstreflexion (Orig. Titel: Persons Hand on Orange Background). Shiny Diamond/Pexels, 2019, Lizenz: CC0. Online: https://www.pexels.com/photo/persons-hand-on-orange-background-3762880, Zugriff am 18.08.2020. 181

Abb. 29: Interkorporale Reflexivität: Der Händedruck (Orig. Titel: Two People Shaking Hands). Cytonn Photography/Unsplash, 2018, Lizenz: CC0. Online: https://unsplash.com/photos/n95VMLxqM2I, Zugriff am 18.08.2020. 182

Abb. 30: Kritisieren als Positionierung im öffentlichen Raum (Orig. Titel: Grayscale Photo of Protesters On a Street). Kelly Lacy/Pexels, 2016, Lizenz: CC0. Online: https://www.pexels.com/photo/grayscale-photo-of-protesters-on-a-street-4533650, Zugriff am 18.08.2020. 186

Abb. 31: Epoché: Einklammern, Anhalten, Zurücktreten, Unterbrechen als Distanzierung zum Urteilen und Praktik der Verzögerung. Eigene Darstellung. 189

Abb. 32: Lehren und eine professionelle Haltung müssen geübt werden (Orig. Titel: Lehrerin erklärt Schülern die Aufgabe). Contrastwerkstatt/Adobe Stock, Lizenz: Adobe Stock Standard. Online: https://stock.adobe.com/de/51467210?continue_checkout=1&token=EC-7TP53085GN693813W&PayerID=C5UZ5NNDZ6U9A&asset_id=51467210, Zugriff am 19.08.2020. 197

Abb. 33: Still aus der videographischen Unterrichtsforschung. Hochschuldidaktisch als Beispiel mit bildungstheoretisch ausgewiesenem

Abbildungsverzeichnis

	Potenzial. Screenshot aus einem Unterrichtsvideo des Forschungsprojekts SZeNe, Rechte beim Autor.	204
Abb. 34:	Auch eine professionelle Haltung bzw. Ethos will geübt sein (Orig. Titel: Kinder melden sich im Unterricht). Contrastwerkstatt/Adobe Stock, Lizenz: Adobe Standard. Online: https://stock.adobe.com/de/images/kinder-melden-sich-im-unterricht/68213814, Zugriff am 18.08.2020.	210

Literatur

Aebli, H. (1985): Zwölf Grundformen des Lehrens. Eine allgemeine Didaktik auf psychologischer Grundlage. 2. Aufl. Stuttgart: Klett-Cotta.
Agostini, E. (2016): Lektüre von Vignetten: Reflexive Zugriffe auf Erfahrungsvollzüge des Lernens. In: S. Baur & H. K. Peterlini (Hrsg.), An der Seite des Lernens. Erfahrungsprotokolle aus dem Unterricht an Südtiroler Schulen – ein Forschungsbericht (S. 55–62). 1. Aufl. Innsbruck/Wien/Bozen: Studien-Verlag.
Alloa, E. & Depraz, N. (2012): Edmund Husserl – »Ein merkwürdig unvollkommen konstituiertes Ding«. In: E. Alloa, T. Bedorf, C. Grüny & T. N. Klass (Hrsg.), Leiblichkeit (S. 7–22). Tübingen: Mohr Siebeck.
Altner, N. & Adler, B. (2020, im Druck): Being really present as a teacher. Embodied presence and mindful phenomenological dialogues promote intra- and interpersonal development as well as cultural changes in an Education for the Common Good. In: T. Iwers, C. Roloff & T. Stelljes (Hrsg.), Sammelband zur Ringvorlesung »Achtsamkeit in der Pädagogik. Forschen in eigener Sache«. Wiesbaden: Springer VS.
Anderson, J. R. (1983): The architecture of cognition. Cambridge: Harvard University Press.
Anderson, J. R. (2001): Kognitive Psychologie. Heidelberg: Spektrum Akademischer Verlag.
Aristoteles (1985): Nikomachische Ethik. Auf der Grundlage der Übersetzung von E. Rolfes. Hrsg. v. G. Bien. 4. Aufl. Hamburg: Meiner.
Aristoteles (1999): Rhetorik. Hrsg. v. G. Krapinger. Stuttgart: Reclam.
Arnold, R. (2012): Ermöglichen. Texte zur Kompetenzreifung. Baltmannsweiler: Schneider Hohengehren.
Baars, B. J. & Gage, N. M. (2010): Cognition, Brain, and Consciousness. Introduction to Cognitive Neuroscience. 2. Aufl. San Diego: Academic Press.
Bach, C. (Hrsg.) (2019): Pädagogik im Verborgenen. Bildung und Erziehung in der ästhetischen Gegenwart. Wiesbaden: Springer VS.
Baecker, D., Jullien, F., Jousset, P., Kubin, W. & Pörtner, P. (2008): Kontroverse über China. Sino-Philosophie. Berlin: Merve.
Balz, E. & Kuhlmann, D. (2015): Sportpädagogik: Ein Lehrbuch in 14 Lektionen (Sportwissenschaft studieren). Band 1. 5. Aufl. Aachen: Meyer & Meyer.
Barthes, R. (1986): Sade, Fourier, Loyola. Übers. v. M. Sell & J. Hoch. Frankfurt a. M.: Suhrkamp.
Bedorf, T. (2010): Der Dritte als Scharnierfigur. Die Funktion des Dritten in sozialphilosophischer und ethischer Perspektive. In: E. Esslinger, T. Schlechtriemen, D. Schweitzer & A. Zorns (Hrsg.), Die Figur des Dritten. Ein kulturwissenschaftliches Paradigma (S. 125–136). Frankfurt a. M.: Suhrkamp.
Bedorf, T. (2012): Emmanuel Levinas. Der Leib des Anderen. In: E. Alloa, T. Bedorf, C. Grüny & T. N. Klass (Hrsg.), Leiblichkeit (S. 68–81). Tübingen: Mohr Siebeck.
Behnke, E. (2001): Phenomenology of Embodiment/Embodied Phenomenology: Emerging Work. In: S. Crowell, L. Embree & S. J. Julian (Hrsg.), The Reach of Reflection: Issues for Phenomenology's Second Century (S. 94–117). West Harford: Electron Press.
Bellmann, J., Duzevic, D., Schweizer, S. & Thiel, C. (2016): Nebenfolgen Neuer Steuerung und die Rekonstruktion ihrer Genese. Differente Orientierungsmuster schulischer Akteure im Umgang mit neuen Steuerungsinstrumenten. Zeitschrift für Pädagogik, 62 (3), 381–402.

Bellmann, J. & Müller, T. (Hrsg.) (2011): Wissen, was wirkt. Kritik evidenzbasierter Pädagogik. Wiesbaden: VS Verlag für Sozialwissenschaften.
Benner, D. (1980): Das Theorie-Praxis-Problem in der Erziehungswissenschaft und die Frage nach Prinzipien pädagogischen Denkens und Handelns. Zeitschrift für Pädagogik, 26 (1), 485–497.
Benner, D. (1999): Der »Andere« und das »Andere« als Problem und Aufgabe der Bildung. Zeitschrift für Pädagogik, 45, 315–327.
Benner, D. (2001a): Bildung und Demokratie. In: J. Oelkers (Hrsg.), Zukunftsfragen der Bildung (S. 46–65). 43. Beiheft der Zeitschrift für Pädagogik. Weinheim: Beltz.
Benner, D. (2001b): Hauptströmungen der Erziehungswissenschaft. Eine Systematik traditioneller und moderner Theorie. 4. Aufl. Weinheim: Beltz.
Benner, D. (2005): Erziehung – Bildung – Negativität. 49. Beiheft der Zeitschrift für Pädagogik. Weinheim: Beltz.
Benner, D. (2007): Unterricht – Wissen – Kompetenz. Zur Differenz zwischen didaktischen Aufgaben und Testaufgaben. In: D. Benner (Hrsg.), Bildungsstandards: Instrumente zur Qualitätssicherung im Bildungswesen. Chancen und Grenzen – Beispiele und Perspektiven (S. 124–139). Paderborn: Ferdinand Schöningh.
Benner, D. (2009): Auf der Suche nach einer Didaktik der Urteilsformen und einer auf ausdifferenzierte Handlungsfelder bezogenen partizipatorischen Erziehung. Pädagogische Korrespondenz, 39, 5–20.
Benner, D. (2012): Allgemeine Pädagogik. Eine systematisch-problemgeschichtliche Einführung in die Grundstruktur pädagogischen Denkens und Handelns. 7. Aufl. Weinheim: Juventa.
Benner, D. (2019): Umriss der allgemeinen Wissenschaftsdidaktik. Grundlagen und Orientierungen für Lehrerbildung, Unterricht und Forschung. Weinheim: Beltz.
Benner, D. &. Nikolova, R. (Hrsg.) (2016): Ethisch-moralische Kompetenz als Teil öffentlicher Bildung. Der Berliner Ansatz zur Konstruktion und Erhebung ethisch-moralischer Kompetenzniveaus im öffentlichen Erziehungs- und Bildungssystem mit einem Ausblick auf Projekte zu ETiK-International. Paderborn: Ferdinand Schöningh.
Berdelmann, K. & Fuhr, T. (2020): Zeigen. Stuttgart: Kohlhammer.
Bergelt, J., Bergmann, R. & Börner, N. (2019): Kompetent erziehen: Erziehen als Profession – Lernfelder 1-3: Schülerband. Braunschweig: Bildungsverlag EINS.
Berliner, D. C. (2002). Educational research: The Hardest Science of All. Educational Researcher, 31 (8), 18–20.
Biesta, G. (2008): Wider das Lernen. Die Wiedergewinnung einer Sprache für Erziehung im Zeitalter des Lernens. Vierteljahresschrift für wissenschaftliche Pädagogik, 84 (2), 179–194.
Biesta, G. (2019): Sporadic Democracy: Education, Democracy, and the Question of Inclusion. In: M. S. Katz, S. Verducci & G. Biesta (Hrsg.), Education, Democracy, and the Moral Life (S. 101–112). Dordrecht: Springer.
Biggs, J. B. (1996): Western misperceptions of the Confucian-heritage learning culture. In: D. Watkins & J. B. Biggs (Eds.), The Chinese Learner: Cultural, psychological and contextual influences (pp. 45–68). Melbourne/Hong Kong: Australian Council for Educational Research and the Comparative Education Centre/University of Hong Kong.
Blumenberg, H. (2014): Beschreibung des Menschen. Aus dem Nachlass. Hrsg. v. M. Sommer. Frankfurt a. M.: Suhrkamp.
Boehm, G. (2007): Wie Bilder Sinn erzeugen. Die Macht des Zeigens. Berlin: Berlin University Press.
Bohl, T., Kleinknecht, M., Batzel, A. & P. Richey(2012): Aufgabenkultur in der Schule. Eine vergleichende Analyse von Aufgaben und Lehrerhandeln im Hauptschul-, Realschul- und Gymnasialunterricht. Baltmannsweiler: Schneider Hohengehren.
Böhme, G. (2013): Meditation als Erkundung von Bewusstseinsformen. In: A.-B. Renger & C. Wulf (Hrsg.), Meditation in Religion, Therapie, Ästhetik, Bildung (S. 88–102). Paragrana, internationale Zeitschrift für historische Anthropologie, Band 22, Heft 2. Berlin: Akademie-Verlag.
Bollnow, O. F. (1978): Vom Geist des Übens. Eine Rückbesinnung auf elementare didaktische Erfahrungen. Freiburg i. Br.: Herder.

Bollnow, O. F. (2018). Der Erfahrungsbegriff in der Pädagogik (1968). In. M. Brinkmann (Hrsg.), Phänomenologische Erziehungswissenschaft von ihren Anfängen bis heute. Eine Anthologie (S. 163–195). Band 4 der Reihe »Phänomenologische Erziehungswissenschaft«. Wiesbaden: Springer VS.

Bönsch, M. (2005): Nachhaltiges Lernen durch Üben und Wiederholen. Baltmannsweiler: Schneider Verlag.

Bourdieu, P. (2014): Sozialer Sinn – Kritik der theoretischen Vernunft. Frankfurt a. M.: Suhrkamp.

Breinbauer, I. M. (2006): Zum Problem der Nachhaltigkeit von Lernprozessen im Hinblick auf Bildungsstandards. Topologik (2), 1–24. Online verfügbar unter: http://www.topologik.net/INES-MARIA_BREINBAUER.pdf, Zugriff am 14.02.2020.

Breyer, T. (2011): Attentionalität und Intentionalität. Grundzüge einer phänomenologisch-kognitionswissenschaftlichen Theorie der Aufmerksamkeit. München: Fink.

Brinkmann, M. (2004): Die geheime Anthropologie des Michel Foucault. In: L. Pongratz, M. Wimmer, W. Nieke & J. Masschelein (Hrsg.), Nach Foucault. Diskurs- und machtanalytische Perspektiven der Pädagogik (S. 70–96). Schriftenreihe der Kommission Bildungs- und Erziehungsphilosophie der DGfE. Wiesbaden: Springer VS.

Brinkmann, M. (2008a): Üben – elementares Lernen. Überlegungen zur Phänomenologie, Theorie und Didaktik der pädagogischen Übung. In: I. Breinbauer, K. Mitgutsch, E. Sattler & K. Westphal (Hrsg.), Dem Lernen auf der Spur. Die pädagogische Perspektive (S. 278–294). Stuttgart: Klett-Cotta.

Brinkmann, M. (2008b): Über-sich-selbst-siegen und Sein-Leben-ordnen. Pädagogische Anmerkungen zu Macht, Anthropologie und Didaktik in den »Geistlichen Übungen« von Ignatius von Loyola. In: C. Thompson & G. Weiß (Hrsg.), Bildende Widerstände – Widerständige Bildung (S. 99–120). Bielefeld: Transcript.

Brinkmann, M. (2010): Übungen der Vertikalität. Pädagogische Anmerkungen zu Sloterdijks anthropotechnischer Kulturtheorie der Übung. Vierteljahresschrift für wissenschaftliche Pädagogik, 86 (3), 421–426.

Brinkmann, M. (2011a): Pädagogische Erfahrung – phänomenologische und ethnographische Forschungsperspektiven. In: I. M. Breinbauer & G. Weiß (Hrsg.), Orte des Empirischen in der Bildungstheorie. Einsätze theoretischer Erziehungswissenschaft II (S. 61–80). Würzburg: Königshausen & Neumann.

Brinkmann, M. (2011b): Üben. In: J. Kade et al. (Hrsg.), Grundriss der Pädagogik/Erziehungswissenschaft. Pädagogisches Wissen. Erziehungswissenschaft in Grundbegriffen (S. 140–147). Bd. 5. Stuttgart: Kohlhammer.

Brinkmann, M. (2012): Pädagogische Übung. Praxis und Theorie einer elementaren Lernform. Paderborn: Ferdinand Schöningh.

Brinkmann, M. (2013a): Übung und Macht in der Pädagogik Montessoris: Pädagogische Analysen zu Polarisiation, Normalisation und Hygiene. In: P. Bühler, T. Bühler & F. Osterwalder (Hrsg.), Zur Inszenierungsgeschichte pädagogischer Erlöserfiguren (S. 199–224). Bern: Prisma.

Brinkmann, M. (2013b): Vom Sinn des Übens. Die Pädagogische Übung verstehen und gestalten. Die Grundschulzeitschrift, Üben – Situationen im Unterricht gestalten, 27, 48–51.

Brinkmann, M. (2013c): Wiederkehr der Übung. Übungstheoretische Anmerkungen zu einem praktischen und theoretischen Desiderat im Kunstunterricht. Kunst+Unterricht: Lernen – Üben – Können, hrsg. v. J. Krautz & H. Sowa, (369/370), 72–77.

Brinkmann, M. (2014a): Wiederkehr der Übung?! – Befunde der Übungsforschung für Unterricht und Aufgabenstellung. In: H. Böpple & J. Kühne (Hrsg.); Seminar, BAK Vierteljahresschrift, Aufgaben. Im Lernkontext. In Schule und Lehrerausbildung. 48. Seminartag Berlin (I), (4), 114–129. Hohengehren: Schneider.

Brinkmann, M. (2014b): Verstehen, Auslegen und Beschreiben zwischen Hermeneutik und Phänomenologie. Zum Verhältnis und zur Differenz von hermeneutischer Rekonstruktion und phänomenologischer Deskription am Beispiel von Günther Bucks Hermeneutik und Erfahrung. In: S. Schenk & T. Pauls (Hrsg.), Aus Erfahrung lernen. Anschlüsse an Günther Buck (S. 199–222). Paderborn: Ferdinand Schöningh.

Brinkmann, M. (2014c): Übungen der Imagination. Zur Geschichte, Bildung und Didaktik von Imaginationen. In: H. Sowa, A. Glas & M. Miller (Hrsg.), Bildlichkeit und Vorstellungsbildung in Lernprozessen (S. 151–168). Band 2 der Reihe Bildung der Imagination. Oberhausen: Athena.

Brinkmann, M. (2015a): Übungen der Aufmerksamkeit: Phänomenologische und empirische Analysen zum Aufmerksamwerden und Aufmerksammachen. In: S. Reh, J. Dinkelaker & K. Berdelmann (Hrsg.), Aufmerksamkeit. Geschichte – Theorie – Empirie eines pädagogischen Phänomens (S. 199–220). Wiesbaden: Springer VS.

Brinkmann, M. (2015b): Pädagogische Empirie – Phänomenologische und methodologische Bemerkungen zum Verhältnis von Theorie, Empirie und Praxis. Zeitschrift für Pädagogik, 61 (4), 527–545.

Brinkmann, M. (2016a): Repetition and Transformation in Learning. A hermeneutic and phenomenological view on transformative learning experiences. In: A. Laros, T. Fuhr & E. W. Taylor (Hrsg.), Transformative learning meets Bildung (S. 73–84). Rotterdam/Boston/Taipei: Sense Publishers.

Brinkmann, M. (2016b): Allgemeine Erziehungswissenschaft als Erfahrungswissenschaft. Versuch einer sozialtheoretischen Bestimmung als theoretisch-empirische Teildisziplin. Vierteljahresschrift für wissenschaftliche Pädagogik, 92 (2), 215–231. Paderborn: Ferdinand Schöningh.

Brinkmann, M. (2017a): Sinnvoll Üben und Wiederholen. Übungen in der Ganztagsschule verstehen und gestalten. In: S. Maschke, G. Schulz-Gade & L. Stecher (Hrsg.), Jahrbuch Ganztagsschule 2018. Lehren und Lernen in der Ganztagesschule. Grundlagen – Ziele – Perspektiven (S. 30–43). Schwalbach: Debus.

Brinkmann, M. (2017b): Leib, Wiederholung, Übung. Zu Theorie und Empirie interkorporaler Performativität. In: C. Thompson & S. Schenk (Hrsg.); Zwischenwelten der Pädagogik (S. 155–171). Paderborn: Ferdinand Schöningh.

Brinkmann, M. (2017c): Aufgaben der Schule – systematischer Versuch einer Phänomenologie der Schule. In: R. Reichenbach & P. Bühler (Hrsg.), Fragmente zu einer pädagogischen Theorie der Schule. Erziehungswissenschaftliche Perspektiven auf eine Leerstelle (S. 88–110). Weinheim: Beltz Juventa.

Brinkmann, M. (2018a): Didaktische Relationen: Geteilte Aufmerksamkeit als unterrichtliche Praxis des Zeigens und Aufmerkens. Ergebnisse aus der pädagogisch-phänomenologischen Videographie des Unterrichts. In: D. Benner, H. Meyer, Z. Peng & Z. Li (Hrsg.), Beiträge zum chinesisch-deutschen Didaktik-Dialog (S. 114–133). Bad Heilbrunn: Klinkhardt.

Brinkmann, M. (2018b): Einleitung. Zur Geschichte der deutschsprachigen Phänomenologischen Erziehungswissenschaft. In: M. Brinkmann (Hrsg.), Phänomenologische Erziehungswissenschaft. Grundlagentexte von den Anfängen bis heute. Eine Anthologie (S. 1–41). Band 4 der Reihe »Phänomenologische Erziehungswissenschaft«. Wiesbaden: Springer VS.

Brinkmann, M. (2018c): Verkörperungen zwischen Normalisierung und Subjektivierung. Zur Anthropologie und Sozialtheorie pädagogischer Praxis der Körperbildung und -erziehung. Vierteljahresschrift für Heilpädagogik und ihre Nachbargebiete, 87 (3), 191–204. Hrsg. v. M. Giese & S. Ruin. München: Ernst Reinhardt Verlag.

Brinkmann, M. (2018d): Bildung, Sprache, Demokratie im (Fremdsprachen-) Unterricht. Sozial- und demokratietheoretische Überlegungen mit Humboldt und Nancy. Fremdsprachen Lehren und Lernen (FLuL), 47 (1), 88–104.

Brinkmann, M. (2019a): Leib und Denken. Zum Verhältnis von Denken, Lernen und Erziehen in der interkorporalen Reflexivität. In: R. Casale, M. Rieger-Ladich & C. Thompson (Hrsg.), Verkörperte Bildung. Körper und Leib in geschichtlichen und gesellschaftlichen Transformationen (S. 22–37). Schriftenreihe der Kommission Bildungs- und Erziehungsphilosophie (DGfE). Weinheim: Beltz Juventa.

Brinkmann, M. (2019b): Phänomenologie. In: G. Weiß & J. Zirfas (Hrsg.), Handbuch Bildungs- und Erziehungsphilosophie (S. 601–614). Wiesbaden: Springer VS.

Brinkmann, M. (2019c): Wiederholen, Greifen, Begreifen. Videoanalyse kindlichen Übens aus phänomenologischer Perspektive. In: C. Knapp & K. Schneider (Hrsg.), Moritz und die Flasche: Zum Dialog eines jungen Kindes mit Kultur (S. 175–186). Weimar/Berlin: Verlag das Netz.

Brinkmann, M. (2019d): Humboldt revisited. Bildungstheoretische Überlegungen zu einer inklusiven Theorie der Sprach(en)bildung. In: L. Rödel & T. Simon (Hrsg.), Inklusive Sprach(en)bildung – Ein interdisziplinärer Blick auf das Verhältnis von Inklusion und Sprachbildung (S. 49–62). Bad Heilbrunn: Klinkhardt.

Brinkmann, M. (2019e): Pädagogisches (Fremd-)Verstehen. Zur Theorie und Empirie einer interkorporalen Ausdruckshermeneutik. In: M. Brinkmann (Hrsg.), Verkörperungen. (Post-) Phänomenologische Untersuchungen zwischen erziehungswissenschaftlicher Theorie und leiblichen Praxen in pädagogischen Feldern (S. 131–158). Band 9 der Reihe »Phänomenologische Erziehungswissenschaft«. Wiesbaden: Springer VS.

Brinkmann, M. (2019f): Phänomenologie und Pädagogik der frühen Kindheit – Erfahrungsstrukturen und Reflexionskategorien. In: C. Dietrich, U. Stenger & C. Stieve (Hrsg.), Theoretische Zugänge zur Pädagogik der frühen Kindheit. Eine kritische Vergewisserung (S. 151–167). Weinheim/Basel: Beltz Juventa.

Brinkmann, M. (2020a): Zum Verhältnis von Lernen und Forschung im Studium – Bildungstheoretische, didaktische und phänomenologische Ausblicke. In: M. Brinkmann (Hrsg.), Forschendes Lernen. Pädagogische Studien zur Konjunktur eines hochschuldidaktischen Konzepts (S. 61–83). Band 10 der Reihe »Phänomenologische Erziehungswissenschaft«. Wiesbaden: Springer VS.

Brinkmann, M. (2020b): Bewegte Wiederholungen – Leib, Differenz, Performativität. In: M. Krebs & J. Noack Napoles (Hrsg.), Pädagogische Anthropologien der Bewegung (S. 157–169). Paderborn: Ferdinand Schöningh.

Brinkmann, M. (2020c): Bildung, Reflexion, Übung. In: L. Küster (Hrsg.), »Prendre la parole«. Reflexive und übende Zugänge zum Sprechen im Französischunterricht (S. 16–30). Seelze: Friedrich Verlag.

Brinkmann, M. (2020d): Einklammern, Anhalten, Zurücktreten, um Anderes und Fremdes zu sehen: Zur Praxis der phänomenologischen Epoché in der qualitativen Bildungsforschung. In: D. Fischer, K. Jergus, K. Puhr & D. Wrana (Hrsg.) ›Theoretische Empirie‹ – Erkenntnisproduktion zwischen Theoriebildung und empirischen Praxen (S. 23–47). Wittenberger Gespräche IV: Halle-Wittenberg: MLU.

Brinkmann, M. (2020e): Verstehen und Beschreiben. Zur phänomenologischen Deskription in der qualitativen Empirie. In: J. F. Schwarz & V. Symeonides (Hrsg.), Erfahrungen verstehen – Nicht-Verstehen erfahren (S. 29–46). Innsbruck: StudienVerlag.

Brinkmann, M. (2021): Lehren üben. Erfahrungs- und übungstheoretische Überlegungen zur Praxis des Unterrichten-Könnens. In: Leonhard, T., Herzmann, P, & Košinár, J. (Hrsg.), »Grau, theurer Freund, ist alle Theorie«? Theorien und Erkenntniswege schul- und berufspraktischer Studien 2020 (S. 21–39). Band 5 der Reihe »Schulpraktische Studien und Professionalisierung«. Münster: Waxmann.

Brinkmann, M. & Rödel, S. (2018): Pädagogisch-phänomenologische Videographie. Zeigen, Aufmerken, Interattentionalität. In: C. Moritz & M. Corsten (Hrsg.), Handbuch qualitativer Videoanalyse. Method(olog)ische Herausforderungen – forschungspraktische Perspektiven (S. 521–547). Wiesbaden: Springer VS.

Brinkmann, M. & Rödel, S. (2021, im Druck): Ethos im Lehrberuf. Haltung zeigen, Haltung üben. In: Journal für LehrerInnenbildung, Heft 03/2021.

Brinkmann, M., Türstig, J. & Weber-Spanknebel, M. (2019): Leib – Leiblichkeit – Embodiment. Pädagogische Perspektiven auf eine Phänomenologie des Leibes. Band 8 der Reihe »Phänomenologische Erziehungswissenschaft«. Wiesbaden: Springer VS.

Brinkmann, M. & Willat, C. (2019): Ästhetische Bildung. Eine phänomenologische und bildungstheoretische Vergewisserung. Zeitschrift für Pädagogik (6), 824–844.

Broecken, R. (1975): Hermeneutische Pädagogik. In: T. Ellwein, H.-H. Groothoff, H. Rauschenberger & H. Roth (Hrsg.), Erziehungswissenschaftliches Handbuch: Pädagogik als Wissenschaft. Theorien und Methoden (S. 219–274). Bd. 4. Berlin: Rembrandt.

Bröcher, J. (2005): »Ab in den Trainingsraum!« Zur Kritik der »neuen« Disziplinierungspädagogik. PÄD – Forum: unterrichten und erziehen, 33 (3), 139–145.

Bröckling, U. (1997): Disziplin: Soziologie und Geschichte militärischer Gehorsamsproduktion. München: Fink.
Bröckling, U. (2007): Das unternehmerische Selbst. Soziologie einer Subjektivierungsform. Frankfurt a. M.: Suhrkamp.
Buck, G. (1981): Hermeneutik und Bildung. Elemente einer verstehenden Bildungslehre. München: Fink.
Buck, G. (2019): Lernen und Erfahrung. Epagogik. Hrsg. v. M. Brinkmann. Band 5 der Reihe »Phänomenologische Erziehungswissenschaft«. Wiesbaden: Springer VS.
Burghardt, D. & Dederich, M. & Dziabel, N. & Höhne, T. & Lohwasser, D. & Stöhr, R. & Zirfas, J. (2017): Vulnerabilität. Pädagogische Herausforderungen. Stuttgart: Kohlhammer.
Burghardt, D. & Zirfas, J. (2019): Der pädagogische Takt. Eine erziehungswissenschaftliche Problemformel. Weinheim: Beltz Juventa.
Butler, J. (1988): Performative Acts and Gender Constitution: An Essay in Phenomenology and Feminist Theory. Theatre Journal, 40 (4), 519–531.
Butler, J. (1997): Körper von Gewicht: Die diskursiven Grenzen des Geschlechts. Frankfurt a. M.: Suhrkamp.
Butler, J. (2002): Was ist Kritik? Ein Essay über Foucaults Tugend. Deutsche Zeitschrift für Philosophie, 50 (2), S. 249–265.
Butler, J. (2003): Noch einmal: Körper und Macht. Michel Foucault. Zwischenbilanz einer Rezeption. Frankfurt a. M.: Suhrkamp.
Butler, J. (2018): Anmerkungen zu einer performativen Theorie der Versammlung. Berlin: Suhrkamp.
Chalmers, D. J. (1995): Facing up to the Problem of Consciousness. Journal of Consciousness Studies, 2 (3), 200–219.
Chan, S. (1999): The Chinese learner – a Question of Style. Education + Training 41 (6/7), 294–304.
Cheng, F. & Kurtz, J. (2004): Fülle und Leere. Die Sprache der chinesischen Malerei. Berlin: Merve.
Chu, L. (2017): Little Soldiers: An American Boy, a Chinese Shool, and the Global Race to Achieve. New York: Harper.
Chua, A. (2011): Battle Hymn of the Tiger Mother. New York: Penguin Press.
Collins, A., Brown, J. S. & Newman, S. E. (1989): Cognitive Apprenticeship: Teaching The Crafts of Reading, Writing and Mathematics. In: L. B. Resnick (Hrsg.), Knowing, Learning and Instruction. Essays In Honour Of Robert Glaser (S. 453–494). Hillsdale, NJ: Lawrence Erlbaum Associates.
Copei, F. (2019): Der fruchtbare Moment im Bildungsprozess (Auszüge) (1930). In: M. Brinkmann (Hrsg.), Phänomenologische Erziehungswissenschaft von ihren Anfängen bis heute. Eine Anthologie (S. 61–81). Band 4 der Reihe »Phänomenologische Erziehungswissenschaft«. Wiesbaden: Springer VS.
Cramer, C. & Oser, F. (2019): Ethos: interdisziplinäre Perspektiven auf den Lehrerinnen- und Lehrerberuf. In memoriam Martin Drahmann. Münster: Waxmann.
Csíkszentmihályi, M. (1991): Das Flow-Erlebnis. Jenseits von Angst und Langeweile: im Tun aufgehen. 3. Aufl. Stuttgart: Klett-Cotta.
Csíkszentmihályi, M. (1995): Das Flow-Erlebnis und seine Bedeutung für die Psychologie des Menschen. In: M. Csíkszentmihályi, I. S. Csíkszentmihályi, H. Aebil, F. E. Weinert, U. Stopfel & U. Aeschbacher (Hrsg.), Die außergewöhnliche Erfahrung im Alltag. Die Psychologie des Flow-Erlebnisses (S. 28–49). 2. Aufl. Stuttgart: Klett-Cotta.
Dahlin, B. & Watkins, D. (2000): The role of repetition in the processes of memorizing and understanding: A comparison of the views of Western and Chinese secondary school students in Hong Kong. British Journal Educational Psychology, 70, 65–84.
Danner, H. (1994): Methoden geisteswissenschaftlicher Pädagogik. Einführung in Hermeneutik, Phänomenologie und Dialektik. 3. Aufl. München: Reinhardt.
Deckert-Peaceman, H., Dietrich, C. & Stenger, U. (2010): Einführung in die Kindheitsforschung. Darmstadt: WBG.

Deleuze, G. (1992): Foucault. Frankfurt a. M.: Suhrkamp.
Depraz, N. (2012): Phänomenologie in der Praxis. Eine Einführung. Freiburg/München: Alber.
Derrida, J. (1987/1988): »Heideggers Hand (Geschlecht II)«. In: J. Derrida, Geschlecht (Heidegger). Sexuelle Differenz, ontologische Differenz. Übers. v. H.-D. Gondek. Wien: Passagen Verlag.
Derrida, J. (1994): Grammatologie. 5. Aufl. Frankfurt a. M.: Suhrkamp.
Derrida, J. (2001): Signatur Ereignis Kontext. In: J. Derrida & W. Rappl (Hrsg.), Limited Inc. Wien: Passagen Verlag.
Descartes, R. (1985): Meditationen über die Erste Philosophie. 2. Aufl. Stuttgart: Reclam.
Dewey, J. (1985): Democracy and Education. The Middle Works, 1899–1924. Hrsg. v. J. A. Boydston. 9. Aufl. Carbondale: Southern Illinois University Press.
Dietrich, C., Stenger, U. & Stieve, C. (Hrsg.) (2019): Theoretische Zugänge zur Pädagogik der frühen Kindheit. Eine kritische Vergewisserung. Weinheim: Beltz Juventa.
Dilthey, W. (1961): Gesammelte Schriften. Band VII: Der Aufbau der geschichtlichen Welt in den Geisteswissenschaften. 3. Aufl. Stuttgart: Teubner.
Dörpinghaus, A. (2002): Logik der Rhetorik: Grundriss einer Theorie der argumentativen Verständigung in der Pädagogik. Würzburg: Königshausen & Neumann.
Dörpinghaus, A. (2007): Rhetorische Didaktik. In: B. Fuchs & C. Schönherr (Hrsg.), Urteilskraft und Pädagogik. Beiträge zu einer pädagogischen Handlungstheorie (S. 161–176). Würzburg: Königshausen & Neumann.
Dörpinghaus, A. (2018). Schonräume der Langsamkeit. Grundzüge einer temporalphänomenologischen Erwachsenenpädagogik. In: M. Brinkmann (Hrsg.), Phänomenologische Erziehungswissenschaft. Grundlagentexte von den Anfängen bis heute. Eine Anthologie (S. 457–464). Band 4 der Reihe »Phänomenologische Erziehungswissenschaft«. Wiesbaden: Springer VS.
Dörpinghaus, A. & Helmer, K. (Hrsg.) (2006): Ethos, Bildung, Argumentation. Würzburg: Königshausen & Neumann.
Dreyfus, G. (2013): Ist Achtsamkeit gegenwartszentriert und nicht-urteilend? Eine Diskussion der kognitiven Dimension von Achtsamkeit. In: J. Kabat-Zinn & M. Williams (Hrsg.), Achtsamkeit. Ihre Wurzeln, ihre Früchte (S. 73–96). Freiburg: Arbor Verlag.
Duncker, L. (2008): Lernen und Erinnern: Gedächtnisleistungen in bildungstheoretischer Sicht. In: K. Mitgutsch, E. Sattler, K. Westphal & I. M. Breinbauer (Hrsg.), Dem Lernen auf der Spur. Die pädagogische Perspektive (S. 212–226). Stuttgart: Klett-Cotta.
Ebinger, M. (2005): Neurophänomenologie: Ein Oxymoron als Lückenfüller. Die Transformation der Phänomenologie durch Francisco J. Varela – eine Deformation? Inaugural-Dissertation zur Erlangung der Doktorwürde der Philosophischen Fakultät der Bayerischen Julius-Maximilians-Universität zu Würzburg. Online verfügbar unter: https://opus.bibliothek.uni-wuerzburg.de/opus4-wuerzburg/frontdoor/deliver/index/docId/1035/file/Dr.phil-Korrektur_050212.pdf, Zugriff am 16.03.2020.
Edelmann, W. (1996): Lernpsychologie. 5. Aufl. Weinheim: Beltz.
Edelstein, W. (1999): Aus Fehlern wird man klug. Zur Ontologie der Fehlertypen. In: W. Althof (Hrsg.), Fehlerwelten. Vom Fehlermachen und Lernen aus Fehlern. Beiträge und Nachträge zu einem interdisziplinären Symposium aus Anlaß des 60. Geburtstages von Fritz Oser (S. 111–128). Wiesbaden: Springer VS.
Ehni, H. (1985): Üben. Sportpädagogik, 9 (6), 14–25.
Ehrenspeck, Y. (1998): Versprechungen des Ästhetischen. Opladen: Leske & Budrich.
Ekman, P. (2004): Gefühle lesen. Wie Sie Emotionen erkennen und richtig interpretieren. Heidelberg: Spektrum.
Ericsson, K., Krampe, R. T. & Tesch-Römer, C. (1993): The Role of Deliberate Practice in the Acquisition of Expert Performance. Psychological Review, 100 (3), 363–406.
Fink, E. (1960): Spiel als Weltsymbol. Stuttgart: Kohlhammer.
Fink, E. (1970a): Metaphysik der Erziehung im Weltverständnis von Plato und Aristoteles. Frankfurt a. M.: Klostermann.
Fink, E. (1970b): Erziehungswissenschaft und Lebenslehre. Freiburg i. Br.: Alber.

Fink, E. (1988): VI. Cartesianische Meditation. Teil 1: Die Idee einer transzendentalen Methodenlehre (Husserliana Dokumente II/I). Hrsg. v. H. Ebeling, J. Holl & G. van Kerkhoven. Dordrecht/Boston/London: Kluwer.
Fink, E. (1992): Natur, Freiheit, Welt. Philosophie der Erziehung. Hrsg. v. F.-A. Schwarz. Würzburg: Königshausen & Neumann.
Fink, E. (2004a): Edmund Husserl (1859–1938). Unveröffentlicher Nachruf 1938. In: F.-A. Schwarz (Hrsg.), Nähe und Distanz. Phänomenologische Vorträge und Aufsätze (S. 79–97). Freiburg i. Br.: Alber.
Fink, E. (2004b): Die Spätphilosophie Husserls in Freiburger Zeit. In: F.-A. Schwarz (Hrsg.), Nähe und Distanz. Phänomenologische Vorträge und Aufsätze (S. 205–227). i. Br.: Alber.
Fink, E. (2006): System der phänomenologischen Philosophie. Cartesianische Meditationen und Bernauer Zeitmanuskripte. In: R. Bruzina (Hrsg.), Phänomenologische Werkstatt 1: Die Doktorarbeit und erste Assistenzjahre bei Husserl. Freiburg/München: Alber.
Foucault, M. (1974): Die Ordnung der Dinge. Eine Archäologie der Humanwissenschaften. Frankfurt a. M.: Suhrkamp.
Foucault, M. (1975): Surveiller et punir. Paris: Gallimard.
Foucault, M. (1983): Sexualität und Wahrheit 1. Der Wille zum Wissen. Frankfurt a. M.: Suhrkamp.
Foucault, M. (1989): Die Sorge um sich. Sexualität und Wahrheit 3. Frankfurt a. M.: Suhrkamp.
Foucault, M. (1990a): Der Gebrauch der Lüste. Sexualität und Wahrheit 2. Frankfurt a. M.: Suhrkamp.
Foucault, M. (1990b): Qu'est-ce que la critique? (Critique et Aufklärung). Bulletin de la Société française de Philosophie, 84 (2), S. 35–63.
Foucault, M. (1993a): Wahrheit, Macht, Selbst. Ein Gespräch zwischen Rux Martin und Michel Foucault. In: L. H. Martin, H. Gutman & P. H. Hutton (Hrsg), Technologien des Selbst (S. 15–23). Frankfurt a. M.: S. Fischer.
Foucault, M. (1993b): Technologie des Selbst. In: L. H. Martin, H. Gutman & P. H. Hutton (Hrsg.), Technologien des Selbst (S. 24–62). Frankfurt a. M.: S. Fischer.
Foucault, M. (1994a): Überwachen und Strafen. Die Geburt des Gefängnisses. Frankfurt a. M.: Suhrkamp.
Foucault, M. (1994b): Das Subjekt und die Macht. Nachwort: Michel Foucault – Jenseits von Strukturalismus und Hermeneutik. In: H. L. Dreyfus & P. Rabinow (Hrsg.), Michel Foucault. Jenseits von Strukturalismus und Hermeneutik. 2. Aufl. Weinheim: Beltz Athenäum Verlag.
Foucault, M. (1994c): Omnes et singulatim – Zu einer Kritik der politischen Vernunft. In: J. Vogl (Hrsg.), Gemeinschaften – Positionen zu einer Philosophie des Politischen (S. 65–93). Frankfurt a. M.: Suhrkamp.
Foucault, M. (2004a): Sicherheit, Territorium, Bevölkerung: Vorlesung am Collège de France, 1977–1978: Geschichte der Gouvernementalität I. Frankfurt a. M.: Suhrkamp.
Foucault, M. (2004b): Die Geburt der Biopolitik. Vorlesung am Collège de France 1978–1979. Geschichte der Gouvernementalität II. Frankfurt a. M.: Suhrkamp.
Foucault, M. (2005): Was ist Aufklärung? In: M. Foucault, Schriften in vier Bänden. Dits et Ecrits (S. 687–707). Frankfurt a. M.: Suhrkamp.
Francesconi, D. (2010): The Embodied Mind: Mindfulness Meditation as Experiential Learning in Adult Education. PhD thesis. University of Trento. Online verfügbar unter: http://eprints-phd.biblio.unitn.it/403/, Zugriff am 04.03.2020.
Francesconi, D. & Tarozzi, M. (2012): Embodied Education. A Convergence of Phenomenological Pedagogy and Embodiment. Studia phaenomenologica, 12, 263–288.
Francesconi, D. & Tarozzi, M. (2019): Embodied Education and Education of the Body: The Phenomenological Perspective. In: M. Brinkmann, J. Türstig & M. Weber-Spanknebel (Hrsg.), Leib – Leiblichkeit – Embodiment. Pädagogische Perspektiven auf eine Phänomenologie des Leibes (S. 229–247). Band 7 der Reihe »Phänomenologische Erziehungswissenschaft«. Wiesbaden: Springer VS.

Fröhlich-Gildhoff, K., Nentwig-Gesemann, I., Pietsch, S., Köhler, L. & Koch, M. (2014): Kompetenzentwicklung und Kompetenzerfassung in der Frühpädagogik. Konzepte und Methoden. Freiburg: FEL-Verlag. Forschung – Entwicklung – Lehre.
Fthenakis, W. E. (2010): Der Bayerische Bildungs- und Erziehungsplan für Kinder in Tageseinrichtungen bis zur Einschulung. 4. Aufl. Berlin: Cornelsen Scriptor.
Fuchs, T. (2000): Leib, Raum, Person. Entwurf einer phänomenologischen Anthropologie. Stuttgart: Klett-Cotta.
Fuchs, T. (2009): Das Gehirn – ein Beziehungsorgan. Eine phänomenologisch-ökologische Konzeption. 2. Aufl. Stuttgart: Kohlhammer.
Funiok, R. & Schöndorf, H. (Hrsg.) (2000): Ignatius von Loyola und die Pädagogik der Jesuiten. Ein Modell für Schule und Persönlichkeitsbildung. Donauwörth: Auer Verlag.
Gadamer, H.-G. (1990): Hermeneutik I. Wahrheit und Methode. Grundzüge einer philosophischen Hermeneutik. Bd. 1. 6. Aufl. Tübingen: Mohr.
Gallagher, S. (2005): How the body shapes the mind. Oxford/New York: Clarendon Press.
Gallagher, S. (2017): Enactivist interventions. Rethinking the mind. Oxford/New York: Oxford University Press.
Gallagher, S. & Zahavi, D. (2008): The Phenomenological Mind. An Introduction to Philosophy of Mind and Cognitive Sciene. London: Routledge.
Gaus, D. & Uhle, R. (2006): Verstehen und Pädagogik. Annäherungen an ein nicht zu vergessendes Thema. In: D. Gaus & R. Uhle (Hrsg.), Wie verstehen Pädagogen? Begriff und Methode des Verstehens in der Erziehungswissenschaft (S. 7–14). Wiesbaden: VS Verlag für Sozialwissenschaften.
Gemoll, W. (1988): Griechisch-deutsches Schul- und Handwörterbuch. 9. Aufl. München: G. Freytag Verlag.
Gewiese, A., Wuttke, E., Kästner, R., Seifried, J., Türling, J. (2011): Professionelle Fehlerkompetenz von Lehrkräften – Wissen über Schülerfehler und deren Ursachen. In: U. Faßhauer, J. Aff, B. Fürstenau & E. Wuttke (Hrsg.), Lehr-Lernforschung und Professionalisierung. Perspektiven der Berufsbildungsforschung (S. 161–172). Opladen: Budrich.
Giese, M. & Brinkmann, M. (2021): Üben! Bildungstheoretische Überlegungen zur Rehabilitierung einer elementaren Praxis der Sportpädagogik. In: German Journal of Exercise and Sport Research 51, 213–221.
Gottwald, P. (2013): Zen als heilsame Lebenspraxis. In: A.-B. Renger & C. Wulf (Hrsg.), Meditation in Religion, Therapie, Ästhetik, Bildung (S. 130–142). Paragrana, internationale Zeitschrift für historische Anthropologie, Band 22, Heft 2. Berlin: Akademie-Verlag.
Grünbein, D. (2008): Der cartesische Taucher: Drei Meditationen. Frankfurt a. M.: Suhrkamp.
Gudjons, H. (2006): Intelligentes Üben. Methoden und Strategien. Log in, 26 (138/139), 14–19.
Guillermou, A. (1981): Ignatius von Loyola in Selbstzeugnissen und Bilddokumenten dargestellt. Reinbek bei Hamburg: Rowohlt.
Habel, W. (2006): Ethos und Lehrerbildung. In: A. Dörpinghaus & K. Helmer (Hrsg.), Ethos, Bildung, Argumentation (S. 73–82). Würzburg: Königshausen & Neumann.
Hadot, P. (2005): Philosophie als Lebensform. Antike und moderne Exerzitien der Weisheit. Frankfurt a. M.: Fischer.
Hanna, T. (2012): Was bedeutet Somatics? In: D. H. Johnson & T. Rytz (Hrsg.), Klassiker der Körperwahrnehmung. Erfahrungen und Methoden des Embodiment (S. 371–385). Bern: Hans Huber.
Hartmann, P. C. (2001): Die Jesuiten. München: C. H. Beck Verlag.
Hasper, J. (2009): Tennis. Eine kultursemiotische und bewegungswissenschaftliche Untersuchung mit unterrichtspraktischen Konsequenzen (Sportwissenschaften). München: Dr. Hut Verlag.
Heidegger, M. (1960): Gelassenheit. Pfullingen: Günther Neske Verlag.
Heidegger, M. (1969): Zur Sache des Denkens. Tübingen: Niemeyer.
Heidegger, M. (2001): Sein und Zeit. 18. Aufl. Tübingen: Niemeyer.
Heidegger, M. (2002): Was heißt Denken? (1951–1952). Hrsg. v. P.-L. Coriando. Frankfurt a. M.: Vittorio Klostermann.

Helmer, K. (1997): Topik und Argumentation. In: H. J. Apel & L. Koch (Hrsg.), Überzeugende Rede und pädagogische Wirkung. Zur Bedeutung traditioneller Rhetorik für pädagogische Theorie und Praxis. Weinheim: Beltz Juventa.

Helmer, K. (2004): Kultur. In: D. Benner & J. Oelkers (Hrsg.), Historisches Wörterbuch der Pädagogik (S. 524–547). Weinheim/Basel: Beltz.

Helmke, A. (2007): »Vergleichsarbeiten eignen sich nicht für ein Schul-Ranking«: Über den Sinn von Vergleichsarbeiten in der Grundschule, den Unsinn von Rankings und die Nutzlosigkeit von Blitz- oder Crash-Kursen als Vorbereitung für VERA. O. O.

Helmke, A. & Tuyet, V. T. A. (1999): Do Asian and Western students learn in a different way? An empirical study on motivation, study time, and learning strategies of German and Vietnamese university students. Asian Pacific Journal of Education, 19 (2), 30–44.

Helmke, H.-G. & Hesse, A. (2003): Kindheit und Jugend in Asien. In: C. Grunert & H.-H. Krüger (Hrsg.), Handbuch der Kindheits- und Jugendforschung (S. 439–471). Opladen: Leske + Budrich.

Helsper, W. (2001): Praxis und Reflexion. Die Notwendigkeit einer »doppelten Professionalisierung« des Lehrers. Journal für Lehrerinnen- und Lehrerbildung, (3), 7–15.

Helsper, W. (2018): Lehrerhabitus. Lehrer zwischen Herkunft, Milieu und Profession. In: A. Paseka, M. Keller-Schneider & A. Combe (Hrsg.), Ungewissheit als Herausforderung für pädagogisches Handeln (S. 105–140). Wiesbaden: Springer VS.

Henze, J. (2011): Intuition und/oder Wissen: Zur Bedeutung heuristischer Modelle in der interkulturellen Kommunikationsforschung. In: E. Bosse, B. Kress & S. Schlickau (Hrsg.), Methodische Vielfalt in der Erforschung interkultureller Kommunikation an deutschen Hochschulen (S. 81–101). Frankfurt a. M.: Peter Lang.

Herbart, J. F. (1991): Die erste Vorlesung über Pädagogik. In: G. Müßner (Hrsg.), Johann Friedrich Herbart. Didaktische Texte zu Unterricht und Erziehung in Wissenschaft und Schule (S. 137–144). Wuppertal: Deimling.

Herrigel, E. (2002): Zen in der Kunst des Bogenschießens. 42. Aufl. Bern: O. W. Barth.

Herzog, W. (2011): Eingeklammerte Praxis – Ausgeklammerte Profession. In: J. Bellmann & T. Müller (Hrsg.), Wissen, was wirkt. Kritik evidenzbasierter Pädagogik (S. 123–146). Wiesbaden: Springer VS.

Hohmann, A., Lames, M. & Letzelter, M. (2002): Einführung in die Trainingswissenschaft. Wiebelsheim: Limpert.

Holländer, F. & Wiedemeyer, N. (2019): Original Bauhaus. Übungsbuch. München: Prestel Verlag.

Hollstein, O., Meseth, W. & Proske, M. (2016): »Was ist (Schul)unterricht?« Die systemtheoretische Analyse einer Ordnung des Pädagogischen. In: T. Geier & M. Pollmann (Hrsg.), Was ist Unterricht? Zur Konstitution einer pädagogischen Form (S. 43–75). Wiesbaden: Springer VS.

Horkheimer, M. (1985): Begriff der Bildung. Gesammelte Schriften. Hrsg. v. A. Schmid & G. Noerr. Bd. 7. Frankfurt a. M.: S. Fischer.

Hügli, A. (2006): Ethos und ethische Erziehung. Kritische Anmerkungen zur Tugendethik und Tugendpädagogik. In: A. Dörpinghaus & K. Helmer (Hrsg.), Ethos, Bildung, Argumentation (S. 45–64). Würzburg: Königshausen & Neumann.

von Humboldt, W. (1963a): Schriften zur Sprachphilosophie. In: A. Flitner & K. Giel (Hrsg.), Wilhelm von Humboldt. Werke in fünf Bänden. Bd. 3. Darmstadt: WBG.

von Humboldt, W. (1963b): Theorie der Bildung des Menschen. In: A. Flitner & K. Giel (Hrsg.), Wilhelm von Humboldt. Werke in fünf Bänden. Bd. 1 (S. 234–240). Darmstadt: WBG.

von Humboldt, W. (1963c): Ideen zu einem Versuch, die Gränzen der Wirksamkeit des Staats zu bestimmen. In: A. Filtner & K. Giel (Hrsg.), Wilhelm von Humboldt. Schriften zur Anthropologie und Geschichte. Werke in fünf Bänden. Bd. 1. (S. 56–233). Darmstadt: WBG.

von Humboldt, W. (1963d): Der Königsberger und der litauische Schulplan. In: In: A. Flitner & K. Giel (Hrsg.), Bd. 4. Darmstadt: WBG.

Huschke-Rhein, R. B. (1979): Das Wissenschaftsverständnis in der geisteswissenschaftlichen Pädagogik. Dilthey, Litt, Nohl, Spranger. Stuttgart: Klett-Cotta.

Husserl, E. (1939): Erfahrung und Urteil. Untersuchungen zur Genealogie der Logik. Hrsg. v. L. Landgrebe. Prag: Academia.
Husserl, E. (1950 ff.): Husserliana: Gesammelte Werke. Den Haag: Nijhoff. (zitiert mit HUA).
Husserl, E. (1992): Cartesianische Meditationen. Die Krisis der europäischen Wissenschaften und die transzendentale Phänomenologie. Hamburg: Meiner.
Husserl, E. (1995): Cartesianische Meditationen. Eine Einleitung in die Phänomenologie. Hrsg. v. E. Ströker. Hamburg: Meiner.
Idel, T.-S., Reh, S. & Rabenstein, K. (2014): Pädagogische Ordnungen als Fall. Fallarbeit und Professionalisierung aus praktisch-theoretischer Sicht. In: I. Pieper, P. Frei, K. Hauenschild & B. Schmidt-Thieme (Hrsg.), Was der Fall ist. Beiträge zur Fallarbeit in Bildungsforschung, Lehramtsstudium, Beruf und Ausbildung (S. 75–88). Wiesbaden: Springer VS.
Jäckle, M., Wuttig, B. & Fuchs, C. (Hrsg.) (2017): Handbuch Trauma – Pädagogik – Schule. Bielefeld: transcript.
Jornitz, S. (2005): Der Trainingsraum: Unterrichtsstörung als Bumerang. Pädagogische Korrespondenz, 33, 98–117.
Jullien, F. (2006): Vortrag vor Managern über Wirksamkeit und Effizienz in China und im Westen. Berlin: Merve.
Jullien, F. & Köller, M. (2002): Der Umweg über China. Ein Ortswechsel des Denkens. Berlin: Merve.
Jullien, F. (1999): Über die Wirksamkeit. Berlin: Merve.
Kabat-Zinn, J. (2013): Gesund durch Meditation. Das vollständige Grundlagenwerk zu MBSR. München: O. W. Barth.
Kabat-Zinn, J. & Williams, M. (2013): Achtsamkeit – warum sie wichtig ist, woher sie kommt und wie sie an der Schnittstelle von Wissenschaft und Dharma angewendet werden kann. In: J. Kabat-Zinn & M. Williams (Hrsg.), Achtsamkeit. Ihre Wurzeln, ihre Früchte (S. 7–36). Freiburg: Abor Verlag.
Kalthoff, H. (1997): Wohlerzogenheit. Eine Ethnographie deutscher Internatsschulen. Frankfurt a. M.: Campus Verlag.
Kalthoff, H. (2006): Beobachtung und Ethnographie. In: R. Aysaß & J. Bergmann (Hrsg.), Qualitative Methoden der Medienforschung (S. 146–182). Reinbek bei Hamburg: Rowohlt.
Kant, I. (1977a): Kritik der reinen Vernunft. 1. Werke Bd. 3. Hrsg. v. W. Weischedel. Frankfurt a. M.: Suhrkamp.
Kant, I. (1977b): Kritik der Urteilskraft. Werke Bd. 10. Hrsg. v. W. Weischedel. Frankfurt a. M.: Suhrkamp.
Kant, I. (1977c): Über Pädagogik. In: Schriften zur Geschichtsphilosophie, Anthropologie, Politik und Pädagogik 2, Werke Bd. 12 (S. 691–763). Hrsg. v. W. Weischedel. Frankfurt a. M.: Suhrkamp.
Keck, W. R. (2000): Und immer wieder Drill. Übung als Lernform in der Didaktikgeschichte. Friedrich Jahresheft, 20–22.
Keller, H. (1994): Mein Weg aus dem Dunkel. Blind und gehörlos – das Leben einer mutigen Frau, die ihre Behinderung besiegte. Bern: Scherz.
Kittler, F. (1980): Austreibung des Geistes aus den Geisteswissenschaften. Programme des Poststrukturalismus. Paderborn: Ferdinand Schöningh.
Klieme, E. (2003): Expertise. Zur Entwicklung nationaler Bildungsstandards. Bonn: BMBF.
Klika, D. (2016): A tergo – explizite und implizite Bildungskonzepte in der erziehungswissenschaftlichen Biographieforschung. In: R. Kreitz, I. Miethe & A. Tervooren (Hrsg.), Theorien in der qualitativen Bildungsforschung – Qualitative Bildungsforschung als Theoriegenerierung (S. 47–60). Opladen: Barbara Budrich.
Klippert, H. (2006): Methoden-Training: Übungsbausteine für den Unterricht. 16. Aufl. Weinheim: Beltz.
Koch, L. (2015): Lehren und Lernen. Wege zum Wissen. Paderborn: Ferdinand Schöningh.
Koffka, K. (1921): Grundlagen der psychischen Entwicklung. Eine Einführung in die Kinderpsychologie. Osterwieck (Harz): Zickfeldt.

Koller, H.-C. (2012): Bildung anders denken. Eine Einführung in die Theorie transformatorischer Bildungsprozesse. Stuttgart: Kohlhammer.
Koller, H.-C., Marotzki, W. & Sanders, O. (2007): Bildungsprozesse und Fremdheitserfahrung. Beiträge zu einer Theorie transformatorischer Bildungsprozesse. Bielefeld: transcript.
Konfuzius (2010): Gespräche. Übers. und hrsg. v. R. Wilhelm. Peking: Lehr- und Forschungsverlag für Fremdsprachen.
Krebs, M. & Noack Napoles, J. (Hrsg.) (2020): Bewegungen denken – Pädagogisch-anthropologische Skizzen. Weinheim: Beltz Juventa.
Küster, L. (2020): »Prendre la parole«. Reflexive und übende Zugänge zum Sprechen im Französischunterricht. Seelze: Friedrich Verlag.
Lee, W. O. (1996): The Cultural Context for Chinese Learners: Conceptions of Learning in the Confucian Tradition. In: D. Watkins & J. B. Biggs (Eds.), The Chinese Learner: Cultural, psychological and contextual influences (pp. 25–41). Melbourne/Hong Kong: Australian Council for Educational Research and the Comparative Education Centre/ University of Hong Kong.
Leitz, I. & Müller, J. (2009): Optimismus und Leistungsbereitschaft als Effekte einer positiven Fehlerkultur. Lehren und Lernen, 35 (7), 32–37.
Leonhard, T. (2018): Das Ende von Theorie und Praxis? Versuch einer alternativen Rahmung für die Lehrerinnen- und Lehrerbildung. In: C. Fridrich, G. Mayer-Frühwirth, R. Poltzmann, W. Greller & R. Petz (Hrsg.), Forschungsperspektiven 10 (S. 11–26). Münster: LIT.
Leuders, T. (2005): Intelligentes Üben selbst gestalten! Erfahrungen aus dem Mathematikunterricht. Pädagogik, 11 (11), 29–32.
Lévinas, E. (1983): Die Spur des Anderen. Untersuchungen zur Phänomenologie und Sozialphilosophie. Freiburg i. Br.: Alber.
Li, J. (2012): Cultural foundations of learning. East and West. Cambridge: Cambridge University Press.
Lindow, I. & Münch, T. (2014): Kasuistisches Lehrerwissen: Schulunterricht und Hochschullehrer zwischen Theorie und Praxis. In: I. Pieper, P. Frei, K. Hauenschild & B. Schmidt-Thieme (Hrsg.), Was der Fall ist. Beiträge zur Fallarbeit in Bildungsforschung, Lehramtsstudium, Beruf und Ausbildung (S. 169–182). Wiesbaden: Springer VS.
Lippitz, W. (1999): Aspekte einer phänomenologisch orientierten pädagogisch-anthropologischen Erforschung von Kindern. Anmerkungen zur aktuellen These der Kindheitsforschung: das Kind als »sozialer Akteur«. Vierteljahresschrift für wissenschaftliche Pädagogik 75, (2), 238–247.
Lippitz, W. (2007): Foreignness and Otherness in Pedagogical Contexts. Phenomenology & Practice, 1 (1), 76–96. Online verfügbar unter https://journals.library.ualberta.ca/pandpr/index.php/pandpr/article/view/19806. Zugriff am 29.03.2019.
Lippitz, W. (2019a): Phänomene der Erziehung und Bildung. Phänomenologisch-pädagogische Studien. Band 7 der Reihe »Phänomenologische Erziehungswissenschaft«. Wiesbaden: Springer VS.
Lippitz, W. (2019b): Fremdheit und Andersheit in pädagogischen Kontexten. In: W. Lippitz, Phänomene der Erziehung und Bildung. Phänomenologisch-pädagogische Studien (S. 123–147). Band 7 der Reihe »Phänomenologische Erziehungswissenschaft«. Wiesbaden: Springer VS.
Lippitz, W. & Woo, J.-G. (2019): Pädagogischer Bezug. Erzieherisches Verhältnis. In: M. Brinkmann & W. Lippitz (Hrsg.), Phänomene der Erziehung und Bildung. Phänomenologisch-pädagogische Studien (S. 83–102). Band 8 der Reihe »Phänomenologische Erziehungswissenschaft«. Wiesbaden: Springer VS.
Loser, W. F. (1976): Die Übung im Unterricht und ihr Beitrag zu einer pädagogischen Theorie des Lehrens und Lernens: Unterricht, Aufbau und Kritik. München: Uni-Taschenbücher.
von Loyola, Ignatius (2006): Geistliche Übungen. 4. Aufl. Würzburg: Echter (zitiert mit GÜ).
Lyotard, J.-F. (1986): Das postmoderne Wissen: Ein Bericht. Graz: Böhlau.

Mähler, C. & Stern, E. (2006): Transfer. In: D. H. Rost (Hrsg.), Handwörterbuch Pädagogische Psychologie (S. 782–793). Weinheim: Beltz.
van Manen, M. (2014): Phenomenology of practice. Meaning-giving methods in phenomenological research and writing. Walnut Creek, CA: Left Coast Press.
Marion, J.-L. (2015): Gegeben sei. Entwurf einer Phänomenologie der Gegebenheit. Freiburg, München: Verlag Karl Alber.
Maron, G. (2001): Ignatius von Loyola. Mystik – Theologie – Kirche. Göttingen: Vandenhoeck & Ruprecht.
Marotzki, W. (1990): Entwurf einer strukturalen Bildungstheorie. Biographietheoretische Auslegung von Bildungsprozessen in hochkomplexen Gesellschaften. Weinheim: Deutscher Studien Verlag.
Marton, F., Dall'Alba, G. & Tse, L. K. (1996): Memorizing and understanding: The keys to the paradox? In: D. A. Watkins & J. B. Biggs (Eds.), The Chinese learner (pp. 69–83). Hong Kong: Comparative Education Research Centre.
Menke, C. (2003): Zweierlei Übung. Zum Verhältnis von sozialer Disziplinierung und ästhetischer Existenz. In: A. Honneth & M. Saar (Hrsg.), Michel Foucault – Zwischenbilanz einer Rezeption. Frankfurter Foucault-Konferenz 2001 (S. 283–299). Frankfurt a. M.: Suhrkamp.
Mennekes, F. (1992): Joseph Beuys – Manresa. Eine Fluxus-Demonstration als geistliche Übung zu Ignatius von Loyola. Frankfurt a. M./Leipzig: Insel.
Merleau-Ponty, M. (1974): Phänomenologie der Wahrnehmung. Übers. v. W. Böhm. Berlin: de Gruyter.
Merleau-Ponty, M. (1976): Die Struktur des Verhaltens. Berlin: de Gruyter.
Merleau-Ponty, M. (2007): Der Philosoph und sein Schatten. In: M. Merleau-Ponty (Hrsg.), Zeichen (S. 233–267). Hrsg. v. C. Bermes. Hamburg: Meiner.
Mersch, D. (2002): Was sich zeigt: Materialität, Präsenz, Ereignis. München: Fink.
Meseth, W., Dinkelaker, J., Neumann, S., Rabenstein, K., Dörner, O., Hummrich, M. & Kunze, K. (Hrsg.) (2016): Empirie des Pädagogischen und Empirie der Erziehungswissenschaft. Beobachtungen erziehungswissenschaftlicher Forschung. Bad Heilbrunn: Klinkhardt.
Messerschmidt, A. (2008): Michel Foucault (1929–1984). In: B. Dollinger (Hrsg.), Klassiker der Pädagogik: Die Bildung der modernen Gesellschaft (S. 289–310). Wiesbaden: VS Verlag für Sozialwissenschaften.
Meyer, H. (2004): Was sind Unterrichtsmethoden? Pädagogik, 56 (1), 12–15.
Meyer, H. (2017): Was ist guter Unterricht? 12. Aufl. Berlin: Cornelsen.
Meyer, L., Seidel, T. & Prenzel, M. (2006): Wenn Lernsituationen zu Leistungssituationen werden: Untersuchung zur Fehlerkultur in einer Videostudie. Schweizerische Zeitschrift für Bildungswissenschaften, 28 (1), 21–41.
Meyer-Drawe, K. (1986): Zähmung eines wilden Denkens? Piaget und Merleau-Ponty zur Entwicklung kindlicher Rationalität. In: A. Métraux & B. Waldenfels (Hrsg.), Leibhaftige Vernunft. Spuren von Merleau-Pontys Denken (S. 258–275). München: Fink.
Meyer-Drawe, K. (1990): Illusionen von Autonomie. Diesseits von Ohnmacht und Allmacht des Ich. München: Kirchheim.
Meyer-Drawe, K. (1991): Leibhaftige Vernunft – Skizze einer Phänomenologie der Wahrnehmung. In: J. Fellsches (Hrsg.), Körperbewußtsein (S. 80–97). Essen: Die Blaue Eule.
Meyer-Drawe, K. (1996): Vom anderen lernen. Phänomenologische Betrachtungen in der Pädagogik. Klaus Schaller zum siebzigsten Geburtstag. In: M. Borelli & J. Ruhloff (Hrsg.), Deutsche Gegenwartspädagogik (S. 85–99). Bd. 2. Hohengehren: Schneider-Verlag.
Meyer-Drawe, K. (2001a): Leiblichkeit und Sozialität. Phänomenologische Beiträge zu einer pädagogischen Theorie der Inter-Subjektivität. 3. Aufl. München: Fink.
Meyer-Drawe, K. (2001b): Erziehung und Macht. Vierteljahrsschrift für wissenschaftliche Pädagogik, 77 (4), 446–455.
Meyer-Drawe, K. (2004): Leiblichkeit. In: D. Benner & J. Oelkers (Hrsg.), Historisches Wörterbuch der Pädagogik (S. 601–619). Weinheim: Beltz Juventa.

Meyer-Drawe, K. (2005): Leib. In: H. Vetter (Hrsg.), Wörterbuch der phänomenologischen Begriffe (S. 331–337). Hamburg: Meiner.
Meyer-Drawe, K. (2008): Diskurse des Lernens. München: Fink.
Meyer-Drawe, K. & Witte, E. (2007): Bilden. In: R. Konersmann (Hrsg.), Wörterbuch der philosophischen Metaphern (S. 61–80). Darmstadt: WBG.
Meyndt, P., Peters, H., Schulz, A. & Warm, M. (2003): Der Volleyballtrainer. Lehrpraxis für Lehrer und Trainer. München: Volleyball-Service GmbH.
Mischo, C. & Fröhlich-Gildhoff, K. (2011): Professionalisierung und Professionsentwicklung im Bereich der frühen Bildung. Frühe Bildung, 4–12.
Mollenhauer, K. (1985): Anmerkungen zu einer pädagogischen Hermeneutik. Neue Sammlung, 25, 420–432.
Mollenhauer, K. (1990): Ästhetische Bildung zwischen Kritik und Selbstgewissheit. Zeitschrift für Pädagogik, 36, 481–494.
Montessori, M. (2005): Grundlagen meiner Pädagogik. Und weitere Aufsätze zur Anthropologie und Didaktik. 9. Aufl. Wiebelsheim: Quelle & Meyer.
Montessori, M. (2010a): Gesammelte Werke. Hrsg. v. H. Ludwig. Band 1: Die Entdeckung des Kindes. Freiburg i. Br.: Herder.
Montessori, M. (2010b): Von der Agrikultur zur Homokultur (1951). In: W. Böhm (Hrsg.), Maria Montessori: Einführung mit zentralen Texten (S. 83–91). Paderborn: Ferdinand Schöningh.
Mortari, L. (2016): Die Sorge um sich. Würzburg: Königshausen & Neumann.
Nancy, J.-L. (2014): Corpus. Zürich: Diaphanes.
Neuweg, G. H. (1999): Könnerschaft und implizites Wissen: Zur lehr-lerntheoretischen Bedeutung der Erkenntnis- und Wissenstheorie Michael Polanyis. Münster: Waxmann.
Neuweg, G. H. (2005): Emergenzbedingungen pädagogischer Könnerschaft. In: H. Heid & C. Harteis (Hrsg.), Verwertbarkeit. Ein Qualitätskriterium (erziehungs-)wissenschaftlichen Wissens? (S. 205–228). Wiesbaden: VS Verlag für Sozialwissenschaften.
Neuweg, G. H. (2006): Das Schweigen der Könner: Strukturen und Grenzen des Erfahrungswissens. Vortrag am Institut Unterstrass der Pädagogischen Hochschule Zürich, 16. Juni 2006. Linz: Trauner.
Nietzsche, F. (1988): Sämtliche Werke. Kritische Studienausgabe in 15 Einzelbänden. Hrsg. v. G. Colli & M. Montinari. München/Berlin/New York: de Gruyter.
Oelkers, J. (2005): Reformpädagogik. Eine kritische Dogmengeschichte. 4. Aufl. Weinheim: Juventa.
Oser, F. (1998): Ethos – Die Vermenschlichung des Erfolgs. Zur Psychologie der Berufsmoral von Lehrpersonen. Opladen: Leske + Budrich.
Oser, F. & Spychiger, M. (2005): Lernen ist schmerzhaft. Zur Theorie des negativen Wissens und zur Praxis der Fehlerkultur. Weinheim: Beltz.
Peng, Z., Gu, J. & Meyer, M. A. (2018): Grundcharakteristiken der konfuzianischen Allgemeinbildung und deren Transformation in der Vergangenheit und in der heutigen globalisierten Zeit. Zeitschrift für Erziehungswissenschaft 21 (20), 259–278.
Pfeiffer, H. (1990): Die ersten Illustrationen im Exerzitienbuch. In: M. Sievernich & G. Switek (Hrsg.), Ignatianisch. Eigenart und Methode der Gesellschaft Jesu. Freiburg i. Br.: Herder.
Platon (2008): Menon: Griechisch/Deutsch. Hrsg. v. M. Kranz. Stuttgart: Reclam.
Plessner, H. (1965): Die Einheit der Sinne. Grundlinien einer Ästesiologie des Geistes. Bonn: Bouvier.
Plessner, H. (1970): Philosophische Anthropologie. Lachen und Weinen – Das Lächeln – Anthropologie der Sinne. Hrsg. v. G. Dux. Frankfurt a. M.: Fischer.
Plessner, H. (1975): Die Stufen des Organischen und der Mensch: Einleitung in die philosophische Anthropologie. 3. Aufl. Berlin: de Gruyter.
Plöger, W. (2003): Grundkurs Wissenschaftstheorie für Pädagogen. Paderborn: Fink (UTB).
Polanyi, M. (1985): Implizites Wissen. Frankfurt a. M.: Suhrkamp.
Praetorius, A., Martens, M. & Brinkmann, M. (2022): Unterrichtsqualität aus Sicht der quantitativen und qualitativen Unterrichtsforschung: Methodische Ansätze, zentrale Er-

gebnisse und kritische Reflexion. In: Hascher, T./Idel, T.-S./Helsper, W. (Hrsg.): Handbuch Schulforschung. 3. Aufl. Wiesbaden: Springer. S. 1–20.
Prange, K. (1979): Pädagogik als Erfahrungsprozess. Band 2: Die Epochen der Erfahrung. Stuttgart: Klett-Cotta.
Prange, K. (1989): Pädagogische Erfahrung. Vorträge und Aufsätze zur Anthropologie des Lernens. Weinheim: Deutscher Studien-Verlag.
Prange, K. (2005): Die Zeigestruktur der Erziehung. Grundriss der Operativen Pädagogik. Paderborn: Ferdinand Schöningh.
Prange, K. (2006): Zeig mir, was Du meinst! Anmerkung zur Didaktik des Verstehens. In: D. Gaus & R. Uhle (Hrsg.), Wie verstehen Pädagogen? Begriff und Methode des Verstehens in der Erziehungswissenschaft (S. 141–155). Wiesbaden: VS Verlag für Sozialwissenschaften.
Prange, K. (2010): Die Ethik der Pädagogik. Zur Normativität erzieherischen Handelns. Paderborn: Ferdinand Schöningh.
Prengel, A. (2013): Pädagogische Beziehungen zwischen Anerkennung, Verletzung und Ambivalenz. Opladen: Barbara Budrich.
Rabbow, P. (1954): Seelenführung. Methodik der Exerzitien in der Antike. München: Kösel Verlag.
Rabbow, P. (1960): Paidagogia. Die Grundlegung der abendländischen Erziehungskunst in der Sokratik. Göttingen: Vandenhoeck & Ruprecht.
Rahner, H. (1964): Ignatius von Loyola als Mensch und Theologe. Freiburg i. Br.: Herder.
Rampillon, U. (2000): Aufgabentypologie zum autonomen Lernen: Deutsch als Fremdsprache. Ismaning: Max Hueber Verlag.
Rancière, J. (2012): Demokratien gegen die Demokratie. Jacques Rancière im Gespräch mit Eric Hazan. In: G. Agamben (Hrsg.), Demokratie? Eine Debatte (S. 90–95). Berlin: Suhrkamp.
Rat für Kulturelle Bildung (2013): Alles immer gut? Mythen kultureller Bildung. Online verfügbar unter: https://www.rat-kulturelle-bildung.de/publikationen/denkschriften/, Zugriff am 08.02.2020.
Rat für Kulturelle Bildung (2015): Zur Sache. Kulturelle Bildung: Gegenstände, Praktiken und Felder. Online verfügbar unter: https://www.rat-kulturelle-bildung.de/publikationen/denkschriften/, Zugriff am 08.02.2020.
Reckwitz, A. (2003): Grundelemente einer Theorie sozialer Praktiken. Eine sozialtheoretische Perspektive. Zeitschrift für Soziologie, 32 (4), 282–301.
Reckwitz, A. (2011): Die Erfindung der Kreativität. Zum Prozess gesellschaftlicher Ästhetisierung. Berlin: Suhrkamp.
Reckwitz, A. (2018): Die Gesellschaft der Singularitäten. Zum Strukturwandel der Moderne. 5. Aufl. Berlin: Suhrkamp.
Reichenbach, R. (2001): Demokratisches Selbst und dilettantisches Subjekt. Demokratische Bildung und Erziehung in der Spätmoderne. Münster: Waxmann.
Reichenbach, R. (2018): Ethik der Bildung und Erziehung. Essays zur pädagogischen Ethik. Paderborn: Ferdinand Schöningh.
Reichertz, J. (2013). Paul Ekman: Gefühle lesen. In: K. Senge & R. Schützeichel (Hrsg.), Hauptwerke der Emotionssoziologie (S. 103–108). Wiesbaden: Springer VS.
Reinmann, G., Schmidt, C., Marquardt, V. & Paul, D. (2021): Üben als reflexive Praxis und Übeangebote im Rahmen von optes. In: R. Küstermann, M. Kunkel, A. Mersch & Schreiber, A. (Hrsg.), Selbststudium im digitalen Wandel (S. 43–53). Wiesbaden: Springer Spektrum.
Renger, A.-B. (2012): Meister und Schüler in Geschichte und Gegenwart. Von Religion der Antike bis zur modernen Esoterik. Göttingen: V & R Unipress.
Renger, A.-B. (2017): Übung. In: A. Kraus, J. Budde, M. Hietzge & C. Wulf (Hrsg.), Handbuch Schweigendes Wissen. Erziehung, Bildung, Sozialisation und Lernen (S. 771–782). Weinheim: Beltz Juventa.
Renger, A.-B. & Fan, X. (Hrsg.) (2019): Receptions of Greek and Roman antiquity in East Asia. Boston: Brill.

Renger, A.-B. & Stellmacher, A. (2018): Übungswissen in Religion und Philosophie. Produktion, Weitergabe, Wandel. Berlin: LIT Verlag.
Renger, A.-B. & Wulf, C. (2013): Meditation in Religion, Therapie, Ästhetik, Bildung. Paragrana, internationale Zeitschrift für historische Anthropologie, Band 22, Heft 2. Berlin: Akademie-Verlag.
Rheinberg, F. (2006): Intrinsische Motivation und Flow-Erleben. In: J. Heckhausen & H. Heckhausen (Hrsg.), Motivation und Handeln (S. 331–353). 3. Aufl. Berlin/Heidelberg: Springer Medizin Verlag.
Ricken, N. (2006): Die Ordnung der Bildung. Beiträge zu einer Genealogie der Bildung. Wiesbaden: VS Verlag für Sozialwissenschaften.
Ricken, N. (2013): Zur Logik der Subjektivierung. Überlegungen an den Rändern eines Konzepts. In: T. Alkemeyer (Hrsg.), Techniken der Subjektivierung (S. 29–48). Paderborn: Wilhelm Fink.
Ricken, N., Casale, R. & Thompson, C. (Hrsg.) (2016): Die Sozialität der Individualisierung. Paderborn: Ferdinand Schöningh.
Ricken, N., Casale, R. & Thompson, C. (Hrsg.) (2019): Subjektivierung. Erziehungswissenschaftliche Theorieperspektiven. Weinheim: Beltz Juventa.
Ricken, N. & Rieger-Ladich, M. (Hrsg.) (2004): Michel Foucault: Pädagogische Lektüren. Wiesbaden: VS Verlag für Sozialwissenschaften.
Rieger-Ladich, M. (2002): Mündigkeit als Pathosformel. Beobachtungen zur pädagogischen Semantik. Konstanz: UVK.
Rödel, S. (2015): Scheitern, Stolpern, Staunen – Zur Produktivität negativer Erfahrung im schulischen Lernen. In: C. Laschke & J. Stiller (Hrsg.), Berlin-Brandenburger Beiträge zur Bildungsforschung 2015. Herausforderungen, Befunde und Perspektiven interdisziplinärer Bildungsforschung (S. 29–56). Berlin: Peter Lang.
Rödel, S. (2018): Negative Erfahrungen und Scheitern im Schulischen Lernen. Phänomenologische und Videographische Perspektiven. Wiesbaden: Springer VS.
von Rosenberg, F. (2011): Bildung und Habitustransformation. Empirische Rekonstruktionen und bildungstheoretische Reflexionen. Bielefeld: transcript.
Roth, G. (2003): Fühlen, Denken, Handeln. Wie das Gehirn unser Verhalten steuert. Frankfurt a. M.: Suhrkamp.
Roth, H. (1967): Die realistische Wendung in der pädagogischen Forschung. In: H. Röhrs (Hrsg.), Erziehungswissenschaft und Erziehungswirklichkeit (S. 179–191). 2. Aufl. Frankfurt a. M.: Fischer.
Rumpf, H. (1981): Die übergangene Sinnlichkeit. Drei Kapitel über die Schule. München: Beltz Juventa.
Rutschky, K. (1984): Schwarze Pädagogik. Frankfurt a. M.: Ullstein.
Rutschky, K. (1997): J. H. Pestalozzi: Der kindliche Körper als Stoff der Elementarbildung. In: K. Rutschky (Hrsg.), Schwarze Pädagogik. Quellen zur Naturgeschichte der bürgerlichen Erziehung. Frankfurt a. M.: Ullstein.
Ryle, G. (1969): Der Begriff des Geistes. Stuttgart: Reclam.
Rytz, T. (Hrsg.) (2012): Klassiker der Körperwahrnehmung. Erfahrungen und Methoden des Embodiment. Hrsg. v. D. H. Johnson. Bern: Hans Huber.
Sandfuchs, U. (2000): Vom Sinn und Zweck des Übens. Eine Einführung in das Thema. Friedrich Jahresheft (28), 4–8.
Schäfer, A. (2002): Jean-Jacques Rousseau: Ein pädagogisches Portrait. Weinheim: Beltz.
Schäfer, A. (2004): Macht – ein pädagogischer Grundbegriff? Überlegungen im Anschluss an die genealogischen Betrachtungen Foucaults. In: N. Ricken & M. Rieger-Ladich (Hrsg.), Michel Foucault. Pädagogische Lektüren (S. 145–163). Wiesbaden: VS Verlag für Sozialwissenschaften.
Schäfer, A. (2011): Irritierende Fremdheit. Bildungsforschung als Diskursanalyse. Paderborn: Ferdinand Schöningh.
Schäfer, A. (2012): Zur Genealogie der Pädagogik. Die Neu-Erfindung der Pädagogik als »praktische Wissenschaft«. Paderborn: Ferdinand Schöningh.
Schäfer, G. E. (2014): Was ist frühkindliche Bildung? Kindlicher Anfängergeist in einer Kultur des Lernens. 2. Aufl. Weinheim: Beltz Juventa.

Schäfer, G. E. (2016): Bildungsprozesse im Kindesalter. Selbstbildung, Erfahrung und Lernen in der frühen Kindheit. Weinheim: Beltz Juventa.
Schatzki, T. R., Knorr-Cetina, K. & von Savigny, E. (2001): The practice turn in contemporary theory. London, New York: Routledge.
Scheler, M. (1954): Der Formalismus in der Ethik und die materiale Werteethik. Gesammelte Werke, Bd. 2 (GW II). Bern: Francke.
Scheler, M. (1973): Wesen und Formen der Sympathie – die deutsche Philosophie der Gegenwart. Gesammelte Werke, Bd. 7 (GW VII). Bern: Francke.
Schenk, S. & Pauls, T. (2014): Aus Erfahrung lernen. Anschlüsse an Günther Buck. Paderborn: Ferdinand Schöningh.
Schenk, S. (2017): Praktische Pädagogik als Paradigma. Eine systematische Werklektüre der Schriften Günther Bucks. Paderborn: Ferdinand Schöningh.
Schiller, F. (2001): Philosophische Schriften. Schillers Werke. Nationalausgabe. Band 20. Hrsg. v. B. von Wiese, J. Petersen, L. Blumenthal & N. Oellers. Stiftung Weimarer Klassik. Weimar: Böhlau.
Schleiermacher, F. (1977): Hermeneutik und Kritik. Hrsg. v. M. Frank. Frankfurt a. M.: Suhrkamp.
Schleiermacher, F. (2000): Texte zur Pädagogik. Band 1. Frankfurt a. M.: Suhrkamp.
Schmid, W. (2007): Mit sich selbst befreundet sein. Von der Lebenskunst im Umgang mit sich selbst. Frankfurt a. M.: Suhrkamp.
Schmidt, R. (2012): Soziologie der Praktiken. Konzeptionelle Studien und empirische Analysen. Berlin: Suhrkamp.
Schnabel, G., Harre, D. & Krug, J. (Hrsg.) (2014): Trainingslehre – Trainingswissenschaft: Leistung – Training – Wettkampf. 3. Aufl. Aachen: Meyer & Meyer.
Schütz, E. (1983): Helmuth Plessners Anthropologie in pädagogischer Perspektive. Vorlesung, Universität Köln, Sommersemester 1983.
Schütz, E. (1993): Bild und Bildung im Zeichen der Simulation. Vorlesung. Unveröffentlichte Schriften von Egon Schütz. Egon-Schütz-Archiv. Online verfügbar unter: https://www.erziehungswissenschaften.hu-berlin.de/de/allgemeine/egon-schuetz-archiv, Zugriff am 16.03.2020.
Schütz, E. (1995): Probleme einer Neuformulierung des Bildungsbegriffs. Vorlesung 1985. Egon-Schütz-Archiv. Online verfügbar unter: https://www.erziehungswissenschaften.hu-berlin.de/de/allgemeine/egon-schuetz-archiv/verzeichnis-der-unveroeffentlichten-schriften/13, Zugriff am 05.04.2020.
Schütz, E. (1996/1997): Bildung, Selbsterkenntnis, Urteilskraft – Überholte pädagogische Kategorien? Vorlesung an der Universität Köln. Egon-Schütz-Archiv. Online verfügbar unter: https://www.erziehungswissenschaften.hu-berlin.de/de/allgemeine/egon-schuetz-archiv/verzeichnis-der-unveroeffentlichten-schriften/54, Zugriff am 03.04.2020.
Schütz, E. (2016): Existenzialkritische Pädagogik. Phänomenologische Schriften zur anthropologischen Praxis von Bildung, Kunst, Sprache und Humanismus. Hrsg. v. M. Brinkmann. Wiesbaden: Springer VS.
Sennett, R. (2008): Handwerk. 2. Aufl. Berlin: Berlin Verlag.
Shulman, L. S. (2004): Just in case. Reflexions on learning from Experience. In: L. S. Shulmann & S. M. Wilson (Hrsg.), The Wisdom of Practice. Essays on Teaching, Learning, and Learning to Teach. San Francisco: Jossey-Bass.
Sloterdijk, P. (2009): Du mußt dein Leben ändern: Über Anthropotechnik. Frankfurt a. M.: Suhrkamp.
Sloterdijk, P. (2014): Die schrecklichen Kinder der Neuzeit. Über das anti-genealogische Experiment der Moderne. Berlin: Suhrkamp.
Söll, W. (2005): Sportunterricht – Sport unterrichten: ein Handbuch für Sportlehrer. 6. Aufl. Schorndorf: Hofmann.
Sorrentino, W., Linser, H.-J. & Paradies, L. (2009): 99 Tipps – Differenzieren im Unterricht. Berlin: Cornelsen Scriptor.
Sowa, H. (2012): Bildung der Imagination. Band 1: Kunstpädagogische Theorie, Praxis und Forschung im Bereich einbildender Wahrnehmung und Darstellung. Oberhausen: Athena Verlag.

Spivak, G. C. (2008): Righting Wrongs – Unrecht richten. Zürich/Berlin: diaphanes.
Stein, E. (1970): Beiträge zur philosophischen Begründung der Psychologie und der Geisteswissenschaften. Tübingen: Max Niemeyer Verlag.
Stenger, U., Edelmann, D. & König, A. (Hrsg.) (2015): Erziehungswissenschaftliche Perspektiven in frühpädagogischer Theoriebildung und Forschung. Weinheim: Beltz Juventa.
Stieve, C. (2008): Von den Dingen lernen: Die Gegenstände unserer Kindheit. München: Fink.
Stieve, C. (2010): Diesseits und jenseits des Konstruierens. Phänomenologisch-gestalttheoretische Ansätze zur leiblichen Präsenz der Dinge. In: G. E. Schäfer (Hrsg.), Frühkindliche Lernprozesse verstehen. Ethnographische und phänomenologische Beiträge zur Bildungsforschung (S. 257–278). Weinheim: Juventa.
Stüper, L. (1990): Jesuitische Erziehung als Aufgabe und Chance. Erfahrungen am Aloisius-Kolleg Bad Godesberg. In: M. Sievernich & G. Switek (Hrsg.), Ignatianisch. Eigenart und Methode der Gesellschaft Jesu (S. 543–556). Freiburg i. Br.: Herder.
Sünkel, W. (2002): Phänomenologie des Unterrichts. Grundriss der theoretischen Didaktik. 2. Aufl. Weinheim: Juventa.
Suzuki, S. (2000): Zen-Geist, Anfänger-Geist. 9. Aufl. Berlin: Theseus-Verlag.
Tenorth, H.-E. (2000): Geschichte der Erziehung. Einführung in die Grundzüge ihrer neuzeitlichen Entwicklung. Weinheim: Beltz Juventa.
Thiel, A. & Thiel, F. (2010): Evaluation – geschichtliche und vergleichende Perspektive. In: A. Woll, F. Mess & H. Haag (Hrsg), Handbuch Evaluation im Sport (S. 15–32). Schorndorf: Hofmann.
Thompson, C. & Weiß, G. (Hrsg.) (2008): Bildende Widerstände – widerständige Bildung. Blickwechsel zwischen Pädagogik und Philosophie. Bielefeld: transcript.
Thyen, A. (2014): Vorstellungen haben keine Streifen – Hintergründe zum Problem paraoptischer Fehlschlüsse in der Didaktik. In: H. Sowa, A. Glas & M. Miller (Hrsg.), Bildung der Imagination. Band 2: Bildlichkeit und Vorstellungsbildung in Lernprozessen (S. 99–109). Oberhausen: Athena.
Tomasello, M. (2003): Die kulturelle Entwicklung des menschlichen Denkens. Zur Evolution der Kognition. Frankfurt a. M.: Suhrkamp.
Tomasello, M. (2009): Die Ursprünge der menschlichen Kommunikation. Frankfurt a. M.: Suhrkamp.
Trogsch, F. (1961): Die Hauptmethode ist das Üben. Körpererziehung (12), 642–650.
Trumpa, S., Wittek, D. & Sliwka, A. (Hrsg.) (2017): Die Bildungssysteme der erfolgreichsten PISA-Länder: China, Finnland, Japan, Kanada und Südkorea. Münster: Waxmann.
Uhle, R. (1989): Verstehen und Pädagogik. Eine historisch-systematische Studie über die Begründung von Bildung und Erziehung durch den Gedanken des Verstehens. Weinheim: Studien-Verlag.
Varela, F. J. (1996): Neurophenomenology. A methodological Remedy for the Hard Problem. Journey of Conscioussnes Studies, 3 (4), 330–349.
Varela, F. J. (2005): Traum, Schlaf und Tod. Grenzbereiche des Bewußtseins. Der Dalai Lama im Gespräch mit westlichen Wissenschaftlern. 5. Aufl. München: Piper.
Varela, F. J. & Shear. J. (1999): The View from Within. First-person Approaches to the Study of Consciousness. Journey of Consciousness Studies, 6 (2–3), 175–187.
Varela, F. J., Thompson, E. & Rosch, E. (2016): The embodied mind. Cognitive science and human experience. Revised edition. Cambridge/Massachusetts/London: MIT Press.
Waldenfels, B. (1998a): Antwort auf das Fremde. Grundzüge einer responsiven Phänomenologie. In: B. Waldenfels & I. Därmann (Hrsg.), Der Anspruch des Anderen. Perspektiven phänomenologischer Ethik (S. 35–50). München: Fink.
Waldenfels, B. (1998b): Grenzen der Normalisierung. Studien zur Phänomenologie des Fremden. Bd. 2. Frankfurt a. M.: Suhrkamp.
Waldenfels, B. (1999): Vielstimmigkeit der Rede. Studien zur Phänomenologie des Fremden. Bd. 4. Frankfurt a. M.: Suhrkamp.
Waldenfels, B. (2001a): Die verändernde Kraft der Wiederholung. Zeitschrift für Ästhetik und Allgemeine Kunstwissenschaft, 46 (1), 5–17.

Waldenfels, B. (2001b): Das leibliche Selbst. Vorlesungen zur Phänomenologie des Leibes. Frankfurt a. M.: Suhrkamp.
Waldenfels, B. (2002): Bruchlinien der Erfahrung. Phänomenologie, Psychoanalyse, Phänomenotechnik. Frankfurt a. M.: Suhrkamp.
Waldenfels, B. (2006): Leibliche Erfahrung zwischen Selbstheit und Andersheit. In: U. Bröckling, S. Krasmann & T. Lemke (Hrsg.), Glossar der Gegenwart. Frankfurt a. M.: Suhrkamp.
Waldenfels, B. (2007): Antwortregister. Frankfurt a. M.: Suhrkamp.
Waldenfels, B. (2009): Lehren und Lernen im Wirkungsfeld der Aufmerksamkeit. In: N. Ricken, H. Röhr, J. Ruhloff & K. Schaller (Hrsg.), Umlernen. Festschrift für Käte Meyer-Drawe (S. 23–34). München: Wilhelm Fink.
Waldenfels, B. (2012): Hyperphänomene. Modi hyperbolischer Erfahrung. Berlin: Suhrkamp.
Weidemann, D. (2004): Interkulturelles Lernen. Erfahrungen mit dem »chinesischen Gesicht«: Deutsche in Taiwan. Bielefeld: transcript.
Weise, M. (1932): Pädagogische Übung. Begriff. Formen. Grenzen. Dresden: Alwin Huhle.
Wiemeyer, J. & Wollny, R. (2017): Technik und Techniktraining. In: K. Hottenrott & I. Seidel (Hrsg.), Beiträge zur Lehre und Forschung im Sport. Band 200. Handbuch Trainingswissenschaft – Trainingslehre (S. 263–290). Schorndorf: Hofmann.
Wiezorek, C. (2016): (Keine) Bildungsprozesse bei Kindern, (aber) verlaufskurven-förmige Entwicklung und biografische Orientierungen? Eine Problematisierung der ›Erwachsenenbezogenheit‹ theoretischer Konzepte in der qualitativen Bildungsforschung. In: R. Kreitz, I. Miethe & A. Teervoren (Hrsg.), Theorien in der qualitativen Bildungsforschung – Qualitative Bildungsforschung als Theoriegenerierung (S. 61–82). Opladen: Barbara Budrich.
Wittgenstein, L. (1984): Philosophische Untersuchungen. Werkausgabe, Bd. I. Frankfurt a. M.: Suhrkamp.
Wolff, S. (2008): Wie kommt die Praxis zu ihrer Theorie? Über einige Merkmale praxissensibler Sozialforschung. In: H. Kalthoff (Hrsg.), Theoretische Empirie. Zur Relevanz qualitativer Forschung (S. 234–259). Frankfurt a. M.: Suhrkamp.
Wu, J. (2019): Confucian revival and the hybrid educational narratives in contemporary China: a critical rethinking of scale in globalisation and education. Globalisation, Societies and Education, 17 (4), 474–488.
Wulf, C. (2007): Rituelle Lernkulturen. Eine Einführung. In: C. Wulf (Hrsg.), Lernkulturen im Umbruch. Rituelle Praktiken in Schule, Medien, Familie und Jugend (S. 7–21). Wiesbaden: VS Verlag für Sozialwissenschaften.
Wulf, C., Althans, B., Audehm, K., Bausch, C., Göhlich, M. & Kersting, S. Tervooren, A., Wagner-Willi, M. & Zirfas, J.(Hrsg.) (2001): Das Soziale als Ritual. Zur performativen Bildung von Gemeinschaften. Opladen: Leske + Budrich.
Xu, B. (2007): Von der Wissens- und Kompetenzorientierung? Zur Diskussion der Bildungsstandards in China am Beispiel des Mathematikunterrichts. In: D. Benner (Hrsg.), Bildungsstandards. Instrumente zur Qualitätssicherung im Bildungswesen. Chancen und Grenzen – Beispiele und Perspektiven (S. 187–201). Paderborn: Ferdinand Schöningh.
Yamada, S. (2001): The Myth of Zen in the Archery. Japanese Journal of Religious Studies, 28 (1,2), 1–30.
Zinnecker, J. (2000): Kindheit und Jugend als pädagogische Moratorien. Zur Zivilisationsgeschichte der jüngeren Generation im 20. Jahrhundert. Zeitschrift für Pädagogik, 36–67.
Zirfas, J. (2004): Pädagogik und Anthropologie. Eine Einführung. Stuttgart: Kohlhammer.
Zirfas, J., Blaschke-Naczak, G. & Stenger, U. (Hrsg.) (2017): Kinder – Kindheit. Weinheim: Beltz Juventa.
Zizek, B. (2020): Adoleszente als Bewährungssucher – Charakteristika, Tendenzen und Probleme im Prozess des Erwachsenwerdens anhand eines internationalen Vergleichs. In: A. Heinen, C. Wizorek & H. Willems (Hrsg.), Entgrenzung der Jugend und Verjugendlichung der Gesellschaft. Zur Notwendigkeit einer »Neuvermessung« jugendtheoretischer Positionen (S. 158–176). Weinheim/Basel: Beltz Juventa.